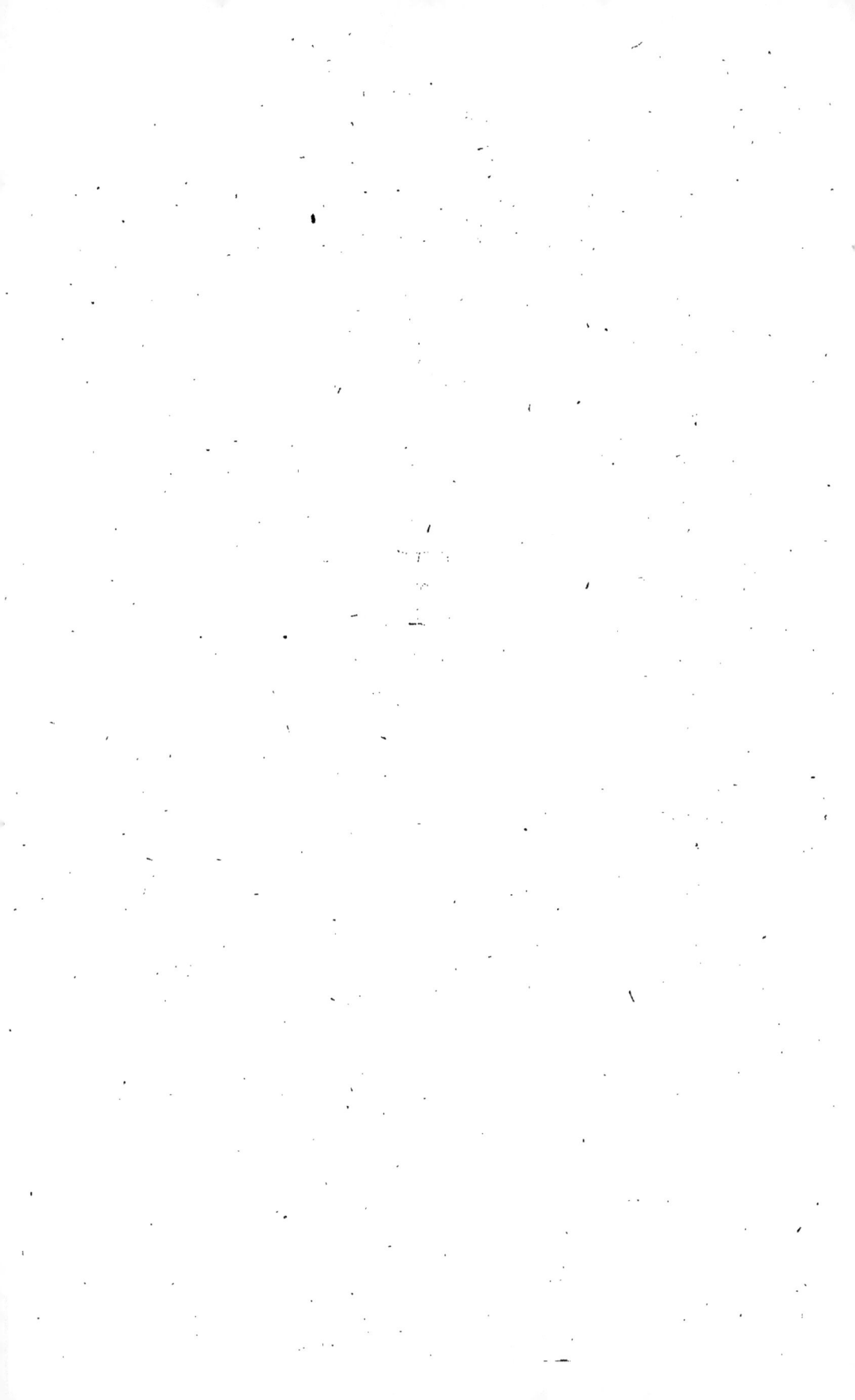

DICTIONNAIRE

DE

POLICE MODERNE.

DEUXIÈME ÉDITION.

TOME PREMIER.

A - C.

DICTIONNAIRE

DE

POLICE MODERNE

POUR TOUTE LA FRANCE.

Contenant, par ordre alphabétique de matières et dans la forme réglementaire, l'analyse et le rapprochement des dispositions, tant anciennes non abrogées que modernes, des lois, ordonnances, réglemens, arrêtés et décisions, concernant la Police administrative, judiciaire, militaire et maritime ; les règles et les principes consacrés par un usage constant ayant-force de loi ; les dispositions de droit civil relatives aux intérêts ordinaires et journaliers des citoyens ; etc.

Suivi de modèles d'actes en matières de Police.

Ouvrage utile à tous les Français, et à l'usage des fonctionnaires chargés, dans tout le royaume, de l'exercice de la Police.

Par M. ALLETZ,

ANCIEN ADMINISTRATEUR ET ANCIEN COMMISSAIRE

DE POLICE A PARIS.

DEUXIÈME ÉDITION.

~~~~~~~~~~~~~~~~

TOME I.er

~~~~~~~~~~~~~~~~

PARIS,

A LA LIBRAIRIE DE JURISPRUDENCE ET D'ADMINISTRATION,
D'Antoine Bavoux, rue Gît-le-Coeur, n.º 4.

1823.

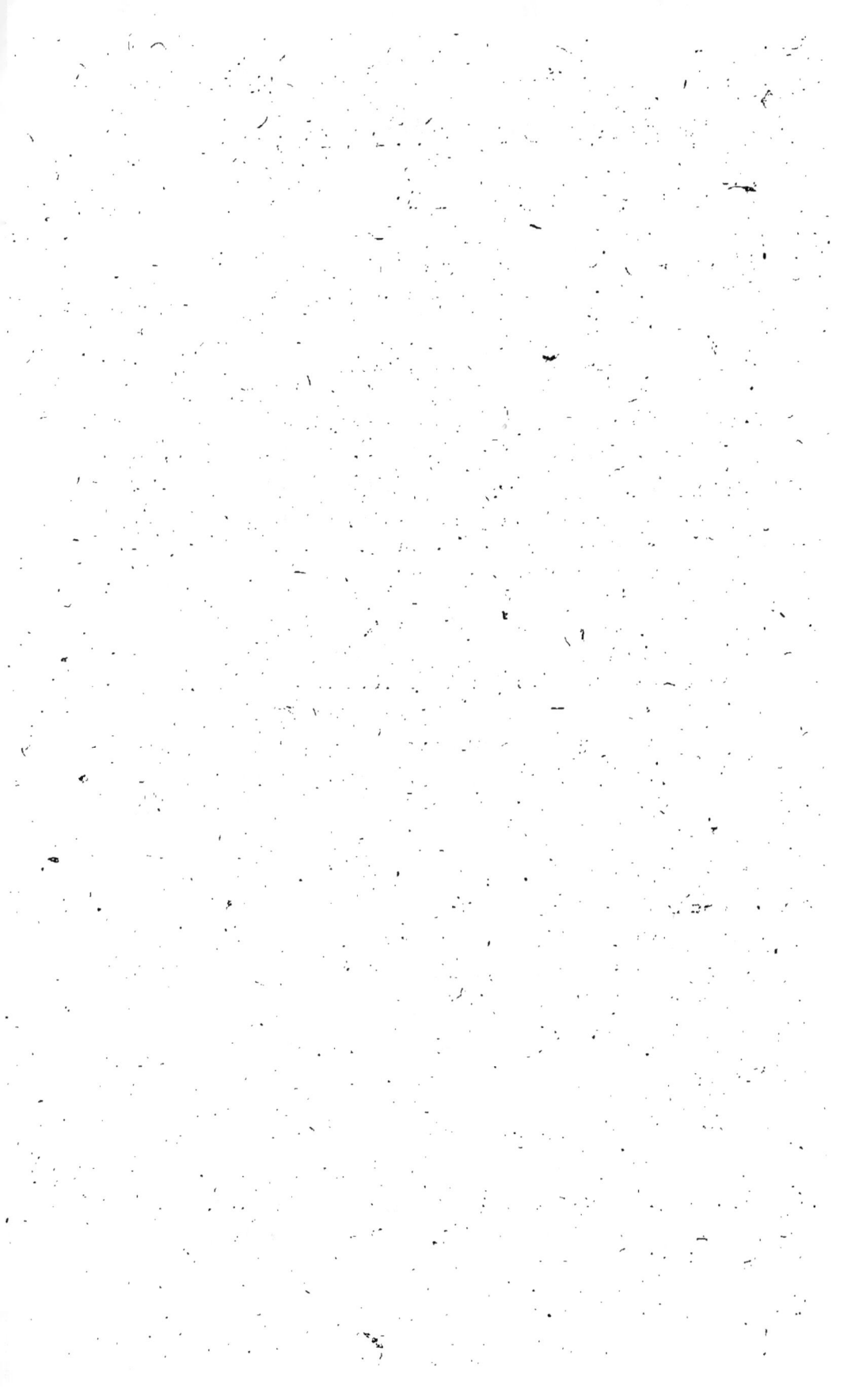

AVIS DE L'ÉDITEUR.

L'OBJET de la Police est le maintien journalier de l'ordre public.

L'ordre public existe lorsque chacun fait ce que la loi ordonne, lorsque chacun s'abstient de ce que la loi défend, et lorsque toute infraction à ces deux principes est punie par la loi.

Les fonctionnaires publics chargés de l'exercice de la police, doivent donc connaître, d'une manière positive, ce que la loi ordonne, défend et prescrit, et les peines qu'elle prononce. Ils ne peuvent puiser cette connaissance que dans les lois de police; mais si, pour l'acquérir, il leur faut compulser et analyser comparativement toutes les lois, ordonnances, réglemens, arrêtés et décisions qui existent sur chaque matière, et épars dans de nombreux recueils plus ou moins volumineux, quel travail! Quel est l'homme qui, ayant besoin de trouver avec certitude la solution qu'il désire, peut avoir présens sa mémoire, tous les changemens, les modifications, les abrogations, qui se sont succédés.

Il manquait en matière de police un ouvrage réglementaire, qui présentât, sommairement et par ordre alphabétique, le rapprochement, sur chaque matière, des dispositions tant anciennes non abrogées que modernes, des lois, réglemens, ordonnances royales, ordonnances de police, arrêtés et décisions, concernant la police administrative, qui prévient les délits et les crimes; la police judiciaire, qui les poursuit et les punit; la police militaire et la police maritime, qui veillent à la sûreté comme à la défense de l'état; les principes de la police civile et du droit civil, qui règlent, maintiennent et conservent les intérêts privés de tous les citoyens ; même les principes consacrés par un usage constant ayant force de loi.

Tel est l'ouvrage que M. Alletz, ancien administrateur et ancien magistrat, a publié le 1er. juillet 1820, sous le titre de : *Dictionnaire de police moderne, pour toute la France.* Le gouvernement avait apprécié et accueilli son travail dès avant l'impression, et il en a ensuite recommandé l'usage à tous les fonctionnaires exerçant des fonctions de police. Aussi la première édition n'a-t-elle pas été long-tems à s'épuiser ; la seconde édition que nous publions aujourd'hui atteste l'utilité de l'ouvrage ; on peut le regarder comme un nouveau code des délits et des peines, toute disposition prohibitive ou pénale s'y trouvant rapportée.

On y trouve, sur chaque matière, l'ensemble des dispositions en vigueur, des diverses lois et ordonnances y relatives, ce qui forme, pour chaque objet et en forme de réglement, une seule série d'articles où se trouvent refondus les changemens et modifications apportés aux diverses lois sur le même objet par des lois subséquentes. Chaque disposition indique la date et l'article de la loi, ordonnance, ou réglement où elle est puisée. - Les disposition générales de police, communes à toute la France et non abrogées, y sont rapportées, ou analysées, dans l'ordre des matières. Quant aux règlemens locaux, ou particuliers à la police de telle ou telle ville de France, on a rapporté les plus importans de ceux insérés au *Bulle-*

un des lois, ou qui ont été adressés à l'auteur ; et si on en trouve un plus grand nombre parmi ceux relatifs à la police de Paris, c'est que la police de cette vaste cité est trop importante, trop multipliée dans ses détails, trop bien organisée, pour qu'elle ne serve pas de guide dans les autres villes de France, sauf les modifications que les localités peuvent exiger.

Indépendamment des matières de police qui forment le fond de l'ouvrage, on y trouve, dans l'ordre général alphabétique, nombre d'articles sur des objets dont la connaissance peut être utile à toutes les classes des citoyens, tels que :

La Charte-Constitutionnelle ;

La Loi du Recrutement ;

Les attributions des autorités administratives et judiciaires ;

Le tarif des droits et frais pour les cérémonies du culte catholique, etc., etc.

Et à la fin du quatrième volume, la concordance des 13 années du calendrier temporaire (du 22 septembre 1793 au 31 décembre 1805) avec les mêmes années du calendrier grégorien.

Cette concordance se trouve aussi indiquée dans le cours du Dictionnaire, à chaque date d'une loi ou ordonnance rendue pendant lesdites 13 années.

Le quatrième volume, où recommence une nouvelle série alphabétique de matières, forme le complément de l'ouvrage en présentant un grand nombre de modèles d'actes en police administrative et en police judiciaire, tels que certificats, permissions, déclarations, procès-verbaux, etc., etc.

Un des avantages que peuvent procurer ces modèles, c'est l'uniformité et l'exactitude dans la forme de procéder. Toutefois, c'est plutôt un guide pour l'officier public qui opère, que des formules auxquelles il doive se conformer strictement, attendu qu'il était impossible de prévoir toutes les diverses circonstances qui peuvent se présenter en matière de contraventions, de délits, ou de crimes, ou en matière de police administrative.

Enfin, le Dictionnaire dont nous offrons au public une seconde édition, est une espèce de répertoire, pour MM. les juges de paix, les commissaires de police et les maires de tout le royaume, comme officiers de police auxiliaires : il offre à MM. les préfets et sous-préfets des renseignemens utiles sur les détails de la police administrative ; à MM. les officiers de police judiciaire, des documens nombreux sur cette branche importante de la police ; à MM. les officiers ministériels près les tribunaux, à tous les hommes de loi, aux citoyens de toutes les classes, les moyens de connaître ce qui est prescrit, défendu, et puni par la loi.

Nous avons inséré dans la présente édition les nouvelles lois de police publiées depuis juillet 1820, notamment, celles sur la *police sanitaire*, sur la *répression des délits commis par la voie de la publication*, etc., etc., et il a été fait tous les changemens et additions, que deux années et demie écoulées depuis la première édition ont nécessités pour rendre celle-ci complète, jusqu'au 1.er janvier 1823.

DICTIONNAIRE

DE

POLICE MODERNE.

A.

ABANDON.

Toute chose trouvée abandonnée doit être remise entre les mains de l'officier de police le plus voisin. Voir *Enfants abandonnés. Animaux abandonnés. Effets trouvés ou perdus.*

ABAT-JOUR. Espèce de fenêtre en soupirail.

Défenses aux marchands de faire établir dans leurs boutiques et magasins des abats-jours, pour donner un faux jour, et tromper par ce moyen sur la qualité des marchandises. *Ordonnance de police du 22 septembre 1600.*

Lorsque l'abat-jour est de nature à être toléré au-dehors, il faut une permission de la petite-voirie. Voir *Voirie.*

Le tout sous les peines de simple police, conformément au §. 5 de l'article 471 du Code pénal. Voir *Délits*, art. 29, §. 5. — Voir aussi *Contravention.*

ABAT-VENT des boutiques, ou petit auvent fait de chassis de charpente, couvert d'ardoises ou de plomb, destiné au même usage qu'un auvent ordinaire.

Il faut une permission de la petite-voirie pour en établir. Voir *Auvens*. (Voir, au tome IV, *Voirie*.)

ABEILLES. Voir *Ruches*.

ABREUVOIRS.

Art. 1er. La pente des abreuvoirs doit être douce et d'abord facile aux bestiaux ; la descente doit en être pavée, et le fond affermi par des recoupes et caillou-tages. *Ordonnance de* 1672, *chapitre* 22, *art.* 2.

2. Défenses d'y mener des chevaux et autres bestiaux pendant la nuit.

Défenses aux femmes de conduire des chevaux aux abreuvoirs.

Les hommes qui les y conduisent doivent avoir au moins dix-huit ans ; on ne peut en conduire plus de trois à la fois, y compris le porteur ; on doit les mener au pas : le tout à peine de saisie et confiscation, et de 50 francs d'amende ; les conducteurs peuvent même être emprisonnés sur-le-champ.

Défenses de laver du linge aux abreuvoirs.

La garde des ports veille à l'exécution des disposi-tions ci-dessus.

Ordonnance de police du 21 *décembre* 1787, *art.* 4. *Ordonnance du préfet de police, renouvelée chaque année.*

NOTA. Les contraventions aux dispositions de l'article 2 ci-dessus, sont placées aujourd'hui dans la classe de celles de simple police.

Pour la forme de procéder, voir, au tome IV, *Abreu-voirs*.

ABSENCE *ou* DISPARITION d'une personne. (Voir aussi, au tome IV, *Disparition*.)

Art. 1er. Tout officier public qui a connaissance de la disparition, ou de la mort d'une personne qui laisse des héritiers mineurs ou absents, ou qui ne laisse point d'héritiers, doit en informer le juge de paix du lieu, à peine de suspension de ses fonctions. *Arrêté du Gouvernement du 22 prairial an 5* (10 juin 1797).

2. Tout officier public est tenu de dénoncer les atteintes qui seraient portées aux propriétés des citoyens absents pour un service public. *Loi du 16 brumaire an V* (6 novembre 1796), *art.* 1er.

3. Le ministère public est spécialement chargé de veiller aux intérêts des personnes présumées absentes.

S'il y a des parties intéressées, le tribunal de première instance, à la requête de la partie la plus diligente, commet un notaire pour représenter l'absent dans les inventaires, comptes, partages et liquidations.

Code civil, art. 113; 114.

4. Lorsqu'une personne a cessé de paraître au lieu de son domicile ou de sa résidence, et que depuis quatre ans on n'a pas eu de ses nouvelles, ses héritiers font déclarer l'absence par le tribunal de première instance, et peuvent, en vertu d'un jugement qui a déclaré l'absence, se faire envoyer en possession provisoire des biens de l'absent, en donnant caution. *Idem, art.* 115 *et* 120.

5. Dès que les jugemens, tant préparatoires que définitifs, sont rendus, le procureur du Roi les envoie au ministre de la justice qui les rend publics. *Idem, art.* 118.

6. Dès qu'une personne est disparue de son domicile, les parties intéressées, ou même les voisins, doivent en faire la déclaration à l'officier de police du lieu, contenant les noms et signalement de la personne absente, et les circonstances de la disparition. S'il n'y a pas présomption que l'individu disparu soit mort dans son habitation, le commissaire de police reçoit la déclaration, la transmet au procureur du Roi (à Paris, au préfet de police), et en donne avis au

juge de paix de l'arrondissement, pour les opérations civiles et conservatoires. Si la présomption existe, le commissaire de police se transporte sur les lieux, et fait ouvrir la porte de l'absent en présence de deux témoins, avec lesquels il entre dans les lieux, et procède en leur présence. S'il trouve la personne morte dans le local, il procède comme il est dit à l'article, *Mort subite* ou *accidentelle*, ou *Mort violente*, suivant les cas; il avertit le juge de paix pour l'apposition des scellés. Il dresse du tout procès-verbal.

Le signalement de la personne disparue est envoyé au greffier de la morgue, ou basse-geole, qui le vérifie sur celui des cadavres apportés à la morgue. S'il s'en trouve un conforme, il fait avertir la personne qui a fait la déclaration de disparition, pour être de suite procédé à la reconnaissance. Voir *Cadavres*.

ABSOLUTION d'un accusé.

Dans quel cas est-elle prononcée? Voir *Cours d'assises*, art. 66.

En quoi elle diffère de l'acquittement. Voir *Idem*, art. 60.

Le ministère public peut se pourvoir contre un arrêt d'absolution. Voir *Pourvoi*, art. 4. — La partie civile le peut aussi dans certains cas. Voir *Idem*, art. 6.

ABUS.

Tout mauvais usage d'une chose quelconque est un abus.

Les officiers de police doivent, dans leur surveillance, prévenir autant que possible, et réprimer tout abus qui trouble l'ordre public, en faire rapport à l'autorité supérieure, ou en dresser procès-verbal s'il y a lieu, pour être transmis à l'autorité compétente.

ABUS D'AUTORITÉ et de pouvoir.

Lorsqu'un fonctionnaire public, un administrateur, un agent ou préposé du Gouvernement ou de la police, un exécuteur d'un mandat de justice ou jugement, un commandant en chef ou en sous-ordre de la force publique, use ou fait user, sans motif légitime, de violence envers les personnes, dans l'exercice ou à l'occasion de l'exercice de ses fonctions, il est puni suivant la nature et la gravité des violences, et en élevant la peine suivant la règle établie par l'art. 198 du Code pénal. *Code pénal*, art. 186. Voir *Fonctionnaires publics.* Voir aussi *Armée*, art. 26. *Arrestations*, art. 7. *Force publique. Forfaiture. Prévarication. Peines*, art. 43.

ABUS DE CONFIANCE. Voir aussi, au tome IV, *Abus de confiance* et *Escroquerie.*)

Art. 1er. Quiconque abuse des besoins, des faiblesses, ou des passions d'un mineur, pour lui faire souscrire, à son préjudice, des obligations, quittances ou décharges, pour prêt d'argent ou de choses mobilières, ou effets de commerce, ou tous autres effets obligatoires, sous quelque forme que cette négociation ait été faite ou déguisée, est puni d'un emprisonnement de deux mois à deux ans, et d'une amende du quart au plus des restitutions et dommages-intérêts qui seraient dus aux parties lésées, sans que ladite amende puisse être au-dessous de 25 francs. Le coupable peut, en outre, à compter du jour où il a subi sa peine, être interdit, pendant cinq à dix ans, des droits mentionnés au mot *Peines, art.* 11; le tout sauf les peines plus graves en cas de faux. *Code pénal,* art. 406.

2. Celui qui, abusant d'un blanc-seing qui lui a été confié, écrit frauduleusement au-dessus une obligation ou décharge, ou tout autre acte pouvant compromettre la fortune ou la personne du signataire, est puni des peines portées au mot *Escroquerie*, art. 1er. Dans le cas où le blanc-seing ne lui aurait pas été

confié, il est poursuivi comme faussaire. *Code pénal*, *article* 407. Voir *Faux*, *art.* 17.

3. Celui qui détourne ou dissipe au préjudice du propriétaire, ou détenteur, des effets, deniers, marchandises, billets, quittances, ou tous autres écrits contenant ou opérant obligation ou décharge, qui ne lui auraient été remis qu'à titre de dépôt, ou pour un travail salarié, à la charge de les rendre ou représenter, ou d'en faire un usage ou emploi déterminé, est puni des peines portées en l'article 1er. ci-dessus : le tout sans préjudice de ce qui est dit au mot *Dépôt*, §. 3, relativement aux soustractions et enlèvemens de deniers, effets ou pièces dans les dépôts publics. *Code pénal*, *art.* 408.

4. Celui qui après avoir produit dans une contestation judiciaire quelque titre, pièce ou mémoire, le soustrait de quelque manière que ce soit, est condamné par le tribunal saisi de la contestation, à une amende de 25 à 300 francs. *Code pénal*, *art.* 409.

Voir aussi *Escroquerie*.

ACADÉMIES, MUSÉES, CLUBS, SOCIÉTÉS LITTÉRAIRES, RÉUNIONS, LOGES, *etc.*

Voir *Associations*.

ACADÉMIES DE L'UNIVERSITÉ. Voir *Instruction publique*.

ACCAPAREMENT *et* MONOPOLE.

On nomme accaparement un achat considérable de denrées, fait dans l'intention de les rendre rares, pour ensuite les revendre à des prix exhorbitants.

Le monopole, qui est la suite de l'accaparement, est la coalition de plusieurs commerçans détenteurs d'une même denrée, pour en opérer la hausse par des moyens frauduleux, et la vendre ensuite au-dessus du prix établi par une concurrence naturelle et libre.

La police doit connaître et surveiller ceux qui se

livrent à ce genre de spéculation, qui peut occasionner une disette factice.

Voir *Hausse* et *Baisse.*

ACCIDENT. Evénement imprévu qui porte dommage à quelqu'un. (Voir aussi, au tome IV, *Avaries*, n°. 2.)

Art. 1er. Les officiers de police doivent prévenir, autant que possible, les accidents sur la voie publique, par une exacte surveillance, et dresser des procès-verbaux contre ceux qui, par imprudence ou en contrevenant aux réglements de police, ont occasionné des accidents. *Loi du 24 août* 1790.

2. Lors d'accidents graves, l'officier de police doit se transporter sur les lieux pour en constater les causes et les effets. Voir *Blessés. Mort subite. Mort accidentelle*, etc.

3. Les indemnités ou réparations qui peuvent résulter d'un accident, donnent lieu à une action civile.

4. Il n'y a point lieu à indemnité si l'accident est arrivé par cas fortuit ou par force majeure, sans qu'il y ait eu imprudence, négligence ou mauvaise intention. Il y a toujours lieu à la réparation du dommage. Voir *Délits, art.* 2.

5. La réparation du dommage peut être modérée, si la partie lésée a exposé sur la voie publique, en contravention aux réglements de police, les objets endommagés ou brisés; dans ce cas, il y a lieu, même, à rédiger procès-verbal de contravention. Les circonstances doivent au surplus déterminer la conduite de l'officier de police ou de justice.

Voir aussi *Carreau de vitre.*

Refus des secours ou travaux requis dans les cas d'accidents graves. Voir *Délits, art.* 30, §. 12.

ACCOTEMENS. Terrains non pavés de chaque côté d'une chaussée ou d'un chemin public.

Art. 1er. Défenses de faire sur les accotemens aucun dépôt de matériaux ou d'immondices, et de les dégrader, sous les peines de simple police comme embarrassant la voie publique, de la réparation du dégât, et de l'enlèvement desdits dépôts aux frais de leurs auteurs, s'ils ne le font eux-mêmes, sommation à eux préalablement faite. *Ordonn. du Roi du 4 août* 1731.

La contravention est constatée par le commissaire de police du lieu; par son procès-verbal, il fait sommation u délinquant de faire enlever le dépôt et de réparer, ans le délai de vingt-quatre heures. S'il n'y satisfait pas, le commissaire fait enlever d'office, paie les frais d'enlèvement, en porte le montant dans son procès-verbal, qu'il transmet au tribunal de simple police, pour, le délinquant, être condamné à l'amende et au remboursement des dépenses.

Voir *Délits*, article 29, §. 4. Voir aussi *Entrepreneurs*, art. 16 et suivants.

2. Défenses d'abattre les bornes et pieux qui empêchent le passage des voitures. Voir *Destructions*, art. 15.

ACCOUCHEMENT. Déclaration à faire par ceux qui y assistent. Voir *Naissance*, art. 3.

Maisons d'accouchement. Voir *Hôpitaux*, art. 12.

ACCOUCHEURS *et* SAGES-FEMMES. Voir *Médecins*.

ACCUSÉ. Un accusé est celui qui, arrêté comme prévenu d'un délit, a été mis en état d'accusation. Voir *Mises en accusation*.

Un accusé acquitté légalement ne peut plus être repris pour le même fait. Voir *Cours d'assises*, art. 62.

Accusé âgé de moins de seize ans. Voir *Peines*, article 48.

ACHALANDER. Attirer les chalans ou acheteurs.

Il est défendu aux marchands d'user d'aucuns artifices ou autres moyens illicites, au préjudice de la liberté du commerce, pour attirer les acheteurs, à peine de 300 francs d'amende pour la première fois, et de fermeture de leur boutique en cas de récidive. *Ordonnance de police du 3 septembre* 1776.

ACHATS *et* VENTES. Comment ils se constatent. Voir *Commerce*, §. 7.

Comment un achat ou une vente se trouve consommé. Voir *Ventes.*

ACHATS D'OBJETS VOLÉS.

L'acheteur d'un objet volé doit le remettre, lorsqu'il est réclamé, pourvu qu'il ne se soit pas écoulé entre l'achat et la réclamation un laps de temps assez considérable pour atténuer la réclamation. Voir *Prescription*, *art.* 11.

Le prix d'achat peut ne pas lui être rendu, s'il a acheté de personnes inconnues ou mal famées, ou à vil prix, ou si, faisant le commerce d'objets de hasard, il n'a pas un registre coté et paraphé par l'officier de police du lieu, sur lequel l'objet acheté soit enregistré, avec les noms, profession et demeure du vendeur, la date et le prix de l'achat. Voir *Prescription. Brocanteurs.*

S'il s'élève contestation, le propriétaire de l'objet volé doit faire une déclaration des faits au commissaire de police du lieu où se trouve l'objet, administrer, autant que possible, la preuve du vol, et indiquer les noms et demeure du détenteur actuel de l'objet. Le commissaire se fait représenter, par ce dernier, l'objet dont s'agit, le reçoit en dépôt, ou le lui consigne par écrit, sous la soumission de le représenter en même nature à toute réquisition. Il est dressé du tout procès-verbal, signé des parties, lequel est envoyé au procureur du Roi (à Paris, au préfet de police).

ACIDES sulfuriques et nitriques. Voir *Poudres et Salpêtres*, *art.* 40.

ACQUÉREURS de domaines nationaux. Voir *Domaines nationaux*.

ACQUÉREURS d'immeubles. Prescription en leur faveur. Voir *Prescription*, *art. 3*.

ACQUIT A CAUTION. Certificat d'un bureau de douanes pour faire passer librement des marchandises à leur destination. Voir *Douanes*.

ACQUITTEMENT d'un accusé. Voir *Absolution*.

ACTE D'ACCUSATION. Voir *Mises en accusation*.

ACTE ARBITRAIRE. Voir *Abus d'autorité*. *Arrestations*.

ACTES AUTHENTIQUES et SOUS SEINGS-PRIVÉS. Voir *Authenticité des actes*.

ACTES *ou* ECRITS opérant obligation ou décharge. Peines contre ceux qui les extorquent à autrui, qui les brûlent, les détruisent, ou en disposent à leur profit. Voir *Abus de confiance*. *Escroquerie*. *Ecrits*. *Destructions*.

Altération d'acte ou Ecritures. Voir *Faux*.

ACTES *et* ECRITURES publiques ou privées, devant valoir titre. Sont soumis au timbre. Voir *Timbre*.

ACTES DE L'ÉTAT CIVIL. Voir *Etat civil*.

ACTES *et* FONCTIONS judiciaires à exercer dans les palais, châteaux ou maisons royales. Voir *Maisons royales*.

ACTES DES NOTAIRES. Voir *Notaires*.

ACTES DE NOTORIÉTÉ pour ceux qui ont voyagé ou séjourné chez l'étranger. Ils sont délivrés à Paris par le préfet de police. *Arrêté du Gouvernement du 12 messidor an VIII* (1er. juillet 1800), *art. 16*.

ACTES SÉDITIEUX. Voir *Attroupement*. *Rebellion*. *Imprimerie*.

ACTEURS *et* ACTRICES. Voir *Théâtres*.

ACTION JURIDIQUE. Voir *Délits*.

ACTION PUBLIQUE *et* ACTION PRIVÉE. Voir *Délits*, §§. 1 et 2.

ACTIONS GÉNÉREUSES.

Les commissaires de police, à Paris, doivent faire connaître au préfet de police toutes les belles actions de générosité, d'humanité et de bienfaisance qui parviennent à leur connaissance. *Décision du préfet de police du 9 germinal an VIII* (30 mars 1800).

Cette disposition s'applique à tous les fonctionnaires publics, envers l'autorité supérieure.

ADJOINT MUNICIPAL. Voir *Maires*.

ADJUDANS de ville près la gendarmerie royale de Paris. Voir *Garde de Paris, art. 46 et suivants*.

ADJUDICATIONS à l'enchère. Voir *Commissaires-Priseurs*.

A Paris, le préfet de police est chargé, sous les ordres du ministre de l'intérieur, de faire les marchés, baux et adjudications pour le balayage public, l'enlèvement des boues, le curage des égoûts, l'arrosage et l'illumination de la ville. *Arrêté du Gouvernement du 12 messidor an VIII* (1er. juillet 1800), *art. 21.*

ADMINISTRATION de la France (Division de l').

Art. 1er. Le territoire de la France est divisé en départements.

Chaque département est divisé en arrondissemens communaux et cantons de justice de paix.

Chaque ressort de justice de paix a une assemblée de canton.

Chaque arrondissement communal, ou district de sous-préfecture, a un collége électoral d'arrondissement.

Chaque département a un collége électoral de département.

2. Il y a dans chaque département un préfet, un conseil de préfecture, et un conseil général de département.

3. Il y a dans chaque arrondissement communal un sous-préfet et un conseil d'arrondissement.

Il n'y a point de sous-préfecture dans les chefs-lieux de département. *Ordonnance du Roi du 20 décembre 1815.*

Il y a dans chaque commune une municipalité composée d'un maire et d'un ou plusieurs adjoints, et un conseil municipal. Paris est partagé en douze arrondissemens ou mairies. Il y a un juge de paix par arrondissement.

5. A Paris, il y a un préfet de police, et dans chacun des quarante-huit quartiers, un commissaire de police.

6. Dans les villes de 10,000 habitants et au-dessus, il y a un commissaire de police par 10,000 habitants. Dans celles de 5,000 à 10,000 habitants, il y a un commissaire de police. Dans celles au-dessous de 5,000 habitants, les maires exercent la police, indépendamment de leurs fonctions administratives. *Loi du 28 pluviose an VIII.* (17 février 1800).

7. Les administrations locales sont subordonnées aux ministres. *Loi du 22 frimaire an VIII* (13 décembre 1799), *art.* 59.

8. Il est défendu aux tribunaux de connaître des actes d'administration. *Loi du 16 fructidor an III* (2 septembre 1795). Voir *Conflits. Citation, art.* 4.

8. Les corps administratifs ne peuvent, sous peine de forfaiture, exercer d'autres pouvoirs que ceux qui leur sont attribués par les lois. *Loi du 22 octobre 1790.* Voir *Conflits.*

ADOPTION.

Art. 1er. L'adoption n'est permise qu'aux personnes, hommes ou femmes, âgées de plus de cinquante ans, qui n'ont ni enfants ni descendants légitimes, qui ont au moins quinze ans de plus que la personne qu'elles veulent adopter, et qui lui ont donné des soins non interrompus pendant sa minorité, et au moins pendant six ans, ou qui lui doivent la vie. *Code civil*, *art.* 343, 345.

2. Un époux ne peut adopter sans le consentement de l'autre époux. *Idem, art.* 344.

3. L'adopté doit être majeur. S'il n'a pas vingt-cinq ans, il doit rapporter le consentement de ses père et mère; s'il a plus de vingt-cinq ans, il doit requérir leur conseil. *Idem, art.* 346.

4. L'adoption confère le nom de l'adoptant à l'adopté, en l'ajoutant au nom propre de ce dernier. *Idem, art.* 347.

5. L'adopté et l'adoptant se doivent réciproquement des aliments. *Idem, art.* 349.

6. L'adoptant et la personne à adopter passent acte de leurs consentemens respectifs devant le juge de paix du domicile de l'adoptant. Cet acte est soumis à l'homologation du tribunal de première instance du domicile de l'adoptant. *Idem, art.* 353, 354.

7. Un enfant naturel, reconnu par son père, ne peut être adopté par lui. *Arrêt de la Cour royale de Bordeaux, du 30 août* 1816.

Le mariage est prohibé entre les adoptants et les adoptés. Voir *Mariage.*

ADRESSE. L'acception de ce mot, en matière de police, est l'abus de la dextérité de l'esprit et du corps. Sous ce rapport elle doit exciter la surveillance des officiers de police, envers ceux qui usent de cette espèce d'adresse pour faire des dupes.

ADRESSE *ou* DISCOURS des Corps. Voir *Discours.*

ADULTÈRE.

Art. 1er. L'adultère de la femme ne peut être dénoncé que par le mari; cette faculté même cesse, s'il est dans le cas prévu par l'art. 4 ci-après. *Code pénal, art.* 336.

2. La femme convaincue d'adultère subit la peine

d'un emprisonnement de trois mois à deux ans. Le mari est le maître d'arrêter l'effet de cette condamnation, en consentant à reprendre sa femme. *Idem*, *art.* 337.

3. Le complice de la femme adultère est puni de l'emprisonnement pendant le même espace de temps, et en outre, d'une amende de 100 à 2000 fr. Les seules preuves qui peuvent être admises contre le prévenu de complicité, sont, outre le flagrant délit, celles résultant de lettres ou autres pièces écrites par le prévenu. *Idem*, *art.* 338.

4. Le mari qui a entretenu une concubine dans la maison conjugale, et qui a été convaincu sur la plainte de la femme, est puni d'une amende de 100 à 2000 fr. *Idem*, *art.* 339. Voir *Séparation de corps*, *art.* 3. Voir aussi *Homicide*, *art.* 15.

5. Les époux ayant seuls le droit de se plaindre de l'adultère, aucun magistrat ni officier de police n'a, à cet égard, aucun droit d'inspection ni d'intervention pour former d'office une accusation, à moins que l'adultère ne dégénère en prostitution publique et en scandale, surtout si le mari en est complice et consentant; ce qui rentre alors dans la classe des attentats aux mœurs publiques. Voir *Mœurs*.

6. L'officier de police peut recevoir la plainte en adultère, et recueillir les preuves. Il transmet son procès-verbal à l'autorité judiciaire supérieure.

7. Le délit d'adultère se prescrit, conformément à l'art. 638 du Code d'instruction criminelle, par trois ans révolus du jour où le mari a eu connaissance du délit, et possibilité de le poursuivre.

8. Les enfants nés d'un commerce adultérin, c'est-à-dire, entre deux personnes mariées chacune à une autre, ou dont l'une est mariée, ne peuvent être légitimés ni reconnus; la recherche de la paternité leur

est interdite. *Code civil*, *articles* 331, 335, 342.

Voir aussi *Paternité. Séparation de corps.*

AÉROSTATS *ou* BALLONS AÉROSTATIQUES.

Art. 1er. Il est expressément défendu d'enlever des ballons et machines aérostatiques auxquels seraient adaptés des réchaux à l'esprit-de-vin, des pièces d'artifice, et autres matières dangereuses pour le feu. On ne peut enlever toutes autres espèces de ballons ou aérostats, sans une permission de la police : la permission n'est délivrée qu'à des personnes d'une capacité et d'une expérience reconnues ; elle indique le jour, le lieu et l'heure de l'expérience ; le tout à peine de 500 francs d'amende. *Ordonnance de police du 23 avril 1784.*

2. En quelque temps et en quelque lieu que ce soit, l'usage des ballons aérostatiques, dits *Mongolfières*, et en général de tous ballons qui s'élèvent par l'effet d'un foyer suspendu au-dessous de leur orifice, est formellement interdit, soit que l'aérostat doive être lancé à ballon perdu, soit qu'il doive être tenu à ballon captif. *Ordonnance du préfet de police du 21 août 1819, art.* 1er.

3. Il est défendu de faire partir aucun aérostat, sans qu'il soit muni d'un parachute. Le départ du ballon n'a jamais lieu plus tard que dans la dernière heure qui précède le coucher du soleil. *Idem, art.* 2.

4. Les ascensions aérostatiques sont défendues jusqu'après la rentrée des récoltes. *Idem, art.* 3.

5. Défenses de traverser les terres ensemencées pour suivre la direction d'un aérostat, ou pour tout autre prétexte, sous les peines de police rurale, et de toutes indemnités pour les dégâts. *Arrêté de police du 4 thermidor an VII* (23 juillet 1799). Voir *Police rurale.*

6. Les officiers de police constatent les contraventions aux dispositions ci-dessus par des procès-verbaux qui sont transmis aux tribunaux.

AFFAIRES (Faiseurs d').

Les faiseurs d'affaires de mauvaise foi , sont , par le fait, coupables du délit prévu aux mots *Abus de confiance*, *Escroquerie*, suivant les circonstances.

AFFAIRES dans lesquelles les fonctionnaires publics ne peuvent avoir un intérêt. Voir *Fonctionnaires publics* , §. 2.

AFFICHES *et* AFFICHEURS. (Voir aussi le même article au tome IV.)

Art. 1er. Les affiches émanées de l'autorité publique peuvent , seules , être sur papier blanc et sans timbre. Celles des particuliers doivent être sur du papier de couleur, sous les peines de simple police, et timbrées , sous les peines portées au mot *Timbre*, *art.* 3. *Loi du* 28 *juillet* 1791. *Loi sur les finances du* 28 *avril* 1816, *art.* 65.

NOTA. L'article 77 de la loi sur les finances du 25 mars 1817, prononce pour la contravention de se servir de papier de couleur blanche, pour les affiches des particuliers , une amende de 100 francs à la charge de l'imprimeur, qui est toujours tenu d'insérer son nom et sa demeure au bas de l'affiche.

Voir aussi l'article *Ecrits* , *Images* , *Gravures*.

2. Les affiches des particuliers ne peuvent être placardées aux endroits destinés à celles de l'autorité publique , à peine de 100 francs d'amende. *Lois du* 22 *mai* 1792, *art.* 11 , *et du* 9 *vendémiaire an VI* (30 septembre 1797).

3. Aucun citoyen , aucune réunion de citoyens , ne peuvent rien afficher sous le titre d'arrêté , délibération , ou toute autre forme obligatoire ou impérative. Aucune affiche ne peut être sous un nom collectif; tous ceux qui y ont coopéré sont tenus de la signer: le tout à peine de 100 francs d'amende. *Loi du* 22 *mai* 1791, *art.* 13 , 14 , 15. Voir aussi *Associations*, *art.* 3.

4. Défenses de couvrir ou arracher aucune affiche

émanée de l'autorité publique, à peine d'emprisonnement. *Ordonnance de police du 17 mai 1780.* (Ce fait
paraît devoir rentrer dans la classe des contraventions
de simple police.)

5. On ne peut exercer la profession d'afficheur, sans
une permission de la police, à peine d'un emprisonnement de six jours à deux mois. *Code pénal, article 290.*

6. Pour obtenir la permission d'exercer la profession d'afficheur, il faut justifier, 1°. qu'on sait lire et
écrire; 2°. d'un certificat de bonne conduite, signé de
trois témoins, dont un imprimeur, et visé par le commissaire de police du quartier. *Arrêt du conseil du 13
septembre 1722.*

7. Tout afficheur porte ostensiblement sur son habit
une plaque de cuivre portant le mot *Afficheur*, et le
numéro de sa permission, à peine de 50 fr. d'amende
et d'interdiction. *Idem.*

8. Défenses à eux de prêter leurs plaques ou permissions, sous les peines ci-dessus, et en outre, de prison
contre les cédants, et contre les cessionnaires trouvés
porteurs de plaques sans avoir de permission en leur
nom. *Ordonnance de police du 16 avril 1740.*

9. Avant de poser une affiche, ils en déposent un
exemplaire signé d'eux à la préfecture de police. *Arrêt
du conseil précité.*

10. En cas de changement de domicile, ils en font
la déclaration aux commissaires de police de leur ancien et de leur nouveau domicile. *Ordonnance du préfet
de police du 8 thermidor an IX* (27 juillet 1801).

Voir aussi *Colporteurs. Journaux. Placards.*

AFFICHES contraires aux mœurs, ou portant provocation à des crimes ou délits. Voir *Ecrits, images,
gravures. Juges de paix,* article 15, §. 6. *Imprimerie,* §. 2 et 3.

TOME Ier.   2

AFFINAGE *et* AFFINEUR. Voir *Matières d'or et d'argent*.

AFFOUAGE (Bois d'). Voir *Bois et Forêts*.

AFFRÈTEMENT. Voir *Commerce maritime*.

AFFRONT. Insulte faite publiquement à quelqu'un au détriment de son honneur et de sa réputation. Voir *Insultes*.

AFFRONTEUR. C'est celui qui abuse à son profit de la confiance publique, et fait des dupes. Il peut être considéré comme un escroc. Voir *Escroquerie. Abus de confiance*.

AGENS D'AFFAIRES. Voir *Bureaux d'agence*.

AGENS DE CHANGE *et* COURTIERS. Voir *Commerce*, §. 4.

AGENS DU GOUVERNEMENT prévenus de crimes ou délits.

Comment ils peuvent être poursuivis. Voir *Responsabilité des fonctionnaires publics, article 5. Conflits, art. 4.*

Comment sont reçues leurs dépositions comme témoins en matière criminelle, correctionnelle ou de police. Voir *Témoins, art. 9.*

Délits dont ils se rendent coupables dans leurs fonctions. Voir *Fonctionnaires publics*.

AGENS COMPTABLES. Voir *Responsabilité des fonctionnaires publics, art. 7.*

AGENS DIPLOMATIQUES étrangers. Voir *Ambassadeurs*.

Délits commis envers eux par la voie de la presse, ou autre moyen de publication. Voir *Imprimerie, §. 2 et 3.*

AGENS *ou* INSPECTEURS de police.

Cette dénomination générale s'applique aux simples préposés ou surveillants de la police, nommés par l'autorité locale. Leurs fonctions consistent à surveiller le maintien du bon ordre dans toutes les parties de la police ; à exécuter avec autant de prudence que de sagesse, avec autant de modération que de fermeté, les ordres qui leur sont donnés ; à faire rapport aux officiers de police près desquels ils sont placés, de tout ce qu'ils voyent de contraire au bon ordre ; à conduire devant les officiers de police, tout individu prévenu d'un délit, d'un crime, ou de trouble, tapage ou autre fait contraire à la tranquillité publique, et surpris en flagrant délit, ou poursuivi par la clameur publique.

Ce ne sont point des fonctionnaires publics, ayant le droit de faire des procès-verbaux, ou d'instruire sur une affaire, mais seulement de simples préposés ou surveillants ayant droit de faire des rapports. Voir *Juges de paix*, art. 28.

Leurs fonctions ne sont point et ne doivent jamais être ostensibles ; mais ils doivent être commissionnés et porteurs d'une carte indicative de leurs fonctions, et du droit qu'ils doivent avoir de requérir la force armée.

Toute personne à qui ils se font reconnaître, doit leur prêter secours et assistance dans l'exercice de leurs fonctions.

Ils doivent être particulièrement subordonnés aux commissaires de police, les aider dans l'exercice de leur ministère, obtempérer à leurs réquisitions, exécuter tous leurs ordres, pour le service de la police ; leur rendre compte de tout ce qu'ils remarquent de contraire à l'ordre public.

Ils ne doivent recevoir ni déclarations ni plaintes, mais recueillir seulement, avec soin et exactitude, des renseignemens sur les contraventions, les délits et les crimes, et sur leurs auteurs, et remettre purement et simplement ces renseignemens à l'officier de police auquel ils se trouvent subordonnés.

2,

Dans les lieux où il n'y a point de commissaire de police, les agens de police exercent sous les ordres immédiats du maire ; ils doivent aussi déférer aux réquisitoires qui peuvent leur être faits par les juges de paix , comme officiers de police auxiliaires du procureur du Roi.

Il ne leur appartient point d'examiner les motifs des ordres qu'ils sont chargés d'exécuter ; ils ne sont responsables que de la manière dont ils exécutent.

Autant les officiers de police qui les employent doivent protection aux agens de police, lorsqu'ils exercent leurs fonctions avec modération, fermeté et impartialité , autant ces agens doivent être circonspects, avoir des égards et du respect pour les divers fonctionnaires qui les employent, s'abstenir surtout de faire des rapports particuliers qui pourraient faire naître la désunion ou la mésintelligence entre ces divers fonctionnaires.

Ils doivent être à la nomination de l'autorité administrative , tels que les préfets ou les sous-préfets , leurs fonctions étant essentiellement de police administrative ; mais il convient en même temps qu'ils soient à la disposition des commissaires de police dans les lieux où il en existe, et ailleurs à la disposition du maire et du juge de paix, sous le seul rapport de l'exercice de la police.

A Paris, ces agens ont le titre d'inspecteurs de police ; ils sont à la nomination et sous l'autorité et dépendance du préfet de police, qui leur fait délivrer des commissions et des cartes pour se faire reconnaître au besoin.

Ils sont immédiatement subordonnés et rendent compte de leur surveillance, les uns aux inspecteurs généraux , dans la partie administrative attribuée à ces derniers ; les autres aux officiers de paix, aussi suivant les diverses attributions de ces officiers.

Voir *Officiers de paix.*

Les inspecteurs de police, à Paris, ont les mêmes fonctions que les agens ou inspecteurs ci-devant désignés.

Ils doivent rendre compte au commissaire de police du quartier où ils se trouvent, de tout ce qu'ils y remarquent de contraire au bon ordre et aux réglemens de police, afin que le commissaire de police puisse prendre de suite les mesures nécessaires.

Ils doivent prêter secours et assistance aux commissaires de police, et obtempérer à leurs réquisitions, en tout ce qui concerne l'exercice de la police.

Attaque, Résistance ou Rébellion contre les agens de police administrative et judiciaire. Voir *Rébellion.*

Agens de police qui usent de violence dans leurs fonctions. Voir *Abus d'autorité.*

AGIO, AGIOTAGE, AGIOTEUR.

L'*Agio* est le commerce des espèces monnayées, et des papiers négociables.

L'*Agiotage* est le trafic de ceux qui achètent des effets de commerce au-dessous de leur valeur, pour les revendre lorsque le prix en est haussé.

L'*Agioteur* est celui qui fait l'agio ou l'agiotage. La police veille et empêche que des compagnies d'agioteurs n'occasionnent le discrédit des papiers publics, ou le renchérissement excessif des denrées.

Voir aussi *Accaparement. Hausse et Baisse.*

AGNEAUX (Marché aux). Voir *Volaille.*

AGRÉGATIONS RELIGIEUSES. Voir *Communautés religieuses.*

AGRICULTURE. Voir *Police rurale.*

Peines contre ceux qui détruisent les instrumens d'agriculture. Voir *Destructions.*

AIGRE-FINS. Individus qui vivent d'industrie, n'ayant ni fortune ni emploi.

Ils doivent être surveillés, même renvoyés, s'il y a lieu, hors des villes, par mesure de police administrative.

AIR.

Les officiers de police doivent veiller avec le plus grand soin à ce que la salubrité de l'air, surtout dans les villes, ne soit point altérée par des odeurs ou exhalaisons nuisibles. Voir *Salubrité. Ateliers. Nettoiement.*

ALARME. (Voir aussi, au tome IV, *Nouvelles.*)

Il est défendu de répandre l'alarme parmi le peuple, par des faux bruits ou de fausses nouvelles qui peuvent l'inquiéter ou l'effrayer; tels que la crainte de la disette, l'enlèvement des enfants, etc., et même en annonçant publiquement des faits vrais, mais qui ne doivent être dénoncés qu'au magistrat de police, seul. Le tout à peine d'amende, ou de prison, même de plus forte peine suivant les circonstances.

Sentence de police du 22 juillet 1740*, qui a prononcé une amende de 200 fr. en pareille circonstance. Jugement du présidial de Lyon du 30 janvier* 1782*, qui, dans l'espèce, a prononcé la peine du carcan et trois mois de détention.*

Aujourd'hui ceux qui répandent de fausses alarmes, ou des nouvelles alarmantes, peuvent au moins être assimilés aux pronostiqueurs désignés en l'art. 479, §. 6, du code pénal, qui prononce l'amende de police de 11 à 15 fr., et suivant les circonstances, l'emprisonnement de cinq jours au plus. Voir *Délits, art.* 31, §. 6.

ALCHIMISTES *ou* CHIMISTES. Individus qui, par des combinaisons métalliques, cherchent à faire de l'or, ce qu'on nomme vulgairement : chercher la pierre philosophale.

Ceux qui pratiquent cette science imaginaire, doivent être surveillés avec soin par la police : 1°. pour prévenir les accidents qui peuvent résulter des poisons subtils, des sels et acides violents et corrosifs qu'ils employent, et dont eux et leurs voisins peuvent être frappés. 2°. Pour empêcher qu'il ne sorte de leur laboratoire des métaux falsifiés, ou des liqueurs et mélanges nuisibles, annoncés sous le titre de remède.

ALIGNEMENT des bâtimens sur rue. Voir *Bâtimens. Rues. Voirie.*

ALIMENTS. Voir *Comestibles.*

ALLÉGORIE.

Art. 1er. Toute allégorie écrite, gravée ou peinte, qui cache une satyre ou une accusation injurieuse au Gouvernement ou aux autorités publiques, doit être réprimée et punie sévèrement par le magistrat de police. Son auteur peut-être traité comme perturbateur du repos public. Voir *Imprimerie*, §. 2.

ALLIÉS A LA FRANCE (Crimes contre les). Voir *Sûreté de l'État*, art. 5.

ALLUSION. Voir *Allégorie.*

ALLUVIONS *ou* ATTERISSEMENS. Voir *Navigation,* art. 15. *Nettoiement, art.* 15.

ALTÉRATION D'ACTES *ou* SIGNATURES. Voir *Faux.*

ALUN. Substance minérale qui devient un poison en séjournant dans des vases d'étain allié avec du plomb.

La police doit veiller à ce que les marchands de vin ne fassent point abus de l'alun, en l'employant à clarifier leurs vins, et à ce que les boulangers n'en fassent point usage pour rendre leur pain plus blanc. Voir *Boulangers.*

AMBASSADEURS.

Les ambassadeurs des puissances étrangères sont, en vertu du droit des gens, indépendants de la juridiction des tribunaux des puissances près desquelles ils sont envoyés. Conformément à la loi du 13 ventose an II (3 mars 1794), nulle autorité constituée ne peut attenter en aucune manière à la personne des envoyés des Gouvernemens étrangers ; cette indépendance s'étend à leurs épouses et aux personnes de leur suite. Nul officier de police ne peut s'introduire ni ordonner de s'introduire dans l'hôtel d'un ambassadeur ; y arrêter, ni faire arrêter aucun de ses gens, à moins qu'il ne soit requis par l'ambassadeur; mais il doit rendre compte à l'autorité supérieure des renseignemens qu'il aurait pu recueillir sur le délit ou sur l'évènement qui aurait eu lieu dans l'hôtel d'un ambassadeur.

À l'égard des consuls et des commissaires des relations commerciales, ils sont soumis à la juridiction des juges du lieu où ils exercent leurs fonctions.

Délits commis par la voie de la presse, ou par tout autre moyen de publication, envers les ambassadeurs et les agens diplomatiques. Voir *Imprimerie*, §§. 2 et 3.

Comment sont reçues les dépositions des ambassadeurs comme témoins, en matière criminelle, correctionnelle, ou de simple police. Voir *Témoins*.

AMENDE. Peine de simple police, ou de police correctionnelle, ou de police criminelle.

Voir *Peines*, §. 1er. et §. 4, *et art. 35 et suivants.* Voir aussi *Contraventions, art.* 5.

Art. 1er. Dans tous les lieux où il n'existe point de contribution mobilière, les amendes déterminées par les lois d'après la contribution mobilière, sont réglées ainsi qu'il suit :

1°. Celles portées au quart, au tiers, à la moitié ou à la totalité de la contribution mobilière, sont de 3 à 200 fr.

2°. Celles plus fortes que la contribution mobilière sont de 50 à 600 fr.

Les juges doivent se conformer, autant que possible,

aux proportions indiquées par les lois qui ont réglé les amendes sur la contribution mobilière.

Décret du 31 juillet 1806.

2. Les amendes encourues par le mari pour crime n'emportant pas mort civile peuvent se poursuivre sur les biens de la communauté, sauf la récompense due à la femme; celles encourues par la femme ne peuvent s'exécuter que sur la nue propriété de ses biens personnels, tant que dure la communauté. *Code civil, art. 1424.*

3. Lorsque la commission des contributions indirectes, pour justifier de ses diligences pour le recouvrement des amendes prononcées par jugemens à la suite de contraventions, doit faire constater la disparition de ceux qui, dans l'intervalle de la contravention au jugement, ont changé de domicile, sans qu'on puisse découvrir leur nouvelle demeure, elle s'adresse à cet effet au commissaire de police de l'ancien domicile du condamné, qui ne peut refuser le certificat d'absence ou de disparition, sur la réquisition qui lui en est faite par les employés des contributions indirectes ou de l'octroi. *Décision du préfet de police du 22 mai 1817.*

Voir aussi *Frais de justice*, art. 86.

AMEUTER. Exciter le peuple à la désobéissance aux lois, et à la révolte.

C'est un délit de police criminelle. Les officiers de police doivent employer tous les moyens de persuasion pour le prévenir, et tous ceux que la loi met en leurs mains, pour le réprimer et en faire punir les auteurs.

Voir *Attroupement. Rébellion.*

AMIDON, AMIDONIERS. (Voir *idem* au tome IV.)

Art. 1er. Défenses aux amidoniers d'employer à la fabrique de l'amidon, des blés de bonne qualité propres à faire du pain; ils ne peuvent y employer que les sons, griots, recoupes et recoupettes de bon blé, et les blés défectueux, germés, ou gâtés ; le tout à peine de confiscation et de 500 fr. d'amende. *Arrêts du conseil des 20 mars 1772 et 10 décembre 1778.*

2. Défenses, sous les mêmes peines, aux amidoniers de vendre aux boulangers aucune farine provenant des blés germés ou gâtés dont les amidoniers emploient la première farine à la fabrique de l'amidon. *Édit de février 1771, art, 6.*

3. Les amidoniers ne doivent point laisser couler dans les rues l'eau corrompue qui a servi à la fermentation des grains, sous les peines de simple police. Voir *Délits*, §. 6 *de l'art.* 29.

4. Défenses à eux de vendre aux nourrisseurs de bestiaux le marc d'amidon. Voir *Lait.*

Voir aussi *Ateliers.*

AMPHITHÉATRES. Voir *Dissection.*

ANIMAUX ABANDONNÉS ou PERDUS. (Voir *id.* au t. IV.)

Art. 1er. Toute personne qui a perdu un animal utile, peut en faire sa déclaration au commissaire de police de son quartier, ou du quartier où la perte a été faite. À Paris, la déclaration est transmise au préfet de police.

2. Toute personne qui a trouvé abandonné ou perdu, un animal utile, doit en faire sa déclaration à l'officier de police le plus voisin, et le lui représenter; si le propriétaire est connu de suite, l'officier de police lui fait rendre l'animal, en payant les frais, s'il y en a eu de faits.

3. Si le propriétaire n'est pas connu, l'animal trouvé est envoyé en fourrière, dont les frais sont à la charge du propriétaire, ou prélevés sur le produit de la vente, si le propriétaire ne se présente pas.

À Paris, le procès-verbal est transmis au préfet de police.

Voir au mot *Chevaux*, Fourrière des chevaux.

ANIMAUX DOMESTIQUES. Peines contre ceux qui les tuent ou qui les blessent. Voir *Destructions*, art. 11, 12, 13 et 14; *Délits*, art. 31, §. 2.

ANIMAUX MALFAISANTS. (Voir *idem* au tome IV.)

Art. 1er. Sont réputés animaux malfaisants : 1° Les porcs, les pigeons, les lapins, les oies, les cannes, les poules et autres volailles, sous le rapport de l'infection des excrémens des uns, et des dégradations que les autres occasionnent dans les maisons; 2°. les chiens qui vaguent dans les rues sans maître, sous le rapport des accidents qu'ils peuvent occasionner.

2. Défenses de laisser vaguer sur la voie publique, des animaux malfaisants ou féroces, sous peine de l'amende de police de 6 à 10 francs, ou de 11 à 15 francs, suivant les circonstances. *Code pénal*, art. 475, §. 7, et art. 479, §. 2; sans préjudice des indemnités et réparations dues aux parties lésées. Voir *Délits*, art. 30, n°. 7, et 31, n°. 2.

3. Défenses d'avoir et d'élever dans Paris, des porcs, pigeons, lapins, lièvres, poules et autres volailles, à peine de 300 francs d'amende. Les officiers de police sont tenus de faire des visites, de recevoir les dénonciations, de les vérifier, et de traduire les contrevenants aux tribunaux de police correctionnelle. *Ordonnance de police du 22 juin 1764.*

4. Sont exceptés de la disposition ci-dessus les nourrisseurs de bestiaux, à la charge d'avoir ces animaux éloignés du centre de la ville, et d'en faire la déclaration au commissaire de police de leur domicile. *Arrêté de police du 7 brumaire an IV. (28 octobre 1796.)*

5. La chasse aux animaux nuisibles est permise. Voir *Chasse.*

6. Il est défendu de conduire et montrer dans les rues de Paris, des singes, des ours, et autres animaux malfaisants. Voir aussi *Curiosités.*

ANIMAUX MORTS. Doivent être enfouis. Voir *Police rurale*, art. 44.

ANNONCES. Voir *affiches;* et le mot *Ecrits*, *images*, *gravures.*

ANONYMES. Lettres ou écrits sans signature.

Toute personne qui a reçu une lettre anonyme injurieuse ou diffamante, peut en porter plainte devant l'officier de police, en rechercher l'auteur et le poursuivre civilement en réparation. *Arrét du Parlement du 11 août 1763.* Voir *Calomnie. Imprimerie*, §. 2 et 3. Voir aussi *Menaces d'attentat.*

ANTICHRÈSE. Voir *Nantissement.*

ANTICIPATIONS sur la voie publique. Voir *Alignement. Bátimens. Voirie.*

APOTHICAIRES. Voir *Pharmaciens.*

APPEL.

Appel des jugemens de simple police. Voir *Juges de paix*, §. 4.

Appel des jugemens de police correctionnelle. Voir *Police correctionnelle, art. 97 et suivants.*

On n'appelle point des jugemens criminels, on se pourvoit en cassation. Voir *Pourvoi.*

Appel des jugemens des tribunaux de commerce. Voir *Commerce*, art. 178.

Tout appelant qui succombe encourt une amende de 5 fr. pour l'appel d'un jugement de justice de paix, et de 10 fr. pour l'appel d'un jugement de première instance ou de commerce. *Code de procédure civile*, art. 471. Voir *Pourvoi.*

APPRENTIS.

Art. 1er. Les contrats d'apprentissage entre majeurs, ou consentis par des mineurs avec le concours de leurs père et mère, ou tuteur, ne peuvent être résolus, sauf l'indemnité en faveur de l'une ou de l'autre des parties, que dans les cas ci-après :

1°. Inexécution des engagemens de part et d'autre.

2°. Mauvais traitemens de la part du maître ;

3°. Inconduite de l'apprenti ;

4°. Si l'apprenti s'est obligé à donner, pour tenir lieu de rétribution pécuniaire, un temps de travail dont la valeur excéderait le prix ordinaire des apprentissages. *Loi du 22 germinal an XI* (22 avril 1803), art. 9.

2. Les engagemens peuvent être résolus par l'apprenti, ou par ses parens ou tuteur, sauf indemnité, lorsque le maître,

1°. Use de mauvais traitemens envers l'apprenti ;

2°. Lui refuse la nourriture nécessaire ;

3°. Lui donne des exemples dangereux par sa mauvaise conduite ;

4°. Exige de lui un travail au-dessus de ses forces ;

5°. Lui commande des choses contre la probité et les mœurs ;

6°. L'occupe à un travail étranger à la profession qu'il doit lui apprendre.

7°. Enfin lorsque l'apprenti s'enrôle pour le service militaire.

Ainsi jugé par arrêt du Parlement de Paris, du 19 février 1746.

3. L'apprenti qui manque de respect envers son maître par des paroles injurieuses et grossières, est condamné à un emprisonnement d'un à trois jours. *Décret du 30 août 1810, art. 4.*

4. L'apprenti coupable de vol de marchandises, matières, outils et autres objets appartenant à son maître, encourt la peine de réclusion, conformément au paragraphe 3 de l'article 386 du code pénal. Voir *Vol*, art. 8, §. 3.

5. Le maître est responsable des dommages causés à autrui par son apprenti, à moins qu'il ne prouve qu'il n'a pu empêcher le fait. *Code civil, art. 1384.*

6. Le maître ne peut retenir l'apprenti au-delà de son temps ni lui refuser un congé d'acquit, quand il a rempli ses engagemens, à peine de dommages-intérêts au moins du triple du prix des journées depuis la fin de l'apprentissage. *Loi précitée du 22 germinal an XI, art.* 10.

7. Un maître ne peut recevoir pour ouvrier un apprenti qui n'a pas son congé d'acquit, à peine de dommages-intérêts envers son maître. *Idem, art.* 11.

8. A Paris, les maîtres font inscrire leurs apprentis au bureau général de l'inscription des ouvriers, en justifiant de l'engagement, ce dont il est fait mention sur l'inscription. *Ordonnance du préfet de police du 20 pluviôse an XII* (10 février 1804)

9. Il n'est point délivré de livrets aux apprentis; ils sont inscrits sur le registre avec le mot *apprenti* à la marge, et il en est fait mention sur le contrat d'apprentissage. *Instruction du préfet de police, du 26 pluviôse an XII* (16 février 1804).

10. En sortant d'apprentissage, l'ouvrier est tenu de se pourvoir d'un livret, sur lequel il est fait mention de son congé d'acquit. *Ordonnance précitée, art.* 8.

11. Toutes les affaires de simple police entre les ouvriers et apprentis, les manufacturiers, fabricants et artisans, sont portées devant les commissaires de police, et à leur défaut devant les maires. Ils concilient les parties, et s'ils ne le peuvent, il en est référé à l'autorité supérieure. *Loi précitée, art.* 19. Voir *Ouvriers, art.* 10.

APPROVISIONNEMENS.

La liberté du commerce produisant naturellement l'approvisionnement nécessaire à la consommation des grandes villes, la police doit seulement veiller à ce que des spéculateurs avides n'arrêtent pas la circulation des denrées, et à ce que les lois et réglemens de police relatifs à chaque espèce de denrée, soyent exécutés. Voir *Grains*, art. 5 ; *hausse et baisse.*

Le magistrat de police doit aussi se faire rendre compte des approvisionnemens, afin que s'ils diminuaient de manière à être insuffisants, il puisse prendre les mesures nécessaires suivant les circonstances. Voir *Disette*.

Le préfet de police, par suite de l'inspection qui lui est attribuée sur les halles et marchés, rend compte au ministre de l'intérieur de l'état des approvisionnemens de la ville de Paris. *Arrêté du Gouvernement du* 12 *messidor an* VIII (1 *juillet* 1800) *art.* 33.

Il peut prendre d'urgence et sous l'autorité du ministre de l'intérieur, les mesures nécessaires pour assurer l'approvisionnement par eau des comestibles destinés à la ville de Paris. *Idem du* 1 *messidor an XI* (20 *juin* 1803) *art.* 6. Voir aussi *Marchands Forains*, *art.* 10.

APPUIS DE BOUTIQUES *et* CROISÉES.

On nomme appui une construction en pierre, maçonnerie, ou menuiserie, pratiquée entre les deux tableaux et pieds droits d'une croisée pour s'y appuyer. Ils sont fixes ou permanents.

La saillie des appuis de boutique ou de croisée ne peut excéder 22 centimètres (8 pouces) pour ceux qui se retirent le soir, et 54 millimètres (2 pouces) pour ceux fixes et permanents ; à peine de l'amende de police de 1 à 5 fr., et de démolition. *Ordonnance des trésoriers de France, du* 14 *décembre* 1725. *Code pénal, art.* 471 , §. 5.

Il faut une permission de la petite-voirie pour établir un appui. Voir *Voirie* , tarif des droits de petite-voirie.

AQUEDUCS.

Art. 1er. La police veille à la pureté des eaux des

aqueducs, et à leur distribution aux fontaines publiques. Elle en provoque les réparations.

2. Les aqueducs sont dans la classe des monumens publics, dont la dégradation est punie d'un mois à deux ans d'emprisonnement, et de 10 à 200 fr. d'amende. *Code pénal, art.* 257.

Voir *Monumens.*

3. Lorsque l'on conduit un aqueduc le long d'un mur mitoyen, on doit y établir un contre-mur d'épaisseur suffisante pour que les eaux ne puissent atteindre le mur mitoyen. *Coutume de Paris, art.* 188. *Code civil, art.* 674.

ARBITRAGE *ou* ARBITRES.

Art. 1ᵉʳ. Toutes personnes peuvent compromettre par le ministère d'arbitres, sur les droits dont elles ont la libre disposition; néanmoins on ne peut compromettre sur dons et legs d'alimens, logement et vêtement, sur les séparations d'entre mari et femme, sur les questions d'état, ou sur toute contestation sujette à communication au ministère public. *Code de procédure civile, art.* 1003, 1004.

2. Les jugemens arbitraux sont rendus exécutoires par ordonnance du président du tribunal civil. *Idem, art.* 21.

ARBRES. (Voir *Idem*, au tome IV.)

Art. 1ᵉʳ. On ne peut planter des arbres à haute tige, qu'à la distance de deux mètres (6 pieds) de la ligne séparative de la propriété voisine, et à la distance d'un demi-mètre (1 pied et demi) pour les autres arbres et haies-vives. Le voisin peut exiger que les arbres ou haies plantées à une moindre distance soient arrachés. *Code civil, art.* 671.

Celui sur la propriété duquel avancent les branches des arbres du voisin, peut contraindre celui-ci à couper ces branches; si ce sont des racines qui avancent sur son héritage, il a le droit de les couper lui-même. *Idem*, art. 672.

3. Les arbres et haies vives riverains des grands chemins, doivent être à 2 mètres de distance des fossés et berges qui séparent le chemin et les héritages, et à 10 mètres du pavé, là où il n'y a pas de fossés ; à peine d'amende, et de 500 fr. de dommages-intérêts applicables, un tiers à l'hôpital le plus voisin, un tiers au dénonciateur, et un tiers à l'entrepreneur de l'entretien de la route. *Arrêt du conseil du 17 juin 1721. Ordonnance du Roi du 4 août 1731.*

3. Les arbres plantés sur les grandes routes antérieurement à la loi du 9 ventôse an XIII (28 février 1805), font partie du domaine public ; peines contre ceux qui dégradent les arbres des grandes routes. Voir *Destructions*, art. 7 et 9.

4. A compter de la publication de la loi précitée du 9 ventôse an XIII, les grandes routes non plantées d'arbres et susceptibles de l'être, le sont en arbres forestiers ou fruitiers par les propriétaires riverains, dans l'intérieur de la route, sur le terrain appartenant à l'état, avec un contre-fossé fait et entretenu par l'administration des ponts et chaussées. *Loi précitée du 9 ventose an XIII, art. 1 et 2.*

5. Les propriétaires riverains ont la propriété de ces arbres et leur produit ; mais ils ne peuvent les couper, abattre, ni arracher, sans une autorisation du directeur-général des ponts et chaussées, accordée sur la demande du préfet, lorsque le dépérissement des arbres aura été constaté par les ingénieurs, et toujours à la charge du remplacement immédiat. *Idem*, art. 3. *Décret du 16 décembre 1811, art. 99.*

Tout propriétaire qui coupe sans autorisation, arrache ou fait périr les arbres des routes, plantés sur son terrain, encourt une amende du triple de la valeur de l'arbre détruit. *Décret précité, art.* 101. Voir aussi *Voirie, art.* 4. *Destructions, art.* 7.

6. Lorsque l'administration a désigné les routes qui doivent être plantées, les propriétaires ont deux ans pour ces plantations ; ce délai expiré, elles sont faites par le Gouvernement à leurs frais, et la propriété des arbres leur appartient comme il est dit ci-dessus. *Loi précitée du 9 ventôse an XIII, art.* 4 ; mais ils encourent une amende d'un franc par pied d'arbre planté par l'administration à leur défaut. *Décret précité, art.* 97.

7. Sur les routes dont la largeur ne permet pas des plantations sur le terrain de l'état, le propriétaire riverain qui veut planter des arbres sur son terrain à moins de six mètres de distance de la route, doit demander au préfet du département l'alignement à suivre. *Loi précitée, art.* 5.

8. Nul ne peut planter sur les bords des chemins vicinaux, même dans sa propriété, sans leur conserver la largeur qui aura été fixée par l'administration publique. *Idem, art.* 6 et 7.

9. Les particuliers ne peuvent faire élaguer les arbres qui leur appartiennent sur les grandes routes, qu'aux époques et suivant les indications contenues dans l'arrêté du préfet, et toujours sous la surveillance des agens des ponts et chaussées, sous peine d'être poursuivis comme coupables de dommages causés aux plantations des routes. *Décret précité, art.* 105.

10. Les arbres existant sur les chemins publics autres que les grandes routes et chemins vicinaux, ainsi que dans les rues des villes, bourgs et villages, sont censés appartenir aux propriétaires riverains, à moins que les communes ne justifient en avoir la propriété par titre ou possession. *Loi du 28 août 1792, art.* 14.

Ceux qui existent sur les places des villes, bourgs ou villages, et dans les marais, prés et autres biens dont les communes ont la propriété, sont censés leur appartenir, sauf les droits que des particuliers pourraient y avoir acquis par titre ou possession. *Idem*, *art.* 15.

11. La conservation des plantations des routes est confiée à la surveillance des cantonniers, gardes-champêtres, gendarmes, agens et commissaires de police, et des maires. *Décret précité, art.* 106.

12. Les amendes prononcées pour dommages auxdites plantations, appartiennent, un tiers aux agens qui ont constaté le dommage, un tiers à la commune du lieu des plantations, l'autre tiers au trésor public pour le service des ponts et chaussées. *Idem, art.* 107. Les poursuites et les recouvremens ont lieu comme en matière de grande-voirie. *Idem, art.* 108. Voir *Voirie.*

13. Il est défendu d'attacher aux arbres plantés le long des chemins, aucuns cordages pour sécher du linge ou d'autres objets, et d'étendre lesdits objets sur les haies vives ; à peine de 5o fr. d'amende, et de confiscation desdits objets. *Ordonnance des trésoriers de France, du 2 août* 1774.

Peines contre ceux qui abattent, mutilent, coupent, écorcent des arbres, ou en détruisent les greffes. Voir *Destructions. Police rurale.*

ARBRES (Échenillage des). Voir *Chenilles.*

ARBRES abattus par les vents, ou Chablis. Voir *Bois et Foréts, art.* 52. *Gardes champétres et forestiers, art.* 28.

ARBUSTES (Marché aux). Voir *Fleurs.*

ARCHITECTES EXPERTS.

Art. 1er. Les architectes-experts prononcent entre les particuliers et les ouvriers pour vérifier les ouvrages, et régler les mémoires.

2. Lorsqu'ils sont commis par un tribunal pour faire une vérification, ils sont assistés dans leur opéra-

tion, d'un commissaire de police, qui rédige le procès-verbal, les parties présentes ou dûment appelées.

3. Lors des réceptions d'ouvrages ou travaux, pres-crites, par l'article 12 de la loi du 11 brumaire an VII (1 novembre 1798), sur le régime hypothécaire , l'ar-chitecte-expert nommé par le juge de paix rédige son procès-verbal en présence d'un commissaire de police, qui, dans ce cas, fait fonctions de ministère public, aux termes de l'art. 1er. de la loi du 27 ventôse an VIII (18 mars 1800), et de la décision du ministre de la justice du 8 thermidor suivant (27 juillet 1800). Voir *Commissaire de police, art.* 26. A défaut de commis-saire de police, un adjoint de maire assiste à l'opé-ration.

Prescription pour les architectes. Voir *Prescription*.

4. Les commissaires de police doivent assister les ingénieurs des ponts et chaussées , et les architectes de la grande-voirie, lorsqu'ils requièrent l'intervention du commissaire de police, pour assurer l'exécution des arrêtés et décisions du préfet du département. *Dé-cision du directeur-général de la police, à Paris, du 11 août* 1814.

ARCHIVES (Manuscrits des). Voir *Manuscrits*. Voir aussi *Dépôts publics*.

ARDOISES. (Voir *Idem*, au tome IV).

Les ardoises amenées à Paris doivent avoir dix à onze pouces de longueur, sur six à sept pouces de large, et deux lignes d'épaisseur, ce qu'on nomme *Carrée-forte*. La *Carrée-fine* doit avoir douze à treize pouces de lar-geur, sur une ligne d'épaisseur. La pierre dont lesdites qualités d'ardoises sont faites, doit être tirée de la troisième foncière de chaque mine ou perrière.

Chaque espèce doit être empilée séparément dans les bateaux et dans les magasins.

Le tout à peine de confiscation. *Ordonnance de la*

Ville, de décembre 1672, *sur le fait du commerce, chapitre* 29, *art.* 4 *et* 5. Voir aussi *Marchands*, *art.* 4.

Voir aussi *Carrières.*

ARE, mesure agraire. Voir *Poids et Mesures.*

ARGENT; ouvrages d'or et d'argent. Voir *Matières d'or et d'argent.*

ARGENT EN FEUILLES dont se servent les pharmaciens pour couvrir et envelopper les pillules et les bols.

La police doit veiller avec soin, à ce qu'aucun pharmacien, aucun empyrique ou charlatan, n'employe, au lieu de véritable argent en feuilles, des feuilles d'étain battu, par cupidité ou par ignorance, d'où il peut résulter des germes de maladies ou de mort.

Les coupables doivent être punis sévèrement. Voir *Pharmaciens.*

ARGENT FULMINANT, espèce de composition chimique, qui, masquée sous différentes formes, produit une détonation semblable à celle de la poudre à canon.

Des imprudens ou des mal-intentionnés pouvant s'en servir pour troubler l'ordre public dans les promenades et autres lieux de réunion, et l'effet de cette composition pouvant occasionner des accidens, les officiers de police doivent rechercher et saisir tout l'argent fulminant qui peut se trouver dans le commerce, dans leurs arrondissemens respectifs, et faire expresses défenses aux individus chez qui il en est trouvé, d'en vendre ou faire usage, à peine d'être poursuivis suivant toute la rigueur des lois de police. *Circulaire du préfet de police du 6 mars* 1807.

ARGILES. Voir *Carrières.*

ARGUE. Voir *Matières d'or et d'argent*, §. 9.

ARMÉE. Mode de recrutement de l'armée française.

1°. *Engagemens volontaires.*

2°. *Appels.*

3°. *Rengagemens.*

4°. *Vétérans.*

5°. *Dispositions pénales.*

6°. *Avancement.*

§. Ier. *Des engagemens volontaires.*

Art. 1er. L'armée française se recrute par des enrô-
lemens volontaires, et en cas d'insuffisance, par des
appels faits comme il est dit ci-après. *Loi du* 10 *mars*
1818, *art.* 1er.

2. Tout français âgé de 18 ans, jouissant de ses
droits civils, et ayant les qualités requises pour être
admis dans le corps pour lequel il se présente, peut
s'engager volontairement.

Sont exclus et ne peuvent servir dans les troupes
françaises, les repris de justice, les vagabonds ou gens
sans aveu déclarés tels par jugement.

Idem, art. 2.

3. La durée des engagemens est de six ans dans les
légions départementales, et de huit ans dans les autres
corps.

Il n'y a dans les troupes françaises, ni prime en
argent, ni prix quelconque d'engagement.

Les autres conditions sont déterminées par le Roi et
rendues publiques.

Idem, art. 3.

4. Les engagemens volontaires sont contractés devant
les officiers de l'état civil dans la forme prescrite par
les articles 34 et 44 du code civil. (Voir état civil, art.
1 et 5). Les conditions relatives à la durée de l'engagement sont insérées dans l'acte même; les autres conditions sont lues aux contractans avant les signatures, et
mention en est faite à la fin de l'acte; le tout sous peine
de nullité. *Idem, art.* 4.

Nota. Celui qui se présente pour s'engager volontairement, soit
pour son compte personnel, soit comme remplaçant, doit justifier
d'un certificat du maire de son domicile, visé par le juge de paix, cons-

tatant qu'il jouit de ses droits civils, qu'il est de bonne vie et mœurs, qu'il n'a pas été repris de justice, qu'il n'a pas été appelé pour le service de terre ou de mer, ou qu'il en est libéré. *Instruction du ministre de la guerre, du 20 mai 1818.*

A Paris, le certificat ci-dessus mentionné est délivré par le commissaire de police du domicile du requérant, sur l'attestation de deux témoins, et d'après les renseignemens recueillis par le commissaire de police. Le commissaire envoie, dans le jour, à la préfecture de police le certificat, lequel doit porter le signalement du requérant, et remet au requérant un bulletin indicatif de son nom, avec lequel il va, le lendemain à la préfecture de police, prendre son certificat. Ces certificats ne sont point soumis au timbre. *Instructions du préfet de police des 9 et 19 novembre et 12 décembre 1818 et 26 juillet 1819.* (Voir, au tome IV, *Engagement.*)

On peut aussi consulter, pour les engagemens volontaires, l'instruction précitée du 20 mai 1818, au *Bulletin des Lois,* 215.

§. II. *Des appels.*

5. Le complet de paix de l'armée, officiers et sous-officiers compris, est fixé à deux cent quarante mille hommes. Les appels ne peuvent dépasser ce complet ni excéder annuellement quarante mille hommes. En cas de besoins plus grands, il y est pourvu par une loi. *Loi précitée, art. 5.*

6. Chaque année, dans les limites fixées par l'article précédent, le nombre d'hommes appelé est réparti entre les départemens, arrondissemens et cantons, en proportion de la population. Le tableau de cette répartition est communiqué aux chambres, publié et affiché, ainsi que l'état sommaire des engagemens volontaires de l'année précédente. *Idem, art.* 6.

7. Le contingent assigné à chaque canton est formé par un tirage au sort entre les jeunes français domiciliés légalement dans le canton, et qui ont atteint l'âge de vingt ans dans le courant de l'année précédente. Sont exemptés les jeunes gens mariés avant la publication de la présente loi. *Idem, art.* 7.

8. Sont considérés légalement domiciliés dans le canton :

1°. Les jeunes gens même émancipés, engagés, établis au dehors, expatriés, absens ou détenus, si d'ailleurs leurs père, mère ou tuteur ont leur domicile dans le canton, ou s'ils sont fils d'un père expatrié qui avait son dernier domicile dans ledit canton;

2°. Les jeunes gens mariés et domiciliés dans le canton;

3°. Les jeunes gens nés et résidant dans le canton, qui n'auraient ni leur père, ni leur mère, ni tuteur;

4°. Les jeunes gens résidant dans le canton, qui ne seraient dans aucun des cas précédens, et qui ne justifieraient pas de leur inscription dans un autre canton. *Idem*, art. 8.

9. Sont, d'après la notoriété publique, considérés comme ayant l'âge requis pour le tirage, les jeunes gens qui ne peuvent produire un extrait des registres de l'état civil constatant un âge différent, ni, à défaut de registres, prouver leur âge conformément à l'article 46 du Code civil. (Voir *Etat civil*, art. 7.) *Idem*, art. 9.

10. Si dans l'un des tirages, des jeunes gens ont été omis, ils sont rappelés dans le tirage subséquent. *Idem*, art. 10.

11. Les tableaux de recensement des jeunes gens du canton soumis au tirage d'après les régles précédentes sont dressés par les maires, publiés et affichés dans chaque commune, et dans les formes prescrites par les art. 63 et 64 du Code civil. (Voir *Mariages*, art. 4.) Un avis publié dans les mêmes formes indique les lieu jour et heure où il doit être procédé à l'examen desdits tableaux, et à la désignation par le sort du contingent cantonal. *Idem*, art. 11.

12. Dans les cantons composés de plusieurs communes cet examen et cette désignation ont lieu au

chef-lieu du canton en séance publique, devant le sous-préfet assisté des maires du canton. Dans ceux composés d'une commune ou d'une portion de commune, le sous-préfet est assisté du maire et des adjoints.

Le tableau est lu à haute voix. les jeunes gens, leurs parens ou ayant cause sont entendus dans leurs observations. Le sous-préfet statue après avoir pris l'avis des maires. Le tableau, rectifié s'il y a lieu, et définitivement arrêté, est revêtu de leurs signatures.

Immédiatement après, chacun des jeunes gens, appelé dans l'ordre du tableau, prend dans l'urne un numéro qui est de suite proclamé et inscrit. Les parens des absens, ou le maire de leur commune, tirent à leur place.

La liste, par ordre de numéros, est dressée au fur et à mesure du tirage. Il y est fait mention des cas et des motifs d'exemption ou dispense que les jeunes gens ou leurs parens, ou les maires des communes se proposent de faire valoir devant le conseil de révision ci-après désigné. Le sous-préfet y ajoute ses observations.

La liste du tirage est ensuite lue, arrêtée et signée de la même manière que le tableau de recensement, et annexée, avec ledit tableau, au procès-verbal des opérations. Elle est publiée et affichée dans chaque commune du canton. *Idem., art.* 12.

13. Ces opérations sont revues en séance publique, dans un conseil présidé par le préfet, composé d'un conseiller de préfecture, d'un membre du conseil général du département, d'un membre de celui d'arrondissement, et d'un officier-général et supérieur, tous désignés par le Roi (par le préfet aux termes d'une ordonnance du Roi, du 23 septembre 1818). Le conseil de révision se transporte dans les chefs-lieux d'arrondissement ou de canton, suivant les localités.

Les jeunes gens appelés à faire partie du contingent

sont convoqués, examinés et entendus. En cas d'absence ou de non représentation, ou de non obtention de délai, il est procédé comme s'ils étaient présens.

Dans les cas d'exemption pour infirmités, les gens de l'art sont consultés. Les autres cas d'exemption ou de dispense sont jugés sur des documens authentiques, ou sur des certificats du maire de la commune du réclamant, et de trois pères de famille domiciliés dans le même canton, dont les fils sont soumis à l'appel, ou ont été appelés et sont sous les drapeaux.

Hors le cas prévu par l'article 16 ci-après, les décisions du conseil de révision sont définitives.

Idem. art. 13.

Le jeune soldat convaincu de mutilation sur lui-même, pour se soustraire à la loi, est envoyé dans une compagnie de pionniers. *Ordonnance du Roi du 28 avril 1820.*

14. Sont exemptés et remplacés dans l'ordre des numéros subséquens, les jeunes gens faisant partie du contingent qui se trouvent dans un des cas suivans :

1º. Ceux au-dessous de la taille d'un mètre cinquante-sept centimètres (4 pieds 9 pouces).

2º. Ceux impropres au service par leurs infirmités.

3º. L'aîné d'orphelins de père et de mère.

4º. Le fils unique, ou l'aîné des fils, et à défaut de fils le petit-fils ou l'aîné des petits-fils, d'une veuve, d'un père aveugle ou septuagénaire.

5º. Le plus âgé des deux frères désignés tous deux par le sort dans un même tirage,

6º. Celui dont un frère est sous les drapeaux, à quelque titre que ce soit, ou est mort en activité de service, ou a été réformé par blessures ou infirmités acquises à l'armée.

Ladite exemption est appliquée dans la même famille autant de fois que les mêmes droits s'y reproduiront ; sont comptés néanmoins en déduction desdites exemptions, les frères vivans, libérés en vertu du présent article, à tout autre titre que pour infirmités.

Idem, art. 14.

15. Sont dispensés, considérés comme ayant satisfait à l'appel, et comptés numériquement en déduction du contingent à fournir, les jeunes gens, désignés par leur numéro pour faire partie du contingent, qui se trouveraient dans l'un des cas suivans.:

1º. Ceux qui ont contracté un engagement volontaire dans un des corps de l'armée ;

2º. Les jeunes marins portés sur les registres-matricules de l'inscription maritime, et les charpentiers de navire, perceurs, voiliers et calfats, aussi immatriculés ;

3º. Les officiers de santé commissionnés et employés dans les armées de terre et de mer ;

4º. Les jeunes gens régulièrement autorisés à continuer leurs études ecclésiastiques, sous condition qu'ils perdront le bénéfice de la dispense, s'ils n'entrent point dans les ordres sacrés ;

Cette disposition est applicable aux divers cultes dont les ministres sont salariés par l'état ;

5º. Les élèves de l'école normale, et les autres membres de l'instruction publique qui contractent devant le conseil de l'université l'engagement de se vouer pendant dix ans à ce service.

Cette disposition s'applique aux frères des écoles chrétiennes ;

Les élèves de langues ;

Les élèves de l'école polytechnique et des écoles de services publics ;

Les élèves des écoles spéciales militaires et de la marine ;

Soit que lesdits élèves suivent encore leurs études, ou aient été admis dans le service auquel elles préparent, sous condition qu'ils perdront le bénéfice de la dispense, s'ils abandonnent lesdites études, ou ne sont point admis dans ledit service, où s'ils quittent avant le temps fixé par l'article 20 ci-après pour la durée du service des soldats.

6°. Les jeunes gens qui ont obtenu un des grands prix décernés par l'institut royal, ou le prix d'honneur décerné par le conseil de l'université.

Idem, *art.* 15.

16. Lorsque les jeunes gens faisant partie du contingent cantonal ont fait des réclamations dont l'admission ou le rejet dépend de la décision à intervenir sur des questions judiciaires relatives à leur état ou à leurs droits civils, les jeunes gens désignés par leur numéro pour suppléer lesdits réclamans, sont appelés dans le cas où par l'effet des décisions judiciaires, ces réclamans seraient libérés.

Ces questions sont jugées contradictoirement avec le préfet, à la requête de la partie la plus diligente. Les tribunaux statuent sans délai, le ministère public entendu, sauf l'appel.

Idem, *art.* 6.

17. Après l'examen des opérations, exemptions, dispenses ou réclamations, la liste du contingent de chaque canton est définitivement arrêtée et signée par le conseil de revision.

Les jeunes gens qui, aux termes de l'article 16, sont appelés les uns au défaut des autres, ne sont inscrits sur la liste du contingent, que conditionellement et sous la réserve de leurs droits.

Le conseil déclare ensuite que les jeunes gens qui ne sont pas inscrits sur cette liste sont définitivement libérés. Cette déclaration avec l'indication du dernier numéro compris dans le contingent cantonal, est publiée et affichée dans chaque commune du canton.

Dès qu'il a été statué par les tribunaux sur les questions mentionnées en l'article 16 ci-dessus, le conseil, d'après leur décision, prononce de la même manière la libération, ou des réclamans, ou des jeunes gens conditionnellement désignés pour les suppléer. *Id. art* 17.

18. Les jeunes gens définitivement appelés à faire partie du contingent peuvent se faire remplacer par tout homme valablement libéré, pourvu qu'il n'ait pas plus de trente ans, ou trente-cinq, s'il a été militaire, et qu'il ait la taille et les autres qualités requises pour être reçu dans l'armée.

Le remplaçant est admis par le conseil de révision, et l'acte de remplacement est annexé au procès-verbal.

Les substitutions de numéros peuvent avoir lieu entre les jeunes gens du même tirage.

Les substitutions particulières qui pourraient avoir lieu entre les contractans, à l'occasion desdits remplacemens et substitutions, sont soumises aux mêmes règles et formalités que tout autre contrat civil.

L'homme remplacé est, pour le cas de désertion, responsable de son remplaçant pendant un an à compter du jour de l'acte passé devant le préfet. Il est libéré si, dans l'année, le remplaçant est arrêté, en cas de désertion, ou s'il meurt sous les drapeaux. *Idem, art.* 18.

NOTA. Aucune entreprise pour les remplacemens ne peut exister sans l'autorisation du Roi, sur l'avis du ministre de la guerre et le rapport du ministre de l'intérieur. Les préfets défèrent aux tribunaux tous les actes irréguliers ou les entreprises illicites. *Ordonnance du Roi du* 14 *novembre* 1821.

19. Les jeunes gens appelés ou leurs remplaçans, sont inscrits sur les registres matricules de l'armée. Ils restent dans leurs foyers et y sont assimilés aux militaires en congé. Ils ne sont mis en activité qu'au fur et à mesure des besoins et dans l'ordre déterminé par leur classe. *Idem, art.* 19.

20. La durée du service des soldats appelés est de

six ans, à compter du 1er. janvier de l'année où ils ont été inscrits sur les registres matricules des corps de l'armée. Au 31 décembre de chaque année, en temps de paix, les soldats qui ont achevé leur temps sont renvoyés dans leurs foyers. En temps de guerre, ils le sont immédiatement après l'arrivée au corps, du contingent destiné à les remplacer. *Idem, art.* 20.

§. III. *Des rengagemens.*

21. Les rengagemens sont contractés devant les intendans ou sous-intendans militaires dans les formes prescrites par l'article 4 ci-dessus, sur la preuve que le contractant peut rester ou être admis dans le corps pour lequel il se présente. *Idem, art.* 21.

22. Les rengagemens peuvent être reçus pour deux ans, et ne peuvent excéder la durée des engagemens volontaires. Ils donnent droit à une haute paye, et à l'admission dans la gendarmerie ou dans les vétérans de la ligne. Les autres conditions sont déterminées par le Roi et rendues publiques. *Idem, art.* 22.

§. IV. *Des vétérans.*

23. Les sous-officiers et soldats rentrés dans leurs foyers après avoir achevé leur temps de service, sont assujettis, en temps de guerre, à un service territorial pendant six ans, sous la dénomination de *vétérans*. Ils peuvent se marier et former des établissemens.

En temps de paix, ils ne sont appelés à aucun service ; en temps de guerre, ils ne peuvent être requis de marcher hors de la division militaire, qu'en vertu d'une loi. *Idem, art.* 23.

24. Ils ne peuvent être rappelés sous les drapeaux, s'ils ne demandent à contracter des engagemens. Ils ne sont plus assujettis qu'au service territorial, et ils en

sont exempts s'ils sont âgés de trente-deux ans, ou s'ils ont douze ans de service actif, ou s'ils ont été réformés pour blessures ou infirmités graves. *Idem*, *art.* 24.

§. V. *Dispositions pénales.*

25. Toutes les dispositions de lois, ordonnances, réglemens ou instructions, relatives aux anciens modes de recrutement de l'armée, sont et demeurent abrogées. Les tribunaux civils et militaires, dans les limites de leur compétence, appliquent les lois pénales ordinaires aux délits concernant l'exécution des dispositions de la présente loi. Pour les délits militaires les juges peuvent user de la faculté énoncée en l'article 595 du Code d'instruction criminelle. (Voir *Cours d'assises*, *art.* 77.) — *Idem*, *art.* 25.

26. Tout fonctionnaire ou officier public civil ou militaire, qui, sous quelque prétexte que ce soit, a autorisé ou admis des exemptions, dispenses ou exclusions autres que celles déterminées par la présente loi, ou qui a donné arbitrairement une extension quelconque, soit à la durée, soit aux règles ou conditions des engagemens, des appels, des rengagemens, ou du service des vétérans, est coupable d'abus d'autorité, et puni des peines portées en l'article 185 du Code pénal (Voir *Déni de justice*, *art.* 3), sans préjudice des peines plus graves prononcées par ce Code dans les autres cas qu'il a prévus. *Idem*, *art.* 26.

§. VI. *De l'avancement.*

27. Pour être sous-officier, il faut avoir vingt ans révolus et deux ans au moins de service actif dans un des corps de troupes réglées.

Pour être officier, il faut avoir servi pendant deux ans comme sous-officier, et avoir suivi pendant le même

temps les cours et exercices des écoles spéciales militaires , et satisfait aux examens desdites écoles.

Idem , art. 27.

28. Le tiers des sous-lieutenances de la ligne est donné
aux sous-officiers. Les deux tiers des grades et emplois
de lieutenant , de capitaine , de chef-de-bataillon ou
d'escadron , et de lieutenant-colonel , sont donnés à
l'ancienneté.

Les majors sont choisis parmi les capitaines employés
comme trésoriers , officiers d'habillement et adjudans-
majors ; les trésoriers et officiers d'habillement, parmi
les officiers qui ont été sergens-majors ou maréchaux-
des-logis-chefs ; les adjudans-majors , parmi les lieutenans qui ont été adjudans et sergens-majors , ou maréchaux-des-logis-chefs ; les adjudans , parmi les
sergens-majors ou maréchaux-des-logis-chefs.

Idem, art. 28.

29. Nul officier ne peut être promu à un grade ou
emploi supérieur s'il n'a servi quatre ans dans le grade
ou emploi immédiatement inférieur. Il ne peut être
dérogé à cette règle qu'à la guerre, pour les besoins extraordinaires, et pour des actions d'éclat mises à l'ordre
du jour de l'armée. *Idem, art.* 29.

30. Les autres règles de l'avancement sont déterminées sur ces bases, par un réglement d'administration
publique inséré au Bulletin des Lois.

En conséquence toutes les dispositions des lois, ordonnances, réglemens, instructions ou décisions données jusqu'à ce jour sur l'avancement sont et demeurent
rapportées.

Idem, art. 30.

Nota. On peut consulter, pour les détails d'exécution de la loi ci-
dessus rapportée, les instructions du ministre de la guerre, approuvées
par le Roi , les 12 août 1818 (*Bulletin des Lois*, 223), 21 octobre suivant (*Bulletin*, 241), et 31 décembre aussi suivant (*Bulletin*, 248).

ARMEMENS EN COURSE. Voir *Police maritime.*

ARMES. (Voir *Idem*, au tome IV.)

1°. *Armes de guerre*;

2°. *Armes de commerce*;

3°. *Dispositions communes aux deux §. précédens*;

4°. *Port d'armes*;

5°. *Armes prohibées.*

§. Ier. *Armes de guerre.*

Art. 1er. Il est enjoint à tous individus, autres que ceux ci-après exceptés, détenteurs d'armes de guerre, de les déposer à la mairie de leur domicile, où elles sont inscrites sur un registre particulier, avec le nom des détenteurs, pour ensuite être versées dans les arsenaux.

Sont réputées armes de guerre toutes les armes à feu ou blanches à l'usage des troupes françaises, telles que fusils, mousquetons, carabines, pistolets de calibre, sabres et baïonnettes.

Cette mesure s'applique aux armes de guerre étrangères, et aux armes de commerce dont la fabrication est défendue, conformément à l'article 16 ci-après.

Ordonnance du Roi du 24 juillet 1816, *art.* 1er.

2. Sont exceptés des dispositions de l'article précédent, 1°. les gardes nationaux, lesquels ne peuvent toutefois conserver, ceux à pied, qu'un fusil et un sabre briquet; et ceux à cheval, qu'un mousqueton, une paire de pistolets et un sabre de cavalerie.

2°. Les gardes forestiers et les gardes champêtres, auxquels il est permis d'avoir un fusil de guerre, lorsqu'ils y sont autorisés par les sous-préfets.

3°. Les douaniers, qui conservent leur armement ordinaire.

Idem, art. 2.

3. Défenses à tous particuliers, même aux armuriers

et arquebusiers, de vendre et acheter des armes des·
modèles de guerre, françaises ou étrangères, ou des calibres prescrits par l'article 1er. ci-dessus. *Idem*, art. 3.

4. Les gardes nationaux, gardes champêtres et forestiers, ne peuvent, sous aucun prétexte, vendre,
échanger, ni mutiler leurs armes. Lorsqu'elles sont
hors de service, elles doivent être versées dans les
arsenaux, et remplacées, selon qu'il y a lieu, aux frais
de l'Etat, ou aux frais des gardes.

Les armes des gardes nationaux morts ou exempts de
service sont retirées par les soins des chefs de cette
garde, et déposées aux mairies, jusqu'à ce qu'il en soit
disposé en faveur d'autres gardes nationaux.
Idem, art. 4.

5. Les contrevenans aux dispositions des quatre articles précédens sont poursuivis correctionnellement,
et punis, suivant la gravité des cas, en outre de la confiscation des armes, d'une amende de 3oo fr. au plus,
et d'un emprisonnement qui ne peut excéder trois
mois. En cas de récidive la peine est double. *Idem*,
art. 5.

6. Dans chaque commune, le maire inscrit sur un
registre les noms des habitans faisant partie de la garde
nationale, et qui auraient des armes de guerre entre
leurs mains. Chaque garde national est tenu de représenter lesdites armes à toute réquisition. *Idem*, art. 6.

7. Tout individu qui achète ou prend en gage les
armes d'un soldat, est poursuivi correctionnellement
et puni d'une amende de 6oo fr. au plus, et d'un emprisonnement de six mois au plus. Les soldats qui vendent ou mettent en gage leurs armes sont punis suivant
les lois militaires. *Idem*, art. 7. Voir *Brocanteurs*,
art. 9.

8. Lorsque des armes abandonnées par des militaires
déserteurs ou morts, tombent entre les mains d'un par-

ticulier, celui-ci est tenu de les porter de suite dans les magasins de l'Etat, ou de les remettre, sous récépissé, au maire de sa commune, qui en fait restitution au Gouvernement. *Idem, art.* 8.

9. La fabrication des armes des calibres et des modèles de guerre, hors des manufactures royales, est expressément défendue, à moins d'une autorisation spéciale du ministre de la guerre. *Idem, art.* 9.

10. L'exportation des armes des modèles et des calibres de guerre est interdite aux particuliers. Le Roi peut en autoriser la fourniture par les manufactures royales, aux puissances étrangères qui en feraient la demande. *Idem, art.* 13.

11. L'importation des armes de guerre étrangères ou de modèles français, est expressément défendue, à moins d'un ordre du ministre de la guerre. *Idem, art.* 14.

12. Les contrevenans aux dispositions des articles 8, 9, 10 et 11 ci-dessus sont passibles des peines portées en l'article 5 ci-dessus. *Idem, art.* 15.

13. Les dispositions ci-dessus, relatives aux armes de guerre, s'appliquent aux pièces d'armes de guerre. Les mêmes peines sont prononcées contre ceux qui en seraient possesseurs, marchands ou fabricans, et contre ceux qui les importeraient ou exporteraient. *Idem, art.* 16.

14. Il est permis néanmoins aux armuriers désignés par les maires, de réparer les armes des gardes nationales. Les maires veillent à ce que ces permissions ne puissent dégénérer en abus. *Idem, art.* 17.

Voir aussi *Artillerie.*

§. II. *Des armes de commerce.*

15. Les fabriques d'armes de commerce, dans les villes où il y a une manufacture royale, sont surveillées

par l'inspecteur de cette manufacture. Lorsqu'il croit devoir faire une visite chez les fabricans ou ouvriers armuriers, il requiert le maire, qui peut déléguer un commissaire de police, pour assister à la visite. *Idem, art.* 10.

16. Les armes dites *de traite* rentrent dans la classe des armes de commerce, et ne peuvent, ainsi que ces dernières, être fabriquées, hors des manufactures royales, qu'au calibre de dix points et demi (2 millimètres) au-dessus ou au-dessous de celui de guerre, qui est de sept lignes neuf points, conformément au décret du 14 décembre 1810, art. 2. *Idem, art.* 11.

17. Tout armurier ou fabricant d'armes est muni d'un registre paraphé par le maire, sur lequel sont inscrites l'espèce et la quantité des armes qu'il fabrique, achète ou vend, avec les noms et domicile des vendeurs et des acquéreurs. Ce registre est arrêté tous les mois par le maire ou par le commissaire de police. *Idem, article* 12. Il est représenté à toute réquisition des fonctionnaires et des préposés de la police. *Ordonnance du préfet de police, du* 5 *février* 1815, *art.* 5.

18. Il est donné connaissance des dépôts d'armes dites *de traite*, et qui sont du calibre de guerre français, par les propriétaires, aux commissaires de police des lieux où sont situés ces dépôts. Un registre tenu par ces commissaires indique l'entrée, la sortie et la destination de ces armes. Les maires et sous-préfets sont informés de ces mouvemens. *Idem, art.* 12.

19. Les contrevenans aux dispositions des quatre articles précédens sont passibles des peines portées en l'article 5 ci-dessus. *Idem, art.* 15.

20. Toutes les armes à feu des manufactures de France et destinées pour le commerce, sont assujetties à des épreuves proportionnées à leur calibre. *Article* 1er. *du*

décret du 14 décembre 1810, qui prescrit le mode de ces épreuves.

21. Les canons éprouvés et trouvés bons sont marqués du poinçon d'acceptation. *Idem, art.* 6. Ce poinçon porte une empreinte particulière pour chaque ville de fabrication, et déterminée par le préfet; elle est appliquée sur le tonnerre du canon, de manière à être facilement reconnue lorsque le fusil est monté. *Idem, art.* 7.

22. Les fabricans, marchands et ouvriers canonniers ne peuvent vendre aucun canon, s'il n'a été éprouvé et marqué du poinçon d'acceptation; à peine de 300 fr. d'amende la première fois, du double en cas de récidive et de la confiscation des canons. *Idem, art.* 8.

23. Tout canon vendu ou livré sous un calibre différent de celui désigné par le poinçon dont il porte l'empreinte, est saisi; celui qui l'a vendu ou livré est condamné à une amende de 50 à 500 fr. *Idem, art.* 15.

Nota. L'art. 18 de l'ordonnance du Roi précitée du 24 juillet 1816, maintient les dispositions du décret précité du 14 décembre 1810, excepté celles relatives aux armes dites *de traite*, assimilées, comme il est dit ci-dessus, art 16, aux armes de commerce.

§. III. *Dispositions communes aux deux paragraphes précédens.*

24. A Paris, lorsqu'un commissaire de police a connaissance qu'il existe dans son quartier, ou dans tout autre, un dépôt d'armes de guerre, ou d'armes dites *de traite* du calibre de guerre, ou que des particuliers se livrent clandestinement à la fabrication, vente ou réparation desdites armes, il doit en informer aussitôt le préfet de police. *Instruction du préfet de police du 14 août 1816.*

25. S'il a connaissance que des marchands, armuriers ou autres s'occupent ostensiblement de fabriquer

ou réparer des armes de guerre, il doit exiger la représentation de l'autorisation ou permission mentionnée aux art. 9 et 14 ci-dessus. Faute de ladite représentation, le commissaire de police doit constater la contravention par un procès-verbal qu'il adresse immédiatement au préfet de police, et apposer les scellés sur les armes ou pièces d'armes reconnues pour appartenir aux calibres et aux modèles de guerre. S'il se trouvait embarrassé pour établir cette distinction, il peut requérir le colonel directeur d'artillerie, à Paris, ou un officier ou sous-officier de cette arme, pour l'assister dans son opération. *Idem.*

26. Les commissaires de police doivent déférer à toutes réquisitions à eux légalement faites par l'autorité militaire, dans le but d'opérer la rentrée dans les magasins de l'Etat, des armes de guerre qui doivent y être réintégrées. Ils en font rapport au préfet de police. *Idem.*

27. Si dans le cours de l'exercice de leurs fonctions, ils découvrent des armes de guerre entre les mains d'individus n'ayant pas le droit d'en posséder, ils doivent s'en emparer sur-le-champ, et les envoyer à la préfecture de police, avec le procès-verbal de saisie. *Idem.*

28. Ils doivent aussi, pour assurer l'exécution des articles 10 et 11 ci-dessus, transmettre au préfet de police les indications qui leur parviendraient sur l'importation et l'exportation des armes de guerre, dont des particuliers feraient un objet de spéculation, sans y être spécialement autorisés. *Idem.*

29. Ils doivent encore s'assurer si les armuriers ou fabricans d'armes sont munis du registre prescrit par l'art. 17 ci-dessus, dresser procès-verbal en cas de contravention et le transmettre au préfet de police. *Idem.*

L'article 6, au mot *Brocanteurs*, est commun aux armuriers.

§. IV. *Port d'armes.*

30. Le port d'armes de voyage pour sa défense personnelle, n'est pas susceptible de permission. Les gens non domiciliés, les vagabonds et les gens sans aveu, doivent seuls être examinés et poursuivis par la gendarmerie et par les officiers de police, lorsqu'ils sont porteurs d'armes, à l'effet d'être désarmés et traduits devant les tribunaux, pour être condamnés, suivant les cas, aux peines portées par les lois et réglemens. *Avis du Conseil d'État du 17 mai 1811.*

Port d'armes pour la chasse. Voir *Chasse.*

Suspension ou interdiction du port d'armes. Voir *Peines,* art. 11 et 25.

§. V. *Armes prohibées.*

31. Toute fabrique, commerce, vente, débit, achat, port et usage des *poignards, stilets, tromblons, couteaux en forme de poignard,* soit de poche soit de fusil, des *baïonnettes, pistolets de poche, épées en bâtons, bâtons à ferrement* autres que ferrés par le bout, et autres armes offensives, cachées et secrètes, sont et demeurent pour toujours généralement abolies et défendues. Les couteliers, fourbisseurs, armuriers et marchands sont tenus de les rompre et briser, ou faire rompre, ou arrondir la pointe des couteaux.

Les baïonnettes à ressort, qui se mettent au bout des armes à feu pour l'usage de la guerre, sont exceptées, à la charge, par les ouvriers qui les fabriquent, d'en faire déclaration à l'officier de police du lieu, et sans qu'ils puissent en vendre ni débiter qu'aux officiers des troupes, qui leur en délivrent certificat, dont lesdits ouvriers tiennent un registre paraphé par l'officier de police.

Déclaration du 23 mars 1728. Décret du 12 mars 1806, qui en ordonne l'exécution.

32. Les fusils et pistolets à vent sont compris dans les armes prohibées. *Décret du 20 nivose an XIV* (13 décembre 1805).

33. Tout individu qui fabrique ou débite des armes prohibées, est puni d'un emprisonnement de six jours à six mois. Celui qui en est trouvé porteur est puni d'une amende de 16 à 200 fr. Dans tous les cas les armes sont confisquées : le tout sans préjudice des peines plus fortes, s'il y échet, en cas de complicité de crime. *Code pénal. art. 314.*

Les tribunaux peuvent, en outre des peines correctionnelles ci-dessus, prononcer le renvoi des coupables sous la surveillance de la haute police, pendant deux à dix ans. *Id. 315.*

34. Il est fait des visites par les commissaires de police, chez les fourbisseurs, armuriers, couteliers et marchands d'armes et de cannes; les armes prohibées trouvées chez eux sont saisies, et envoyées avec le procès verbal au procureur du Roi. *Ordonnance du préfet de police du 1er août 1820.*

Nota. Sont aussi armes prohibées, les bâtons, cannes et parapluies à épée, baïonnette ou dard, ou contenant une arme offensive et cachée, ou garnis à un bout d'une armature en fer, acier, plomb ou d'autre espèce, pouvant servir d'arme offensive pénétrante, tranchante ou contondante. *Idem.*

Voir aussi, *Sûreté de l'État. Artifice. Sciences et Arts. Délits,* art. 3, § 3. *Blessures,* art. 9.

Porter les armes contre la France ; — armes et munitions fournies contre le gouvernement. Voir *Sûreté de l'État.*

ARMOIRIES. Voir *Titres et Qualifications.*

ARMURIER. Voir *Armes.*

ARPENT, ancienne mesure agraire. Voir *Hectare,* au mot *Poids et Mesures.*

ARQUEBUSIERS. Voir *Armes*.

ARRESTATION d'individus par une patrouille de nuit.

Tout individu qui est arrêté par une patrouille de nuit, soit comme ivre, soit endormi sur la voie publique, soit faisant du bruit ou tapage, soit suspecté de quelque délit, soit n'ayant point de domicile, ou pour tout autre motif, est conduit et déposé au corps-de-garde le plus voisin, et porté sur la feuille de rapport du commandant du poste. Celui-ci n'a pas le droit de le mettre en liberté; il doit le tenir à la disposition du commissaire de police le plus voisin, à qui seul appartient le droit de le mettre en liberté, ou de le retenir sous la main de la justice, suivant les circonstances, après avoir constaté les faits par un procès-verbal qui est transmis au procureur du Roi, (à Paris, au préfet de police) avec le prévenu, s'il y a lieu. Voir aussi *Contravention*, art. 5.

ARRESTATIONS *et* DÉTENTIONS ILLÉGALES *et* ARBITRAIRES. (Voir aussi au tome IV, *Détention*.)

1°. *Dispositions administratives*;

2°. *Dispositions pénales*.

§. Ier. *Dispositions administratives*.

Art. 1er. Un acte d'arrestation ne peut-être exécuté:

1°. S'il n'exprime formellement le motif de l'arrestation, et la loi en vertu de laquelle elle est ordonnée;

2°. S'il n'émane d'un fonctionnaire à qui la loi a donné formellement ce pouvoir;

3°. S'il n'est notifié et copie laissée à la personne y dénommée.

Loi du 22 *frimaire an* VIII (13 décembre 1799), art. 77. Voir *Juges d'instruction*, §. 5. (Voir aussi au tome IV, *Mandats*.)

2. Les juges, les procureurs royaux et leurs substi-

tuts, les juges d'instruction, ont par la loi le droit de décerner tous mandats de comparution, de dépôt, d'amener, de perquisition et d'arrêt.

Les préfets et les commissaires généraux de police ont le droit de décerner le mandat d'amener.

Les juges de paix, les commissaires de police, les maires et adjoints, les officiers de gendarmerie, les gardes forestiers et les gardes champêtres, peuvent également décerner le mandat d'amener, mais seulement dans le cas de flagrant-délit, et en leur qualité d'officiers de police auxiliaires du procureur du Roi. Voir *Flagrant-délit.* Voir aussi *Commissaires de police,* art. 28.

Tout individu arrêté en flagrant-délit, ou sur la clameur publique, ou sur la réclamation de l'intérieur d'une maison, doit être conduit de suite devant l'officier de police le plus voisin, qui constate les faits, et envoye le prévenu avec le procès-verbal devant le procureur du Roi, (à Paris, devant le préfet de police).

3. Un gardien ou geolier ne peut recevoir ou détenir aucune personne, qu'après avoir transcrit sur son registre l'acte qui ordonne l'arrestation, lequel doit être un mandat donné dans les formes ci-dessus indiquées art. 1er., ou une ordonnance de prise de corps, ou un décret d'accusation, ou un jugement. *Loi précitée, art.* 78.

4. Tout gardien ou geolier est tenu, sans qu'aucun ordre puisse l'en dispenser, de représenter le détenu à l'officier de police chargé de la police de la prison, à toute réquisition de cet officier. *Idem, art.* 79.

5. Il ne peut refuser la représentation du détenu à ses parens et amis porteurs de l'ordre de l'officier civil, lequel est tenu toujours de l'accorder, à moins que le geolier ou gardien ne représente une ordonnance du

juge pour tenir le détenu au secret. *Idem*, *article* 80.

6. Celui qui n'ayant point reçu de la loi le pouvoir de faire arrêter, donne, signe, exécute l'arrestation d'une personne quelconque; celui qui, même dans le cas de l'arrestation autorisée par la loi, reçoit ou retient la personne arrêtée, dans un lieu de détention non publiquement et légalement désigné comme tel ; tout gardien ou geolier qui contrevient aux dispositions du présent article et des deux précédens ;

Sont coupables du crime de détention arbitraire. *Idem*, *art.* 81. Voir aussi *Gendarmerie*, *art.* 19 et suivans.

7. Toutes rigueurs, autres que celles autorisées par les lois, employées dans les arrestations, détentions, ou exécutions, sont des crimes. *Idem*, *art.* 82. Voir *Abus d'autorité. Gendarmerie*, *art.* 24.

8. Quiconque a connaissance qu'un individu est détenu dans un lieu non destiné à servir de maison d'arrêt ou de justice, ou de prison, est tenu d'en donner avis à l'officier de police, au procureur du Roi, ou à son substitut, ou au juge d'instruction, ou au procureur-général près la cour royale. *Code d'instruction criminelle*, *art.* 615.

9. Tout juge de paix, tout commissaire de police, tout officier chargé du ministère public, tout juge d'instruction est tenu, d'office, ou sur l'avis qu'il en a reçu, sous peine d'être poursuivi comme complice de détention arbitraire, de s'y transporter aussitôt, de faire mettre en liberté la personne détenue, ou, s'il est allégué quelque cause légale de détention, de la faire conduire sur le champ devant le magistrat compétent. Il dresse du tout procès-verbal. *Idem*, *art.* 616.

Il rend au besoin une ordonnance, dans la forme prescrite au mot *Juges d'instruction*, *art.* 26. En cas de résistance, il se fait assister par la force armée, et toute personne requise est tenue de prêter main-forte. *Idem*, art. 617.

10. Tout gardien qui a refusé, ou de montrer au porteur de l'ordre de l'officier civil ayant la police de la maison d'arrêt, ou de justice, ou de la prison, la personne du détenu, sur la réquisition qui lui en est faite, ou de montrer l'ordre qui le lui défend, ou d'exhiber ses registres au juge de paix, ou au commissaire de police, ou de lui laisser prendre telle copie que celui-ci croit nécessaire, de ses registres ; est poursuivi comme coupable ou complice de détention arbitraire. *Idem*, art. 618.

§. II. *Dispositions pénales.*

11. Les fonctionnaires publics chargés de la police administrative ou judiciaire, qui refusent ou négligent de déférer à une réclamation légale pour constater les détentions illégales et arbitraires, soit dans les maisons destinées à la garde des détenus, soit partout ailleurs, et qui ne justifient pas les avoir dénoncées à l'autorité supérieure, sont punis de la dégradation civique et tenus de dommages-intérêts réglés comme il est dit par l'article 117 du code pénal. (Voir crimes contre la charte art. 8, au mot *Charte*). *Code pénal*, art. 119.

12. Les gardiens, geoliers, et concierges de prisons, qui ont reçu un prisonnier sans mandat ou jugement, ou sans ordre provisoire du Gouvernement ; ceux qui l'ont retenu ou refusé de le représenter à l'officier de police ou au porteur de ses ordres, sans justifier de la défense du procureur du Roi, ou du juge ; ceux qui refusent d'exhiber leurs registres à l'officier de police ; sont, comme coupables de détention arbitraire, punis de six mois à deux ans d'emprisonnement, et d'une amende de 16 à 200 fr. *Idem*, art. 120.

13. Sont, comme coupables de forfaiture, punis de

la dégradation civique, tout officier de police judiciaire
tous procureurs-généraux, tous substituts, tous juges,
qui ont provoqué ou signé un jugement, une ordonnance ou mandat, tendant à la poursuite personnelle
ou accusation d'un ministre ou d'un membre du conseil-d'état ou des chambres, sans les autorisations prescrites par la loi, (Voir *Responsabilité des fonctionnaires
publics*, *art.* 5.) ou qui, hors le cas de flagrant-
délit, ou de clameur publique, ont, sans les mêmes
autorisations, donné ou signé l'ordre ou mandat de
saisir, arrêter un ministre, un membre du conseil-
d'état, ou des chambres. *Idem*, *art.* 121.

14. Sont aussi punis de la dégradation civique, les
procureurs-généraux, leurs substituts, les juges et
officiers publics, qui ont retenu ou fait retenir un individu hors des lieux déterminés par le Gouvernement
ou par l'administration publique, ou qui ont traduit
un citoyen devant une cour d'assises ou une cour
royale, sans la mise préalable et légale en accusation.
Idem. *art.* 122.

15. Tous ceux qui, sans ordre des autorités constituées, et hors les cas où la loi ordonne de saisir les prévenus, ont arrêté, détenu, ou séquestré des personnes
quelconques; ceux qui ont prêté un lieu pour ladite
détention ou séquestration, sont punis de la peine des
travaux forcés à temps. *Idem*, *art.* 341.

16. Si la détention ou séquestration a duré plus
d'un mois, la peine est celle des travaux forcés à perpétuité. *Idem*, *art.* 342.

17. La peine est réduite à un emprisonnement de
deux à cinq ans, si les coupables du délit mentionné
en l'article 15 ci-dessus, non encore poursuivis de fait,
ont rendu la liberté à la personne avant le dixième jour
de son arrestation, détention ou séquestration. Ils
peuvent néanmoins être renvoyés sous la surveillance

de la haute police pendant cinq à dix ans. *Idem*, art. 343.

18. Les coupables des délits exprimés en l'article 15 ci-dessus, sont punis de mort dans les trois cas suivans:

1°. Si l'arrestation a été exécutée avec le faux costume, sous un faux nom, ou sur un faux ordre de l'autorité publique.

2°. Si l'individu arrêté détenu ou séquestré a été menacé de la mort.

3°. S'il a été soumis à des tortures corporelles. *Idem*, art. 344.

Voir aussi *Contrainte par corps. Prisons.*

ARRÊTÉS DE POLICE pris par les maires. Voir le nota à la suite de l'article 26 du mot *Maires.*

ARRÊTS. Voir *Jugemens.*

Minutes d'arrêts, détruites ou enlevées. Voir *Destruction.*

Dépôt des arrêts des cours d'assises. Voir *Cours d'assises*, art. 82.

ARRHEMENT, ARRHER.

Il est défendu d'aller au-devant des marchandises destinées à l'approvisionnement des villes, pour les arrher. *Ordonnance de décembre 1672.*

ARRHES, pour sûreté d'un marché ou vente. Voir *Ventes.*

ARRIVAGES par eau. Voir *Navigation.*

ARRONDISSEMENT COMMUNAL. Voir *Administration.*

ARROSEMENT des rues de Paris. Voir *Nettoyement*, chap. Ier. §. 4, et chap. IV.

(Voir aussi *Arrosement* au tome IV.)

ARSENAUX. Voir *Domaine militaire. Police maritime. Sureté de l'état.*

ARTIFICE, ARTIFICIER. (Voir *Idem* au tome IV.)

Art. 1er. Défenses à tous artificiers et autres de fabriquer et vendre de l'artifice dans Paris, sans une permission du préfet de police. *Ordonnance du préfet du 17 messidor an VIII* (6 juillet 1800).

Voir *Ateliers.*

2. Nul ne peut, sous quelque prétexte que ce soit, même les entrepreneurs des fêtes publiques, tirer dans les lieux destinés auxdites fêtes, ni dans l'intérieur des maisons, cours, jardins, aucun feu ni pièce d'artifice, sans une permission du préfet de police. *Idem. Autres ordonnances du préfet de police des 23 thermidor an XI* (11 août 1803,), 26 *juillet* 1813 , *et* 28 *octobre* 1815 , *art.* 11.

3. Les permissions ci-dessus ne sont accordées que pour des endroits isolés, au désir de *l'ordonnance de police du* 15 *novembre* 1781 , *art.* 12.

4. Défenses de tirer, le jour et la nuit, aucuns pétards, fusées, boîtes, bombes, coups de fusils, ni d'autres armes à feu, sur la voie publique, dans les promenades, ni dans l'intérieur des maisons. *Ordonnances précitées du préfet de police.*

5. Les contrevenans aux dispositions des articles 1, 2 et 4 ci-dessus encourent une amende dont les pères et mères et maîtres sont responsables, et un emprisonnement ; les marchandises sont en outre saisies et confisquées ; le tout sans préjudice des dommages-intérêts, s'il y a lieu.

L'amende est de 400 fr. aux termes de l'article 15 de l'ordonnance du 15 novembre 1781 ; mais elle n'est que de 1 à 5 fr. aux termes de l'article 471 , n°. 2 , du code pénal, avec confiscation des pièces d'artifice suivant l'article 472 , et trois jours d'emprisonnement suivant l'article 473.

6. Défenses aux propriétaires et principaux locataires de louer leurs maisons, boutiques et échoppes, dans l'intérieur de Paris, même dans les endroits les plus isolés, à des marchands faisant commerce d'artifice, qui ne jus-

tifieraient pas d'une permission du préfet de police, à peine de 400 fr. d'amende. *Ordonnance précitée du 15 novembre 1781, art. 12.*

7. Ceux qui par l'emploi ou usage d'armes à feu ou de pièces d'artifice, ont occasionné la mort ou la blessure d'animaux ou bestiaux appartenant à autrui, encourent, une amende de 11 à 15 fr. *Code pénal, art. 479, §. 3. Ordonnance du préfet de police du 11 avril 1816, art. 2.*

8. Ceux qui, aussi par l'emploi ou usage d'armes à feu, ou de pièces d'artifice, blesseraient quelqu'un, par défaut d'adresse ou de précaution, encourent un emprisonnement de six jours à deux mois, et une amende de 16 à 100 fr. *Code pénal, art. 320. Même ordonnance du préfet, art. 3.* Voir aussi *Blessures, art. 8 et 9.*

9. Ceux, qui, par ledit emploi ou usage d'armes à feu ou de pièces d'artifice, ont commis involontairement un homicide par maladresse, imprudence, inattention, négligence ou inobservation des réglemens, ou en ont été involontairement la cause, sont punis d'un emprisonnement de trois mois à deux ans, et d'une amende de 50 à 600 fr. *Code pénal, art. 319. Ordonnance précitée du préfet, art. 4.* Voir *Homicide, art. 12.*

10. Toutes les fois qu'il arrive un accident par l'effet d'une pièce d'artifice, il est fait un procès-verbal d'information, pour constater si l'accident provient du fait de l'artificier, soit par négligence, soit par impéritie. Le procès-verbal est transmis au préfet de police. *Ordonnance du préfet de police du 12 juin 1811, approuvée par le ministre de l'intérieur, art. 1er.*

Voir *Blessures, art. 9.* Voir aussi *Incendie, art. 3.*

11. Défenses aux artificiers d'employer dans la composition des fusées volantes, aucune baguette de bois.

ni d'aucune espèce de corps dur. *Ordonnance précitée du 12 juin 1811, art. 2.*

Ils sont tenus de substituer à ces baguettes tel autre moyen qu'ils jugent convenable, pourvu toute-fois qu'il ne puisse en résulter aucun danger. *Idem, art. 3.*

12. Il est défendu de vendre et d'acheter des fusées volantes fabriquées avec des baguettes en bois ou autres corps durs, et d'en tirer dans un lieu quelconque public ou particulier. Les artificiers et les marchands de pièces d'artifice sont personnellement responsables de l'exécution du présent article, en ce qui les concerne. *Idem, art. 4.*

13. Il est fait de fréquentes visites chez les artificiers et les marchands de pièces d'artifice à l'effet de saisir toutes les fusées volantes qui seraient trouvées dans leurs boutiques et magasins, fabriquées avec des baguettes prohibées par l'article 11 ci-dessus. *Idem, art. 5.*

Voir aussi *Blessures, art. 8. Homicide, §. 3.*

14. Les commissaires de police à Paris, les sous-préfets et les maires des communes rurales sont chargés de tenir la main à l'exécution des dispositions ci-dessus. *Idem, art. 8.*

Voir aussi *Contravention.*

ARTILLERIE (Effets d') et Armes portatives.

Art. 1er. Les négocians et armateurs dans les ports de guerre et commerce, qui sont propriétaires ou dépositaires de bouches à feu en bronze et en fer, comme canons, obusiers, mortiers, caronades, pierriers, etc., d'affûts et de projectiles pour le service de ces bouches à feu, et aussi d'armes portatives, autres que celles qu'il leur est permis de conserver, d'après les lois, pour leur usage personnel, sont tenus de les mettre en dépôt dans les arsenaux du gouvernement, de terre et de mer. *Décrets des 16 juin 1813, art. 1er., et 16 novembre suivant, art. 2.*

Tome Ier.   5.

2. Ils ne peuvent disposer des objets ci-dessus, qu'en justifiant de leur emploi au commandant de la marine dans le port où lesdits objets sont déposés. *Premier décret précité, art. 2.*

3. Ceux qui ne feraient pas ladite remise ou dépôt, encourent, outre la confiscation, une amende de 500 fr. conformément à l'article 28 de la loi du 13 fructidor an V, sur les poudres et salpêtres. *Deuxième décret précité, art. 4.* Voir *Poudres et Salpêtres, art. 13.*

Voir aussi *Armes.*

ARTISAN (Main d'œuvre d'un). Voir *Main-d'œuvre.*

ASILE. Voir *Domicile.*

Asile d'un citoyen (Inviolabilité de l').

ASPHIXIÉS. (Voir aussi au t. IV, *Asphixiés et Noyés*).

Lorsqu'un individu est asphixié, il en est donné avis sur-le-champ à l'officier de police le plus voisin, qui s'y transporte, accompagné d'un médecin, chirurgien ou officier de santé. L'homme de l'art prend la direction des secours ; l'officier de police veille à ce qu'ils soient administrés sans retard et avec ordre ; il ordonne toutes les mesures que les circonstances exigent.

Si les secours sont infructueux, et que l'individu meurt, ou soit mort, il est procédé comme il est dit au mot *Cadavres.*

S'il est rappelé à la vie, et qu'il ait besoin de secours ultérieurs, il est transporté à son domicile, ou, s'il est dans l'indigence, à l'hôpital le plus voisin.

L'officier de police rédige procès-verbal de toute l'opération, comme dans les cas de mort accidentelle, ou de suicide, ou de noyé, suivant les circonstances.

Détail des secours à donner aux asphixiés :

Par la noyade. Voir *Noyés, art. 5.*

Par les gaz méphitiques. Voir *Idem, art. 6, §. 1er.*

Par le froid. Voir *Idem, art. 6, §. 2.*

Par la chaleur. Voir *Idem, art. 6, .3.*

Pour les frais relatifs à ces évènemens. Voir *Cadávres.*

ASSASSINAT. Voir *Homicide.*

(Voir aussi au tome IV, *Mort violente.*)

ASSEMBLÉE DE FAMILLE. Voir *Tutelle.*

ASSEMBLÉES. Voir *Associations.*

ASSISES. Voir *Cour d'assises.*

ASSOCIATIONS *ou* RÉUNIONS. (Voir aussi, au tome IV, *Associations.*)

Art. 1er. Nulle association de plus de vingt personnes, ayant pour but de se réunir tous les jours ou à certains jours marqués pour s'occuper d'objets religieux, littéraires, politiques ou autres, ne peut se former sans l'agrément du gouvernement, et sous les conditions qu'il plait à l'autorité publique d'imposer ; dans le nombre de vingt personnes ne sont pas comprises celles domiciliées dans la maison où l'association se réunit. *Code pénal, art.* 291.

2. Toute association de la nature ci-dessus exprimée, formée sans ladite autorisation, ou qui enfreint les conditions à elle imposées, est dissoute ; les chefs, directeurs ou administrateurs sont punis d'une amende de 16 à 200 fr. *Idem, art.* 292.

3. Si par discours, exhortations, invocations ou prières, en quelque langue que ce soit, ou par lecture, affiche, publication, ou distribution d'écrits quelconques, il est fait dans ces assemblées quelque provocation à des crimes ou délits, la peine est de 100 à 300 fr. d'amende, et de trois à deux ans d'emprisonnement, contre les chefs, directeurs ou administrateurs de l'association ; sans préjudice des peines plus fortes prononcées contre les individus personnellement coupables de la provocation, lesquels, en aucuns cas, ne peuvent être punis d'une peine moindre que celle infligée auxdits chefs, directeurs ou administrateurs. *Idem, art.* 293.

4. Tout individu qui, sans la permission de l'autorité municipale, accorde ou confie l'usage de sa maison ou de son appartement en tout ou en partie, pour la réunion des membres d'une association même autorisée, ou pour l'exercice d'un culte, est puni d'une amende de 16 à 200 fr. *Idem*, *art*. 294.

5. Les associations d'artisans et ouvriers, dites *de secours mutuels*, ayant pour but de s'entraider dans les cas de maladies, d'infirmités ou de vieillesse, sont secondées et favorisées par la police, qui, toutefois, ne les permet que pour des ouvriers d'une même profession, ou au moins de celles qui ont quelqu'analogie entre elles. Aucune de ces associations ne peut être organisée sans une permission du préfet de police, et elles sont soumises aux dispositions des trois articles ci-dessus. *Circulaire du préfet de police du* 15 *mai* 1819.

6. En cas d'associations non autorisées, l'officier de police qui constate la contravention, doit relater dans son procès-verbal le nombre des individus réunis, les noms et demeure des chefs, directeurs ou administrateurs de l'association, les noms et demeure des personnes qui auraient consenti ou accordé l'usage du local.

Voir aussi *Communautés*.

Dons et legs faits à des associations religieuses. Voir *Dons et Legs*.

ASSOCIATIONS DE MALFAITEURS. (Voir *Idem*, au tome IV.)

Art. 1er. Toute association de malfaiteurs envers les personnes ou les propriétés, est un crime contre la paix publique. *Code pénal, art*. 265.

Ce crime existe par le seul fait d'organisation de bandes ou de correspondance entre elles et leurs chefs ou commandans, ou de conventions tendantes à rendre compte ou à faire distribution ou partage du produit des méfaits. *Idem, art*. 266.

2. Lors même que le crime n'est accompagné ni suivi d'aucun autre, les auteurs, directeurs de l'association, et les commandans en chef ou en sous-ordre de ces bandes, sont punis des travaux forcés à temps. *Idem*, *art.* 267.

3. Sont punis de la réclusion, tous autres individus chargés d'un service quelconque dans ces bandes, et ceux qui sciemment et volontairement, ont fourni aux bandes ou à leurs divisions des armes, munitions, instrumens de crime, logement, retraite, ou lieu de réunion. *Idem*, *art.* 268.

Voir aussi *Sûreté de l'Etat. Vagabondage.*

ASSURANCE (Contrats de police d'). Voir *Commerce.*

ATELIERS DE CHARITÉ. Voir *Mendicité.*

ATELIERS, MANUFACTURES, LABORATOIRES *et* ETABLISSEMENS nuisibles ou dangereux par leur odeur.

(Voir aussi *Ateliers, etc.*, au tome IV.)

Art. 1er. Les manufactures et ateliers qui répandent une odeur insalubre ou incommode, ne peuvent être formés sans une permission de l'autorité administrative. Ces établissemens sont divisés en trois classes, suivant la nomenclature ci-après, §. V. *Décret du* 15 *octobre* 1810, *art.* 1er. *Ordonnance du Roi, du* 14 *janvier* 1815.

§. Ier. *Première classe.*

2. La permission pour les établissemens de première classe est accordée par une ordonnance du Roi, rendue en conseil d'Etat. *Décret précité*, *art.* 2. *Ordonnance précitée.*

La demande en autorisation est présentée au préfet, et affichée, par son ordre, dans toutes les communes à cinq kilomètres de rayon. Pendant ce délai, tout particulier est admis à présenter ses moyens d'opposition; les maires des communes ont aussi cette faculté, et il est procédé à un procès-verbal d'information de *commodo* et *incommodo*, dans lequel tous les voisins sont entendus. *Décret précité, art.* 3. *Ordonnance précitée.*

3. En cas d'opposition, le conseil de préfecture donne son avis, sauf la décision du conseil d'Etat ; s'il n'y a pas d'opposition, la permission est accordée, s'il y a lieu, sur l'avis du préfet et le rapport du ministre de l'intérieur. *Décret, art.* 4 *et* 5. *Ordonnance précitée.*

4. S'il s'agit de fabriques de soude, ou si la fabrique doit être établie dans la ligne des douanes, le directeur général des douanes est consulté. *Décret, art.* 6. *Ordonnance précitée.*

5. L'autorité locale indique le lieu où les établissemens de première classe peuvent être formés, et la distance des habitations particulières. Tout individu qui ferait des constructions dans le voisinage de ces établissemens après leur formation autorisée, ne serait plus admis à en solliciter l'éloignement. *Décret, art.* 9. *Ordonnance précitée.*

6. Dans le département de la Seine, et dans les communes de Saint-Cloud, Meudon et Sèvres, du département de Seine-et-Oise, les demandes en autorisation sont adressées au préfet de police, qui procède conformément aux articles précédens. *Ordonnance du préfet de police, du 5 septembre* 1810, *approuvée par le ministre de l'intérieur, art.* 2.

§. II. *Etablissemens de deuxième classe.*

7. L'autorisation pour les établissemens de deuxième classe est accordée par les préfets, sur l'avis des sous-préfets. *Décret précité, art.* 2. L'entrepreneur adresse sa demande au sous-préfet qui la transmet au maire de la commune dans laquelle doit se former l'établissement, en le chargeant de procéder à des informations de *commodo* et *incommodo*. Le sous-préfet prend sur

le tout un arrêté qu'il transmet au préfet, qui statue, sauf le recours au conseil d'Etat par les parties intéressées. En cas d'opposition, il est statué par le conseil de préfecture, sauf le recours au conseil d'Etat. *Décret, art.* 7. *Ordonnance précitée.*

8. Les dispositions de l'article 6 sont applicables aux établissemens de deuxième classe. Les demandes pour Paris, sont adressées au préfet de police; pour les communes rurales du département de la Seine, aux sous-préfets de Saint-Denis et Sceaux; pour les communes de Saint-Cloud, Sèvres et Meudon, aux maires de ces communes. *Ordonnance précitée du préfet de police, art.* 3.

§. III. *Etablissemens de troisième classe.*

9. L'autorisation pour les établissemens de troisième classe, est délivrée par les sous-préfets, sur l'avis des maires et de la police locale, dans les départemens, et par le préfet de police, dans le département de la Seine, et dans les communes de Saint-Cloud, Sèvres et Meudon, du département de Seine-et-Oise. En cas de réclamation contre la décision, il est statué par le conseil de préfecture. *Décret précité, art.* 8.

10. Les demandes doivent énoncer les matières que l'on se propose de préparer, et les travaux qui doivent être exécutés. Il est joint un plan figuré des lieux et des constructions projetées. *Ordonnance précitée du préfet de police, art.* 5.

11. Dans le ressort de la préfecture de police, indépendamment des formalités ci-dessus prescrites, le conseil de salubrité établi près la préfecture de police à Paris, assisté du commissaire de la petite-voirie, procède à la visite des lieux, pour constater si l'établissement peut nuire à la salubrité, ou faire craindre un incendie. *Idem, art.* 6.

§. IV. *Dispositions générales.*

12. Les dispositions des articles précédens n'ont point d'effet rétroactif ; en conséquence tous les établissemens qui étaient en activité antérieurement au décret précité, du 15 décembre 1810, continuent d'être exploités librement, sauf les dommages dont peuvent être passibles les entrepreneurs de ceux qui préjudicient aux propriétés de leurs voisins. Les dommages sont arbitrés par les tribunaux. *Décret précité, art.* 11.

13. Toute-fois en cas d'inconvéniens graves pour la salubrité publique, la culture, ou l'intérêt général, les établissemens de première classe qui les occasionneraient peuvent être supprimés par une ordonnance du Roi rendue en conseil d'Etat, après avoir entendu la police locale, pris l'avis des préfets, et reçu la défense des manufacturiers ou fabricans. *Décret précité, article* 12.

14. Les établissemens maintenus par l'article 12 ci-dessus, cessent de jouir de cet avantage, s'ils sont transférés dans un autre emplacement, ou s'il y a une interruption de six mois dans les travaux ; dans ces deux cas ils entrent dans la catégorie des établissemens à former, et ils ne peuvent être remis en activité qu'après avoir obtenu, s'il y a lieu, une nouvelle permission. *Idem, art.* 13.

§. V. *Nomenclature des manufactures, établissemens et ateliers soumis aux dispositions précédentes, et annexée à l'ordonnance du Roi, du 14 janvier 1815.*

PREMIÈRE CLASSE.

14. Etablissemens et ateliers ne pouvant être formés dans le voisinage des habitations particulières, ni sans

une autorisation de Sa Majesté accordée en conseil d'Etat.

Acide nitrique (eau forte) (fabrication d').

Acide pyroligueux (fabrique d') lorsque les gaz se répandent dans l'air sans être brûlés.

Acide sulfurique (fabrication de l').

Affinage de métaux au fourneau à manche, au fourneau à coupelle, ou au fourneau à reverbère.

Amidoniers.

Artificiers.

Bleu de Prusse (fabriques de).

lorsqu'on n'y brûlera pas la fumée et le gaz hydrogène sulfuré.

Boyaudiers. Voir *Boyaudiers*.

Cendre gravelée (fabriques de) lorsqu'on laisse répandre la fumée au dehors.

Cendres d'orfèvres (traitement des) par le plomb.

Chanvre (rouissage du) en grand par son séjour dans l'eau.

Charbon de terre (épurage du) à vases ouverts.

Chaux (Fours à) permanens.

Nota. Par ordonnance du Roi du 29 juillet 1818, les fours à plâtre et les fours à chaux font partie des établissemens de seconde classe.

Indépendamment des formalités ci-dessus prescrites, l'établissement de fours à chaux permanens ne peut avoir lieu, qu'après que les agens forestiers, en résidence sur les lieux, ont donné leur avis, pour savoir si la réproduction des bois dans le canton, et le besoin des communes environnantes permettent d'accorder la permission.

Colle-forte (fabrique de).

Cordes à instrumens (fabrique de).

Cretonniers.

Cuirs vernis (fabrique de).

Ecarissage.

Echaudoirs.

Encre d'imprimerie (fabrique d').

Fourneaux (Hauts).

Les établissemens de hauts fourneaux ne sont autorisés qu'autant que les entrepreneurs ont rempli les formalités prescrites par la loi du 21 avril 1810, concernant les mines, minières et carrières, et par les instructions du ministre de l'intérieur.

L'observation ci-dessus, sur les fours à chaux, est applicable aux hauts fourneaux.

Goudron (fabrication du).

Huile de pied de bœuf (fabrique d').

Huile de poisson (fabrique d').

Huile de térébenthine et huile d'aspic (distilleries en grand d').

Huile rousse (fabrique d').

Litharge (fabrication de la).

Massicot (fabrique de).

Ménageries.

Minium (fabrication de).

Noir d'ivoire et noir d'os (fabrique de), lorsqu'on n'y brûle pas la fumée.

Orseille (fabrication de l').

Plâtre (Fours à) permanens.

Même nota et même observation pour les fours à plâtre permanens que pour les fours à chaux.

Pompes à feu ne brûlant pas la fumée.

Porcheries.

Poudrette.

Rouge de Prusse (fabriques de) à vases ouverts.

Sel ammoniac, ou muriate d'ammoniac (fabrication du), par le moyen de la distillation des matières animales.

Soufre (distillation du).

Suif brun (fabrication du).

Suif en branche (fonderie du) à feu nu.

Suif d'os (fabrication du),

Sulfate d'ammoniac (fabrication du) par le moyen de la distillation des matières animales.

Sulfate de cuivre (fabrication du) au moyen du soufre et du grillage.

Sulfate de soude (fabrication du) à vases ouverts.

Sulfures métalliques (grillage des) en plein air.

Tabac (combustion des côtes du) en plein air.

Taffetas cirés (fabriques de).

Taffetas et toiles vernis (fabrication des).

Tourbe (carbonisation de la).

Tripiers.

Tueries dans les villes où la population excède dix mille ames.

Vernis (fabrique de).

Verre, Cristaux et Emaux (Fabriques de).

Même observation sur les fabriques de verre, cristaux et émaux, que sur les fours à chaux.

DEUXIÈME CLASSE.

15. Etablissemens et ateliers dont l'éloignement des habitations n'est pas rigoureusement nécessaire; mais dont il importe néanmoins de ne permettre la formation qu'après avoir acquis la certitude que les opérations qu'on doit y pratiquer seront exécutées de manière à ne pas incommoder les propriétaires du voisinage, ni à leur causer des dommages.

Pour former ces établissemens, l'autorisation du

préfet est nécessaire, sauf, en cas de difficulté, ou en cas d'opposition de la part des voisins, le recours au conseil d'État.

Acier (fabrique d').

Acide muriatique (fabrication d') à vases ouverts.

Acide muriatique oxigéné (fabrication d')

Acides pyroligueux (fabriques d') lorsque les gaz sont brûlés.

Ateliers à enfumer les lards.

Blanc de plomb ou de céruse (fabriques de).

Bleu de Prusse (fabriques de) lorsqu'elles brûlent leur fumée, et le gaz hydrogène sulfuré, etc.

Cartonniers.

Cendres d'orfévres (traitement des) par le mercure et la distillation des amalgames.

Cendres gravelées (fabrication des) lorsqu'on brûle la fumée, etc.

Chamoiseurs.

Chandeliers.

Chapeaux (fabrique de).

Charbon de bois fait à vases clos.

Charbon de terre épuré, lorsqu'on travaille à vases clos.

Châtaignes (dessication et conservation des).

Chiffonniers.

Cire à cacheter (fabriques de).

Corroyeurs.

Couverturiers.

Cuirs verts (dépôts de).

Cuivre (fonte et laminage de).

Eau-de-vie (distillateurs d').

Faïence (fabrique de)

Fondeurs en grand au fourneau à reverbère.

Fours à plâtre et fours à chaux. (Voir ci-dessus la 1re. classe.)

Galons et tissus d'or et d'argent (brûleries en grand des).

Genièvre (distillateurs de)

Goudron (fabriques de) à vases clos.

Hareng (saurage du).

Hongroyeurs.

Huiles (épurations des) au moyen de l'acide sulfurique.

Indigoteries.

Liqueurs (fabrication des).

Maroquiniers.

Mégissiers.

Noir de fumée (fabrication du).

Noir d'Ivoire ou noir d'os (fabrication du) lorsqu'on brûle la fumée.

Or et argent (affinage de l') au moyen du départ et du fourneau à vent.

Os (blanchiment des) pour les éventaillistes et les boutonniers.

Papiers (fabriques de).

Parcheminiers.

Pipes à fumer (fabriques de).

Plomb (fonte du) et laminage de ce métal.

Poëliers fournalistes.

Porcelaine (fabrique de).

Potiers de terre.

Rouge de Prusse (fabrique de) à vases clos.

Salaisons (dépôts de).

Sel ou muriate d'étain (fabrication du).

Sucre (raffineries de)

Suif (fonderies de) au bain Marie ou à la vapeur.

Sulfate de soude (fabrication du) à vases clos.

Sulfates de fer et de zinc (fabrication des) lorsqu'on forme ces sels de toutes pièces avec l'acide sulfurique et les substances métalliques.

Sulfures métalliques (grillage des) dans les appareils propres à retirer le soufre, ou à utiliser l'acide sulfureux qui s'en dégage.

Tabac (fabriques de).

Tabatières en carton (fabrication des).

Tanneries.

Toiles (blanchiment des) par l'acide muriatique oxigéné.

Tourbe (carbonisation de la) à vases clos.

Tuileries et briqueteries.

TROISIÈME CLASSE.

16. Etablissemens et ateliers qui peuvent rester sans inconvénient auprès des habitations particulières, et pour la formation desquels il est néanmoins nécessaire d'une permission, conformément à l'article 9 ci-dessus. *Décret précité, art.* 1er.

Acétate de plomb, ou sel de saturne (fabrication de l').

Batteurs d'or et d'argent.

Blanc d'Espagne (fabrique de).

Bois dorés (brûleries des).

Boutons métalliques (fabrique de).

Borax (raffinage du)

Brasseries.

Briqueteries, ne faisant qu'une seule fournée en plein air, comme on le fait en Flandre.

Buanderies

Camphre (préparation et raffinage du).

Caractères d'imprimerie (fonderies des).

Cendres (laveurs de).

Cendres bleues, et autres précipitées du cuivre (fabrication des).

Chaux (fours à) ne travaillant pas plus d'un mois par an.

Ciriers.

Colle de parchemin et d'amidon (fabriques de).

Corne (travail de la) pour la réduire en feuilles.

Cristaux de soude (fabriques de), ou sous-carbonnate de soude cristalisée.

Doreurs sur métaux.

Eau seconde (fabrication de l') des peintres en bâtimens, alcalis caustiques et dissolution.

Encre à écrire (fabrique d').

Essayeurs.

Fer-blanc (fabrique de)

Feuilles d'étain (fabrication de).

Fondeurs au creuset.

Fromages (dépôts de).

Glaces (étamage des).

Laques (fabrication des).

Moulins à huile.

Ocre jaune (calcination de l') pour la convertir en ocre rouge.

Papiers peints et papiers marbrés (fabriques de).

Plâtre (fours à) ne travaillant pas plus d'un mois par an.

Plombiers et fontainiers.

Plomb de chasse (fabriques de).

Pompes à feu brûlant leur fumée.

Potasse (fabriques de).

Potiers d'étain.

Sabots (ateliers à enfûmer les).

Salpêtre (fabrique et raffinage du).

Savonneries.

Sel de soude sec, ou sous-carbonate de soude sec (fabrication du).

Sel (raffineries de).

Soude (fabrication de la), ou décomposition du sulfate de soude.

Sulfate de cuivre (fabrication du) au moyen de l'acide sulfurique et de l'oxide de cuivre, ou du carbonate de cuivre.

Sulfate de potasse (raffinage du).

Sulfates de fer et d'alumine. Extraction de ces sels, des matériaux qui les contiennent tout formés, et transformation du sulfate d'alumine en alun.

Tartre (raffinage du).

Teinturiers.

Teinturiers dégraisseurs.

Tueries dans les villes d'une population au-dessous de dix mille habitans.

Vacheries dans les villes d'une population au-dessus de cinq mille habitans.

Vert-de-gris et verdets (fabrication du).

Viandes (salaison et préparation des).

Vinaigre (fabrication du).

17. L'accomplissement des formalités établies par le décret précité, du 15 octobre 1810, ne dispense pas de celles prescrites pour la formation des établissemens qui sont placés dans le rayon des douanes, ou sur une rivière navigable ou non. *Ordonnance du Roi précitée.*

ATELIERS (-Police des), manufactures et fabriques. Voir *Ouvriers*.

ATRES. Voir *Cheminées.*

ATTAQUE. Voir *Rebellion.*

ATTENTAT.

Tout attentat à la vie ou à la propriété d'un individu, doit être dénoncé par celui qui en a été témoin. Voir *Procédure criminelle, art.* 2. Voir aussi *Menaces d'attentat.*

ATTENTATS *ou* COMPLOTS. Voir *Sûreté de l'Etat*, §. 2.

ATTÉRISSEMENS formés par les grosses eaux. Voir *Navigation. Nettoiement.*

ATTROUPEMENT. (Voir *Idem*, au tome IV.)

Art. 1er. Les attroupemens doivent exciter la plus grande vigilance de la part des magistrats et officiers de police, qui, par toutes les lois existantes, sont spécialement chargés de les dissiper, et d'en poursuivre, suivant toute la rigueur des lois, les auteurs, fauteurs, et complices. *Loi du* 24 *août* 1790, *tit. II, art.* 9. Voir aussi *Bagarre.*

2. Lors d'un attroupement séditieux, les bons citoyens doivent arrêter les coupables, et avertir la force armée. Ceux qui se trouvent dans l'attroupement doivent se retirer à la première sommation du magistrat, ou du commandant de la force armée. En cas de résistance à la force armée, la résistance doit-être vaincue. *Loi du* 27 *germinal au IV* (16 avril 1796), *art.* 5, 6, 7.

Voir *Délits, art.* 31, §. 7. *Charte* (crimes contre la).

Force publique. Gendarmerie. Mal-intentionnés. Rebellion. Suspects.

AUBERGES, HÔTELLERIES.

Cas où la gendarmerie est autorisée à les visiter, même pendant la nuit. Voir *Gendarmerie.*

Les aubergistes sont soumis aux mêmes réglemens de police que les logeurs et les maîtres d'hôtel garni, en ce qui concerne le séjour des voyageurs dans ces maisons. Voir *Maisons garnies.* Voir aussi *Prescription. Vol*, art. 8.

Charrettes à la porte des auberges. Voir *Charrettes*, art. 8.

Ustensiles de cuivre dans les auberges. Voir *Cuivre.*

AUDIENCES.

Délits commis aux audiences. Voir *Police*, art. 77.

Respect dû aux audiences. Voir *Autorités constituées.*

AUMÔNE. Voir *Mendicité.*

AUNE, ancienne mesure de longueur remplacée par le mètre. Voir *Poids et Mesures.*

AUTEURS. Voir *Imprimerie. Contre-façon. Brevets d'invention.*

AUTHENTICITÉ DES ACTES.

Art. 1er. L'acte authentique est celui reçu par un officier public, ayant droit d'instrumenter dans le lieu où l'acte est rédigé, et avec les solennités requises. *Code civil*, art. 1317.

2. L'acte qui n'est point authentique par incompétence ou incapacité de l'officier, ou par défaut de forme, vaut comme écritures privées, s'il est signé des parties. *Idem*, art. 1318.

3. L'acte sous seings-privés reconnu par celui à qui on l'oppose, ou légalement tenu pour reconnu, a, entre ceux qui l'ont souscrit et entre leurs héritiers ou ayans cause, la même force que l'acte authentique. *Idem*, art. 1322.

4. En cas de désaveu de l'écriture ou de la signature, la vérification en est ordonnée en justice. *Idem, art.* 1324.

5. Dans le cas, où il est prouvé qu'une pièce d'écriture est écrite et signée de celui qui l'a déniée, ce dernier est condamné à 150 fr. d'amende envers le domaine, outre les dépens, dommages et intérêts de la partie ; il peut-être condamné par corps, même pour le principal. *Code de procédure civile, art.* 213.

Voir *Commerce, art.* 110.

6. Les actes sous seings-privés contenant des conventions synallagmatiques, ne sont valables qu'autant qu'il y a autant d'originaux que de parties y ayant un intérêt distinct. *Code civil, art.* 1325.

7. Les actes sous seings-privés n'ont de date contre les tiers, que du jour de leur enregistrement, du jour de la mort de celui ou de l'un de ceux qui l'ont souscrit, ou du jour où leur substance est constatée dans des actes authentiques, tels que procès-verbaux de scellés ou d'inventaire. *Idem, art.* 1328.

8. Un billet ou promesse de payer une somme d'argent, ou une chose appréciable, doit être écrit en entier de la main de celui qui le souscrit ; ou au moins il faut qu'outre sa signature, il écrive de sa main un *bon* ou un *approuvé*, portant en toutes lettres la somme, ou la quantité de la chose, excepté entre marchands, artisans, laboureurs, vignerons, journaliers. *Idem, art.* 1326.

AUTORITÉ (Abus d'). Voir *Abus d'autorité. Fonctionnaires publics.*

AUTORITÉ PATERNELLE. Voir *Enfans.*

AUTORITÉS ADMINISTRATIVES *et* JUDICIAIRES.

Empiétement des unes contre les autres. Voir *Conflits.*

AUTORITÉS CONSTITUÉES (Respect dû aux).

Voir aussi au tome IV, *Outrages*).

1°. *En matière civile.*

2°. *En matière judiciaire.*

3°. *Outrages et violences envers les dépositaires de l'autorité et de la force publique.*

Voir aussi *Imprimerie*, §§. 2 *et* 3, pour les offenses, diffamations ou injures par la voie de la presse ou par tout autre moyen de publication. (Voir aussi, au tome IV, *Outrages.*)

§. Ier. *Respect dû aux autorités en matière civile.*

Art. 1er. Ceux qui paraissent devant un officier public en fonctions, qui assistent aux audiences des tribunaux et des cours de justice, se tiennent découverts dans le respect et le silence. Tout ce que le président ordonne pour le maintien de l'ordre est exécuté à l'instant même. *Code de procédure civile, art.* 88. Voir aussi *Juges de Paix*, *art.* 9.

2. Si quelqu'un interrompt le silence, donne des signes publics d'approbation ou d'improbation aux discours des parties ou des juges, ou aux jugemens, occasionne du tumulte de quelque manière que ce soit, et ne rentre pas dans l'ordre après l'avertissement des huissiers, le président lui enjoint de se retirer; s'il refuse d'obéir, il est saisi aussitôt, et déposé, sur l'ordre du président, pendant vingt-quatre heures, dans la maison d'arrêt. *Idem, art.* 89.

3. Si le trouble est causé par un individu remplissant des fonctions au tribunal, il peut, outre la peine ci-dessus, être suspendu de ses fonctions pendant trois mois au plus. *Idem, art.* 90.

4. S'il y a eu menaces ou outrages envers les juges ou les officiers de justice, le président ordonne de suite l'arrestation et le dépôt du coupable dans la maison d'arrêt; il est interrogé dans les vingt-quatre heures et condamné par le tribunal sur le vu du procès-

verbal constatant le délit, à une détention d'un mois au plus, et à une amende de 25 à 300 fr.

Si le délinquant n'est pas saisi à l'instant, les peines ci-dessus sont prononcées, sauf l'opposition que peut former le condamné dans les dix jours du jugement, en se mettant en état de détention.

Idem, art. 91.

§. 2. *Respect dû aux autorités en matière judiciaire.*

5. Lorsqu'à l'audience, ou en tout autre lieu où se fait publiquement une instruction judiciaire, un ou plusieurs des assistans donnent des signes publics d'approbation ou d'improbation, ou excitent du tumulte de quelque manière que ce soit, le président ou le juge le fait arrêter et conduire dans la maison d'arrêt ; il est fait mention de cet ordre dans le procès-verbal : les perturbateurs sont reçus et détenus vingt-quatre heures dans la maison d'arrêt. *Code d'instruction criminelle*, art. 504.

6. Si le tumulte est accompagné d'injures ou de voies de fait emportant peines correctionnelles ou de police, ces peines peuvent, séance tenante et aussitôt les faits constatés, être prononcées, savoir :

Celles de simple police sans appel, de quelque tribunal ou juge qu'elles émanent.

Celles correctionnelles, à la charge d'appel, si elles sont prononcées par un tribunal sujet à l'appel, ou par un juge seul.

Idem, art. 505. Voir aussi *Police*, art. 77 et 78.

7. S'il s'agit d'un crime commis à l'audience d'un juge seul, ou d'un tribunal sujet à appel, le juge ou le tribunal, après avoir fait arrêter le délinquant, et dressé procès-verbal des faits, renvoie les pièces et le prévenu devant le tribunal compétent. *Idem*, art. 506.

8. A l'égard des voies de fait dégénérées en crimes,

ou de tous autres crimes flagrans et commis à l'audience de la cour de cassation, ou d'une cour royale ou d'assises, la cour procède au jugement de suite et sans désemparer. Elle entend les témoins, le délinquant et son conseil par lui choisi ou à lui désigné par le président ; et après avoir constaté les faits et ouï le procureur du Roi ou son substitut, elle applique la peine par un arrêt motivé. *Idem, art.* 507.

Dans le cas ci-dessus, si les juges présens sont au nombre de cinq ou de six, il faut quatre voix pour la condamnation ; s'ils sont sept, il faut cinq voix ; s'ils sont au-delà de ce nombre, il faut les trois quarts des voix, de manière que les fractions, s'il s'en trouve, sont appliquées en faveur de l'absolution. *Idem, art.* 508.

9. Lorsque les préfets et sous-préfets, les maires et adjoints, les officiers de police administrative ou judiciaire, remplissent publiquement quelques actes de leur ministère, ils exercent aussi les fonctions de police réglées par l'article 5 ci-dessus : après avoir fait saisir les perturbateurs, ils dressent procès-verbal du délit, et envoient le procès-verbal, s'il y a lieu, ainsi que les prévenus, devant les juges compétens. *Idem, art.* 509.

§. 3. *Outrages et violences envers les dépositaires de l'autorité et de la force publique.*

10. Celui qui, par paroles tendantes à inculper l'honneur ou la délicatesse, outrage un ou plusieurs magistrats de l'ordre administratif ou judiciaire, est puni d'un mois à deux ans d'emprisonnement. Si l'outrage a eu lieu à l'audience d'une cour ou d'un tribunal, l'emprisonnement est de deux à cinq ans. *Code pénal, art.* 222.

11. L'outrage fait par gestes ou menaces à un magistrat dans l'exercice ou à l'occasion de ses fonctions, est

puni d'un à six mois d'emprisonnement. Si l'outrage a eu lieu à l'audience d'une cour ou d'un tribunal, l'emprisonnement est d'un mois à deux ans. *Idem*, *art.* 223.

12. L'outrage fait par gestes ou menaces à un officier ministériel, ou à un agent dépositaire de la force publique, dans ou à l'occasion de ses fonctions, est puni d'une amende de 16 à 200 fr. *Idem*, *art.* 224. Voir aussi *Force publique*, *art.* 7.

13. Dans les cas des articles 10 et 11 ci-dessus, l'offenseur peut, outre l'emprisonnement, être condamné à faire réparation, soit à la première audience, soit par écrit ; et le temps de l'emprisonnement ne peut compter qu'à dater du jour où la réparation a eu lieu. *Idem*, *art.* 226.

14. Dans le cas de l'article 12 ci-dessus, si l'offensé retarde ou refuse la réparation, il y est contraint par corps. *Idem*, 227.

15. Tout individu qui, même sans armes, et sans qu'il en soit résulté des blessures, a frappé un magistrat dans l'exercice ou à l'occasion de ses fonctions, est puni d'un emprisonnement de deux à cinq ans. La peine est le carcan si la voie de fait a eu lieu à l'audience d'une cour ou d'un tribunal. *Idem*, *art.* 228.

16. Dans les cas ci-dessus, le coupable peut-être, de plus, condamné à s'éloigner pendant cinq à dix ans, du lieu où siége le magistrat, et d'un rayon de deux myriamètres, et ce à compter du jour où le comdamné a subi sa peine. S'il enfreint cet ordre avant le temps fixé, il est puni du bannissement. *Idem*, *art.* 229.

17. Si les violences exprimées en l'article 15 ci-dessus sont dirigées contre un officier ministériel, ou un agent de la force publique, ou un citoyen chargé d'un ministère de service public, pendant qu'ils exercent ou à l'occasion de leur ministère, la peine est d'un à six mois d'emprisonnement, *Idem*, *art.* 230.

6.

18. Si les violences exercées contre les fonctionnaires désignés aux articles 15 et 17 ci-dessus, ont occasionné effusion de sang, blessures ou maladie, la peine est la réclusion ; si la mort s'en est suivie dans les quarante jours, il y a peine de mort. *Idem*, *art.* 231.

Si lesdites violences n'ont pas produit ces effets, les coups seuls sont punis de la réclusion, s'ils ont été portés avec préméditation ou guet-à-pens. *Idem*, *art.* 232.

19. Si les blessures sont du nombre de celles qui portent le caractère du meurtre, le coupable est puni de mort. *Idem*, *art.* 233.

Voir aussi *Blessures, Injures. Meurtre. Rébellion.*

AUVENT.

Art. 1er. Les auvens en menuiserie sont placés à la hauteur de trois à quatre mètres du pavé ; leur saillie est de quatre-vingt-un centimètres au plus (deux pieds et demi). *Ordonnance du 26 octobre 1666.*

Il est défendu de les couvrir en plomb, tuiles ou ardoises. *Ordonnances des 3 septembre 1677, et 21 novembre 1752.*

On ne peut en placer sans une permission de la petite-voirie, qui se délivre à la police. Voir *Voirie*, tarif des droits de petite-voirie.

2. Les petits auvens qui se placent au-dessus des croisées et des portes, ne peuvent non plus être établis sans une permission de la petite-voirie. Voir *idem.*

3. Les auvens en plâtre formant corniches sont fixés, suivant l'usage, à quarante-quatre centimètres de saillie (un pied et demi), à la charge d'y employer suffisamment de fer et de fentons. On ne peut en établir sans une permission de la petite-voirie. Voir *idem.*

4. Les auvens que l'on est dans l'usage d'établir aux maisons qui bordent l'esplanade du boulevard du Temple, sont permis sur l'alignement fixé. Ils sont assimilés

aux baldaquins, et paient un droit fixe de petite-voirie de 4 fr., ainsi que ceux qui pourraient être permis dans l'intérieur de Paris, notamment pour descendre à couvert aux portes des spectacles. *Décret du 10 août 1810.*

En cas de contraventions, voir au tome IV le mot *Voirie.*

Auvens cintrés, formant avant-corps. Voir *Balcons.*

Auvens et autres saillies sur les boulevards. Voir *Boulevards.*

AVANT-CORPS. Voir *Balcons.*

AVARIES, dommage arrivé à une chose. (Voir aussi *Avaries* au tome IV.)

Art. 1er. En cas d'avaries à des marchandises, qu'il y a intérêt de faire constater, pour conserver à celui qui les reçoit son recours contre l'expéditeur, le commissaire de police, sur la réquisition de la partie intéressée, *et dans les cas d'urgence seulement*, peut se transporter au lieu où sont les marchandises, constater les avaries, ainsi que l'état des tonnes, boucauts, caisses, barriques ou ballots ; il fait estimer, s'il y a lieu, par experts, l'indemnité qui peut être due, et rédige du tout procès-verbal en présence des parties intéressées.

Ce procès-verbal est soumis au timbre et à l'enregistrement ; expédition en est délivrée si on la requiert. Voir aussi *Commerce, art.* 57.

2. Les avaries arrivées à des marchandises par échouement, naufrage, ou autres accidens de mer, sont constatées par des experts nommés par le directeur ou le receveur des douanes, et dans les vingt-quatre heures de la déclaration d'avaries. Les experts établissent la valeur primitive des marchandises au cours, et la perte résultant de l'avarie ; sur leur rapport, il est fait, s'il y a lieu, une réduction sur les droits de douane dus

1

par la marchandise. *Arrêté du Gouvernement du* 21 *thermidor an X* (21 *juillet* 1802).

AVEU, GENS SANS AVEU. Les gens sans aveu sont ceux qui, en état de travailler, se livrent à l'oisiveté, sans avoir ni métier, ni moyens de subsistance connus, ni répondans. *Instruction du préfet de police pour la gendarmerie de Paris, du* 17 *mai* 1816. Voir aussi *Vagabondage.*

AVEUGLES. Voir *Hôpitaux.*

AVIS imprimés ou distribués. Voir le mot *Écrits-Images-Gravures. Imprimerie.*

AVIS DE PARENS; sont reçus par les juges de paix. Voir *Juges de Paix.*

AVOCATS.

Art. 1er. Nul n'est inscrit au tableau des avocats d'une cour ou d'un tribunal, s'il n'exerce réellement près de cette cour ou tribunal. *Ordonnance du Roi du* 30 *novembre* 1822, *art.* 5.

2. Les conseils de discipline du corps des avocats prononcent sur les difficultés relatives à l'inscription dans le tableau de l'ordre. Ils exercent la surveillance que l'honneur et les intérêts de cet ordre rendent nécessaire; ils appliquent les mesures de discipline autorisées par les réglemens; sans préjudice des poursuites du ministère public ou des parties civiles, pour la répression des actes qui constitueraient des délits ou des crimes. *Id. art.* 12 *et* 17.

3. Les peines de discipline sont : l'avertissement, la réprimande, l'interdiction temporaire pendant un an au plus, la radiation du tableau; le tout après avoir entendu l'avocat inculpé, et sauf l'appel devant la Cour royale du ressort. *Id. art.* 18, 19, 24 *et* 25.

4. La profession d'avocat est incompatible avec toutes fonctions de l'ordre judiciaire, excepté celle de sup-

pléant ; avec celles de préfet, sous-préfet, secrétaire général de préfecture, greffier, notaire et avoué ; avec les emplois à gages, et ceux d'agent comptable ; avec toute espèce de négoce. En sont exclues toutes personnes exerçant la profession d'agent d'affaires.

Id. art. 42.

5. Toute attaque dirigée par un avocat, dans ses plaidoieries ou écrits, contre la religion, les principes de la monarchie, la charte, les lois du royaume, ou les autorités établies, est réprimée immédiatement, sur les conclusions du ministère public, par le tribunal saisi de l'affaire, lequel prononce une des peines portées en l'article 3 ci-dessus, sans préjudice des poursuites extraordinaires s'il y a lieu.

Id. art. 43.

6. Le décret du 14 décembre 1810, est abrogé. *Id. article 45.*

7. Indépendamment des avocats près les tribunaux et les cours, il y a des avocats aux conseils du Roi et à la cour de cassation. Ces derniers sont réunis sous la dénomination d'*Ordre des avocats aux conseils du Roi et à la cour de cassation.* Ces fonctions sont indivisibles ; leur nombre est fixé à soixante.

Ils ont pour la discipline intérieure de l'ordre, un président et neuf membres, dont deux ont la qualité de syndics, un troisième celle de secrétaire-trésorier.

Le président du conseil de discipline est le chef de l'ordre. Le conseil peut délibérer au nombre de six membres. La voix du président est prépondérante. Le conseil prononce définitivement en faits de police et de discipline intérieure ; dans les autres cas, il donne un avis, qui est soumis à l'homologation du Garde-des-Sceaux, pour les faits relatifs aux fonctions des avocats aux conseils; et à celle de la cour de cassation, pour les faits relatifs aux fonctions des avocats près cette cour. Ces décisions sont sauf appel.

Ordonnance du Roi du 10 septembre 1817.

AVORTEMENT. (Voir *Idem*, au tome IV.)

Quiconque, par alimens, breuvages, médicamens, violences, ou par tout autre moyen, procure l'avortement d'une femme enceinte, soit qu'elle y ait consenti ou non, est puni de la réclusion.

La même peine est infligée à la femme qui se procure l'avortement à elle-même, ou qui consent à faire usage des moyens indiqués ou administrés à cet effet, si l'avortement s'en est suivi.

Les médecins, chirurgiens, officiers de santé, ou pharmaciens, qui ont indiqué ou administré ces moyens, sont punis de la peine des travaux forcés à tems, dans le cas ou l'avortement à eu lieu.

Code pénal, art. 317.

AVOUÉS.

Art. 1er. Les avoués sont contraignables par corps, pour la restitution des titres et deniers qui leur sont confiés. *Code civil, art.* 2060.

2. Les dispositions de l'article 5, au mot *Avocats*, sont applicables aux avoués usant du droit de plaider. *Décret du 2 juillet 1812, art.* 11.

3. Les fonctions d'avoué près les tribunaux sont incompatibles avec celles de conseiller de préfecture. *Avis du conseil d'État, du 5 août 1809.*

4. Les individus non reconnus légalement pour avoués, convaincus de se livrer à la postulation (voir *Postulation*), sont condamnés par corps, à une amende de 200 à 500 fr. la première fois, et de 500 à 1000 fr. la seconde fois; et déclarés, la seconde fois, incapables d'être nommés aux fonctions d'avoués.

Le produit de l'instruction faite en contravention, est confisqué au profit de la chambre des avoués, et applicable aux actes de bienfaisance exercés par cette chambre.

Décret du 19 juillet 1810, art. 1er.

5. Les avoués convaincus de complicité sont punis :

La première fois, d'une amende de 500 à 1000 fr., applicable comme il est dit en l'article précédent ;

La seconde fois, d'une amende de 1500 fr., et de destitution.

Idem, art. 2.

6. Les peines portées aux deux articles précédens, sont sans préjudice des dommages-intérêts et autres droits des parties lésées par l'effet de ces contraventions. *Idem, art. 3.*

7. Lorsque la chambre des avoués, voulant constater la contravention, croit devoir demander à être autorisée à faire les perquisitions convenables dans les domiciles qui seraient indiqués, elle présente une requête aux premiers présidens des cours, ou aux présidens des tribunaux, suivant que la postulation a été exercée devant une cour ou un tribunal : l'autorisation n'est accordée que sur les conclusions du ministère public, après l'examen des faits et circonstances. *Idem, art. 4.*

8. Lesdites perquisitions ne peuvent être faites qu'en présence d'un juge de paix ou d'un commissaire de police, lequel saisit les dossiers et autres pièces qui lui sont indiquées comme devant prouver l'existence de la contravention. Les pièces de chaque dossier, ainsi que les pièces détachées, sont nombrées, cotées et paraphées par le juge de paix ou le commissaire de police, qui dresse du tout procès-verbal. *Idem, art. 6.*

9. La cour ou le tribunal qui a ordonné la perquisition, statue ensuite, parties ouïes ou dûment appelées,

sur l'application des peines et sur les dommages-intérêts. *Idem*, *art. 7.*

10. Nul ne peut être membre de la chambre des
avoués près la cour royale de Paris, s'il n'exerce depuis
plus de dix ans les fonctions d'avoué. *Ordonnance du
Roi du 23 avril 1818.*

B

Bacs, Batelets, Bachots.

(Voir aussi *Baes*, etc. , au tome IV.)

1º. *Dispositions générales ;*

2º. *Dispositions pénales ;*

3º. *Dispositions locales pour le département de la
Seine ;*

4º, *Tarif des droits de passage dans le département
de la Seine.*

§. 1er. *Dispositions générales.*

Art. 1er. Il ne peut être établi de passage en bac ou
batelet sur les fleuves, rivières et canaux navigables,
que par autorisation des préfets, donnée sur l'avis de
l'administration municipale, et confirmée par le Gouvernement. *Loi du* 6 *frimaire an VII* (26 novembre 1798), *art. 8.*

2. Les opérations relatives à l'administration, à la
police, et à la perception des droits de passage d'eau,
appartiennent au préfet dans le département duquel se
trouve le passage, sans préjudice de la surveillance de la
municipalité du lieu. La poursuite des délits appartient
aux tribunaux. *Idem*, *art. 31.*

Si le passage est commun à deux départemens, la
connaissance desdites opérations appartient au préfet
du département dans lequel se trouve la commune la
plus voisine du passage ; en cas d'égale distance, la po-

pulation la plus forte détermine. La gare , le logement et le domicile de droit du passager sont toujours de ce côté. *Idem*, *art.* 32. L'attribution ci-dessus détermine également celle des tribunaux. *Idem* , *art.* 33.

3. Les ingénieurs des ponts et chaussées font, sur l'ordre des préfets , deux fois par an , en avril et octobre, en présence du maire du lieu et d'un commissaire par lui nommé , la visite des bacs , ainsi que des batelets et autres objets dépendant du service du passage , pour s'assurer s'ils sont bien entretenus; sans préjudice des autres visites qui seraient jugées nécessaires. *Idem* , *article* 34.

4. Les adjudicataires des passages d'eau sont contraints par les préfets , et par les mêmes voies que pour les entreprises du Gouvernement , aux réparations et reconstructions nécessaires, à leur charge. *Idem* , *art.* 35.

5. Les ingénieurs constatent également la situation des travaux construits dans le lit des rivières , ou sur les cales, ports, abordages et chemins pour y arriver. Ils observent les changemens survenus dans le cours des rivières , à raison des débordemens, éboulis , glaces, ensablement ou autres causes; ils indiquent les travaux à faire , et prennent l'avis de l'administration des eaux et forêts, lorsqu'il devient nécessaire de changer le cours de l'eau. *Idem* , *art.* 36.

En cas d'urgence , dans l'intervalle d'une visite à une autre , la municipalité pourvoit aux besoins du service , et en informe de suite le préfet, qui ordonne une visite extraordinaire. *Idem* , *art.* 37, 38.

6. Si pour des changemens à faire aux cales , ports , abordages et chemins , il est nécessaire d'en ouvrir de nouveaux sur des propriétés particulières , la nécessité en est constatée par procès-verbal , en présence des parties intéressées , et l'indemnité à leur accorder est fixée

à dire d'experts. Si les changemens ne sont que momentanés, il est pourvu par la municipalité du lieu, à dire d'experts, aux indemnités, qui sont acquittées sur les droits de bac, après l'approbation du Gouvernement. *Idem*, *art.* 39, 40.

7. Le Gouvernement détermine les passages d'eau qui doivent être interdits depuis le coucher jusqu'au lever du soleil : pendant cet espace de tems, les bacs, bateaux et agrès doivent être fermés avec des chaînes et cadenas solides. *Idem*, *art.* 42.

8. Suivant les circonstances et la nécessité le bac ou le bateau de passage doit avoir un batelet ou un canot à sa suite, ou disposé pour porter des secours au besoin. *Idem*, *art.* 44.

9. A chaque passage le nombre des passagers est fixé pour chaque bac ou bateau, en raison de leur grandeur. *Idem*, *idem*.

10. Les adjudicataires et mariniers maintiennent le bon ordre dans leurs bacs et bateaux pendant le passage; ils désignent aux officiers de police ceux qui s'y comporteraient mal, ou qui, par imprudence, comprometteraient la sûreté des passagers. *Idem*, *art.* 45.

11. Dans les lieux où le passage de nuit est autorisé, les passeurs exigent des voyageurs, autres que les domiciliés, l'exhibition de leurs passeports. Les conducteurs des voitures publiques, les courriers des malles et les porteurs d'ordres du Gouvernement sont dispensés de cette formalité. *Idem*, *art.* 46.

12. Les adjudicataires ne peuvent employer que des mariniers reconnus capables, porteurs de certificats de capacité délivrés par les commissaires civils de la marine, dans les lieux ou il s'en trouve, et ailleurs par quatre anciens mariniers conducteurs, dont l'attestation est donnée par devant la municipalité de leur résidence. *Idem*, *art.* 47.

13. Lesdits adjudicataires doivent placer de chaque côté du passage, un poteau sur lequel est affiché d'une manière apparente le tarif légal des droits de passage. *Idem, art.* 30. *Loi du* 14 *floréal an X* (4 mai 1802), *art.* 10.

14. Ne sont point compris dans les dispositions des treize articles précédens, les barques, batelets et bachots servant à l'usage de la pêche, et de la marine marchande montante et descendante ; mais les propriétaires et conducteurs d'iceux ne peuvent établir de passage à heure ni lieu fixes. *Loi précitée du* 6 *frimaire an VII, art.* 9.

15. Nul n'est dispensé d'acquitter les droits de passage portés aux tarifs, excepté les juges de paix, les admistrateurs, commissaires du Gouvernement, ingénieurs des ponts et chaussées, lorsqu'ils se transportent pour raison de leurs fonctions ; les cavaliers et officiers de gendarmerie, les militaires en marche, les officiers dans l'étendue et pendant la durée de leur commandement. *Idem, art.* 48, 49 *et* 50.

§. II. *Dispositions pénales.*

16. Les adjudicataires, mariniers et autres employés au service des passages d'eau, sont tenus de se conformer aux dispositions ci-dessus, et à celles qui pourraient leur être imposées ultérieurement par le Gouvernement, ou par les administrations locales, pour leur exécution ; à peine d'être responsables personnellement des suites de leur négligence, et d'une amende de trois journées de travail par chaque contravention. *Idem, art.* 51.

Cette amende équivaut à celle portée par l'art. 471 du Code pénal. *Voir ci-après la note de l'art.* 20.

17. Défenses d'exiger pour le passage de plus fortes sommes que celles portées aux tarifs, à peine de res-

titution des sommes indûment perçues, et en outre, des peines de simple police, avec impression et affiche du jugement aux frais du contrevenant. En cas de récidive, la condamnation est comme il est dit au mot. *Peines*, §. V. *Idem*, *art.* 52.

18. Si l'exaction est accompagnée d'injures, menaces, violences, ou voies de fait, la peine est correctionnelle, outre les réparations civiles et les dommages-intérêts, avec amende de 100 francs au plus, et emprisonnement de trois mois au plus. *Idem*, *art.* 53.

19. Les adjudicataires sont responsables civilement pour leurs préposés et mariniers; ils peuvent même, en cas de récidive prononcée par jugement, être destitués; alors leurs baux sont résiliés sans indemnité. *Idem*, *art.* 54 et 55.

20. Celui qui se soustrait au paiement des droits de passage est condamné à la restitution des droits, et à une amende d'une à trois journées de travail et en cas de récidive, outre l'amende, à un emprisonnement d'un à trois jours, avec affiche du jugement à ses frais. *Idem*, *art.* 56.

Nota. Les peines prononcées par cet article, se trouvent, d'après les articles 471 et suivans du Code pénal, être une amende de 1 à 15 fr., et un emprisonnement d'un à cinq jours, qui sont les peines de simple police, lesquelles étaient auparavant une amende de la valeur d'une à trois journées de travail, et un emprisonnement d'un à trois jours. Voir *Amende*.

Si le refus est accompagné d'injures, menaces, violences ou voies de fait, la peine est correctionnelle, comme en l'article 18 ci-dessus. *Idem*, *art.* 57.

21. Quiconque a favorisé ou aidé la fraude, ou concouru aux contraventions sur la police des bacs, est condamné aux mêmes peines que les auteurs desdites fraudes ou contraventions. *Idem*; *art.* 58.

22. Le montant des condamnations ci-dessus est consigné par le contrevenant, au greffe du juge de

paix du canton , ou bien il en donne caution solvable ;
si non les voitures et chevaux sont mis en fourrière, et
les marchandises déposées jusqu'à ladite consignation ,
ou réception de la caution. La consignation ou le dépôt
est restitué aussitôt l'exécution du jugement rendu sur
le délit. *Idem , art.* 59 *et* 60.

§. III. *Dispositions locales pour le département*
de la Seine.

23. Dans le département de la Seine, la visite des
bacs et bateaux prescrite par l'article 3 ci-dessus, est
faite par l'inspecteur général de la navigation, l'ingénieur hydraulique, et un charpentier en bateaux, assisté d'un commissaire de police, en présence des entrepreneurs ou adjudicataires, ou eux dûment appelés,
lesquels peuvent faire des dires et observations au procès-verbal. *Ordonnance du préfet de police , du* 11 *bru-*
maire an XI (2 novembre 1802), *art.* 1 , 2 , 3.

24. En cas de mauvais état qui fasse craindre péril,
le commissaire de police, d'accord avec l'inspecteur
général de la navigation, interdit l'usage des bacs ou
bateaux, jusqu'à ce qu'ils aient été réparés, et il en
est rendu compte de suite au préfet de police, qui
statue. *Idem , art.* 4.

25. Il est fait en même temps examen des mariniers,
sur leur expérience et leur bonne conduite. *Idem, ar-*
ticle 5.

Les procès-verbaux de ces opérations sont transmis
au préfet de police. *Idem , art.* 6.

26. Les bachots ou batelets doivent être de forme
plate , avoir huit mètres de longueur, être bordés ,
et avoir planchers et levées solides. *Ordonnance du*
préfet de police du 18 *prairial an XI* (3 juin 1803),
art. 1er.

27. L'usage des gondoles, pirogues, chaloupes, sa-

bots, et autres petits bateaux de cette espèce, est dé-fendu. *Idem, même article.*

28. On ne peut avoir aucun batelet sur la Seine et sur la Marne, sans une permission du préfet de police. Le numéro indiqué par la permission est peint à l'huile sur les côtés extérieurs du batelet. *Idem, art. 2 et 4.*

29. Pour être *bachoteur*, il faut une autorisation du préfet de police, être âgé de dix-huit ans, savoir nager, et justifier de sa capacité par un certificat de quatre anciens mariniers conducteurs. *Idem, art. 5.*

30. Conformément à l'ordonnance du bureau de la ville du 22 mars 1771, les bachots destinés au public sont visités fréquemment par l'inspecteur général; ceux hors d'Etat de service sont consignés pour être déchirés. *Idem, art. 6.*

31. Tout bachoteur conduit lui-même son bachot; il peut se faire remplacer par un autre bachoteur, dont il devient alors responsable. *Idem, art. 7.*

32. Conformément à l'ordonnance précitée, du 22 mars 1771, et à la loi du 16 brumaire an V (6 novembre 1796), un bachoteur ne peut recevoir dans sont bachot plus de seize personnes, lui compris, à peine de 50 fr. d'amende; en cas de récidive, il est exclus du bacho-tage. *Idem, art. 8.*

33. Il est soumis aux dispositions de l'article 10 ci-dessus. *Idem, art. 9.*

34. Conformément à la même ordonnance, les ba-choteurs sont tenus de conduire les voyageurs jusqu'au lieu de leur destination, sans pouvoir les forcer à des-cendre à d'autres endroits que ceux accoutumés, sous les peines portées en l'art. 32 ci-dessus. *Idem, art. 10.*

35. Ils doivent être toujours porteurs de leur per-mission, et la représenter à toute réquisition légale. *Idem, art. 11.*

36. Le point de départ des bachoteurs pour la Basse-

Seine, est au pont des Tuileries, à la suite des galiotes, sans pouvoir embarquer personne ailleurs, même en route. *Idem, art.* 12.

Ils chargent par rang d'arrivée au port. *Idem, art.* 13. Néanmoins les voyageurs peuvent se faire conduire par les bachoteurs qu'ils veulent choisir, et ceux-ci peuvent prévenir leur rang, lorsqu'au refus des autres ils partent avec moins de seize personnes. *Ordonnance précitée, du* 22 *mars* 1771.

37. Les bachots ne peuvent aborder et être garés au pont de Sèvres, que le long de la rive droite, au-dessus du port des galiotes. *Ordonnance précitée du préfet de police, art.* 14.

38. Il ne peut être exigé de chaque voyageur plus de 50 centimes, pour aller en bachot de Paris à Sèvres ou à Saint-Cloud. *Idem, art.* 15.

39. Il est défendu de passer le public sur la Seine et sur la Marne, ailleurs qu'aux endroits accoutumés. Il ne peut y être employé que des bacs et bateaux solides, avec leurs agrès en bon état. *Idem, art.* 16 *et* 17. Voir aussi *Navigation, art.* 62 *et* 63.

40. Tarif des droits de passage d'eau dans le département de la Seine, suivant l'*Arrêté du Gouvernement du* 11 *fructidor an XI* (29 août 1803).

NOTA. Le batelier ne peut être contraint de passer une ou plusieurs personnes à pied, au-dessous de six, si elles ne lui assurent la recette du droit de passage pour six personnes à pied (50 cent.), pour passer en batelet.

Dans le bac, il ne peut être contraint au passage isolé d'un cheval ou autre animal, si le conducteur ne lui assure la recette de 40 centimes; ni au passage isolé d'une voiture, charrette ou chariot, si le conducteur ne lui assure une recette de 75 centimes.

Dans un passe-cheval, il ne peut être contraint à passer aucun animal, si on ne lui assure une recette de 30 centimes.

Dans un Batelet.

1°. Pour une personne à pied, chargée ou non, ou

un cheval ou mulet non chargé, ou un âne ou   fr. c.

ânesse chargé.................................... o   5

2°. Pour denrées et marchandises embarquées
à bras d'homme, et pesant plus de 50 kilogrammes. o   5

Pour chaque myriagramme, ou 10 kilogr.,
d'excédent.. o   2

Le chargeur déclare le poids, qui peut être vérifié par le passeur.

Dans un Bac.

3°. Pour un cheval ou mulet et son cavalier,
valise comprise.................................. o 10

Ou un cheval ou mulet, chargé................ o 10

Ou un âne, ou ânesse, non chargé............. o   3

4°. Par cheval, ou autre bête, employé au
labour, ou allant au pâturage................. o   4

5°. Par bœuf ou vache appartenant à des marchands, et allant à la vente.................... o   8

Par veau ou porc.............................. o   3

Par mouton, brebis, bouc, chèvre, cochon
de lait, et par paire d'oies ou de dindons...... o   1

Au-dessus de cinquante, le droit est diminué
d'un quart.

Les moutons, brebis, boucs et chèvres qui vont
au pâturage, ne paient que demi-droit.

Les conducteurs des chevaux, mulets, ânes,
bœufs, etc., paient.............................. o   5

6°. Pour une voiture suspendue à deux roues,
attelée d'un cheval ou mulet, ou pour une litière
à deux chevaux.................................. o 30

Pour une voiture à quatre roues, attelée d'un
cheval ou mulet, le conducteur compris...... o 50

Pour idem à quatre roues, deux chevaux ou
mulets, et le conducteur....................... o 60

Les voyageurs paient séparément, par tête, le
droit dû pour une personne à pied (5 cent.).

7°. Pour une charrette chargée, à un cheval fr.   c.
ou mulet, et le conducteur........................ 0 40

Pour *idem*, deux chevaux ou mulets, et le
conducteur.. 0 75

Pour *idem*, trois chevaux ou mulets, et le
conducteur.. 1 00

8°. Pour une charrette à vide, le cheval et le
conducteur.. 0 30

9°. Pour une charrette chargée, employée au
transport des engrais, ou à la récolte, le cheval
et le conducteur.................................. 0 20

La même, à vide, le cheval et le conducteur. 0 10

10°. Pour une charrette, chargée ou non,
attelée d'un âne ou ânesse, et le conducteur.... 0 10

11°. Pour un chariot de ferme, etc., à quatre
roues, chargé, les deux chevaux ou bœufs...... 0 75

Le même, à vide.................................. 0 30

12°. Pour un chariot de roulage à quatre
roues, chargé, un cheval et le conducteur...... 0 60

Deux chevaux, *idem*............................ 1 00

Trois chevaux, *idem*........................... 1 50

Le même, à vide, le cheval et le conducteur. 0 35

Dans un *Passe-Cheval.*

13°. Par cheval ou mulet, et son cavalier,
valise comprise.................................. 0 30

Par cheval ou mulet chargé...................... 0 15

Idem, non chargé.............................. 0 10

Pour un âne, ou ânesse, chargé................. 0 10

Idem, non chargé.............................. 0 6

Par bœuf ou vache.............................. 0 12

Par veau ou porc............................... 0 5

Par mouton, brebis, bouc, chèvre, cochon de
lait, et par paire d'oies ou de dindons......... 0 2

14°. Dans le temps des hautes eaux, le paiement des droits est triple.

15°. La gendarmerie en tournée, les militaires voyageant en corps de troupes, ou avec feuilles de route, sont exempts du droit.

Voir aussi *Navigation*.

BAGARRE. Réunion tumultueuse du peuple, à l'occasion d'une querelle, rixe ou batterie, ou d'un accident plus ou moins grave.

Les officiers de police doivent, dans ce cas, user de toute leur prudence, et de toute leur autorité, pour dissiper le peuple et prévenir tout événement fâcheux. Ils doivent, au besoin, requérir la force armée, arrêter les coupables, entendre les témoins, et dresser du tout procès-verbal, qui est envoyé de suite à l'autorité supérieure.

Voir aussi *Attroupement*.

BAGNE. Lieu où sont détenus les forçats hors des heures du travail. Voir *Police maritime*.

BAHUTIER, fabricant de valises, coffres, etc., couverts en cuir, ne doivent point travailler la nuit sans lanterne. Voir *Incendie*.

BAIES de portes ou croisées sur rue. Voir *Portes. Voirie*.

BAIL.

1°. *Dispositions générales;*

2°. *Dispositions particulières aux baux à loyer;*

3°. *Dispositions particulières aux baux à ferme des biens ruraux;*

4°. *Congés pour résiliation des locations verbales, à Paris.*

§. Ier. *Dispositions générales.*

Art. 1er. On nomme *bail à loyer* le louage des maisons et des meubles; *bail à ferme*, celui des biens ruraux; *bail à cheptel*, celui des animaux dont le profit se partage entre le propriétaire et celui à qui il les confie. *Code civil, art.* 1711.

2. Les baux des biens nationaux, des biens des communes, et des établissemens publics, sont soumis à des règles particulières. *Idem, art.* 1712.

3. On peut louer par écrit ou verbalement. *Idem, art.* 1714. Voir aussi *Authenticité des actes*.

4. Si la location verbale n'a encore reçu aucune exécution, et que l'une des deux parties la nie, la preuve par témoins n'est point admise, quelque modique que soit le prix, et quoiqu'on allègue qu'il y a eu des arrhes données; seulement le serment peut être déféré à celui qui nie. *Idem, art.* 1715.

5. En cas de contestation sur le prix de la location verbale, et s'il n'existe point de quittance, le propriétaire est cru à son serment; si mieux n'aime le locataire demander l'estimation par experts; laquelle est à ses frais, si l'estimation excède le prix qu'il a déclaré. *Idem, art.* 1716.

6. Le preneur a droit de sous-louer, même de céder son bail à un autre, si cette faculté ne lui a pas été interdite. Elle peut l'être pour tout ou partie; cette clause est toujours de rigueur. *Idem, art.* 1717.

7. Le bailleur est obligé, sans qu'il soit besoin de stipulation particulière, de livrer au preneur la chose louée en bon état de réparations de toute espèce; de l'entretenir en état de servir à l'usage pour lequel elle a été louée; d'en faire jouir paisiblement le preneur pendant la durée de sa location, et d'y faire, pendant ladite durée, toutes les réparations nécessaires autres que les locatives. *Idem, art.* 1719, 1720. Voir *l'article* 29 *ci-après*.

8. Le bailleur garantit des vices ou défauts qui empêchent l'usage de la chose louée, quand même il ne

les aurait pas connus lors de la location ; et s'il en, résulte perte pour le preneur, le bailleur doit l'indemniser. *Idem*, *art.* 1721.

9. Si la chose louée est détruite en totalité par cas fortuit, la location est résiliée de plein droit; si elle n'est détruite qu'en partie, le preneur peut, suivant les circonstances, demander ou une diminution du prix, ou la résiliation : dans les deux cas il n'y a pas lieu à dédommagement. *Idem*, *art.* 1722.

10. Le bailleur ne peut, pendant la jouissance du preneur, changer la forme de la chose louée. *Idem*, *art.* 1723.

11. Le preneur doit souffrir toutes réparations nécessaires et urgentes; si elles durent plus de quarante jours, le prix du bail est diminué en raison du temps et de la partie de la chose louée dont il est privé; si elles rendent inhabitable le logement du preneur et de sa famille, il peut faire résilier sa location. *Idem*, *article* 1724.

12. Le bailleur n'est pas tenu de garantir le preneur du trouble qu'un tiers apporte à sa jouissance par voies de fait, sans prétendre à aucun droit sur la chose louée, sauf au preneur à poursuivre ledit tiers en son nom personnel ; mais s'il est troublé par suite d'une action concernant la propriété du fonds, il a droit à une diminution proportionnée, sur le prix de sa location, pourvu que le trouble ait été dénoncé au propriétaire. *Idem*, *art.* 1725, 1726.

13. Le preneur doit user de la chose louée en bon père de famille, et suivant la destination convenue ou présumée, et payer le prix du bail ou location aux termes convenus. *Idem*, *art.* 1728.

14. S'il emploie la chose louée à un autre usage que la destination convenue, ou dont il résulte un dom-

mage pour le bailleur, celui-ci peut, suivant les circonstances, faire résilier le bail. *Idem, art.* 1729.

15. S'il a été fait état des lieux, le preneur doit rendre la chose telle que le porte cet état, sauf les dépérissemens ou dégradations par vétusté ou force majeure. S'il n'y a pas eu d'état des lieux, il est censé les avoir reçus en bon état de réparations locatives, et doit les rendre tels, sauf la preuve contraire. *Idem, articles* 1730, 1731.

16. Il répond des dégradations ou pertes arrivées pendant sa jouissance, par sa faute ou celle des personnes de sa maison, ou de ses locataires. *Idem, articles* 1732, 1733.

En cas d'incendie. Voir *Incendie*.

17. Pour les locations sans écrit, l'une des deux parties ne peut donner congé à l'autre, qu'en observant les délais fixés par l'usage des lieux. *Idem, article* 1736. Voir *Congés*, au . IV ci-après.

18. Le bail écrit cesse de plein droit à l'expiration du temps fixé, sans qu'il soit besoin de congé. Si à l'expiration, le preneur reste et est laissé en possession, il est censé les occuper aux mêmes conditions du bail, mais comme location verbale; il ne peut en sortir, ni être expulsé, qu'après un congé donné dans les délais d'usage. *Idem, art.* 1737, 1738, 1759.

19. Lorsqu'il y a eu un congé signifié, le preneur, quoiqu'il ait continué sa jouissance, ne peut invoquer la tacite réconduction. *Idem, art.* 1739.

20. Dans le cas des deux articles précédens, la caution donnée pour le bail, ne s'étend pas aux obligations résultantes de la prolongation. *Idem, art.* 1740.

21. Toute location est résiliée par la perte de la chose louée, et faute par le bailleur et le preneur de remplir leurs engagemens. *Idem, art.* 1741.

22. La mort du bailleur ni celle du preneur ne résilient point le bail. *Idem, art.* 1742.

23. Si le bailleur vend la chose louée, l'acquéreur ne peut expulser le fermier ou le locataire par bail, à moins qu'il ne se soit réservé ce droit par le bail, auquel cas, et s'il n'a été fait aucune stipulation sur les dommages-intérêts, le bailleur doit au fermier ou locataire, en indemnité, s'il s'agit d'une maison, appartement ou boutique, une somme égale au prix du loyer, pendant le temps accordé par l'usage entre le congé et la sortie (voir ci-après *Congés*), et s'il s'agit de biens ruraux, le tiers du prix du bail, pour tout le temps qui reste à courir.

L'indemnité est réglée par experts, s'il s'agit de manufactures, usines, ou autres établissemens qui exigent de grandes avances.

Si le bail n'est pas par acte authentique, ou n'a point de date certaine, l'acquéreur n'est tenu d'aucune indemnité envers le fermier ou le locataire évincé. *Idem*, art. 1743 à 1747 et 1750.

24. Dans tous les cas ci-dessus, le fermier ou le locataire que l'on veut expulser doit être averti au temps d'avance usité dans le lieu pour les congés. S'il s'agit de biens ruraux, il doit être averti au moins un an d'avance. *Idem*, art. 1748.

25. Le fermier ou le locataire ne peut être expulsé avant d'être payé des dommages-intérêts ci-dessus indiqués. *Idem*, art. 1749.

26. L'acquéreur à pacte de rachat, ne peut user de la faculté d'expulser le preneur, jusqu'à ce que, par l'expiration du délai fixé pour le réméré, il devienne propriétaire incommutable. *Idem*, art. 1751.

Voir aussi *Déménagement*.

§. II. *Dispositions particulières aux baux à loyer.*

27. Le locataire qui ne garnit pas de meubles suffisans les lieux loués, peut être expulsé, à moins qu'il

ne donne des sûretés convenables pour le loyer. *Idem*,
art. 1752.

28. Le sous-locataire n'est tenu envers le propriétaire
que jusqu'à concurrence du prix de sa sous-location,
dont il peut être débiteur au moment de la saisie, et
sans qu'il puisse opposer des paiemens faits par anti-
cipation : ne sont pas réputés tels, ceux faits en vertu
de stipulation portée par le bail, ou en conséquence
de l'usage des lieux. *Idem*, art. 1753.

29. Les réparations locatives ou de menu entretien
dont le locataire est tenu, sont celles désignées comme
telles par l'usage des lieux, et entre autres les réparations à faire aux âtres, contre-cœurs, chambranles et
tablettes des cheminées ;

Au recrépiment du bas des murs des appartemens et
autres lieux d'habitation, à la hauteur d'un mètre ;

Aux pavés et carreaux des chambres, lorsqu'il y en
a seulement quelques-uns de cassés ;

Aux vîtres, à moins qu'elles ne soient cassées par la
grêle ou autres cas de force majeure dont le locataire
ne peut être tenu ;

Aux portes, croisées, planches de cloison ou de fermeture de boutique, gonds, targettes et serrures.
Idem, art. 1754.

30. Aucune des réparations locatives n'est à la charge
du locataire, lorsqu'elles sont l'effet de la vétusté ou
de la force majeure. *Idem*, art. 1755.

31. Le curement des puits et des fosses d'aisance
est à la charge du bailleur, s'il n'y a clause contraire.
Idem, art. 1756.

32. Le bail des meubles fournis pour garnir une
maison, corps de logis, appartement ou boutique, est
censé fait pour la durée ordinaire des baux des maisons, corps de logis, appartemens ou boutiques, suivant l'usage des lieux. *Idem*, art. 1757.

33. Le bail d'un appartement meublé est censé fait à l'année, quand il a été fait à tant par an ; au mois, s'il a été fait à tant par mois ; au jour, s'il a été fait à tant par jour.

Si rien ne constate qu'il a été fait à tant par an, par mois ou par jour, la location est censée faite suivant l'usage des lieux.

Idem, *art.* 1758. Voir aussi *Maisons garnies.*

34. En cas de résiliation d'un bail par la faute du locataire, il est tenu de payer le prix du bail pendant le temps nécessaire à sa relocation, sans préjudice des dommages-intérêts qui peuvent résulter de l'abus. *Idem*, *art.* 1760.

35. Le bailleur ne peut résoudre la location, encore qu'il déclare vouloir occuper par lui-même, à moins qu'il n'y ait eu clause contraire, auquel cas il est tenu de donner congé dans les délais d'usage. *Idem*, *art.* 1761, 1762.

§. III *Dispositions particulières aux baux à ferme des biens ruraux.*

36. Celui qui cultive sous la condition d'un partage de fruits avec le bailleur, ne peut sous-louer ni céder, si la faculté ne lui en a pas été accordée expressément par le bail ; en cas de contravention, le propriétaire peut rentrer en jouissance, et le preneur est condamné aux dommages-intérêts résultant de l'inexécution du bail. *Idem*, *art.* 1763, 1764.

37. Si dans un bail à ferme, on donne aux fonds une contenance moindre ou plus grande que celle qu'ils ont réellement, il n'y a lieu à augmentation ou diminution du prix pour le fermier, qu'autant que la différence est d'un vingtième en plus ou en moins. Si la différence excède un vingtième en plus, le fermier a le choix ou de fournir un supplément de prix, ou de résilier le bail. *Idem*, *art* 1765, 1618, 1619.

38. Si le preneur d'un héritage rural ne le garnit pas de bestiaux et des ustensiles nécessaires à son exploitation, s'il en abandonne la culture, on ne cultive pas en bon père de famille, ou emploie la chose louée à un autre usage qu'à celui de sa destination, ou en général n'exécute pas les clauses du bail, et qu'il en résulte un dommage pour le bailleur, celui-ci peut, suivant les circonstances, faire résilier le bail.

En cas de résiliation par le fait du preneur, il est tenu des dommages-intérêts, comme il est dit ci-dessus art. 36.

Idem, art. 1766.

39. Tout preneur d'un bien rural est tenu d'engranger dans les lieux à ce destinés d'après le bail. *Idem*, art. 1767.

40. Le preneur est tenu d'avertir le propriétaire, des usurpations qui peuvent être commises sur les fonds, sous peine de tous dépens, dommages-intérêts. *Idem*, art. 1768.

41. Si pendant la durée d'un bail à ferme fait pour plusieurs années, tout ou moitié d'une récolte est enlevée par cas fortuit, le fermier peut demander une remise du prix de sa location, s'il n'a pas été indemnisé par les récoltes précédentes ; l'estimation de la remise n'a lieu qu'à la fin du bail, et il se fait alors une compensation de toutes les années de jouissance. Le preneur peut toutefois être dispensé provisoirement de payer une partie du prix, en raison de la perte soufferte. *Idem*, art. 1769.

Si le bail n'est que d'un an, le preneur est déchargé d'une portion proportionnelle du prix de sa location. *Idem*, art. 1770.

Il ne peut prétendre à aucune remise, si la perte est moindre de moitié. *Idem*, *même article*.

42. Le fermier ne peut obtenir de remise lorsque la

perte des fruits arrive après la récolte, à moins que le propriétaire ne se soit réservé par le bail une partie de la récolte en nature. Dans ce cas, celui-ci doit supporter sa part de la perte, à moins que le fermier ne soit en demeure de lui délivrer sa part de la récolte.

Le fermier ne peut également demander une remise, lorsque la cause du dommage existait et était connue à l'époque du bail. *Idem, art.* 1771.

43. Si le preneur est chargé des cas fortuits par stipulation expresse, cette stipulation ne peut s'entendre que ces cas fortuits ordinaires, tels que grêle, feu du ciel, gelée, coulure, et non des cas extraordinaires, tels que les ravages de la guerre ou une inondation, à moins que le preneur n'ait été chargé de tous les cas fortuits prévus et imprévus. *Idem, art.* 1772, 1773.

44. Le bail sans écrit d'un fonds rural est censé fait pour le temps nécessaire au preneur pour recueillir tous les fruits de l'héritage affermé; ainsi le bail à ferme d'un pré, d'une vigne, et autres fonds dont les fruits se recueillent en entier dans le cours d'une année, est censé fait pour un an; celui des terres labourables, lorsqu'elles se divisent par soles ou saisons, est censé fait pour autant d'années qu'il y a de soles. *Idem, art.* 1774.

45. Le bail des héritages ruraux, quoique fait sans écrit, cesse de plein droit à l'expiration du temps pour lequel il est censé fait, selon l'article précédent. *Idem, art.* 1775.

46. Si a l'expiration du bail écrit, le preneur reste et est laissé en possession, il s'opère un nouveau bail comme il est dit en l'article 44 ci-dessus. *Idem, art.* 1776.

47. Le fermier sortant doit laisser à celui qui lui succède dans la culture, les logemens convenables et

autres facilités pour les travaux de l'année suivante, et réciproquement celui-ci doit lui procurer les mêmes avantages pour la consommation des fourrages et les récoltes restant à faire. Dans l'un et l'autre cas l'on se conforme à l'usage des lieux. *Idem, art.* 1777.

48. Le fermier sortant doit aussi laisser les pailles et engrais de l'année, s'il les a reçus lors de son entrée ; si même il ne les a pas reçus, le propriétaire peut les retenir suivant estimation. *Idem, art.* 1778.

§. IV. *Congés pour la résiliation des locations verbales, à Paris.*

49. Le congé écrit dans une quittance de loyer n'est pas valable, si la quittance n'est faite double entre les parties, conformément à l'article 1325 du Code civil.

Hors le cas de l'écrit double, le congé, pour être valable, doit être donné par exploit signifié.

50. Les délais dans lesquels les congés doivent être donnés, sont :

1°. Pour une maison entière, ou un corps de logis entier, ou une boutique ouverte sur la rue, *six mois* d'intervalle entre la signification du congé, et le terme pour lequel il est donné.

2°. Pour les loyers d'appartement au-dessus de 400 fr., et jusqu'à toute somme, *trois mois.*

3°. Pour ceux de 400 fr. et au-dessous, *six semaines.*

Ainsi en supposant un congé donné pour le 1er. octobre, il doit être signifié avant midi la veille du 1er. avril, pour six mois ; la veille du 1er. juillet, pour trois mois ; la veille du 15 août, pour six semaines.

51. Le locataire a, pour déménager, vider les lieux et rendre les clefs, huit jours de délai après le terme dans le cas du congé donné pour six semaines, et quinze jours dans le cas du congé donné pour trois ou six mois.

52. On peut s'écarter des dispositions des deux arti-

cles précédens suivant les circonstances particulières, telles que celles d'urgence en cas de péril, et autres.

Nota. Les dispositions du présent §. sont consacrées par l'usage passé en force de loi.

Congés pour les locations en garni. Voir *Maisons garnies*, art. 15 et suivans.

Privilége des propriétaires sur les meubles des locataires. Voir *Huissiers*.

Voir aussi *Expulsion. Enregistrement. Déménagement*.

Bains et Écoles de Natation, à Paris. (Voir aussi *Bains*, au tome IV.)

Art. 1er. Défenses de se baigner dans la rivière, autrement que dans des bains couverts, et d'en sortir nu. *Ordonnance du préfet de police, du 7 mai 1819*.

Voir *Mœurs*, art. 1er.

2. Pour l'exécution de l'article précédent, il est placé des bachots vers les endroits où les baigneurs en pleine eau ont coutume de se porter ; ces bachots et leurs conducteurs sont, pour ce service, aux ordres des commissaires de police et des inspecteurs de la navigation. Les délinquans sont arrêtés et conduits à la Préfecture de Police. *Ordonnance précitée.*

3. On ne peut établir des bains dans la rivière, sans une permission du préfet de police, et dans les endroits seulement indiqués par la permission. *Idem.*

4. Les bains doivent être clos et couverts, entourés de planches, avec des chemins solides bordés de perches pour y arriver ; un bachot avec ses agrès, pour porter secours au besoin ; le bateau de bain en bon état, garni des ustensiles nécessaires ; dans l'intérieur du bain, des filets autour, des piquets avec des cordes.

Avant l'ouverture des bains, ils sont visités par l'inspecteur-général de la navigation, assisté d'un charpentier en bateaux.

Idem.

5. Les bains des hommes sont séparés et éloignés de ceux des femmes ; des chemins différens doivent y conduire.

NOTA. Les dispositions du présent article sont applicables aux bains de ville froids et chauds, et à ceux établis sur bateau avec baignoires.

6. Les bains sont fermés depuis dix heures du soir jusqu'au jour. *Idem.*

7. On ne peut exiger plus de vingt centimes par personne, dans les bains en communs, et plus de soixante centimes dans les bains particuliers. *Idem.*

8. Défenses de prêter ou louer des batelets à qui que ce soit pour se baigner hors des bains publics. Les permissions de tenir bachots et bains sont retirées aux contrevenans, et annullées. *Idem.*

9. Ceux qui, pour raison de santé, ou pour se perfectionner dans l'art de nager, désirent se baigner en pleine rivière, ne peuvent y être conduits que par des mariniers munis de permissions du préfet de police, qui ne sont accordées qu'à ceux qui tiennent des bains sur la rivière. Les bains ne peuvent avoir lieu qu'en amont du pont du Jardin-du-Roi et en aval du pont de Louis XVI. *Idem.*

10. Défenses à toutes personnes en batelet ou bachot, de s'approcher des bains, sous peine, par le propriétaire du bachot, de se voir retirer sa permission. *Idem.*

11. Défenses de tirer du sable à moins de vingt mètres de distance des bains de rivière. *Idem.*

12. Après la saison des bains, tous les pieux, perches, et autres objets sont retirés. *Idem.*

13. Il est placé autour des écoles de natation, dans l'intérieur, un filet, pour empêcher les élèves de passer sous les bateaux.

Défenses d'y paraître sans caleçon.

Défenses d'y laisser entrer des femmes.

Les entrepreneurs et directeurs de ces écoles doivent se pourvoir d'une permission du préfet de police. Ils sont tenus de se conformer aux dispositions ci-dessus, concernant les bains, qui leur sont applicables.

Idem.

15. Les contraventions aux quatorze articles précédens sont constatées par des procès-verbaux, qui sont adressés au préfet de police. *Idem.*

Nota. Les dispositions des quinze articles précédens sont renouvelés chaque année par une ordonnance de police.

Voir aussi *Nettoiement*, art. 61.

BAISSE. Voir *Hausse et Baisse.*

BALADINS. Voir *Bateleurs.*

BALANCES. Voir *Poids et Mesures.*

BALANCIERS (Marchands). Voir *Poids et Mesures*, art. 10.

BALANCIERS. Instrumens pour les manufactures. Voir *Laminoirs.*

BALANÇOIRES dans les jardins et autres lieux publics. Les balançoires destinées à l'amusement du public, doivent être entourées de forts filets, pour garantir de la chûte ceux qui se balancent; les charpentes et les cordes doivent être assez solides pour ne laisser aucun danger. Les commissaires de police défendent provisoirement l'usage de celles qui ne leur paraissent pas en bon état. *Décision du préfet de police du 8 floréal an X* (28 avril 1802).

BALAYAGE. Voir *Nettoiement*, chapitre 1er., §. 2, *et chapitre* 3. (Voir aussi *Balayage*, au tome IV.)

BALCONS *et* AUVENS CINTRÉS formant avant-corps. (Voir aussi *Voirie*, au tome IV.)

Art. 1er. La saillie des balcons en général ne peut excéder seize centimètres (6 pouces). Ceux qui ont une grande étendue de longueur, peuvent avoir une plus grande saillie ; mais ils doivent être élevés au moins de trois mètres trente-trois centimètres (10 pieds) du sol du pavé.

2. Il ne peut être établi de grands balcons ni d'auvens cintrés formant avant-corps, sans une permission de la grande-voirie, et le consentement des deux propriétaires voisins, à peine de démolition, confiscation des matériaux, et amende. Il est fait visite préalable par les inspecteurs-voyers, en présence des propriétaires voisins ; sur leur rapport, la permission est accordée ou refusée. *Ordonnance du* 1er. *avril* 1797.

Voir *Voirie, tarif des droits de grande-voirie.*

3. Pour les petits balcons ou balustres aux fenêtres, sans construction nouvelle, il faut une permission de la petite-voirie. Voir *Voirie, tarif des droits de petite-voiric.*

4. Pour les grands et petits balcons avec construction nouvelle, l'avis du préfet de police est demandé. Voir *idem.*

BALDAQUIN. Espèce de dais en saillie porté sur pilastres en bois ou autrement. (Voir aussi *Voirie*, au tome IV.

On ne peut en établir sur la face d'une maison, sans une permission de la petite-voirie. Voir *Voirie, tarif des droits de petite-voirie.* Voir aussi *Bannes. Auvens.*

BALIVEAUX. Arbres qu'on laisse croître en bois de haute-futaie, pour repeupler les bois et forêts.

Les gardes forestiers doivent veiller à la conservation des baliveaux. Voir *Bois et Forêts.*

BALONS. Voir *Aérostats.*

BALS PUBLICS. (Voir aussi *Bals*, au tome IV.)

Art. 1er. Aucun bal public ne tient sans une permission du préfet de police. Les bals publics doivent être fermés à onze heures du soir, à moins d'une permission spéciale pour durer plus avant dans la nuit.

Arrêté de police du 12 pluviose an VI (31 janvier 1798).

2. Nul ne doit s'y rendre travesti, déguisé, ou masqué, excepté pendant le carnaval. *Idem.* Voir *Masques.*

3. Ceux qui tiennent des bals ne doivent y laisser entrer personne avec bâton, canne, ou arme, ni éperons ; ils les font déposer au-dehors à la garde d'un individu préposé à cet effet, et dont ils sont responsables. Les permissions sont retirées aux contrevenans. *Id.*

5. Chaque teneur de bal doit se procurer une garde suffisante pour maintenir le bon ordre dans l'intérieur et à l'extérieur. *Idem.*

5. Les permissions de bals sont renouvelées tous les ans. *Décision du préfet de police du 11 brumaire an XIII* (21 novembre 1804).

NOTA. Les permissions contiennent les dispositions des articles précédens. En cas de contravention, il en est dressé procès-verbal par le commissaire de police qui en a connaissance ; le procès-verbal est envoyé au préfet de police.

6. Impôt pour les indigens sur les billets d'entrée dans les bals, et redevance au profit de l'Opéra. Voir *Théâtres.*

Cet impôt, en ce qui concerne les bals, n'a lieu que pour ceux où il y a un bureau de recette, lors même qu'ils ont le titre de bal de société.

Aux termes d'une décision du ministre de l'intérieur, du 25 fructidor an X (12 septembre 1802), l'impôt est également perçu dans les bals où une partie du prix du billet d'entrée est employée en consommation.

Les commissaires de police protégent les préposés au recouvrement de l'impôt, pour qu'ils soient placés près des bureaux de recette, et assistent aux comptes pour vérifier les billets payans, et constater les sommes reçues, *Décision du préfet de police du 16 pluviose an X* (5 février 1802).

7. Les bals sont sous la surveillance immédiate des officiers de police. Ceux qui y troublent l'ordre public dans l'intérieur et à l'extérieur sont arrêtés et punis. *Réglement du 3o décembre* 1715.

BALUSTRE. Barre coudée que l'on place ordinairement à la lucarne d'un grenier. Voir *Barres de support.* Voir aussi *Balcons.* (Voir aussi *Voirie*, au tome IV.)

BAN, punition. Voir *Bannissement.*

BAN DE VENDANGE. Annonce de l'époque où doit se faire la vendange.

Aux approches des vendanges, les maires nomment un certain nombre d'habitans, anciens propriétaires ou vignerons, pour parcourir les vignes du territoire de la commune, et s'assurer du degré de maturité des raisins. Sur leur rapport, le maire fixe le jour où les vendanges s'ouvriront, et le fait annoncer par affiches, ou par publication au son de la cloche ou du tambour. Les gardes champêtres veillent à ce que personne ne vendange avant l'époque fixée, et dressent des procès-verbaux contre les contrevenans.

L'amende est de 6 à 16 fr. (Voir *Délits*, art. 3o, §. 1er.

Voir aussi *Police rurale, art.* 15.

BANCS DE BOIS à l'entrée des boutiques. (Voir aussi *Voirie*, au tome IV.)

Il est défendu aux marchands de placer à l'entrée de leurs boutiques, un banc ou siége excédant sur la voie publique, sous les peines de simple police, comme embarrassant la voie publique. *Arrêt du conseil du* 19 *novembre* 1666. Vois *Délits, art.* 29, §. IV.

BANCS DE PIERRE contre les maisons. (Voir aussi *Voirie*, au tome IV.)

On ne peut en poser sans une permission de la petite-voirie. Voir *Voirie, tarif des droits de petite-voirie.* Leur saillie ne peut excéder 22 centimètres

8.

(8 pouces), et l'on ne les permet que dans les rues larges et peu fréquentées. *Ordonnance du 26 octobre 1666.*

BANDES ARMÉES. Voir *Associations de malfaiteurs. Sûreté de l'Etat.*

BANLIEUE ; territoire et pourtour d'une commune, mesuré sur l'étendue de la juridiction.

BANNES de toile et de coutil au-devant des maisons. (Voir aussi *Voirie*, au tome IV.).

Art. 1er. Nul ne peut établir une banne au-devant de sa boutique, sans une permission de la petite-voirie. Voir *Voirie, tarif des droits de petite-voirie.*

2. La banne est en coutil ; défenses d'y ajouter sur le devant et sur les côtés, des joues et des rideaux pour la fermer et lui donner la forme d'une tente : dans ce cas, elle est réputée *Baldaquin* (voir ce mot). La pente qui borde la banne sur le devant ne doit avoir au plus que 32 centimètres de haut (1 pied).

La banne ne peut excéder un mètre trente deux centimètres de saillie (4 pieds), à partir du nû du mur ; elle doit être élevée de trois mètres trente-trois centimètres (10 pieds) au-dessus du sol du pavé.

3. Sur les boulevards, elle doit être éloignée de trente-deux centimètres (1 pied) des arbres qui bordent les maisons ; on ne peut la fixer aux arbres avec cloux, cordages, etc. Voir aussi *Boulevards.*

4. La banne est soutenue par des tringles de bois ou de fer appuyées dans des douilles scellées dans le mur de face de la maison, et non par des poteaux en bois ou en fer, debout sur le devant. Dans aucun cas, on ne doit la fixer par des poids, cordes, crochets, etc., attachés sur le pavé.

5. La banne est supprimée chaque jour aussitôt que la boutique cesse d'être exposée aux rayons du soleil. On ne doit point en faire usage depuis le 1er. octobre

jusqu'au 1er. avril. *Décisions du préfet de police des* 10 *avril* 1807 *et* 21 *juin* 1809.

Voir aussi *Voirie.*

BANNISSEMENT, peine criminelle infamante. Voir *Peines*, §. 3. *Évasion*, art. 18.

BANQUEROUTE. Voir *Commerce.*

BARAQUES SUR LES PORTS. Voir *Navigation.*

BARREAUX de boutiques et croisées. (Voir aussi *Voirie*, au tome IV.)

Il faut une permission de la petite-voirie, pour en établir, sans construction nouvelle. Voir *Voirie, tarif des droits de petite-voirie.*

Barreaux et barres de fer, et autres instrumens ou armes dont peuvent user les mal-faiteurs. Voir *Délits*, art. 29, §. 7.

BARRES DE SUPPORT.

Il faut une permission de la petite-voirie pour en établir. Voir *Voirie*, *tarif des droits de petite-voirie.* (Voir aussi *Voirie*, au tome IV.)

BARRIÈRES au-devant des fouilles, constructions ou réparations.

Il faut une permission de la grande-voirie pour en établir. Voir *Voirie*, *tarif des droits de grande-voirie.* (Voir aussi *Voirie*, au tome IV.)

BARRIÈRES au-devant des maisons et des démolitions pour cause de péril.

Il faut une permission de la petite-voirie pour en établir. Voir *Voirie*, *tarif des droits de petite-voirie.* (Voir aussi *Voirie*, au tome IV.)

Ceux qui font poser des barrières doivent, lorsqu'elles sont ôtées, faire réparer le pavé à leurs frais, par l'entrepreneur du pavé de la ville. Voir *Pavé.*

Si lesdites barrières excèdent la saillie portée par la permission, le préfet de police en ordonne le reculement aux frais du propriétaire, ce qui est exécuté d'office, sommation préalablement faite. Il en est dressé procès-verbal, pour le contrevenant, être condamné par le tribunal de police municipale à l'amende de simple police, pour avoir embarrassé la voie publique, et aux frais de reculement.

Barrières contre les maisons des boulevards. Voir *Boulevards.*

BARRIÈRES DE DÉGEL sur les routes.

Art. 1er. Le roulage peut-être suspendu momentanément pendant les jours de dégel, sur les chaussées payées. *Loi du* 29 *floréal an X* (19 mai 1802), *art.* 6.

2. Il est établi des barrières de dégel, sous l'autorisation du directeur-général des ponts et chaussées. Dès que le dégel est déclaré, et qu'il y a nécessité d'interrompre la circulation, les ingénieurs en préviennent les sous-préfets, qui font fermer les barrières, et adressent leurs arrêtés, pris à cet effet, aux maires des communes, pour être publiés et affichés. *Ordonnance du Roi du* 23 *décembre* 1816, *art.* 1 *et* 2.

3. Dès ce moment aucune voiture ne peut plus sortir de la commune où elle se trouve ; celles en marche peuvent aller jusqu'à la prochaine commune ; elles y restent jusqu'à l'ouverture des barrières ; s'il ne se trouve point d'auberges propres à les recevoir avec leurs attelages, elles peuvent aller jusqu'à la couchée ordinaire, ou autre lieu plus voisin, au moyen d'un laisser-passer délivré par le maire. *Idem, art.* 3.

4. Toute voiture prise en contravention aux dispositions ci-dessus est arrêtée, et les chevaux mis en fourrière dans l'auberge la plus voisine, sans préjudice de l'amende, à titre de dommage, portée en l'article 23, au mot *Roulage. Idem, art.* 4.

5. Peuvent circuler sur les routes pendant la fermeture des barrières de dégel :

1º. Les courriers de la malle et toutes voitures qui en font le service.

2º. Les voitures de toute espèce non chargées.

3º. Les voitures de voyage suspendues, étrangères à toute entreprise publique de messageries.

4º. Les voitures publiques destinées au transport des voyageurs, pourvû que leur poids n'excède pas la quotité fixée par l'article 6 ci-après.

5º. Toute voiture attelée d'un ou plusieurs chevaux, et dont le poids n'excède pas celui fixé ci-après.

Idem, art. 5.

6. Pendant tout le temps de la fermeture des barrières de dégel, et dans la circonscription marquée par ces barrières, le poids des voitures publiques destinées au transport des voyageurs, ne peut excéder, chargement compris, huit cens kilogrames, pour les voitures à deux roues, et mille huit cens kilogrames, pour celles à quatre roues.

Le poids des voitures de roulage, et autres non suspendues allant au pas, peut-être de neuf cens kilogrames pour les charrettes, et mille cinq cens kilogrames pour les chariots et voitures à quatre roues.

Les seules voitures chargées sont assujetties à la vérification et au pesage.

Idem, art. 6.

7. Les contraventions pour excès de chargement, en temps de dégel, dans la circonscription marquée par les barrières, entraînant la dégradation des routes, donnent lieu à l'amende, à titre de dommage, comme il est dit à l'article 23, au mot *Roulage*. *Idem, art. 7.*

8. Indépendamment de l'amende infligée à titre de dommage, le contrevenant est traduit au tribunal de simple police, pour y être puni, s'il y a lieu, de l'amende de 1 à 5 fr., et de l'emprisonnement de trois jours, conformément à l'art. 476 du Code pénal. *Idem, art. 8.*

9. Les violences exercées envers tout agent de la force publique, ou autre, appelé à constater les contraventions à la police du roulage, sont poursuivies et punies comme il est dit aux art. 230, 231, 232 et 233 du code pénal. *Idem, art.* 9. Voir *Autorités constituées, art.* 17, 18 et 19.

10. L'ordre de rouvrir les barrières est délivré par le préfet, sur l'attestation de l'ingénieur en chef des ponts et chaussées, que les routes sont suffisamment raffermies, pour ne plus souffrir de la pression des voitures lourdement chargées.

Les deux premiers jours de l'ouverture des barrières, les voitures ne peuvent partir du lieu où elles sont retenues, que deux à la fois et à une heure d'intervalle, en suivant l'ordre de leur arrivée, que les conducteurs auront fait constater à la mairie. Le maire ou son adjoint préside au départ.

Idem, art. 10.

11. Le service des barrières de dégel est fait par ceux des piqueurs des ponts et chaussées restés sans emploi pendant l'hyver, ou, à leur défaut, par des agens spéciaux désignés par l'ingénieur en chef. *Idem, art.* 11.

Voir aussi *Roulage*.

BARRIÈRES DE PARIS, et des autres villes;

Toute voiture doit aller au pas en passant les barrières. Voir *Charrettes, art.* 5.

BASULTES. Voir *Carrières*.

BATARDEAUX, bordures posées à travers les rues et chemins, lorsqu'on travaille au pavé, pour empêcher les eaux de se répandre dans la plate-forme ou le pavé doit être établi.

Défenses à toutes personnes d'endommager les batardeaux, d'entreprendre d'y passer avec des voitures, d'arracher les pieux et barrières, d'injurier ou maltraiter les ouvriers, à peine de 300 fr. d'amende. *Or-*

donnance des trésoriers de France du 2 août 1774, art. 4. Voir *Travaux ordonnés par le gouvernement.* (Voir aussi *Batardeaux*, au tome IV.)

BATEAUX, leur racomodage, goudronage, numérotage et déchirage. Voir *Navigation*, §. 4. (Voir aussi au tome IV, *Bateaux*, n°. 2.)

Passage des bateaux sous les ponts ; lachâge et remontage des bâteaux. Voir *Navigation*, §. 6.

Bateaux de blanchisseuses ou de lessive. Voir *Blanchisseuses.*

Bateaux de bois, fagots et cotterets. Voir *Bois de chauffage.*

Bateaux naufragés. Voir *Idem, et Navigation*, art. 86.

Bateaux de teinturiers et dégraisseurs. Voir *Dégraisseurs.*

BATELETS. Voir *Bacs.*

BATELEURS, CHANTEURS, FAISEURS DE TOURS, sur la voie publique, à Paris. (Voir aussi *Bateleurs*, au tome IV.)

Ils ne peuvent stationner que sur les places indiquées dans les permissions qu'ils sont tenus de prendre à la préfecture de police, et qui ne sont délivrées que sur un certificat de moralité donné sur papier libre par le commissaire de police de leur domicile. Ils doivent se retirer de la voie publique au jour tombant.

Les contrevenans sont privés de leurs permissions, ils sont, ainsi que ceux trouvés sans permission, passibles des peines de simple police, comme embarrassant la voie publique.

Ils ne doivent tenir ni jeux, ni loteries, ni drogues, ni médicamens, ni plantes médicinales, ni rien qui soit contraire aux mœurs, à la religion, à la sûreté publique. Voir *Jeux. Loteries. Pharmaciens. Curiosités. Animaux malfaisans.*

BATELIER *ou* BACHOTEUR. Voir *Bacs.*

BATIMENS.

§. 1ᵉʳ. *Dispositions générales.*

Art. 1ᵉʳ. Sont confirmés tous les réglemens existant, touchant la voirie et la construction des bâtimens. *Loi du 22 juillet 1791, tit. Iᵉʳ. art. 27.* Voir *Voirie.*

2. Ceux qui refusent ou négligent d'exécuter les réglemens de petite-voirie ou d'obéir à la sommation émanée de l'autorité administrative, de réparer ou démolir les édifices menaçant ruine sur la voie publique; sont, outre les frais de réparation ou démolition, punis d'une amende de police de 1 à 5 fr. *Code pénal, art. 471.* Voir *Délits, art. 29. Blessures, art. 8 et 9.*

§. 2. *Alignement et hauteur des maisons.*

3. Défenses de faire aucunes constructions, reconstructions, ou grosses réparations de murs de face, sur une rue ou un chemin public, avant d'avoir obtenu du préfet du département ou de ses délégués, les alignemens et permissions nécessaires, dont il doit être justifié à l'officier de police du lieu. *Déclaration du 10 avril 1783, art. 3.* Voir *Voirie, tarif des droits de grande-voirie.* Voir aussi *Pavé.*

4. Défenses de construire et adapter aux maisons et bâtimens, aucune portion de bâtiment en saillie ou porte-à-faux. *Idem, art. 6.*

5. La hauteur des maisons et bâtimens autres que les édifices publics, ne peut excéder les dimensions ci-après, savoir :

Dix-huit à vingt mètres (50 à 60 pieds), dans les rues de la largeur de dix mètres et au-dessus (30 pieds et au-dessus).

Seize mètres d'élévation (48 pieds), dans les rues de la largeur de huit à dix mètres (24 à 30 pieds).

Douze mètres d'élévation (36 pieds), dans les rues au-dessous de huit mètres de large (24 pieds).

Le tout du pavé à la corniche ou entablement, y compris les étages en mansardes.

Les façades ne peuvent être surmontées que d'un comble de trois à 5 mètres d'élévation (9 à 15 pieds).

Les maisons excédant les hauteurs ci-dessus fixées, y sont réduites, lors de leur reconstruction.

Les façades en pans de bois ont au plus seize mètres d'élévation (48 pieds), y compris le toît, dans les rues de la plus grande largeur.

Idem, art. 5 , *et Lettres patentes du 25 août* 1784 , *art.* 1er.

6. Les contrevenans aux dispositions des trois articles précédens sont condamnés, quant aux propriétaires, à 3000 fr. d'amende, démolition des ouvrages, confiscation des matériaux, et réunion des places aux domaines ; et quant aux maîtres-maçons, charpentiers, et autres ouvriers, à 1000 fr. d'amende. *Idem, art.* 7, *et lettres patentes précitées.*

§. 3. *Police de construction.*

7. Défenses expresses de construire aucun manteau de cheminée en bois, ni aucun tuyau de cheminée contre les maisons en charpente et pans en bois ; de poser des âtres et foyers au-dessus des solives ; de faire passer aucune pièce de bois dans les tuyaux de cheminée.

Les tuyaux de cheminée doivent être construits dé manière que les enchevêtrures et les solives soyent à la distance d'un mètre (3 pieds) du gros mur. Ils doivent avoir dans œuvre vingt-sept centimètres de largeur (10 pouces), sur soixante-sept à soixante-quinze centimètres de longueur (2 pieds 3 à 6 pouces). Il doit y avoir seize centimètres (6 pouces) de recouvrement en plâtre sur les chevêtres, solives et autres bois ;

Le tout à peine de 1000 fr. d'amende, et de tous dépens, dommages-intérêts envers les propriétaires des maisons.

Les propriétaires qui laissent faire des mal-façons contraires aux dispositions ci-dessus, sont condamnés à pareille amende, aux démolitions et rétablissemens nécessaires, à leurs frais.

Ordonnances de police des 26 *janvier* 1672, 1 *septembre* 1779, *et* 15 *novembre* 1781.

NOTA. Les tuyaux de cheminée en poterie ou en tôle sont implicitement prohibés par la disposition ci-dessus, qui fixe les dimensions intérieures des tuyaux de cheminée.

8. On ne peut obliger les propriétaires à faire élever les souches de cheminée à plus d'un mètre (3 pieds) au-dessus du faîte ou comble de leurs maisons, quand même elles serviraient à un four ou à une forge. *Ainsi jugé par arrêt du* 29 *mars* 1610.

9. Néanmoins la souche de cheminée d'un fournil ou forge en appenti, construit dans une cour commune, et séparé des maisons voisines par un mur de la hauteur de clôture ordinaire, doit être élevé à deux mètres (6 pieds) au-dessus du faîte dudit appenti. La souche doit-être à pareille distance des croisées des maisons voisines. *Traité des lois des bâtimens, par Desgodets.*

10. Ceux qui construisent les maisons sont garans, pendant dix ans après la construction, des incendies que les mal-façons peuvent occassionner. *Traité précité.* (Voir aussi *Incendie,* au tome IV.)

Ils sont garans aussi pendant dix ans de la solidité du bâtiment. Voir *Charpentiers*, art. 4.

11. Ceux qui construisent ou réparent des maisons aux encoignures des rues, sont tenus de rétablir les étiquettes des rues. Voir *Rues*.

12. Au fur et à mesure des reconstructions des maisons, ou de réparation des murs de face, les goutières saillantes sont supprimées. Voir *Goutières. Entablemens. Plinthes.*

Voir aussi *Entrepreneurs de bâtimens. Charpentiers. Cheminées.*

13. Dans les villes et faubourgs, l'autorité locale administrative peut, par mesure de précaution contre les incendies, objet confié à la vigilance des corps municipaux par le §. 5 de l'article 3 du titre XI de la loi du 24 août 1790, défendre d'établir des couvertures de bâtimens avec de la paille ou des roseaux, (ce qu'on nomme communément *chaume*), sauf à l'autorité supérieure administrative à réformer ou modifier l'arrêté de police municipale qui aurait fait lesdites défenses, si ses dispositions mettent des entraves à l'usage légitime du droit de propriété, sans motifs suffisans d'utilité publique.

Conséquence d'un arrêt de la cour de cassation du 23 avril 1819, qui a annullé un jugement du tribunal de police de la ville de Bourges, lequel, par une fausse application de l'article 159 du code d'instruction criminelle, avait renvoyé de l'accusation du ministère public un particulier qui avait établi sur sa propriété une couverture en roseaux, en contravention à un arrêté du maire de cette ville du 21 août 1818, portant défense à tous propriétaires de maisons situées dans ladite ville et faubourg en dépendant, de construire ou réparer ses couvertures de bâtimens avec de la paille ou des roseaux, et malgré l'injonction du maire de suspendre les tra-

vaux, ou de supprimer la couverture, si elle était ache-
vée. Voir *Maires*, art. 26, le nota.

§. 4. *Bâtimens en péril.* (Voir aussi *Péril*, au tome IV.)

14. Un bâtiment est en péril et sujet à être démoli
ou réparé, dans les cas suivans :

1°. Lorsqu'une ou plusieurs jambes étrières, tru-
meaux ou pieds droits, sont en mauvais état par vétusté ;

2°. Lorsque le mur de face est en surplomb de la
moitié de son épaisseur, ou qu'il est à fruit, et qu'il a
produit sur la face intérieure un surplomb égal au fruit
de la face sur rue ;

3°. Lorsque les fondations sont mauvaises ;

4°. S'il y a un bombement égal au surplomb, à
moins que le bombement ne soit aux étages supérieurs,
et qu'on puisse le réparer sans toucher aux étages inférieurs ; mais alors on ne peut conforter ces derniers.

15. Les commissaires de police doivent avoir une
attention particulière, pour remarquer, chacun dans
leur quartier, les maisons et bâtimens où il y aurait
quelque péril. Dès qu'ils en sont informés, ils se transportent sur le lieu, et dressent procès-verbal de l'état
de péril. *Déclarations des* 18 *juillet* 1729 *et* 18 *août*
1730, *art.* 1 *et* 2. Ils envoyent leurs procès-verbaux à
l'autorité supérieure ; à Paris, au préfet de police.

16. Le commissaire de police, d'après les ordres
qu'il reçoit de la police, fait sommation au propriétaire
de faire réparer ou démolir, dans le délai indiqué,
les parties de bâtiment désignées défectueuses, et de
nommer sur-le-champ un expert, s'il conteste le danger, pour faire la visite de l'objet en péril, contradictoirement avec l'expert nommé par la police ; avec déclaration que, faute de ce faire dans ledit délai, il
sera mis des ouvriers aux frais et risques du propriétaire. Si le propriétaire reconnaît le danger, le com-

missaire reçoit, dans le procès-verbal de sommation, sa
soumission de faire réparer ou démolir dans le délai
fixé, en obtenant la permission nécessaire en cas de
réparation ou reconstruction sur la rue. Cette permission est délivrée par le préfet du département (*comme
grande-voirie*); et si le bâtiment est sujet à reculement,
elle est refusée pour toute confortation. *Idem, art.* 6 *et* 7.

17. Si les lieux à démolir sont occupés, sommation
est également faite, par le même procès-verbal, aux
locataires, de déménager dans le même délai.

18. Si le propriétaire a demandé la visite contradictoire, elle se fait les jour et heure indiqués par la
police, après sommation par le commissaire de police
au propriétaire, de s'y trouver présent avec son expert;
il y est procédé tant en absence que présence; la sommation doit en faire mention. *Déclarations précitées,
art.* 8.

19. A l'expiration du délai fixé par la première
sommation, le commissaire constate s'il y a été satisfait;
dans la négative, ou si les experts qui ont fait la visite
sont d'avis qu'il y a péril, le préfet, ou le sous-préfet, ou
le maire, et à Paris le préfet de police, rend une ordonnance pour la démolition ou la réparation dans un
nouveau délai fixé (*ordinairement trois jours*), et pour
le déménagement des locataires, s'il y a lieu. Cette ordonnance est notifiée et copie en est laissée au propriétaire par le commissaire de police. *Idem, art.* 9.

20. A l'expiration de ce nouveau délai, le commissaire de police constate si l'on y a satisfait; dans la
négative, et sur le rapport du commissaire, le préfet,
le sous-préfet, ou le maire, à Paris le préfet de police,
donne l'ordre à l'architecte-commissaire de la petite-
voirie de procéder à la démolition de l'objet en péril;
celui-ci prend jour à cet effet avec le commissaire de
police, qui fait une itérative sommation au proprié-

taire, et aux locataires, s'il y a lieu ; comme aussi de se trouver présent aux jour et heure indiqués pour la démolition. *Idem, même article.*

21. Auxdits jour et heure, le commissaire de la petite-voirie amène les ouvriers et équipages néces-saires ; le commissaire de police en constate le nombre et l'espèce. Étant sur les lieux, le commissaire de police somme le propriétaire de mettre sur-le-champ des ouvriers. S'il obéit, on renvoye les ouvriers et équipages amenés d'office, dont le propriétaire paye le salaire, ou en fait sa soumission au procès-verbal du commissaire de police. S'il ne démolit pas, il y est pourvu d'office et de suite, et les meubles des locataires sont mis sur le carreau. *Idem, même article.*

22. Le commissaire de police dresse procès-verbal de l'opération, avec toutes réserves contre le propriétaire pour le payement des frais de démolition ou réparation. Le propriétaire est cité, en vertu de ce procès-verbal, et de l'ordonnance du commissaire de police en bas d'icelui, au tribunal de police, pour être condamné au paiement des dits frais, et à l'amende de police aux termes de l'article 2 ci-dessus. *Idem, même article.*

23. Dans les cas de péril très-urgent, le préfet de police fait mettre de suite des ouvriers, aussitôt après la première sommation, même sans attendre cette for-malité. *Idem, art.* 10.

24. Tout propriétaire est responsable du dommage causé par la ruine de sa maison, arrivée par défaut d'entretien, ou par vice de construction. *Code civil, art.* 1786.

Voir aussi *Commissaire de la petite-voirie. Délits, art.* 31, §. 4.

§. V. *Contre-murs ; cas où il doit en être fait.*

25. Dans les étables, bergeries, bouveries, écu-

ries, etc., et notamment aux endroits où l'on dépose le fumier, il doit y avoir contre le mur mitoyen un contre-mur de 21 centimètres d'épaisseur (8 pouces), de la hauteur d'un mètre (3 pieds), derrière le dépôt de fumier; il doit être de toute la hauteur du dépôt. Le contre-mur doit avoir 65 centimètres (2 pieds) de profondeur dans les fondations. *Coutume de Paris, art.* 188. *Code civil, art.* 674.

26. Ceux qui construisent un four, forge ou fourneau, doivent laisser un vide de 16 centimètres (6 pouces) entre le mur mitoyen et celui du four, forge ou fourneau; ce dernier mur doit avoir 33 centimètres d'épaisseur (1 pied); le vide de 16 centimètres doit exister dans toute la largeur et hauteur, sans être bouché, afin d'y laisser circuler l'air. *Coutume de Paris, art.* 190. *Code civil, art.* 674.

27. Aux fours des potiers de terre et autres dont le feu est très-ardent, les tuyaux de la fumée doivent être isolés des murs mitoyens, jusqu'à la hauteur où la chaleur du feu peut monter.

28. Qui veut faire fosse d'aisance ou puits contre un mur mitoyen, doit faire un contre mur de 33 centimètres d'épaisseur (1 pied). S'il y a puits d'un côté et fosse de l'autre, il doit y avoir un mètre 32 centimètres d'épaisseur (4 pieds) en maçonnerie entre deux, compris l'épaisseur des murs de part et d'autre; entre deux puits, un mètre (3 pieds) suffit. *Coutume de Paris, art.* 191. *Code civil, art.* 674. Voir *Fosses d'aisances.*

29. L'usage veut qu'il soit fait un contre-mur de 33 centimètres (1 pied) d'épaisseur pour les voûtes de caves, et autres voûtes adossées à un mur mitoyen.

30. Celui qui a un jardin ou terrain cultivé contre un mur mitoyen, doit y faire un contre-mur de 16 centimètres d'épaisseur (6 pouces), jusqu'à la profondeur

des fondations du mur mitoyen, et jusqu'au niveau du terrain. Le contre-mur doit être du double d'épaisseur, s'il y a terres jectisses ou rapportées. *Coutume de Paris, art.* 192.

31. Nul ne peut faire fosse à eau ou cloaque, plus près de deux mètres (6 pieds) en tout sens, des murs voisins ou mitoyens. Voir *Puisard*.

Voir aussi *Mur mitoyen*.

§. VI. *Constructions autour de Paris.*

32. Nul ne peut faire autour de Paris, et hors de l'enceinte de sa clôture, aucune construction, sans en avoir obtenu la permission, et reçu un alignement, comme pour les cas de grande-voirie. *Décret du 11 janvier* 1808, *art.* 1er.

33 Conformément à l'ordonnance du bureau des finances du 16 janvier 1789, lesdites constructions ne peuvent être autorisées à moins de 100 mètres environ (50 toises) de distance du mur de clôture de Paris. *Idem, art.* 2.

34. La ville de Paris peut être autorisée à acquérir, pour cause d'utilité publique, et à la charge d'indemnité préalable, les maisons construites à une moindre distance. Les propriétaires ne peuvent en augmenter la hauteur ni l'étendue, sans l'autorisation voulue par l'article 32 ci-dessus. *Idem, art.* 3.

35. Toute construction faite dans l'étendue ci-dessus indiquée, malgré les défenses des agens de la voirie, est démolie sans délai. *Idem, art.* 4.

Voir aussi *Travaux*.

Journée de travail des ouvriers en bâtimens. Voir *Ouvriers*.

BATONET (jeu de). Voir *Jeux*.

BATONS FERRÉS OU PLOMBÉS. Voir *Armes prohibées*.

BATTERIES. Voir *Rixes*.

BATTEURS D'OR.

Art. 1er. Aux termes des statuts à eux délivrés par la cour des monnaies le 24 juillet 1695, les batteurs d'or ne doivent travailler que depuis cinq heures du matin jusqu'à huit heures du soir. Voir *Maréchal ferrant*, *art.* 2.

2. Ils doivent tenir registre des matières d'or et d'argent qu'ils achètent et qu'ils vendent, en indiquant le poids, le prix d'achat, celui de la vente, et les noms de ceux qui leur vendent ou achètent. *Déclaration d'octobre* 1682. Voir *Matières d'or et d'argent*, *art.* 20.

BAYONNETTES. Voir *Armes prohibées*.

BÉLIERS MÉRINOS. Voir *Bêtes à laine*.

BERGERIES ; contre-mur à y construire. Voir *Bâtimens. Ecuries. Mur mitoyen*.

Désinfection des bergeries, bouveries, écuries, étables. Voir *Bestiaux malades*.

BERGERS, ou conducteurs de troupeaux. Voir *Police rurale*.

BERGES. Voir *Navigation*.

BESTIAUX. (Voir aussi *Bestiaux*, au tome IV).

Vol de bestiaux. Voir *Vol*, *art.* 10.

Peines contre ceux qui les empoisonnent ou les tuent. Voir *Destructions*.

Peines contre ceux qui leur occasionnent la mort ou des blessures. Voir *Délits*, *art.* 31.

Bestiaux qui commettent des dégâts dans les propriétés. Voir *Police rurale*. Voir aussi *Bois et Forêts*.

Bestiaux de labour. Dans quel cas ils sous saisissables. Voir *Police rurale. Huissiers*.

Bestiaux morts. Voir *Police rurale. Écarisseurs*.

Bestiaux achetés hors des foires et marchés, ou revenant des foires, et conduits d'un lieu dans un autre. Où ils peuvent pacager. Voir *Police rurale*.

Bestiaux achetés sur les marchés de Sceaux et de Poissi. Voir *Bouchers*, §. 8.

BESTIAUX MALADES. (Voir aussi au tome IV *Bestiaux*, n°. 5.)

1°. *Mesures pour empêcher leur communication.*

2°. *Caractère, cause et traitement de l'épizootie.*

3°. *Désinfection des étables, bergeries, etc.*

4°. *Dispositions pénales.*

§. Ier. *Mesures pour empêcher la communication des bestiaux malades, prescrites par l'arrêt du Parlement du 24 mars 1745, les arrêts du conseil des 19 juillet 1746 et 16 juillet 1784, l'arrêté du Gouvernement du 27 messidor an V (15 juillet 1797), et les ordonnances du préfet de police des 16 vendémiaire an X et 5 fructidor an XI (8 octobre 1801, et 23 août 1803), etc.*

Art. 1er. Tout propriétaire ou détenteur de bestiaux, dont une ou plusieurs bêtes se trouvent malades ou suspectes, doit en faire sa déclaration sur-le-champ au maire de sa commune, ou au commissaire de police de son domicile, sous les peines portées en l'article 32 ci-après. Voir aussi *Chevaux*, §. 2.

2. Les animaux malades sont visités, en présence de l'officier de police, par des experts nommés à cet effet. Ils sont placés et nourris séparément de tous autres bestiaux, dans des endroits particuliers et fermés, par lesdits propriétaires ou détenteurs, sans pouvoir les faire conduire aux pâturages et abreuvoirs communs; le tout sous les peines portées aux articles 33 et 34 ci-après.

3. Les animaux malades qui sont rencontrés au pâturage sur les terres de parcours et de vaine pâture, sont saisis par les gardes champêtres, ou toute autre personne, et conduits dans un endroit indiqué par le maire. Voir aussi *Police rurale*, art. 53.

4. Défenses d'amener sur les marchés des animaux attaqués de maladie.

5. Les animaux amenés sur les marchés sont visités par des experts avant d'être exposés en vente ; ceux qui se trouveraient malades sont traités dans des endroits particuliers, aux frais des propriétaires.

6. Les dispositions ci-dessus sont applicables aux moutons atteints de la maladie du claveau ; ceux qui en sont soupçonnés, d'après la visite faite sur le marché où ils sont amenés, sont renvoyés dans les lieux d'où ils viennent, en prenant, par les propriétaires ou conducteurs, toutes les précautions nécessaires pour empêcher leur communication avec des moutons sains, soit sur les routes, soit dans les bergeries.

7. Si l'épizootie se manifeste dans une commune, le maire en informe par une affiche tous les propriétaires de bestiaux, avec injonction à eux de faire leur déclaration détaillée et signalée des bêtes à cornes qu'ils possèdent.

8. Le maire fait en même-temps marquer toutes les bêtes à cornes de la lettre M avec un fer chaud. L'épizootie terminée, elles sont marquées d'une contre-marque, pour qu'elles puissent circuler et être exposées par-tout.

9. Il est rendu compte de suite au sous-préfet, qui en informe le préfet, et celui-ci le ministre de l'intérieur.

10. Il est fait de fréquentes visites chez les propriétaires, pour s'assurer qu'aucune bête malade n'a été distraite.

11. Défenses de vendre ou acheter aucune bête marquée comme bête malade, pour la conduire aux foires ou marchés, ou même chez un habitant d'un pays non infecté, à peine de 500 fr. d'amende. Les propriétaires

de bestiaux sont responsables, à cet égard, du fait de leurs-conducteurs ou domestiques.

12. Tout officier ou agent de police qui trouve dans les chemins, ou sur les foires ou marchés, une ou plusieurs bêtes à cornes marquées de la lettre M, les fait conduire de suite devant le juge du lieu, qui les fait tuer sur-le-champ en sa présence.

13. Peuvent néanmoins les propriétaires de bêtes saines, dans un pays infecté, en faire tuer chez eux, ou en vendre aux bouchers, mais aux conditions suivantes :

1°. Un expert aura constaté que les bêtes ne sont pas malades.

2°. Le boucher n'entrera pas dans l'étable.

3°. Le boucher tuera les bêtes dans les vingt-quatre heures.

4°. Le propriétaire ne pourra s'en dessaisir, et le boucher les tuer, sans une permission par écrit du maire. Toute contravention à cet égard est punie de 200 fr. d'amende solidairement avec le propriétaire et le boucher.

14. Dans les lieux infectés, tous les chiens sont tenus à l'attache ; tous ceux trouvés divagans sont tués.

15. Tout fonctionnaire public qui donne des certificats ou attestations contraires à la vérité, encourt les peines portées en l'article 28, au mot *Faux*.

En matière d'épizootie, un juge ne peut remettre ni modérer les amendes. Les jugemens sont exécutés par provision, et les délinquans soumis aux lois de police correctionnelle.

16. Dès qu'une bête malade est morte, on la transporte, sans la traîner, au moins à cent mètres de distance des habitations, pour être enterrée seule dans une fosse d'environ trois mètres de profondeur, avec toute sa peau tailladée en plusieurs parties, et on la recouvre

de toute la terre sortie de la fosse. Si le propriétaire ne peut faire le transport, le maire en requiert un autre, même les journaliers nécessaires, à peine de 50 fr. d'amende contre les refusans. (Voir *Délits, art.* 30, §. 12.) Les chevaux sont employés de préférence au transport, et la voiture est ensuite lavée à l'eau chaude. Défenses de jeter lesdites bêtes mortes dans les bois, dans les rivières, ou à la voirie, de les enterrer dans les étables, cours ou jardins, à peine de 300 fr. d'amende, et de tous dommages-intérêts.

17. Les bergeries, étables, bouveries et écuries où ont séjourné des animaux malades, ne peuvent servir qu'après avoir été désinfectées, sous la surveillance des maires ou du commissaire de police, de la manière ci-après indiquée au §. 3.

18. Sur la demande des autorités administratives, les gardes nationales, la gendarmerie, les gardes champêtres, et au besoin les troupes de ligne, sont employées pour assurer l'exécution des dispositions précédentes, et notamment pour former des cordons et empêcher la communication des animaux suspects avec les animaux sains. *Ordonnance du Roi du 27 janvier 1815, art.* 2.

19. Dans les départemens où la maladie n'a pas encore pénétré, les préfets ordonnent la visite des étables aussi souvent qu'ils le jugent utile. Ils exercent une surveillance active, et font les dispositions nécessaires pour qu'on puisse exécuter sur-le-champ et par-tout où besoin est, toutes les mesures propres à arrêter les progrès de l'épizootie, si elle vient à se manifester. *Idem, art.* 3.

20. A la première apparition des symptômes de contagion dans une commune, il y est envoyé des vétérinaires chargés de visiter les bestiaux, et de reconnaître ceux qui doivent être abattus aux termes des réglemens ci-dessus cités. L'abattage a lieu sans délai sur

l'ordre des maires ou des commissaires délégués par les préfets. *Idem*, art. 4.

21. Il est dressé des procès-verbaux constatant le nombre, l'espèce et la valeur des animaux qui ont été abattus pour arrêter les progrès de la contagion. Des extraits en sont transmis au directeur-général de l'agriculture et du commerce, qui fait dresser l'état des indemnités auxquelles les propriétaires de ces animaux ont droit, d'après les bases établies par les arrêts du conseil des 18 décembre 1774 et 30 janvier 1775. *Idem*, art. 5.

§. 2. *Caractére, causes et traitement de l'épizootie, conformément à l'instruction du ministre de l'intérieur, publiée par l'arrêté précité du Gouvernement du 27 messidor an V, et à l'ordonnance précitée du préfet de police, du 5 fructidor an XI.*

22. L'épizootie peut être regardée comme une inflammation générale qui se termine toujours par celle des poumons et du foie, le plus souvent par la première. Elle est ordinairement occasionnée par l'altération des fourrages, qui ont été mouillés par les pluies ou les débordemens.

23. Lorsqu'une bête à cornes paraît être affectée de la maladie régnante, on doit soumettre au traitement toutes celles de l'étable.

24. La guérison naturelle étant ordinairement la suite d'une éruption sur le corps de l'animal, tout le traitement doit avoir pour but d'amener cette éruption ou d'y suppléer.

25. Les cordiaux ou échauffans ne produisent aucun effet à petites doses; à grandes doses, ils augmentent l'inflammation et accélèrent la perte des animaux; les applications extérieures sont le seul traitement à employer.

26. Le séton (1), chargé d'un caustique, attire au-dehors l'humeur et en favorise l'évacuation.

Le fanon (2) est la partie à préférer pour placer le séton, et de manière que les deux ouvertures se répondent de haut en bas, afin de faciliter l'écoulement de l'humeur.

Pour attirer brusquement l'humeur au-dehors, on attache sur le milieu du séton un morceau d'ellébore noir; on l'y fixe, avec un peu de linge, du sublimé ou de l'arsenic en poudre.

Lorsque l'engorgement a acquis la grosseur d'une tête humaine, on retourne le séton pour en retirer l'ellébore ou autre caustique dont on l'a chargé.

Si le séton ne produit pas dans quinze ou vingt heures un engorgement aussi considérable, on applique sur les deux côtés de la poitrine, après avoir rasé le poil, un large vésicatoire, composé avec trente-six grammes (1 once) de mouches cantharides et autant d'euphorbe, étendus dans une quantité suffisante de levain, qu'on maintient avec un bandage et qu'on entretient jusqu'à parfaite guérison.

On place tous les jours, une heure le matin et autant le soir, dans la gueule de l'animal, un billot autour duquel on aura disposé et maintenu avec du linge, de l'ail, du poivre, de l'assafœtida, des racines de poivre d'eau, d'arum ou pied de veau, des feuilles de tabac, le tout haché et pilé. Une seule de ces substances peut suppléer à toutes les autres.

On donne à l'animal des alimens de la meilleure qualité, aspergés d'eau dans laquelle on aura fait dissoudre une poignée de sel pour un seau d'eau.

On mêle dans l'eau qu'on leur fait boire un peu de son, et un verre de vinaigre sur dix litres d'eau.

_____

(1) Fil de coton ou de soie que l'on passe dans la peau.
(2) La peau qui pend sous la gorge de l'animal.

Le bouchonnement souvent répété, l'évaporation d'eau chaude sous le ventre, les bains de rivière, les lavemens d'eau légèrement vinaigrée, produisent de très-bons effets.

La propreté des étables, le grand air à y maintenir, sont des soins essentiels à avoir.

27. Les animaux malades qui vont aux champs, n'y sont conduits que le matin et le soir; on les rentre dans le milieu du jour. On évite de les conduire sur les bords des grandes routes, où ils respirent une poussière épaisse et étouffante.

Ceux qui travaillent sont ménagés.

28. Il est très-dangereux de saigner, de fouiller ou de dépouiller des animaux malades ou morts de maladies. Il peut en résulter pour ceux qui le feraient, des maladies graves, même la mort.

§. III. *Désinfection des étables, bergeries, bouveries et écuries, conformément à l'instruction du conseil de salubrité, du 26 mars 1816, approuvée par S. Exc. le ministre d'Etat, préfet de police.*

1º. *Précautions pour désinfecter une étable.*

29. Dans un temps d'épizootie, toute étable vide, qu'elle ait contenu ou non des animaux malades, doit être désinfectée avec les procédés suivans, avant d'y introduire des animaux :

1º. On enlève de l'étable tout ce qui s'y trouve, fumiers, ustensiles, etc. ; on ôte les toiles d'araignées ; on lave à grande eau avec un balai rude, toute l'étable, les murs, les planchers, les fenêtres, les pavés, les auges ou crèches, les rateliers, etc.

2º. Les murs crevassés ou dégradés sont repiqués et recrépis.

3º. Les auges ou crèches et les rateliers sont plus

particulièrement lavés, balayés, brossés ou frottés aussi à grande eau, s'ils en valent la peine, et dans ce cas, blanchies et verlopées après le lavage ; s'ils n'en valent pas la peine, le tout est brûlé sur-le-champ.

4°. Si l'étable est pavée, les pavés sont enlevés, lavés et replacés à chaux et ciment ; si elle n'est pas pavée, la terre en est enlevée au-delà de toute l'épaisseur imbibée d'urine et d'excrémens. Il est apporté de la terre fraîche ou du blanc de salpêtre, et l'aire ou le sol en est battu convenablement.

5°. On fait laver, brosser ou passer au feu tous les ustensiles qui ont servi ou que l'on destine à l'usage des animaux et des étables, et qui en valent la peine, comme longes, chaînés, licols, anneaux, fourches, pelles, seaux, brouettes, civières, etc., et on les expose aux fumigations ci-après indiquées. Les autres sont brûlés de suite. On n'achète surtout rien de vieux ou de hasard pour le service des animaux, et on ne se sert pas de couvertures de laine qui auraient pu être employées pour des bêtes malades.

6°. On fait boucher avec soin et solidement tous les trous à rats, à souris, à chats, par lesquels ces animaux pourraient s'introduire.

7°. Avant de prendre ces précautions, pendant leur exécution ou après, on fait dans l'étable l'une ou l'autre des fumigations suivantes :

Fumigation d'acide muriatique oxigéné.

On ferme les fenêtres et les portes excepté celle par où la personne qui fait l'opération doit sortir ; on prend trois onces de muriate de soude (sel commun), deux gros d'oxide noir de manganèse en poudre, deux onces d'acide sulfurique (huile de vitriol du commerce) ; on mêle les deux premières substances exactement, on les met dans un vase de terre vernissé, que l'on place sur

un réchaud de charbon allumé, puis on verse dessus
l'acide sulfurique, après l'avoir étendu de la moitié
d'eau, et on se retire en fermant la porte. On peut entrer les animaux dans l'étable quelques jours après.

Cette dose est pour une étable de six vaches; on
l'augmente suivant la grandeur de l'étable, et dans ce
cas l'on doit y placer deux ou trois de ces appareils, ce
qui vaut mieux que de mettre tout dans un seul.

Fumigation d'acide nitrique.

On verse dans un vase environ deux onces d'acide
sulfurique, on le met sur le réchaud, et on jette de
temps en temps, dans l'acide sulfurique, une ou deux
pincées de nitre de potasse (sel de nitre) réduit en
poudre.

Cette fumigation bien moins volatile que la première,
est par conséquent moins efficace.

8°. La projection du vinaigre sur une pelle rouge,
ainsi que l'action de brûler dans les étables différentes
herbes aromatiques, des brins de genièvre, des savattes,
des vieux cuirs, si communément employés par les
nourrisseurs, ne peuvent être regardés comme des
moyens désinfectans.

9°. Le blanchissage à la chaux, l'enduit sur les murs
d'une couche de goudron, le frottement des crêches et
des rateliers avec de l'ail et du vinaigre, ne détruisent
point la contagion; ils recouvrent momentanément la
bave, et les autres matières animales qui en sont chargées, s'usent au bout d'un certain temps, et les matières remises à nu, communiquent de nouveau la maladie, sans que les nourrisseurs soupçonnent cette
nouvelle cause.

10°. Des boucs, des chèvres, des cochons, placés
dans les étables, n'en chassent point le mauvais air,
comme le croyent des nourrisseurs; l'odeur qu'ils exha-

lent ne peut que le corrompre davantage, et rendre
l'étable plus mal-saine. L'eau et le feu sont les deux
grands moyens de désinfection.

2°. *Précautions relatives aux personnes chargées du soin
des animaux.*

30. Les personnes, avant de se charger du soin des
animaux, doivent faire laver, lessiver et exposer plusieurs fois aux fumigations ci-dessus indiquées, tous
les habillemens avec lesquels elles ont pu approcher
d'autres animaux.

Elles ont une grande belouse de toile qu'elles mettent
avant d'entrer dans l'étable, qu'elles quittent en sortant, qui est destinée à ce seul usage, et qui doit être
lavée très-souvent.

Les nourrisseurs ne doivent point se permettre, ni
aux personnes chargées du soin de leurs bestiaux, d'aller visiter aucune autre étable, ni lieux où il pourrait y
avoir d'autres bestiaux.

Ils ne laissent entrer personne dans les leurs, et ne
doivent point se servir de trayeuses étrangères, ni laisser
entrer dans leurs étables des bouchers, des marchands
de vaches et nourrisseurs, ni aucun chien, ou autres
animaux. Leur chien doit être tenu à l'attache hors de
l'étable, et ne doit jamais sortir de la maison.

Ils doivent tenir dans une écurie à part, leurs chevaux ou ânes, et les faire soigner par une personne qui
n'entre pas dans la vacherie.

3°. *Précautions relatives aux animaux.*

31. Les animaux nouvellement achetés, ou ceux destinés à entrer dans l'étable désinfectée, doivent, avant
d'y entrer, être lavés par tout le corps, ensuite bou-
chonnés et frottés jusqu'à ce qu'ils soient séchés, et qu'il
n'y ait plus sur aucune partie de leur corps, surtout

aux fesses et au ventre, ni crotte ni fiente, qui restent souvent chargées de la matière de la contagion. L'eau doit être tiède pour les vaches nouvellement vélées.

Dans l'été, pour empêcher, autant que possible, les mouches d'entrer dans les étables, on les tient fermées; les fenêtres en sont ouvertes, mais garnies de chassis de toile ou de treilles qui n'empêchent point la circulation de l'air.

On surveille les fourrages et autres alimens; on s'assure d'où ils viennent; on se garde bien surtout de ceux de nourrisseurs qui auraient perdu leurs animaux ou cessé leur commerce.

Les mastigadours, les billots d'ail, d'assa-fœtida, de sel, de poivre, ne nuisent en rien à la santé des animaux; au contraire, ils la fortifient en aidant la digestion; mais ils sont inutiles pour empêcher la propagation de l'épizootie, et ceux d'ail et d'assa-fœtida ont l'inconvénient de communiquer leur odeur au lait.

Voir aussi *Désinfection*.

§. IV. *Dispositions pénales.*

32. Tout détenteur ou gardien d'animaux ou de bestiaux soupçonnés de maladie contagieuse, qui n'a pas averti sur-le-champ le maire de la commune où ils se trouvent, et qui, même avant que le maire ait répondu à l'avertissement, ne les a pas tenus renfermés, est puni d'un emprisonnement de six jours à deux mois, et d'une amende de 16 à 200 fr. *Code pénal, art.* 459.

33. Ceux qui, au mépris des défenses de l'administration, ont laissé leurs animaux ou bestiaux infectés communiquer avec d'autres, sont punis d'un emprisonnement de deux à six mois, et d'une amende de 100 à 500 francs. *Idem, art.* 460.

34. S'il est résulté de ladite communication une contagion parmi les autres animaux, les contrevenans auxdites défenses sont punis d'un emprisonnement de deux

à cinq ans, et d'une amende de 100 à 1000 francs, sans préjudice de l'exécution des lois et réglemens concernant l'épizootie, et l'application des peines y prononcées. *Idem*, *art.* 461.

35. Si les coupables des délits mentionnés aux trois articles ci-dessus sont gardes champêtres ou forestiers, ou officiers de police, la peine de l'emprisonnement est d'un mois au moins, et d'un tiers au plus de la peine la plus forte qui serait appliquée à tout autre coupable du même délit. *Idem*, *art.* 462.

Voir aussi *Délits*, *art.* 31, §. Ier.

Maladies des vaches. Voir *Vaches*.

BÊTES A LAINE (Amélioration des races de).

Art. Ier. Il est placé dans des lieux déterminés par le ministre de l'intérieur, des dépôts de béliers mérinos, composés chacun de cent cinquante à deux cents béliers, confiés à des propriétaires ou fermiers, qui les entretiennent, nourrissent, profitent de la toison, et reçoivent, s'il y a lieu, selon les locations et le prix des fourrages, une indemnité réglée par le ministre de l'intérieur. *Décret du 8 mars 1811*, *art.* 1, 2, 3 et 6.

2. Au temps de la monte, les béliers sont distribués gratuitement aux propriétaires de troupeaux indigènes, qui les soignent et en répondent, sauf les accidens non provenant de leur part. Après la monte, les béliers rentrent au dépôt. *Idem*, *art.* 4.

3. Les dépôts sont formés de tous les béliers existant au-dessus des besoins, dans les bergeries du Gouvernement; de tous ceux qui se trouvent dans les troupeaux extraits d'Espagne; enfin des béliers achetés de gré à gré dans les troupeaux des particuliers, reconnus par les inspecteurs pour être de race pure et sans mélange. *Idem*, *art.* 7.

4. Défenses à tout propriétaire de race reconnue pure, de faire châtrer aucun bélier, sans que l'un des inspec-

teurs ait examiné les animaux anciens, anténois, ou de l'année, lui en ait donné l'attestation, ait fait le choix des beliers pour les dépôts, et permis la castration de ceux qu'il aurait laissés comme défectueux ou trop faibles, lesquels il marque à cet effet. Le surplus est acheté *de gré à gré* pour le compte du Gouvernement. *Idem*, *art.* 8.

Les expressions ci-dessus *de gré à gré* réservent implicitement au propriétaire :

1º. Le droit de réserver pour son usage les béliers dont il aurait besoin.

2º. Le droit de ne pas livrer, et de vendre à d'autres les animaux dont les agens du Gouvernement, traitant de gré à gré, ne lui donneraient pas le prix qu'il jugerait convenable.

Avis du conseil d'Etat du 13 mai 1811.

5. Tout propriétaire d'un troupeau métis, qui est à portée d'un dépôt de béliers mérinos, et à qui ce dépôt peut fournir des béliers pour sa monte, est tenu de faire châtrer tous ses mâles. *Décret précité, art.* 9.

6. La contravention aux deux articles précédens est constatée par les inspecteurs de troupeaux, ou, sur leur réquisition, par les officiers de police. Elle est punie :

1º. De la confiscation des animaux châtrés, dans le cas de l'article 4; ou non châtrés, dans le cas de l'art. 5.

2º. D'une amende de 100 à 200 francs, et double en cas de récidive.

Idem, *art.* 10.

BEURRES, ŒUFS, FROMAGES. (Voir aussi *Beurres*, et *Marchands*, au tome IV.)

Art. 1ᵉʳ. Défenses expresses aux marchands de beurres, frais ou salés, de les mixtionner avec aucunes fleurs, herbes ou drogues, pour leur donner une couleur plus jaune; de mêler le vieux beurre avec le nouveau, d'a-

cheter du beurre pour le remanier et le revendre ensuite; le tout à peine de confiscation et d'amende. *Or-*
donnances des 25 *novembre* 1396, 8 *juillet* 1519, *et*
mars 1633. Voir *Marchands*, *art.* 4.

2. Les marchands forains qui amènent à Paris des
beurres, œufs ou fromages, sont tenus de les apporter
sur le carreau de la halle et non ailleurs, sur les emplacemens affectés à ces denrées. Ils en font la déclaration
par quantité et qualité aux commissaires des halles et
marchés. *Ordonnance de police du* 25 *juin* 1757, *art.* 1er.

3. Il ne peut être expédié de beurres, œufs et fromages, à destination, que pour des particuliers étrangers à ce commerce, et pour les marchands qui font le
commerce en boutique. Aussitôt leur déchargement sur
le carreau de la halle, ils peuvent être conduits aux
adresses indiquées par les factures ou lettres de voiture;
ceux destinés pour les marchands en boutique ne sont
conduits à leur destination, qu'une heure après l'ouverture de la vente en gros.

4. Défenses d'aller au-devant des voitures pour arrher
ou acheter ces denrées. *Ordonnance de décembre* 1672,
chapitre 3, *art.* 2. *Arrêt du conseil de* 25 *juillet* 1746.

5. Les marchands forains sont porteurs de lettres de
voitures ou de factures, visées par la municipalité du
lieu du départ. *Ordonnances des* 23 *juin* 1748, *art.* 2,
et 25 *juin* 1757, *art.* 2, 5, 6.

6. Les voitures aussitôt déchargées sont conduites
dans les rues affectées à leur stationnement. Voir *Mar-*
chands forains.

7. Aucune voiture d'autres marchandises, ne tra-
verse le carreau pendant la vente en gros, et l'on n'y
charge ni décharge aucune autre espèce de marchandises.

8. Les chevaux et voitures des contrevenans peuvent
être mis en fourrière, indépendamment des peines de

simple police, pour embarras causés sur la voie publique. *Ordonnance du 11 août 1758, article 1er.* Voir *Délits, art.* 29, §. IV.

9. La vente en gros a lieu tous les jours, depuis la pointe du jour jusqu'à deux heures, et celle au détail jusqu'au coucher du soleil. Aucun acheteur n'entre dans la vente en gros avant qu'elle soit ouverte. Voir aussi *Halles et Marchés, art.* 9, §. Ier.

10. Il y a quatre facteurs pour la réception et la vente des beurres, œufs et fromages. Ils sont commissionnés du préfet de police, et fournissent un cautionnement de vingt mille francs en immeubles, ou en cinq pour cent consolidés, pour la garantie des marchands forains.

11. Les marchands forains qui ne vendent pas par eux-mêmes, sont tenus de se servir de l'un des quatre facteurs.

12. Les facteurs ne vendent que sur le carreau de la halle. Ils déclarent où sont leurs serres ou dépôts. Ils ne peuvent faire le commerce pour leur compte.

13. Il est perçu au profit des facteurs, sur le produit de la vente en gros des beurres et œufs amenés sur le carreau de la halle, un droit de commission de deux et demi pour cent.

14. La moitié du droit ci-dessus est versé par les facteurs, dans les cinq premiers jours de chaque mois, quitte de tous frais, dans la caisse du receveur municipal. *Décret du 21 septembre 1807, art.* 9. Toutefois la perception n'a pas lieu sur les beurres à destination, ceux de Gournai, et autres, qui se vendent sur les petits-marchés. *Autre décret du 10 février 1811.*

15. Défenses aux facteurs de percevoir d'autres et plus forts droits que ceux ci-dessus, sous quelque prétexte que ce soit.

16. Les beurres, œufs et fromages exposés en vente

ne sont enlevés qu'après que le prix en a été fait haute-
ment. *Ordonnance du* 25 *juin* 1757. *Arrêt du parlement du* 21 *janvier* 1759.

17. Les facteurs ne doivent point hausser le prix
des denrées lorsque les marchands forains l'ont établi.
Même ordonnance, art. 8 et 14.

18. Ils enregistrent les espèces, quantités et prix des
marchandises reçues et vendues, et en remettent des
extraits au commissaire des halles et marchés. *Idem*,
art. 8. Leurs registres sont timbrés, cottés et paraphés
par le même commissaire. *Ordonnance de mars* 1673,
tit. III, art. 3. *Loi du* 13 *brumaire an VII* (3 novembre 1797), *titre II, art.* 12.

19. Les facteurs font apporter sur le marché, avant
l'ouverture de la vente, les denrées qui leur sont adressées. Défenses d'en faire le commerce chez eux. *Ordonnance de décembre* 1672, *chap.* 4, *art.* 27.

20. Les denrées invendues sont enmagasinées; les
facteurs en font la déclaration au commissaire des halles
et marchés, ainsi que des lieux de resserre et dépôt. Ils
les représentent le lendemain sur le carreau.

21. Toute marchandise achetée en gros ne peut plus
être revendue qu'en détail sur l'emplacement à ce
destiné. *Ordonnance de décembre* 1672, *chap.* 3, *art.* 13.

22. Les détaillans ne peuvent se faire adresser sur le
carreau de la halle aucune marchandise. *Arrêt du conseil du* 25 *juillet* 1746.

23. La vente au détail des beurres, fromages et
œufs, a lieu sur tous les marchés aux mêmes heures
qu'à la halle.

24. Il est défendu d'en vendre (excepté les œufs),
sur éventaire dans les rues, à peine d'enlèvement des
étalages, et des peines de simple police comme embarrassant la voie publique. Voir *Étalages. Ordonnance
du* 25 *juin* 1757. Voir *Délits*, art. 29, §. 4.

25. Les beurres dénaturés et avariés, les fromages œufs et reconnus mauvais, exposés en vente, sont saisis et détruits. *Ordonnance de décembre 1672, chap.* 3, *art.* 19. *Idem du 25 juin 1757, art.* 15. *Loi du 22 juillet 1791, tit. Ier. art.* 20.

26. Les contraventions sont constatées par des procès-verbaux, qui sont transmis au préfet de police.

NOTA. Toutes les dispositions ci-dessus sont consignées dans les ordonnances du préfet de police des 23 prairial an VIII (18 juin 1800), 28 janvier 1806 28 mai 1806, approuvées par l'art. 8 du décret du 21 septembre 1807, et 3 décembre 1807.

BICÊTRE. Voir *Hospices. Prisons.*

BIENFAISANCE. Voir *Bureaux de charité.*

BIENS COMMUNAUX. Voir *Communes.*

BIENS NATIONAUX. Voir *Domaines nationaux.*

BIENS RURAUX. Voir *Bail. Police rurale.*

BIÈRE. Voir *Brasseurs. Boissons.*

BIÈVRE (Rivière de), (Voir aussi *Bièvre,* au tome IV).

1°. *Police de la rivière de Bièvre.*

2°. *Curage de cette rivière.*

§. 1er. *Police de la Rivière de Bièvre.*

Art. 1er. La police de la rivière de Bièvre (qui prend sa source près de Versailles, et se jette dans la Seine à Paris près du boulevard de l'Hôpital), est attribuée aux préfets des départemens de la Seine, et de Seine et Oise, et au préfet de police pour Paris, chacun en ce qui concerne leurs attributions. *Arrêté du gouvernement du 25 vendémiaire an IX* (17 octobre 1800), *art.* 1er.

2. Ils veillent, chacun en ce qui le concerne, au maintien des dispositions de l'arrêt du conseil du 26 février 1732, ci-après relaté, relatives à la conservation des eaux de cette rivière. *Idem, art.* 2.

3. En conséquence, ils en ordonnent le curage général et annuel, savoir: pour la partie supérieure en août, et pour la partie inférieure, en septembre.

Ils font tenir libre le cours de cette rivière et des sources et ruisseaux qui y affluent, même dans les canaux où elles passent, à l'effet de quoi il ne doit exister aux berges de ladite rivière, sources et ruisseaux, aucunes saignées, ni ouvertures sans titre légal, ni aucuns autres empêchemens quelconques, même des arbres, dans leur lit ni dans celui de la rivière, à moindre distance qu'un mètre quatre décimètres de la berge (4 pieds environ); à peine de suppression desdites saignées, ouvertures et autres empêchemens et desdits arbres, aux frais et dépens des auteurs desdits empêchemens, sommation à eux préalablement faite; ensorte que des canaux établis par titre, il en sorte autant d'eau qu'il en sera entré, ce qui doit être justifié par les propriétaires desdits canaux et passages, sinon leur suspension doit être ordonnée.

Il ne doit être non plus établi aucune blanchisserie dans les prairies adjacentes.

Les berges de ladite rivière sont entretenues et fortifiées par les meuniers qui y ont moulin, chacun dans son étendue, en remontant d'un moulin à l'autre, de manière que les eaux ne puissent sortir de leur lit, ni passer au travers des berges.

Arrêté précité, même art. 2.

Pour l'exécution des dispositions ci-dessus, le préfet de police a rendu une ordonnance, portant:

4. Conformément à l'article 19 de l'arrêt du conseil du 26 février 1732, et à l'article 2 de l'arrêté précité; le cours dans le département de la Seine, des eaux de la rivière de Bièvre, et des sources et ruisseaux y affluens, est tenu libre, même dans les canaux où elles passent; les prises d'eau, les saignées et ouvertures

faites sans titre légal aux berges de ladite rivière, sources et ruisseaux, sont supprimées aux frais des proprié-
aires riverains, ainsi que les arbres, arbustes et tous
autres objets gênant le cours de l'eau. *Article* 1er. *de*
'ordonnance du préfet de police du 19 *messidor an IX*
8 *juillet* 1801), *approuvée par le ministre de l'intérieur.*

5. Défenses de jeter dans la rivière, des matières
fécales, de la paille, du fumier, des gravois, des bouteilles cassées, et autres immondices qui peuvent en
obstruer le cours, corrompre les eaux, et blesser ceux
qui font le curage. *Idem*, *art.* 2. Voir *Navigation*,
art. 32.

6. Défenses de construire des latrines ayant leur
chûte dans la rivière vive ou morte, ou dans le faux
rû, même de laisser subsister celles qui existeraient;
sous peine de 100 francs d'amende, et destruction
desdites latrines aux frais et dépens des propriétaires,
conformément à l'article 36 de l'arrêt précité de 1732.
Idem, *art.* 3.

7. Défenses de jeter des immondices dans les ruisseaux affluens à ladite rivière et au faux rû; à peine de
30 fr. d'amende par chaque contrevenant, et de plus
grande peine, en cas de récidive, conformément à l'article 50 dudit arrêt de 1732. *Idem*, *art.* 4.

8. Les propriétaires de terrains clos traversés par la
rivière, doivent tenir leurs grilles dégagées de manière
que rien ne gêne le libre passage des eaux. *Idem*, *art.* 5.

9. Il ne peut être ouvert de canaux ni bassins, ni
fait aucune saignée ni batardeau au lit de la rivière, ni
aux sources ou canaux y affluens; à peine de 100 fr. de
dommages-intérêts envers qui il appartiendra, 10 fr.
d'amende la première fois, 200 fr. la seconde, et plus
forte peine, en cas de récidive, pour chaque contravention, conformément à l'art. 21 dudit arrêt de 1732.

Si les contraventions ci-dessus sont commises nuitamment, la peine est de 300 fr. d'amende, et six mois d'emprisonnement, en outre des dommages-intérêts, aux termes de l'article 20 dudit arrêt.

Idem, *art.* 6.

10. Tous canaux et bassins alimentés par ladite rivière, ou par les fontaines, sources et ruisseaux y affluens, existant sans titre légal, sont supprimés; les propriétaires ayant titre doivent faire exécuter tous les changemens qui seraient jugés nécessaires.

Les canaux et bassins sont entretenus de manière qu'ils rendent le même volume d'eau qu'ils reçoivent.

Le tout conformément à l'article 24 de l'arrêt de 1732, et à l'art. 2 de l'arrêté du gouvernement, précité.

Idem, *art.* 7.

11. Les propriétaires riverains sont tenus de laisser sur chaque rive une berge d'un mètre quatre-vingt-trois centimètres (4 pieds) de plate-forme, et de deux mètres d'empâtement; et ayant aussi soixante-six centimètres (2 pieds) au-dessus des eaux d'été; sinon il y est pourvu à leurs frais, conformément à l'article 42 dudit arrêt de 1732. *Idem*, *art.* 8.

12. Les berges sont entretenues par les meuniers en remontant d'un moulin à l'autre, et fortifiées de manière que dans aucun cas les eaux ne puissent se répandre dans les prés ou ailleurs, à peine de 50 fr. d'amende, et de 50 fr. de dommages-intérêts envers qui il appartiendra, la première fois; le double, la seconde fois, et d'y être pourvu à leurs frais et dépens, conformément à l'article 23 de l'arrêt de 1732. *Idem*, *art.* 9.

13. Conformément à l'article 74 de l'arrêt du 28 février 1716, les appentis établis sur les berges pour l'exploitation des tanneries, mégisseries et autres ateliers, sont entretenus en bon état par les propriétaires; les pieux ou piliers qui les supportent sont placés à deux décimètres (7 à 8 pouces) du bord de la rivière;

il est laissé sur la berge un espace libre et suffisant pour pouvoir la parcourir facilement. *Idem*, *art.* 10.

14. Conformément à l'article 44 de l'arrêt de 1702, la berge de la Bièvre au coin du clos Laurenchet, et la vanne y établie, sont entretenus aux frais des intéressés à la conservation de la rivière, de manière que cet endroit ne puisse servir d'abreuvoir aux bestiaux, et que les eaux ne se répandent point dans la prairie de Gentilly ; en conséquence la vanne est tenue fermée, et ne peut être levée que sur l'ordre du préfet de police. *Idem*, *art.* 11.

15. Celui qui veut construire ou réconforter un bâtiment ou un mur, le long de la rivière, est tenu, conformément à l'article 26 de l'arrêt précité de 1732, d'appeler les intéressés à la rivière de Bièvre, et de prendre l'alignement de la berge ; à peine de démolition desdits bâtimens et murs. Aucuns travaux ne peuvent être commencés sans la permission du préfet du police. *Idem*, *art.* 12.

16. Les moulins établis sur la rivière restent dans l'état où ils ont été mis en exécution de l'article 6 de l'arrêt précité. S'il est fait aux vannes, déversoirs ou déchargeoirs quelques changemens autres que ceux prescrits, les moulins sont remis en l'état où ils doivent être aux frais des propriétaires, à l'effet de quoi il est fait toutes vérifications nécessaires. *Idem*, *art.* 13.

17. Conformément à l'article 14 de l'arrêt précité de 1732, les fausses vannes servant de déversoirs aux moulins établis sur la Bièvre, doivent être armés d'une bande de fer plat, étalonnée et marquée PP, dans la hauteur et la largeur des vannes. Le poinçon est remis à l'inspecteur-général de la navigation et des ports, pour servir à l'étalonnage. Il est ensuite déposé à la préfecture de police.

Tout meûnier qui se servirait de fausses vannes non

étalonnées, ou qui les surhausserait par un moyen quelconque, est passible de tous dépens et dommages-intérêts envers les riverains, et d'une amende de 10 fr., conformément à l'article 15 de l'arrêt de 1732.

Idem, art. 14.

18. Conformément à l'article 18 du même arrêt, le chemin des dalles du Moulin-des-Prés, et le déversoir du pré Triplet, sont entretenus aux frais des intéressés. *Idem, art.* 15.

19. Défenses de faire rouir du chanvre ou du lin dans la rivière de Bièvre et dans les ruisseaux y affluens, à peine de 50 fr. d'amende et un mois de prison pour chaque contrevenant, du double la seconde fois, et de plus grande peine en cas de récidive, conformément à l'article 30 de l'arrêt précité. *Idem, art.* 16.

20. Défenses à tous blanchisseurs de toile de s'établir dans la prairie de Gentilly ou autres, le long de la Bièvre; même dans le Clos-Payen, à peine de confiscation des toiles au profit des intéressés à la rivière, et de 100 fr. d'amende, conformément à l'article 29 de l'arrêt précité de 1732. *Idem, art.* 17.

21. Le blanchissage de lessive est toléré sur la rivière vive et sur la rivière morte; néanmoins aucune blanchisseuse ne peut y établir des tonneaux ou y en conserver, sans une permission du préfet de police, à peine d'être lesdits tonneaux censés abandonnés, conformément à l'ordonnance du 1er. mars 1754, confirmée par arrêt du 4 mai 1756. Les permissions sont renouvelées tous les ans dans le mois de juin. *Idem, art.* 18.

22. Les tonneaux sont établis dans les places fixées par les permissions; ils ne peuvent, dans aucun cas, être arrachés; en cas d'abandon ou de permission-retirée, ils sont comblés. *Idem, art.* 19.

23. Lesdits tonneaux sont numérotés; les personnes

pourvues de permission font attacher à chacun de leurs tonneaux une plaque de ferblanc portant leur nom et le numéro de la permission ; sinon elle leur est retirée conformément à l'ordonnance de 1754. *Idem, art.* 20.

24. Conformément à ladite ordonnance de 1754, il est payé par chaque tonneau, sur la rivière vive, 5 fr., et sur la rivière morte, 3 fr. Le produit en est employé à l'entretien de la rivière et des sources, boires et ruisseaux y affluens ; le surplus des frais est imposé, supporté et perçu comme il est dit ci-après. *Idem, art.* 21.

25. Défenses aux tanneurs et mégissiers, 1°. de jeter ou faire jeter dans la rivière les eaux claires de leurs *plains* avant cinq heures du soir en été, et sept heures en hiver, et de laver la bourre de leurs cuirs avant midi, et ailleurs que le long de leurs maisons, à peine de 50 fr. d'amende la première fois, pour chaque contrevenant, du double en cas de récidive, et de la confiscation des bourres. Si le contrevenant n'est pas connu, tous les tanneurs et mégissiers sont civilement et solidairement responsables des amendes ; le tout aux termes de l'article 53 de l'arrêt précité de 1752. 2°. De *bouiller leurs plains* pour en faire couler la chaux dans la rivière, et d'y jeter aucunes immondices, décharnures, cornes et cornichons, à peine de 100 fr. contre chaque contrevenant la première fois, du double la seconde fois, et en cas de récidive, d'être privés de continuer le métier de tanneur et mégissier le long de ladite rivière et dans Paris, conformément à l'article 38 dudit arrêt. *Idem, art.* 22.

26. Sous les peines portées au §. II de l'article précédent, il est enjoint aux tanneurs et mégissiers de faire *égouter leurs morts-plains, décharnures, cornes et cornichons,* et de les faire transporter aux champs, dans un tombereau, le premier jour de chaque semaine. *Idem, art.* 23.

27. Les tanneurs ne peuvent gêner par leurs cuirs le cours de l'eau, ils laissent au milieu de la rivière une place d'un mètre au moins de largeur. *Idem*, *art.* 24.

28. Les teinturiers établis le long de la rivière, font un trou suffisant pour y recevoir les vidanges de leurs ateliers, de manière qu'elles ne communiquent point avec le lit de la rivière, si ce n'est par l'écoulement des eaux claires par-dessus les bords du trou. Tous les lundis le lieu de dépôt est nettoyé, et les vidanges enlevées et conduites aux champs, sans pouvoir en jeter dans la rivière ; le tout à peine de 100 fr. d'amende la première fois, du double la seconde fois, et de plus grande peine en cas de récidive, aux termes de l'article 27 de l'arrêt précité. *Idem*, *art.* 25.

29. Conformément à l'article 84 de l'arrêt de 1716, la rigole qui porte les eaux de teinture au pont *Hyppolite*, ainsi que les gouttières qui y communiquent, sont réparées et entretenues par les teinturiers. *Idem*, *art.* 26.

30. Les amidoniers, maroquiniers, et les fabricans de bleu de Prusse ne peuvent laisser couler que des eaux claires. Ils sont tenus d'avoir dans leurs maisons trois réservoirs, pour que leurs eaux, en passant de l'un dans l'autre, y laissent leurs sédimens. *Idem*, *art.* 27.

31. Les amidoniers, maroquiniers, et autres manufacturiers ou chefs d'ateliers, dont les eaux se jettent dans le faux rû, sont tenus de l'entretenir et faire curer à leurs frais, sans préjudice de leur portion contributoire comme intéressés à la conservation de la Bièvre. *Idem*, *art.* 28.

32. Il ne peut être élevé sur les bords de ladite rivière des bâtimens excédant dix mètres de hauteur, depuis le sol jusqu'au-dessus de l'entablement. Le grenier doit être à claire-voie: *Déclaration du 28 septembre,* 1738, *art.* 1er.

§. II. *Curage de la rivière de Bièvre.*

33. La dépense du curage de l'entretien et conservation des eaux de la rivière de Bièvre, est à la charge de ceux occupant les maisons situées le long de cette rivière, et des meûniers intéressés à la conservation des eaux. *Arrêté précité du Gouvernement du* 25 *vendémiaire an VII, art.* 3.

34. Le rôle de répartition de ces dépenses est fait par trois commissaires pris parmi les intéressés, et nommés, un par le préfet de la Seine, un par celui de Seine et Oise, le troisième par le préfet de police. Il est rendu exécutoire par l'approbation des trois préfets, chacun pour la partie dépendante de son département. Les trois commissaires fixent le contingent de chaque propriétaire, d'après la consommation d'eau que sa profession entraîne, le nombre d'ouvriers qu'il emploie, l'étendue de terrain qu'il occupe, et autres données. *Idem, art.* 4 *et* 5.

35. Il est passé à la Préfecture de Police un marché au rabais, pour le curage, l'entretien et le nettoiement du faux rû. Le nettoiement se fait chaque lundi depuis dix heures du matin jusqu'à midi. *Ordonnance précitée du préfet de police du* 19 *messidor an IX, art.* 29.

36. Conformément à l'article 41 de l'arrêt précité de 1732, il est fait tous les ans dans le mois d'août ou septembre un curage général de la rivière de Bièvre, tant morte que vive, et des conduits, sources, fontaines et ruisseaux y affluens, aux frais des meûniers et des propriétaires riverains. *Idem, art.* 30 *et* 31.

37. Il est fait marché au rabais, par mètre courant du curage à vif du fond de la Bièvre. *Idem, art.* 32.

38. Les propriétaires et meûniers peuvent faire curer eux-mêmes les parties qui sont à leur charge ; ils doivent y faire travailler en même-tems que les ouvriers

de l'entrepreneur, sans pouvoir retarder ni entraver ses opérations, étant chargé de faire tout ce qui ne serait pas fait, ou qui serait mal fait. Ils ne paient que leur portion contributoire dans les frais des bâtardeaux construits par l'entrepreneur, et dans les frais généraux de la conservation des eaux. *Idem*, art. 33.

39. Il est dressé, en présence de l'inspecteur-général de la navigation et des ports, procès-verbal des opérations du curage général, savoir : dans Paris, par le commissaire de police du quartier Saint-Marcel, et hors de Paris par les maires et adjoints des communes riveraines ; il y est fait mention de ceux qui ont fait curer les parties qui les concernent. *Idem*, art. 34.

40. Il est défendu de jeter dans la rivière les immondices provenant du curage, à peine de 500 fr. d'amende la première fois, et en cas de récidive, sous les peines portées au §. II de l'article 25 ci-dessus, conformément à l'article 47 de l'arrêt précité de 1732. *Idem*, art. 35.

41. Toutes les immondices provenant du curage de la Bièvre et des ruisseaux y affluens, sont mises sur les bords pour les soutenir et fortifier, de manière toutefois qu'elles ne puissent pas retomber dans l'eau, à peine d'amende, conformément à l'article 43 de l'arrêt de 1732. *Idem*, art. 35.

42. Les habitans du faubourg Saint-Marcel établis le long de la Bièvre, sont tenus, chacun en ce qui le concerne, de faire enlever, à la fin du mois de septembre de chaque année, les immondices provenant du curage, et de les faire transporter aux champs, à peine de 50 fr. d'amende, aux termes de l'article 46 de l'arrêt de 1732. *Idem*, art 38.

43. L'inspecteur-général de la navigation et des ports, l'ingénieur hydraulique, l'architecte commissaire de la petite-voirie, et l'inspecteur particulier de la rivière de Bièvre, visitent fréquemment ladite ri-

vière, et les sources, ruisseaux et boires y affluens ; à cet effet les propriétaires des maisons et enclos riverains sont obligés de leur donner entrée, à peine de 5o fr. d'amende, conformément à l'article 58 de l'arrêt de 1752. *Idem ; art.* 4o.

Nota. Le curage ayant été mal fait, lorsque les propriétaires riverains ont usé de la faculté de curer eux-mêmes le long de leurs propriétés, le préfet de police, par *une ordonnance du 26 messidor an X* (15 *juillet* 1802), a ordonné que le curage de la rivière de Bièvre serait fait par adjudication au rabais, et partagé en lots ; que les adjudicataires feraient le curage en totalité, sans que les propriétaires riverains pussent s'y immiscer en aucune façon, même le long de leurs propriétés.

BIGAMIE (crime de). C'est l'action de contracter un second mariage avant la dissolution du premier.

Indépendamment de la poursuite par le ministère public, l'action peut être suivie par le second mari ou par la seconde femme, comme recevant la principale injure.

Pour les peines, voir *Mariage, art.* 4.

BIJOUTERIE. Voir *Matières d'or et d'argent.*

BILLARDS PUBLICS. (Voir aussi *Billards,* au tome IV).

Art. 1er. A Paris, et dans le ressort de la préfecture de police, nul ne tient billard public sans une permission du préfet de police. Est réputé billard public tout billard établi dans une maison ouverte au public. *Ordonnance du préfet de police du 6 novembre* 1812, *art.* 1er.

2. Toute personne qui veut tenir billard public, en fait sa déclaration au commissaire de police de son quartier, qui la transmet au préfet de police, avec son avis, pour la permission être délivrée s'il y a lieu. *Idem, art.* 2.

3. Tout billard public établi sans déclaration préalable et sans permission, est démonté. *Idem, art.* 3 et 4.

4. Tout maître de billard est tenu de mettre à l'exté-

rieur de son établissement une inscription portant : *Billard public. Idem , art. 5.*

5. Défenses aux maîtres de billard de recevoir dans leur jeu des vagabonds et gens sans aveu. (A peine de 100 fr. d'amende, conformément à l'article 14 de l'ordonnance de police du 8 novembre 1780. Voir *Cabarets.*) Tout billard connu pour être fréquenté habituellement par ces individus est démonté. *Idem, art. 6.*

6. Les maîtres de billard sont tenus de veiller à ce qu'il ne se commette aucune malversation au jeu dans leurs maisons , à peine de retirement de la permission, et sans préjudice des poursuites judiciaires. *Id., art.* 7. Voir aussi *Jeux.*

7. Les règles du jeu de billard doivent être affichées dans les salles. *Idem , art.* 8.

8. Les billards doivent fermer aux mêmes heures que les cafés et les cabarets. Voir *Cabarets.*

9. A la première contravention d'un teneur de billard à l'une des dispositions ci-dessus, et constatée par procès-verbal d'un commissaire de police , le commissaire lui retire sa permission pour six mois ; à la seconde elle lui est retirée tout-à-fait ; le tout sans préjudice des poursuites devant les tribunaux. *Décision du préfet de police du* 17 *avril* 1816.

BILLETS. Peines contre ceux qui les brûlent, les détruisent, ou en disposent à leur profit. Voir *Destructions. Ecrits.*

BILLETS DE BANQUE (crime de faux en). Voir *Faux,* §. 2.

BILLETS NÉGOCIABLES Sont soumis au timbre. Voir *Timbre. Commerce.*

BILLETS *ou* PROMESSES sous seings-privés. Voir *Authenticité des actes , art.* 8.

BINARDS. Voir *Pierres , art.* 25.

BLANC de CÉRUSE (fabrique de). Voir *Ateliers.*

BLANCHISSEUSES (bateaux de)(Voir aussi, au tome IV *Bateau*, n°. 3.)

Art. 1er. A Paris, et dans le ressort de la Préfecture de Police, aucun bateau à lessive ne peut être établi sur la rivière sans une permission du préfet de police, ou de l'inspecteur-général de la navigation, et aussi à la charge du droit de location, conformément au décret du 17 prairial an XII (6 juin 1805). Voir *Navigation*, *art*. 69.

2. Défenses de laver du linge à la rivière ailleurs que dans les bateaux de lessive, excepté le long des ports de la Rapée, où les blanchisseuses peuvent laver aux endroits indiqués par l'inspecteur-général de la navigation, à la charge de se servir de planches sur roulettes qui peuvent s'avancer et se reculer à volonté. *Instruction du préfet de police du 25 mars 1819, art.8.*

Défenses aux blanchisseuses d'attacher des cordages aux arbres pour faire sécher du linge. Voir *Arbres*, *art*. 13.

BLANC-SEING (Abus d'un). Voir *Abus de confiance.*
BLÉ. Voir *Grains*.

BLÉ EN VERT. Peines contre ceux qui les détruisent. Voir *Police rurale.*

BLESSURES *et* COUPS. (Voir aussi au tome IV, *Blessures. Artifice*, n°. 4. *Matériaux* dernier alinéa du n°. 4.)

Art. 1er. Lorsqu'un officier de police est informé qu'une personne est blessée sur la voie publique, ou ailleurs, il doit s'y transporter, faire constater l'état du blessé par un chirurgien, faire expliquer ce dernier, sur la cause présumée des blessures, leur gravité, leurs suites, et recevoir à cet égard son rapport, après avoir reçu son serment de procéder et faire son rapport en son honneur et conscience. L'officier de police recueille et constate les faits ou indices de négligence, imprudence, ou d'inobservation des réglemens de police, de volonté, de préméditation ou de guet-à-pens, de légitime défense ou d'excuse, de fabrication et débit d'armes prohibées. Si le blessé est en danger, il faut l'entendre de suite avec précaution et ménagement ; le faire transporter dans son domicile ou dans un hospice, suivant les circonstances.

Les honoraires du chirurgien et autres frais sont payés par le blessé, ou par l'auteur des blessures, s'ils en ont le moyen, sinon par la police.

Voir aussi *Cadavres. Hôpitaux*, art. 3.

2. Lorsqu'il s'agit de plainte par suite de rixe, ou de voies de fait exercées par un individu sur une personne domiciliée, et que le plaignant réclame l'assistance d'un officier de santé pour constater les blessures, les honoraires de l'officier de santé sont à la charge du plaignant seul intéressé à faire constater son état pour obtenir des dommages-intérêts ; néanmoins si le fait présente la présomption de crime ou délit donnant lieu à la vindicte publique, et que la personne blessée n'ait pas le moyen de payer l'officier de santé, ce que doit porter expressément le procès-verbal, le bon de payement est délivré à l'officier de santé, et payé par la police. *Décision du préfet de police du* 10 *juillet* 1812.

3. Tout individu qui, (volontairement) a fait des blessures, ou porté des coups, est puni de la réclusion, s'il en résulte une maladie ou incapacité de travail personnel pendant plus de vingt jours. *Code pénal, art.* 309. Voir l'*art.* 7 ci-après.

Si le crime a été commis avec préméditation ou guet-à-pens, la peine est les travaux forcés à tems. *Idem,* art. 310.

4. Lorsque les blessures ou les coups n'ont occasionné ni maladie, ni incapacité de travail, la peine est

d'un mois à deux ans d'emprisonnement, et l'amende de 16 à 200 fr.

S'il y a eu préméditation ou guet-à-pens, l'emprisonnement est de deux à cinq ans, et l'amende de 50 à 500 fr.

Idem, *art.* 311.

5. Dans les cas prévus par les deux articles précédens, si le coupable a commis le crime ou délit envers des père et mère légitimes, naturels ou, adoptifs, ou autres ascendans légitimes, il est puni, savoir :

De la réclusion, dans le cas emportant l'emprisonnement et l'amende;

Des travaux forcés à tems, dans le cas emportant la réclusion;

Des travaux forcés à perpétuité, dans le cas emportant les travaux forcés à tems.

Idem., *art.* 312.

6. Les dispositions de l'art. 11 au mot : *Homicide*, s'appliquent aux crimes et délits ci-dessus mentionnés. *Idem*, *art.* 313.

7. Les tribunaux peuvent aussi prononcer, outre les peines correctionnelles portées aux articles précédens, le renvoi sous la surveillance de la haute police pendant deux à dix ans. *Idem*, *art.* 315.

8. Lorsque les blessures ou coups n'ont eu lieu qu'involontairement, par défaut d'adresse ou de précautions, la peine est de six jours à deux mois d'emprisonnement, et d'une amende de 16 à 100 fr. *Idem*, *art.* 320. Voir aussi *Homicide*, §. 3.

9. Les dispositions de l'article précédent s'appliquent:
Au tir des pièces d'artifice;
Aux embarras sur la voie publique;
Au défaut d'éclairage des dépôts de matériaux sur la voie publique;

Aux refus d'obéir aux réglemens et sommations de petite-voirie ;

A la projection ou exposition par et sur les fenêtres, d'objets capables de nuire par leur chûte ;

A la divagation des fous, insensés ou furieux, des animaux mal-faisans ou féroces ;

A l'emploi des armes sans précaution ;

Au jet de pierres et corps durs ;

Toutes les fois qu'il en est résulté blessures pour les personnes :

Décision du préfet de police du 6 mars 1812.

10. Tout médecin, chirurgien, et officier de santé, qui, hors le cas de réquisition légale, a administré des secours à des blessés, doit en faire sur-le-champ sa déclaration à l'officier de police du domicile du blessé, à peine de 300 fr. d'amende. Les médecins et chirurgiens des hôpitaux et hospices font la même déclaration pour tout blessé admis aux dits hôpitaux et hospices. Ces déclarations doivent indiquer les noms, profession et demeure du blessé, les causes et la gravité des blessures, et autant que possible, les circonstances. *Edit de décembre 1666. Ordonnance de police du 4 novembre 1788. Ordonnance du préfet de police du 25 mars 1816, art. 6 et 7.* Voir *Médecins.*

Blessures envers les dépositaires de l'autorité ou de la force publique. Voir *Autorités constituées.*

Blessures et coups excusables. Voir *Homicide, §. 3.*

Voir aussi *Asphixiés. Cadavres. Noyés.*

BLEU DE PRUSSE (Fabrique de). Voir *Ateliers.*

BOEUFS. Voir *Boucherie.*

BOHEMIENS *ou* DEVINS. Voir *Devins.*

BOIS. Défenses de fendre du bois sur la voie publique. Voir *Pavé, §. 7.*

BOIS A OEUVRER.

Art. 1er. Il n'est établi dans Paris, et dans tout le

ressort de la préfecture de police, aucun chantier de bois à œuvrer, sans une permission du préfet de police, a l'effet de quoi tout marchand de bois à œuvrer en fait sa déclaration à la préfecture de police, en y joignant un plan figuré du local, de ses dimensions et des tenans et aboutissans. *Ordonnance du préfet de police, du 12 septembre 1816, art. 1 et 2.*

2. Les marchands de bois à œuvrer doivent avoir, à la porte extérieure de leur chantier, un tableau portant leurs noms et leur profession. *Idem, art. 3.*

3. Les marchandises de bois à œuvrer, destinées pour Paris, y sont amenées directement, conformément aux ordonnances de février 1415, chap. XII, art. 1er., et de 1672, chap. III, art. 3. *Idem, art. 5.*

4. Conformément à la même ordonnance de 1672, chap. III, art. 2, il est défendu d'aller au-devant desdites marchandises, et d'en acheter en route. *Idem, art. 6.*

5. Aux termes des lettres patentes du 11 août 1649, il est défendu d'en vendre au regrat, à peine de confiscation et d'amende. *Idem, même art.*

6. Les trains de bois à œuvrer sont fermés dans les gares et dans les ports, avec bonnes et suffisantes cordes, attachées à des pieux d'*Amarre*. Il est défendu d'embarrasser par des bois ou autrement lesdites amarres. *Idem, art. 7 et 8.*

7. Défenses de faire arriver ni garer aucun train dans les parties du port réservées pour les passages d'eau et pour les coches, et en général de gêner en aucune manière le service de la navigation et des ports. *Idem, art. 9.*

8. Le lachâge des trains de bois à œuvrer pour les ports de Paris, ne peut commencer avant le jour, et doit cesser à la nuit tombante. Les trains ou parties de trai ns sont conduits par quatre mariniers au moins

Idem, *art.* 10. Les marchands sont tenus d'avoir en propriété des bachots et des cordes de *repêche* pour le service des trains qui leur sont destinés. *Idem*, *art.* 11.

9. Les trains et bateaux de bois à œuvrer ne sont tirés et déchargés qu'aux ports à ce affectés. Les bois ne peuvent être vendus sur bateaux, ni empilés, ni vendus sur la berge, ni y rester déposés, sous quelque prétexte que ce soit. Ils sont enlevés et rentrés à fur et à mesure du tirage ou déchargement. *Idem*, *art.* 12.

10. Quiconque amène des bois à œuvrer à Paris, ou dans les communes rurales, est tenu de justifier, à toute réquisition, de lettres de voiture en bonne forme, indiquant les quantités et qualités des bois, le lieu du chargement, les noms de l'expéditeur, du marchand ou de tout autre à qui ils seraient adressés, et du marinier chargé de les conduire ; le tout conformément à l'ordonnance de 1672, chap. II, art. 8 et 9. *Idem*, *art.* 13.

11. Le conducteur d'une voiture chargée de bois à œuvrer qui entre à Paris, doit être muni d'un bulletin énonçant la quantité de pièces qu'il conduit, leur qualité et leurs dimensions, le nom du propriétaire du chantier et la destination des bois. *Idem*, *art.* 14.

12. Défenses d'amener et d'exposer en vente des bois défectueux à peine de confiscation, conformément à l'ordonnance précitée de 1672, chap. III, art. 19. *Idem*, *art.* 15.

13. Défenses de travailler dans les chantiers de bois à œuvrer à la lumière, d'y fumer, et d'y porter du feu même dans des chaudrons grillés, chaufferettes, etc. *Idem*, *art.* 16.

14. Les contraventions sont constatées par des procès-verbaux, et les délinquans sont passibles au moins des peines de simple police, comme contrevenans à un réglement de police légalement rendu. Voir *Contravention*.

BOIS DE CHARPENTE. Voir *Charpentiers.*

BOIS DE CHAUFFAGE. (Voir *Idem*, au tome IV.)

Dispositions préliminaires.

1°. *Flottage et transport des bois.*

2°. *Bâteaux et trains de bois.*

3°. *Bateaux de fagots et cotterets.*

4°. *Repêchage des bois de chauffage.*

5°. *Chantiers de bois de chauffage.*

6°. *Placement et vente des bois dans les chantiers.*

7°. *Mesurage des bois.*

8°. *Bois de menuise.*

9°. *Bois de chauffage à l'isle Louviers.*

10°. *Heures de vente des bois de chauffage.*

11°. *Vente en détail des falourdes, fagots et cotterets.*

12°. *Bois de déchirage.*

13°. *Surveillance du commerce des bois et charbons.*

14°. *Dispositions générales.*

NOTA. Toutes contraventions à celles des dispositions ci-après qui ne portent point de peine spéciale, donnent lieu aux peines de simple police. Voir *Contravention.*

Dispositions générales.

Art. 1er. Les marchands faisant commerce de bois de chauffage pour l'approvisionnement de Paris, doivent fournir à leurs bucherons, dans les forêts, des chaines et mesures pour la longueur et la grosseur des bois, et faire façonner les bois suivant les dismensions desdites chaines et mesures, à peine de confiscation. Chaque marchand doit marquer ses bois de sa marque particulière sur la surface du bout des bûches. *Ordonnance de septembre 1672, chap. XVI, art. 1 et 15.*

§. Ier. *Flottage et transport des bois.*

2. Il est permis aux marchands de bois, pour transporter leurs bois depuis les forêts jusqu'aux rivières

navigables, de passer sur les terres des particuliers, et de jeter leurs bois à flot et bois perdu, les pousser et conduire dans les rivières, canaux, étangs, même fossés des chateaux, dont les propriétaires sont tenus d'ouvrir les basses-cours et parcs ; sauf l'indemnité à payer par les marchands, à dire d'experts, pour les dégradations et autres dommages que le transport, flottage et conduite desdits bois peuvent occasionner. Les marchands font, préalablement les propriétaires duement appelés, visite des lieux où doivent passer les bois et ensuite récollement après le passage, à peine d'être tenus eux-mêmes de toutes les dégradations faites par les bois.

Pendant quarante jours, après le dernier flot passé, les marchands peuvent faire repêcher les bois dits *Canards* ou *Fondriers*, qui sont tombés au fond de l'eau, sans que les propriétaires des eaux puissent prétendre indemnité.

Ces quarante jours passés, ces derniers peuvent faire pêcher lesdits bois, aux frais des marchands à dire d'experts, et en les laissant sur les bords. Défenses à toutes personnes de s'emparer de ces bois repêchés, à peine de n'être pas remboursés des frais de repêchage, et de payer le quadruple du prix des bois enlevés.

Idem, art. 4 à 13.

3. Il est permis aux marchands d'empiler leurs bois, après le flottage, sur les terres riveraines, pour les charger en bateaux ou les mettre en trains, en payant toutefois une rétribution aux propriétaires desdites terres. *Idem, art. 14.*

NOTA. Cette indemnité était fixée autrefois à 18 deniers par corde sur les terres en prés, et 1 s. sur celles en labour.

4. Défenses expresses aux ouvriers de s'immiscer dans

le placement des bois sur les ports de la forêt ; ils ne peuvent les tirer que sur les endroits indiqués par l'inspecteur de la navigation, les commis généraux du commerce et les jurés compteurs.

Les contraventions sont constatées par des procès-verbaux, lesquels sont adressés au ministre de l'intérieur, qui statue sur l'exclusion limitée ou définitive desdits ouvriers, du travail sur les ports ; sans préjudice des poursuites judiciaires, sous le rapport de l'insubordination et de la sûreté publique. *Arrêté du ministre de l'intérieur du 16 vendémiaire an XI (8 octobre 1802), art. 1 et 2.*

5. Les marchands qui font couler leurs bois en flot particulier, ne peuvent les embarquer avant d'avoir prévenu le commis général, qui leur indique la place pour le tirage, et ils ne peuvent les placer ailleurs. *Idem, art. 3.*

6. Les flots particuliers n'ont lieu qu'avant ou après les flots de communauté. *Idem, art. 4.*

7. Il est défendu aux marchands de bois de laisser séjourner leurs bois en route plus de deux jours ; d'en décharger ou vendre en chemin, et à toutes personnes d'aller au-devant des bateaux ou voitures.

8. Les propriétaires riverains des rivières doivent laisser le long des bords, huit mètres pour le trait des chevaux, sans pouvoir y planter arbres ni haies, faire fossés ni clôture plus près que dix mètres de la rivière. *Ordonnance de septembre 1672, chap. 1, art. 3.*

9. Tous empêchemens au passage des trains ou bateaux de bois sont démolis. *Idem, art. 4.*

Les arches, garts et pertuis doivent avoir au moins huit mètres de largeur. Défenses aux meuniers et gardes de pertuis de rien prendre pour ouvrir et fermer leurs pertuis, à peine de punition corporelle, et de restitution du quadruple. *Idem, art. 5.*

§. 2. *Bateaux et trains de bois.*

10. Les bateaux et trains de bois destinés pour Paris, sont garés au-dessus de Paris, en attendant qu'il y ait place dans les ports ; ils y descendent par tour d'arrivage. *Ordonnance du préfet de police du 27 ventôse an X* (18 mars 1802), *art.* 11.

11. Les trains sont fermés avec cordes suffisantes, à des pieux solides ; on ne peut amarrer plus d'un couplage avec les mêmes cordes, à peine de 500 fr. d'amende, et de tous dépens, dommages-intérêts. Les pieux et anneaux d'amarre ne doivent être embarassés par aucuns bois. On ne peut défermer aucun train sans prévenir les marchands qui ont d'autres trains fermés sur les mêmes pieux. *Ordonnance du bureau de ville du 23 mai 1759. Ordonnance du prevôt des marchands du 13 avril 1737. Ordonnance précitée du préfet de police, art.* 12, 13, 14.

12. Le lâchage des trains pour les ports de Paris, commence au jour et finit avant le coucher du soleil.

Défense de descendre des trains par couplage. Chaque train est conduit au port par quatre mariniers au moins.

Sentences du bureau de ville des 10 *mai et* 6 *juin* 1760. *Ordonnance précitée du préfet, art.* 15 *et* 16.

13. Les bois sont tirés dans les ports ordinaires. Un marchands ne peut avoir au port plus de deux trains à la fois. *Ordonnance précitée du préfet, art.* 17.

14. Il ne peut y avoir en tout plus de deux trains et un bateau de bois au port de la rue des fossés S.-Bernard, sauf aux marchands à tirer leurs bois au-dessus du pont du Jardin du Roi. *Idem, même article.*

15. Les bois à destination particulière sont déchargés à des ports indiqués, enlevés immédiatement, et

rentrés chez les propriétaires, d'après une permission du préfet de police. *Idem, art.* 18. (Voir au tome IV *Bois de chauffage,* n°. 14.

16. Défenses de garer aucun train aux endroits réservés pour les passages d'eau, et pour les coches ; et devant la partie pavée du port de la halle aux vins, à peine de 200 fr. d'amende contre les propriétaires, et les trains sont retirés à leurs frais et risques. *Ordonnance du 30 juin 1787. Idem précitée du préfet, art.* 19. (Voir au tome IV, *Bois de chauffage,* n°. 1.)

17. Les bois sont chargés au bas de la berge. *Ordonnance du bureau de ville, du 1er. avril 1775. Idem du préfet, art.* 20.

18. Les bois ne sont point conduits ailleurs que dans les chantiers, sans une permission expresse du préfet de police. *Idem du préfet, art.* 21.

19. Défense de vendre aucuns bois sur bateaux, de les empiler ni vendre sur la berge ; ils sont enlevés au fur et à mesure de leur déchargement. *Idem, art.* 22.

§. 3. *Bateaux de fagots et Cotterets.*

20. Les fagots et cotterets destinés pour Paris, sont vendus sur bateaux :

1°. Au port des Miramiones ; il n'y est mis à la fois qu'un bateau et deux barquettes ou thoues, en *boyard.*

2°. Au port de l'École ; il n'y est mis que trois bateaux, ou quatre barquettes ou thoues ; placés en boyard.

Idem, art. 23.

21. Les bateaux sont mis à port à leur tour. Ceux arrivant du haut prennent leur rang à la Rapée, et sont garés au-dessous de la barrière de l'Hôpital. Ceux arrivant par la basse-seine prennent rang d'arrivage à la patache d'aval, et sont garés rive gauche au-dessous de la patache. *Idem, art.* 24.

22. Les propriétaires des bateaux arrivant du haut, déclarent au bureau des arrivages, pour lequel des deux ports sus-désignés leurs bateaux sont destinés ; il en est fait mention sur le passavant qui leur est délivré, sur le registe du bureau, et sur la feuille envoyée à la préfecture de police. *Idem, art.* 25.

23. Les bateaux venant du haut, destinés pour le port de l'École, n'y sont descendus qu'autant que celui des Miramiones se trouve garni. *Idem, art.* 26.

24. Tout bateau qui n'est pas conduit, à son tour, au port indiqué, perd son rang d'arrivage et n'est vendu qu'après tous ceux enregistrés. *Idem, art.* 27.

25. Un bateau de fagots ou cotterets ne peut rester en vente plus d'un mois ; après ce délai, le bois non vendu est transporté dans un chantier et le bateau retiré du port ; le tout aux frais et risques du propriétaire. *Idem, art.* 28.

§. 4. *Repêchage des bois de chauffage.*

26. Dans le cas de débordemens qui entraineraient des bois de chauffage destinés à l'approvisionnement de Paris, les marchands et propriétaires de ces bois peuvent les faire reprendre et enlever partout où ils se trouvent, francs et quittes de tous dommages-intérêts et indemnités pour raison des dégâts qu'auraient pu occasionner lesdits bois, attendu l'événement de force majeure. Défenses à toutes personnes d'emporter et cacher lesdits bois ; ceux qui en auraient recueillis sont tenus d'en faire la déclaration aux autorités locales, à peine d'être poursuivis par voie criminelle ou correctionnelle. *Arrêté du gouvernement du 7 floréal an IX* (27 avril 1801), *art.* 1, 2, 4.

27. Les préfets sont chargés de faire constater lesdits événemens de force majeure, et d'assurer l'exécution des dispositions de l'article précédent. Les contestations y relatives sont réglées administrativement. *Idem, art.* 5.

28. Le repêchage des bois de chauffage dans le département de la Seine, et dans les communes de Sèvres, Meudon, et S.-Cloud, département de Seine et Oise, ne peut être fait que par des préposés nommés et commissionnés par le préfet de police, sur la présentation du commerce des bois. Les commissions ne sont valables que pour un an. En cas de révocation ou démission, les commissions sont remises à l'agent-général du commerce. *Ordonnance du préfet de police du* 1er. *avril* 1813, *art.* 1 *et* 2.

Le service de ces préposés est réglé par le commerce; leur salaire est fixé de gré à gré par le commerce; ils ne peuvent s'approprier aucuns bois repêchés. *Idem, art.* 4, 5, 6.

Défenses à toutes autres personnes de repêcher des bois, d'acheter ou cacher ceux repêchés; à peine, dans ces deux derniers cas, d'être poursuivis comme voleurs. *Idem, art.* 7. *Ordonnance du* 18 *avril* 1758.

Néanmoins en cas de naufrage, il est permis à toutes personnes de repêcher des bois et tous autres objets, mais avec injonction d'en faire la déclaration dans les vingt-quatre heures à l'officier de police le plus voisin, ou à un inspecteur de la navigation. Ceux qui s'attribuent, cachent ou vendent des objets repêchés, sont, ainsi que les acheteurs et receleurs, poursuivis suivant la rigueur des lois. *Même ordonnance du préfet, art.* 8. *Ordonnances des* 4 *janvier* 1741 *et* 25 *février* 1784. Voir l'article 26 ci-dessus. (Voir aussi au tome IV, *Bois de chauffage,* n°. 2.)

Voir aussi *Epave.*

§. 5. *Chantiers de Bois de chauffage.*

29. Les bois de chauffage pour l'approvisionnement de Paris, sont déposés dans les chantiers. *Ordonnance*

précitée du préfet de police, du 27 ventôse an X, art. 1er.

30. Quiconque fait arriver des bois à Paris, doit représenter au bureau des arrivages, des lettres de voiture en bonne forme, indiquant la quantité et la qualité des bois, l'époque du départ, les noms de l'envoyeur, de celui à qui ils sont adressés, et du marinier qui les conduit. *Ordonnance de 1672, chap. 2, art. 8 et 9. Ordonnance du bureau de ville, du 23 décembre 1737, art. 11. Idem, du préfet de police, précitée, du 27 ventôse an X, art. 36.*

31. Les chantiers sont établis à Paris, hors des anciennes limites de Paris, et autant que possible à proximité de la rivière. Ils sont partagés en cinq arrondissemens :

Le 1er. dit *S.-Antoine*, limité par le port de la Rapée depuis la barrière, par la rue des Fossés S.-Antoine à droite, et la rue du Faubourg du Temple à droite jusqu'à la barrière.

Le 2e. dit *S.-Bernard*, limité par le quai S.-Bernard depuis la barrière jusqu'à la rue des Fossés S.-Bernard, par cette rue à gauche, et par la gauche des rues S.-Victor, du Jardin du Roi et du Marché aux Chevaux, jusqu'à la barrière des Deux Moulins.

Le 3e. dit l'*Isle Louviers*, comprend cette isle.

Le 4e. dit *S.-Honoré*, limité par la route de Versailles, depuis la barrière jusqu'à la place Louis XV, et par la gauche de cette place, du boulevard et des rues Caumartin, Thiroux, Neuve Sainte-Croix, S.-Lazare et de Clichy, jusqu'à la barrière.

Le 5e. dit *Lagrenouillère*, limité par la Seine, depuis la barrière de la Cunette, jusqu'à l'esplanade des Invalides, par l'esplanade et le boulevard à droite jusqu'à la barrière du Maine.

On ne peut établir des chantiers de bois de chauffage hors de ces arrondissemens.

Ordonnance précitée du préfet de police du 27 nivôse an X, art. 2, 3, 4.

32. Aucun chantier n'est établi qu'avec une permission du préfet de police, d'après le plan figuré du local, de ses dimensions, tenans et aboutissans, et une enquête sur le *commodo* et *incommodo*, faite par le commissaire de police du quartier.

Les chantiers ne peuvent être établis que sur des terrains isolés de maisons, assez étendus pour y ranger les bois en piles séparées suivant les qualités, et pour que la dessication des bois flottés puisse se faire sans inconvénient.

Idem, art. 7, 8 et 9.

(Voir, au tome IV, *Bois de chauffage*, nos. 3, 4, 5, 6 et 7.

§. VI. *Placement et vente des bois dans les chantiers.*

(Voir, au tome IV, *Bois de chauffage*, no. 11).

33. Les bois sont placés dans les chantiers à huit mètres de distance de tous bâtimens, rues, ruelles, ou passages publics, et à quatre mètres de toutes autres clôtures, avec défenses de rien déposer dans ces espaces, et d'en faire usage en tout ou partie, à peine de 500 fr. d'amende, et de confiscation des objets y déposés. *Idem, art. 29. Ordonnance de police du 13 avril 1744.*

Toutefois, l'on tolère dans ces distances deux piles de bois ; l'une de trois mètres, l'autre de six mètres de hauteur, environ, qui soutiennent la pile d'aile ou de clôture.

34. Les bois sont empilés solidement avec *grenons* de deux longueurs de bûche à chaque encoignure.

Les théâtres et piles n'ont pas plus de dix mètres et demi de hauteur, à peine de confiscation.

Arrêt du 24 juillet 1725, art. 7 et 8.

Les théâtres sont faits d'aplomb ; les roseaux sont liés

avec les piles par des perches et des bûches qui y sont entrelacées, et forment des espèces de grilles. *Sentence du bureau de la Ville du 15 octobre 1737. Ordonnance précitée du préfet, art. 31 et 32.*

35. Les différentes qualités de bois sont empilées séparément à un mètre de distance. La vente des bois de différentes qualités ne peut se faire du même côté. On observe un mètre de distance entre les piles de même bois appartenant à divers marchands. *Arrêt précité du 24 juillet 1725, art. 7 et 8. Ordonnance précitée du préfet, art. 33.*

Sous aucun prétexte les bois dits *de Sens* ne sont empilés avec du bois neuf. *Même ordonnance, art. 34 (1).*

36. Un écriteau apparent placé à chaque pile indique la qualité du bois, à peine de 500 francs d'amende. *Arrêt du 30 décembre 1785. Ordonnance précitée du préfet, art. 35.*

37. Les théâtres et piles sont abattus avec précautions, sans réserver les piles d'ailes, qui doivent être abattues et vendues au fur et à mesure de la vente des théâtres. *Même ordonnance du préfet, art. 55.*

38. Tout marchand de bois remet chaque jour une note du mouvement de son chantier, désignant la qualité et quantité des bois entrés et sortis. *Idem, art. 37.*

39. Défenses de fendre aucune bûche n'ayant pas plus de cinq décimètres de circonférence; néanmoins le bois de bouleau peut être fendu, en cas de nécessité,

---

(1) On distingue le bois de chauffage par *bois neuf* et *bois flotté.*

Le bois neuf vient par bateau ou par terre; le bois flotté vient par trains, à flot sur l'eau.

Il y a dans le bois flotté celui qu'on nomme *de gravier* qui est d'un meilleur usé; c'est celui qui vient sur les montagnes et dans les terres sèches.

Le chêne, le hêtre et le charme sont les bois employés le plus communément au chauffage.

pour sa conservation ; et d'après une permission du préfet de police. *Déclaration du 8 juillet 1784, art.* 7 ; *Ordonnance précitée du préfet, art.* 38.

40. Défenses de trier des piles le bois *de Raye*, sous prétexte de le réserver pour les charrons, tourneurs et autres ouvriers, à peine de 3000 fr. d'amende. *Ordonnance de police du 23 août 1785. Idem précitée du préfet, art.* 39.

41. Défenses de fumer dans les chantiers, d'y porter du feu, même dans des chaudrons grillés, d'y entrer de nuit avec une lumière sans lanterne. *Idem du préfet, art.* 40.

42. Le bois flotté n'est vendu qu'après quarante jours de dépôt dans le chantier, à moins qu'il ne soit suffisamment ressuyé, et avec permission du préfet de police. *Idem, art.* 41. (Voir, au tome IV, *Bois de chauffage, nos.* 9 *et* 11.)

43. Aucun bois n'est conduit d'un chantier dans un autre, à moins que les deux chantiers n'appartiennent au même marchand, et qu'il ne se fasse point de vente dans le chantier d'où l'on veut faire sortir du bois. *Idem, art.* 42.

44. Dans les cas de contravention quelconque dans un chantier, le commissaire de police doit non-seulement la constater, mais la faire cesser à l'instant aux frais du marchand de bois. *Décision du préfet de police du 30 floréal an X* (20 mai 1802).

§. VII. *Mesurage des bois.*

45. Les bois ne sont point enlevés d'un chantier sans mesurage préalable, à moins d'une permission du préfet de police. *Ordonnance précitée du préfet, art.* 43. (Voir, au tome IV, *Bois de chauffage, nos.* 10 *et* 11.)

Le mesurage ne se fait qu'avec le stère et le double-stère, étalonnés et poinçonnés. Il se fait avec le double stère, à moins de nécessité, ou de demande du stère par l'acheteur. *Idem, art.* 44 *et* 45 (1).

46. Il y a à chaque vente un double-stère dans chaque chantier; il n'y a que deux stères simples. *Idem, art.* 46.

47. Il y a à chaque mesure deux sous-traits de bois carrés, de la longueur de l'intérieur de la mesure, de la même épaisseur que la sole ou fond de la membrure, étalonnés et poinçonnés. *Idem, art.* 47.

48. La membrure et les sous-traits sont posés sur un terrain égal, sans cales dessous. *Idem, art.* 48. *Ordonnance du bureau de la Ville du 6 juillet* 1784, *art.* 9.

49. Le bois est mesuré en présence de l'acheteur et pendant les heures de vente. Les marchands fournissent à leurs frais les mesures et les cordeurs. *Ordonnance précitée du préfet, art.* 49 *et* 50.

Il n'est mis dans la membrure que les bois de la longueur requise, et de seize centimètres au moins (6 pouces) de circonférence. *Déclaration précitée du 8 juillet* 1784, *art.* 7. *Ordonnance précitée du préfet, art.* 51.

50. Le mesurage est surveillé par des préposés *ad hoc*.

---

(1) Le double stère remplace ce qu'on nommait *la voie*, et le stère la *demi-voie*.

La membrure dite *stère*, ou mètre cube, a un mètre de haut, et un mètre de largeur ou de couche. Le double stère a la même hauteur sur deux mètres de couche. Les bûches doivent avoir un mètre de longueur; mais jusqu'ici on a conservé au bois son ancienne longueur, qui est d'un mètre quatorze centimètres (trois pieds et demi); et pour remplacer cet excédent de longueur, le stère et le double stère n'ont provisoirement que quatre-vingt-huit centimètres de haut au lieu d'un mètre.

Le double stère contient un vingt-cinquième plus que la voie, il doit contenir environ cent bûches.

Les stères et doubles-stères sont vérifiés et poinçonnés. Voir *Poids et Mesures.*

Ils doivent le faire rectifier ou le rectifier eux-mêmes ; ils empêchent de mettre dans la membrure des bois tellement tortus que la mesure en soit trop diminuée. Le marchand doit se conformer à cet égard à ce qui est prescrit par le préposé. *Ordonnance précitée du préfet, art.* 56.

Voir aussi *Poids et mesures.*

§. VIII. *Des bois de menuise, et des bois coursins, tortillards et défectueux.* (Voir, au tome IV, *Bois de chauffage, nº.* 11.)

51. Les bois de moins de seize centimètres de circonférence sont réputés *menuise;* ils doivent être empilés et vendus séparément, ou convertis en fagots ou cotterets. *Ordonnance de* 1672, *chapitre VII, art.* 2. *Idem précitée du préfet, art.* 52.

52. Les perches et étoffes de trains doivent être converties en falourdes. *Même ordonnance du préfet, article* 53.

53. Les marchands ne peuvent refuser de vendre en détail les fagots de bois de menuise et les falourdes, à peine de 50 francs d'amende. Les préposés au mesurage y tiennent la main. *Arrêt précité du* 24 *juillet* 1725, *art.* 6. *Ordonnance précitée du préfet, art.* 54.

54. Les marchands de bois pour le compte desquels il arrive des bois coursins, tortillards ou défectueux, sont tenus d'en faire la déclaration à la préfecture de police, dans le jour de l'arrivée desdits bois. *Arrêté du préfet de police du* 29 *septembre* 1810, *art.* 1er.

Lesdits bois sont empilés séparément des autres, et les piles assez éloignées pour qu'ils ne puissent se confondre ni mélanger avec les autres bois. *Idem, art.* 2.

Sur les piles de bois coursins, il est placé un écriteau portant : *Bois qui n'ont pas les dimensions prescrites par les ordonnances. Idem, art.* 3.

Sur les piles de bois tortillards, il est mis un écriteau portant : *Bois défectueux*. *Idem*, *art.* 4.

Les contraventions sont constatées par des procès-verbaux qui sont adressés au préfet de police. *Idem*, *art.* 5. Les délinquans sont traduits au tribunal de police.

55. Les dispositions des articles 51 , 52 , 53 et 54 ci-dessus s'appliquent aussi aux bois dits *de Faix*, que les marchands de bois pourraient faire venir. *Ordonnance du préfet de police du 28 août 1813.*

§. IX. *Bois de chauffage à l'isle Louviers*, *à Paris.*

(Voir, au tome IV, *Bois de chauffage*, *n°*. 8 *et* 11.)

56. L'isle Louviers est exclusivement affectée au dépôt et à la vente du bois neuf ; défenses d'y déposer aucuns bois arrivés par terre, ou qui auraient été déchargés ailleurs que sur les ports de l'isle ; sont exceptés ceux amenés de la Basse-Seine par les marchands forains. *Ordonnance du préfet de police du 4 mai 1812*, *art.* 1 *et* 2.

57. Les marchands de bois qui ont obtenu des places dans l'isle Louviers , ne peuvent avoir de chantiers ailleurs. *Idem*, *art.* 3. Ils sont tenus de se pourvoir de permissions à la préfecture de police. *Idem* . *art.* 4.

58. L'isle Louviers est partagée en massifs numérotés. Il est réservé trois massifs, au moins, entiers , pour le dépôt et la vente des bois des marchands forains. Les pointes de l'isle sont affectées au déchargement des bateaux en danger, ou de ceux qu'il est nécessaire d'alléger. *Idem*, *art.* 5.

59. Avant le 1er. avril de chaque année, les marchands de bois, occupant des places dans l'isle, doivent justifier qu'ils sont en état de les garnir pendant un an. *Idem*, *art.* 7. Au 1er. septembre, les places doivent être suffisamment garnies ; faute de quoi elles sont ac-

cordées à d'autres marchands, à moins d'empêchement de force majeure à l'arrivage des bois, dont il doit être justifié. *Idem*, *art.* 8.

60. La vente des bois, à l'isle Louvier, est ouverte sans interruption, de six heures du matin à quatre heures du soir, du 1er. avril au 31 octobre, et de huit heures du matin à quatre heures du soir, depuis le 1er. novembre jusqu'au 1er. avril. *Idem*, *art.* 9.

61. Défenses aux marchands d'occuper des places dans l'isle sous des noms interposés, et à toute personne de prêter son nom à cet effet, sous peine, contre les uns et les autres, de l'amende de 500 francs portée par l'ordonnance du Bureau de la Ville du 23 décembre 1757, art. 8. *Idem*, *art.* 10.

Ils sont tenus de mettre à leur place un tableau apparent portant leur nom et le numéro de la place. *Idem*, *art.* 13.

Défenses aux marchands de déposer ou vendre des bois qui ne leur appartiendraient pas. *Idem*, *art.* 11.

62. Les marchands forains qui veulent déposer des bois à l'isle Louviers, doivent se pourvoir d'une permission. Il leur est accordé sur les places à eux réservées, un terrain proportionné à la quantité de bois par eux amenée; à la charge de justifier de l'achat des bois dans les ventes, d'être porteurs de lettres de voiture en bonne forme, énonciatives de la quantité de bois amenés, et de faire transporter la totalité à l'isle Louviers.

Ils ne peuvent déposer sur leurs places que les bois mentionnés dans leurs permissions, à moins d'une nouvelle autorisation.

Faute d'avoir vente ouverte et permanente à leurs places, leur permission est annullée et la place évacuée.

Ils mettent à leurs places une inscription portant : *Marchands forains.*

Idem, *art.* 12.

63. Défenses de placer des bois sur les berges et dans

les rues et ruelles, même sous prétexte de montre. Il est laissé un espace vide d'un mètre au moins en tout sens autour des pieux d'amarre. *Idem*, *art.* 14.

64. Les bois sont empilés solidement avec grenons de deux longueurs de bûches à chaque encoignure. Les théâtres sont faits d'aplomb; de deux en deux mètres les roseaux sont liés avec le corps des piles au moyen de perches et de bûches qui sont entrelacées, et forment des espèces de grilles. *Idem*, *art.* 16.

La hauteur des théâtres est calculée sur les dimensions de la base, sans pouvoir excéder seize mètres (50 pieds environ). *Idem*, *art.* 17.

Faute de solidité dans la construction des théâtres, l'inspecteur général de la navigation et des ports fait suspendre l'empilage, et en rend compte au préfet de police. *Idem*, *art.* 18.

65. Les marchands sont tenus d'établir leur vente, et de placer la montre, les membrures et les sous-traits de manière que la voie publique ne soit point embarrassée. *Idem*, *art.* 19.

66. Il est défendu :

1°. De sortir des bois de l'isle Louviers pour les conduire dans d'autres chantiers. *Idem*, *art.* 21.

2°. De faire passer aucune voiture sur les chemins réservés au bord de la rivière. *Idem*, *art.* 22.

3°. De charger les voitures au-dessus des ridelles, lesquelles ne peuvent, dans aucun cas, être suppléées ni sur-élevées par des bûches ou piquets placés perpendiculairement pour retenir le chargement. *Idem*, *article* 23.

4°. Aux voituriers d'entrer dans l'isle avec leurs voitures sans y être appelés par les marchands ou les acheteurs, et d'y rester plus que le temps nécessaire pour le chargement. *Idem*, *art.* 24.

5°. De fumer dans l'isle, d'y porter du feu, même

dans des chaudrons grillés ; d'y porter de la lumière sans lanterne fermée. *Idem, art.* 15.

67. Les marchands qui ont obtenu des places dans l'isle, font, à frais communs, balayer les rues et ruelles et enlever les boues. *Idem, art.* 26.

68. Il ne peut être formé que deux rangs de bateaux, ou quatre rangs de toues, le long des berges de la grande rivière à l'isle Louviers, et un seul rang de bateaux ou deux de toues, au-dessous de la grande estacade, ainsi que dans le bras du Mail. Dans les basses eaux, il n'est laissé qu'un seul rang de bateaux et de toues, dans le bras du Mail et au-dessous de la grande estacade. Les bateaux sont placés à la suite les uns des autres. *Idem, art.* 28.

69. Les marchands de bois à l'isle Louviers se conforment aux dispositions des paragraphes précédens, qui leur sont applicables, en ce qui concerne l'arrivée, le dépôt et la vente des bois de chauffage dans Paris. *Idem, art.* 28.

70. Les contraventions sont constatées par des procès-verbaux qui sont transmis au préfet de police. Il est pris envers les contrevenans telles mesures de police administrative qu'il appartient, sans préjudice des poursuites devant les tribunaux. *Idem, art.* 29 *et* 30.

§. X. *Heures de vente des bois de chauffage.*

71. La vente du bois de chauffage dans les chantiers et à l'isle Louviers, à lieu tous les jours, excepté les dimanches et les fêtes légales, savoir :

Du 1er. avril au 31 octobre, de six heures du matin à quatre heures du soir;

Du 1er. novembre au 28 février, de huit heures du matin à quatre heures du soir;

Du 1er. au 31 mars, de sept heures du matin à quatre du soir.

Ordonnance du préfet de police du 25 *mars* 1819.

§. XI. *Vente au détail des falourdes, fagots et cotrets.*

(Voir, au tome IV, *Bois de chauffage*, n°. 15, 16 et 17.)

72. Il faut une permission du préfet de police pour vendre au détail des falourdes, fagots et cotrets, ailleurs que dans les chantiers et sur bateau. *Ordonnance du préfet de police du 21 ventose an XI* (12 mars 1803), *art. 1er.*

La permission n'est accordée qu'après que le commissaire de police du quartier a certifié, vérification faite des localités, qu'il n'y a aucun danger pour le feu.

73. Les regratiers ne peuvent avoir chez eux plus de seize stères de bois, y compris leur consommation particulière, à peine de 300 francs d'amende. *Ordonnance du 29 septembre 1784, art. 5.* Ils ne peuvent vendre qu'à la falourde.

Ordonnance précitée du préfet de police du 21 ventose an XI, art. 3 et 4.

74. Les falourdes de bois de corde sont composées ou de bois blanc, ou de bois dur neuf ou flotté, sans pouvoir y mêler ces différentes sortes de bois. Elles doivent avoir quatre-vingt centimètres (2 pieds 1/2) de circonférence, et cinquante-cinq à cinquante-huit centimètres de longueur ; le tout à peine de 100 francs d'amende. *Ordonnance précitée du 29 septembre 1784, art. 2.* Voir *Marchands*, art. 4.

Les falourdes de perches doivent avoir un mètre quatorze centimètres de longueur, sur un mètre de circonférence, à peine de 500 fr. d'amende. *Idem, art. 5. Ordonnance précitée du préfet, art. 5, 6, 7.* Voir *Idem.*

75. Les fagots de menuise ont la même longueur que les falourdes de perches, sur soixante-dix centimètres de grosseur. *Ordonnance précitée du 29 septembre 1784, art. 5.* Voir *Idem.*

Les fagots de bois taillis doivent avoir la même longueur sur quatre-vingts centimètres de circonférence, être garnis de leurs paremens, et remplis en dedans de bois et non de feuilles. *Arrêt du 10 juin 1635, art. 2. Même ordonnance du préfet, art. 8 et 9. Voir Idem.*

76. Les couvets doivent avoir soixante-six centimètres de long, sur cinquante centimètres de circonférence, à peine de confiscation. *Arrêt du 10 juin 1633, art. 2. Ordonnance du 2 juillet 1741, art. 5. Même ordonnance du préfet, art. 10. Voir Idem.*

77. Les marchands de bois et regratiers ont une chaîne graduée suivant les dimensions ci-dessus, vérifiée et poinçonnée. Elle a un mètre de long et est divisée en trois parties : la première, de quatre-vingts centimètres ; la seconde, de soixante-dix ; la troisième, de cinquante ; les chaînons ont un centimètre de longueur. Les demi-décimètres sont distingués par un chaînon jaune. Il est adapté à la chaîne, des petits anneaux pendans, correspondant aux divisions prescrites ; ces anneaux sont applatis pour recevoir le poinçon.

Au bout de la chaîne que les marchands tenant chantier doivent avoir, il y a deux anneaux de cuivre, dont l'un a intérieurement cinquante-six centimètres de circonférence, et sert à vérifier les bois réputés menuise, qui ne doivent pas être mis dans la membrure.

Même ordonnance du préfet, art. 11.

78. Défenses aux regratiers de vendre d'autres bois à brûler, et dans d'autres dimensions que ceux et celles ci-dessus désignés, à peine de 500 francs d'amende. *Ordonnance précitée du 29 septembre 1784, art. 6 ; (Voir Marchands, art. 4)*; comme aussi d'avoir du feu dans les endroits ou sont leurs bois, et d'y entrer avec une lumière sans lanterne.

Idem, art. 12, 13 et 14.

79. Défenses de vendre et colporter dans les rues au

eune espèce de bois de chauffage, spécialement aucune falourde, fagot ou cotret, à peine de confiscation et de 100 francs d'amende. *Ordonnance du 13 novembre 1787. Même ordonnance du préfet du 21 ventose an XI, art. 15.*

Les contrevenans doivent être arrêtés, leurs marchandises saisies et conduites sous bonne escorte, par le colporteur lui-même, à l'isle Louviers, pour y être consignées sous la surveillance de l'inspecteur de l'isle; le transport étant justifié, le contrevenant peut être renvoyé libre avec son cheval et sa voiture. Il est dressé du tout procès-verbal par le commissaire de police du lieu de la contravention, indiquant les noms, profession et demeure du colporteur, pour y être donné suite par voie de police correctionnelle. *Décision de M. le préfet de police du 26 mai 1817.*

Toutefois lorsqu'un individu est trouvé en contravention pour la première fois, et qu'il est constaté que les falourdes, fagots ou cotrets ont les dimensions prescrites, la marchandise est toujours envoyée à l'isle Louviers, mais le procès-verbal peut être renvoyé au tribunal de simple police, pour le fait seul de contravention à un réglement de police. (Voir *Contraventions.*) Si au contraire l'individu a déjà été trouvé en contravention, ou si la marchandise saisie n'a pas les qualités et dimensions prescrites par les articles 74, 75 et 76 ci-dessus; il y a plus que contravention, il y a délit, soit par le fait du marchand en gros, soit par le fait du colporteur; alors il y a lieu à suivre correctionnellement, pour être appliquées, les peines portées en l'article 78 ci-dessus. *Circulaire de M. le Préfet de police du 15 juillet 1818.*

(Voir, au tome IV, *Bois de chauffage*, no. 18.)

§. XII. *Bois de déchirage.*

80. Pour tenir un chantier de bois de déchirage, il faut une permission de la police. Le requérant présente à cet effet une pétition, en y joignant un plan figuré du local, de ses dimensions, tenans et aboutissans. *Ordonnance du préfet de police du 1er. octobre 1813.* Voir *Navigation*, art. 44 et 66. (Voir, au tome IV, *Bateaux*, n°. 2.)

§. XIII. *Surveillance du commerce des bois et charbons.*

81. Dans le département de la Seine, la surveillance du commerce des bois et des charbons est exercée par des *préposés au recensement et mesurage des bois et charbons*, chargés de faire exécuter les lois et réglemens sur la vente de ces denrées, savoir :

  1 Contrôleur général ;

  2 Contrôleurs ambulans, l'un pour Paris, l'autre pour les communes rurales;

  5 Inspecteurs;

 24 Préposés.
_____

32.
_____

Ils sont tous à la nomination du préfet de police. *Instruction du préfet de police, du 9 frimaire an XIV* (30 novembre 1805), *art. 1 et 2.*

82. Chacun des cinq arrondissemens désignés en l'article 51 ci-dessus, est surveillé par un inspecteur, et le nombre de préposés jugés nécessaire par le contrôleur général, suivant le nombre des chantiers et des places de vente de charbon. *Idem*, art. 3.

83. Le bureau général du recensement et mesurage des bois et charbons, est à l'isle Louviers. Il y a dans chacun des cinq arrondissemens un bureau d'inspection. *Idem*, art. 4 et 5.

Le contrôleur général, les inspecteurs et les préposés se rendent à leurs bureaux respectifs tous les jours avant l'ouverture des chantiers, ports et places de vente. *Idem*, *art.* 6.

84. Le contrôleur général reçoit les plaintes du public et des marchands, les rapports et notes des contrôleurs ambulans et des inspecteurs, et les états journaliers de situation. Il transmet au préfet de police tous les renseignemens et observations utiles sur le commerce des bois et charbon. *Idem*, *art.* 7 *et* 8.

85. En cas d'incendie, éboulement de théâtres et autres événemens extraordinaires dans les chantiers et places de vente, il ordonne provisoirement les mesures nécessaires, de concert avec le commissaire de police le plus voisin, et rend compte de suite au préfet. *Idem*, *art.* 9.

86. Il donne les ordres aux inspecteurs, inspecte lui-même les cinq arrondissemens, et les ports et places de vente. Il tient registre des arrivages, ventes et restans de bois, charbons et autres combustibles, dans les chantiers, ports et places de vente, et en adresse chaque jour un état au préfet de police. En cas d'absence ou de maladie, il est remplacé par le contrôleur ambulant. *Idem*, *art.* 10 à 13.

87. Le contrôleur ambulant remplit les fonctions d'inspecteur à l'isle Louviers. Il inspecte les autres arrondissemens, surveille les inspecteurs et préposés, et rend compte au contrôleur général. *Idem*, *art.* 14 *et* 15.

88. Les inspecteurs donnent les ordres aux préposés tous les matins dans les bureaux d'inspection, leur remettent les mesures et chaînettes, et leur font signer la feuille de présence.

Ils inspectent chaque jour les chantiers de leurs arrondissemens respectifs, et rendent compte au contrôleur général.

Ils tiennent note de l'entrée, de la sortie, et du restant des bois et charbons, dans les chantiers, ports et places de vente, et en adressent l'état au contrôleur général.

Ils se font remettre le soir à leurs bureaux par les préposés les mesures et chaînettes, et leur font signer la feuille de présence.

Idem, art. 16 à 20.

89. Les préposés rendent compte chaque jour de leur surveillance, aux inspecteurs, et leur remettent les notes des arrivages et ventes.

Ils parcourent alternativement les chantiers et les places de ventes de charbon, confiés à leur surveillance, vérifient les mesures, ainsi que la dimension des falourdes, fagots et cotrets.

Ils vérifient le mesurage du bois et du charbon, sur la réquisition des acheteurs.

Ils visent les lettres de voiture dont doivent être porteurs les conducteurs de charbon aux places de vente.

Ils font exécuter les réglemens concernant le commerce du charbon. Voir *Charbon*.

Ils se transportent, sur l'ordre du contrôleur-général, pour vérifier les livraisons de bois de chauffage faites aux administrations et établissemens publics.

Idem, art. 24 à 29.

§. XIV. *Dispositions générales.*

90. Les inspecteurs et préposés doivent, pendant leur service, être revêtus de leur costume, et porteurs de leurs mesures, et de leurs commissions et instructions. Ils doivent se conduire avec honnêteté, fermeté et modération.

Idem, art. 30 et 31.

91. Ils peuvent régler les simples différends entre les consommateurs et les marchands, les charretiers, ou-

vriers et autres, et les concilier par tous les moyens possibles. *Idem, art. 31.*

92. En cas d'insultes, ménaces, ou voies de fait envers les inspecteurs ou préposés, de la part des marchands, charretiers, ouvriers et autres, ils requièrent la force armée et font conduire les délinquans devant le commissaire de police, en s'assurant des noms des témoins. Ils en rendent compte au contrôleur-général. *Idem, art. 32.*

93. Ils ne peuvent faire le commerce de bois, ni de charbon. *Idem, art. 33.*

94. En cas d'empêchement légitime de faire leur service, ils en préviennent le contrôleur-général, pour être pourvu à leur remplacement. *Idem, art. 34.*

95. On ne peut sortir de Paris, aucuns bois de chauffage, ni en décharger hors de Paris, dans le ressort de la Préfecture de Police, sans une permission du préfet de police. (Voir aussi au tome IV, *Bois de chauffage*, n°. 12 et 13.)

Voituriers et charretiers employés au service des chantiers. Voir *Charrettes.*

BOIS ET FORÊTS.

NOTA, Une ordonnance du Roi du 24 août 1816, art. 22, maintient dans toute leur vigueur les lois et réglemens qui concernent la conservation générale des bois et forêts.

1°. *Police administratives des bois et forêts.*

2°. *Gardes forestiers.*

3°. *Défrichemens des bois.*

4°. *Martelage des bois propres à la marine.*

5°. *Bois de Bourdaine pour la poudre à canon.*

6°. *Délits forestiers.*

7°. *Poursuite des délits forestiers.*

8°. *Attributions des agens supérieurs pour la poursuite des délits.*

§. Ier. *Police administrative. des bois et forêts.*

Art. 1er. Les bois et forêts, tant ceux nationaux que ceux individis entre le gouvernement et des communautés ; ceux appartenant à des communautés d'habitans, à des maisons de charité ou d'éducation, à des établissemens de main morte étrangers, sont régis par une administration forestière créée par la loi du 16 nivôse an IX (6 décembre 1800), et composée des conservateurs, des inspecteurs et sous-inspecteurs, des gardes généraux et particuliers, et des arpenteurs. *Lois du 29 septembre 1791 , titre Ier. et du 16 nivose an IX* (6 décembre 1800).

A l'égard des bois affectés aux majorats, l'administration forestière se borne à veiller à ce que le titulaire d'un majorat jouisse en bon père de famille, sans dégrader ; à constater les dégradations, et les anticipations de coupes, et à en informer le procureur-général du conseil du sceau des titres. *Avis du conseil d'Etat, du 5 août 1809.*

Nota, L'adminisiration des forêts est réunie à celle de l'enregistrement et des domaines. *Ordonnance du Roi du 17 mai 1817.*

Les conservateurs des forêts sont réduits à six. Les chefs-lieux des six conservations sont : Paris, Rouen, Laon, Nancy, Colmar, Dijon. *Idem , du 4 juin 1817.*

2. Nul agent forestier ne peut tenir auberge, vendre des boissons en détail , faire le commerce de bois, exercer ni faire exercer aucun métier à bois ; à peine de destitution, 50 fr. d'amende, et confiscation des bois. *Ordonnance des eaux et forêts de 1669, tit. XXVII , art. 31. Loi précitée du 29 septembre 1791, tit. III, art. 14.*

3. Nul propriétaire ou fermier de forges, fourneaux, verreries et usines à feu, aucun associé ou caution des baux de ces usines, ne peut exercer de place dans l'administration forestière. *Loi précitée, tit. III, art. 15.*

4. Les corps administratifs et les municipalités veillent à la conservation des bois ; ils fournissent main-forte sur la réquisition des agens forestiers, à peine, en cas de refus illégitime, d'être responsables du dommage souffert. *Idem, tit. VIII, art.* 1er. *et tit. XIV, art.* 9.

5. Les inspecteurs sont responsables de leurs faits personnels, et des négligences et contraventions des gardes, qu'ils n'ont pas constatées. *Idem, tit. VIII, art.* 3 *et* 4.

6. Les conservateurs sont responsables de leurs faits personnels, et de ceux des inspecteurs, qu'ils n'ont pas constatés. *Idem, art.* 5 *et* 6.

7. Les administrateurs sont responsables de leurs faits personnels, et spécialement de toute négligence à faire exécuter les lois forestières. *Idem, art.* 7.

8. Les arpenteurs supportent à leur charge toute erreur de mesure excédant un demi-hectare sur vingt hectares. *Idem, art.* 8.

§. II. *Gardes forestiers.*

Voir *Gardes champêtres et forestiers.*

§. III. *Défrichemens des bois.*

9. Pendant vingt-cinq ans, à partir du mois de mai 1803, (jusqu'en mai 1828), aucun bois ne peut être arraché ni défriché, que six mois après la déclaration qui en aura été faite par le propriétaire devant le conservateur forestier de l'arrondissement. *Loi du* 9 *floréal au XI* (29 avril 1803), *art.* 1er.

10. Pendant ce délai de six mois l'administration forestière peut faire mettre opposition au défrichement du bois, à la charge d'en référer, avant l'expiration du délai, au ministre des finances, sur le rapport duquel le gouvernement statue dans le même délai. *Idem, art.* 2.

11. En cas de contravention le propriétaire est condamné par le tribunal compétent, sur la requisition du conservateur de l'arrondissement, et à la diligence du procureur du Roi ; 1°. à remettre une égale quantité de terrain en nature de bois ; 2°. à une amende de 50 fr. au moins, et du vingtième de la valeur du bois arraché. *Idem*, *art.* 3.

12. Faute par le propriétaire d'effectuer la plantation ou le semis dans le délai fixé, après le jugement, par le conservateur, il y est pourvu à ses frais par l'administration forestière. *Idem*, *art.* 4.

13. Sont exceptés des dispositions ci-dessus les bois non clos, d'une étendue de moins de deux hectares, qui ne seraient pas situés sur le sommet ou la pente d'une montage, et les parcs et jardins clos de murs, haies ou fossés, tenant à l'habitation principale. *Idem*, *art.* 5.

14. Les semis ou plantations de bois des particuliers ne sont soumis qu'après vingt ans aux dispositions de l'article 9 ci-dessus et suivans. *Idem*, *art.* 6.

15. Les ingénieurs ou agens maritimes sont chargés, sous le rapport des intérêts de la marine royale, de veiller concurremment avec les agens de l'administration forestière, à l'exécution des dispositions des six articles précédens. *Ordonnance du Roi, du 28 août 1816, art.* 17.

§. IV. *Martelage des bois propres à la marine.*

(Voir le *Nota* à la suite du présent paragraphe).

16. Conformément au titre XXI de l'ordonnance de 1669, il n'est fait aucune coupe extraordinaire pour le service de la marine, ni dans les forêts royales, ni dans les bois communaux ou autres, quels qu'ils soient. *Ordonnance du Roi précitée, art.* 1er.

17. Tous les bois des coupes ordinaires dans les forêts royales ou communales, et ceux des établissemens

publics, à quelque distance qu'ils soient des rivières ou de la mer, sont susceptibles d'être martelés (marqués) pour le service de la marine; s'ils ont les dimensions propres aux constructions navales. *Idem, art.* 2 et 3.

Contrefaçon des marteaux destinés aux marques forestières. Voir *Faux.*

18. Les adjudicataires des ventes royales et communales, et des coupes faites dans les bois appartenant à des établissemens publics, ne peuvent distraire en aucune manière les arbres martelés pour la marine, ni en disposer de quelque manière que ce soit, à peine de 3000 fr. d'amende, et de confiscation des bois, conformément à l'arrêt du conseil du 23 juillet 1748. *Idem, art.* 4: Ils sont tenus de les vendre et livrer au fournisseur de la marine, aux prix et conditions du cahier des charges. *Idem, art.* 5.

Ils ne peuvent les faire abattre ni équarrir que sous l'inpection des agens de la marine, et d'après leurs découpes et lignages, à peine d'une amende de 3000 fr. et de la confiscation des bois, conformément l'arrêt du conseil précité. Il en est de même des arbres marqués dans les bois particuliers. *Réglement de S. A. R. le Duc d'Angoulême, amiral de France, étant à la suite et de la même date que l'ordonnance du Roi précitée; art.* 16 et 57.

19. Conformément au titre XVI de l'ordonnance de 1669 tous les bois des particuliers, balivaux sur taillis, avenues, parcs, ou arbres épars, destinés être abattus, à quelque distance qu'ils soient de la mer ou des rivières, peuvent être martelés pour le service de la marine, s'ils ont les dimensions nécessaires. *Ordonnance du Roi précitée, art.* 6.

20. Nul sans exception, possédant des bois de futaie, baliveaux sur taillis, arbres épars, avenues, parcs, hors

des murs de clôture des habitations, ne peut couper, vendre ou exploiter des arbres, sans en avoir fait sa déclaration six mois auparavant au conservateur des forêts de l'arrondissement, et sans la permission d'abattre. *Idem, art.* 7.

21. Six mois après ladite déclaration, s'il n'a pas été marqué ou trouvé d'arbres propres aux constructions, dans les bois destinés à être coupés, les propriétaires, peuvent librement en disposer. *Idem, art.* 9.

22. Tous les arbres martelés dans les bois des particuliers, ne peuvent, sans une main levée préalable, être vendus à d'autres qu'au fournisseur-général de la marine, au prix convenu de gré-à-gré entre le propriétaire et le fournisseur, qui doit en faire l'achat un an au plus tard après la coupe. *Idem, art.* 10 et 11.

23. Le propriétaire, en vendant au fournisseur les bois martelés, peut en traiter ou sur pied, ou en grume, ou par arbre, ou au stère, ou travaillés en forêts, ou livrés sur les ports flottables les plus voisins. *Idem., art.* 12.

24. Le propriétaire de bois mis en coupes réglées peut aussi vendre sa coupe par adjudication. Dans ce cas l'adjudicataire doit livrer au fournisseur-général de la marine, tous les bois martelés pour le service de la marine, et celui-ci doit lui en payer la valeur au prix réglé entre eux de gré-à-gré. *Idem, art.* 13. En cas de contestation sur le prix, les parties peuvent s'adresser à l'ingénieur-forestier de la marine, ensuite au préfet du département, et enfin au ministre de la marine. *Idem, art.* 14.

25. Si le propriétaire desire livrer ses bois directement pour son compte dans le port auquel ils sont destinés, il est admis à faire sa soumission, sans l'intermédiaire du fournisseur-général, aux mêmes charges, mais aux prix fixés par le tarif particulier du port,

auquel on ajoute une prime réglée à prix débattu, suivant la distance du lieu d'exploitation. *Idem, art.* 15.

26. Il n'est apporté aucun obstacle au passage des bois de marine, dans les pertuis et écluses; la préférence leur est même accordée sur les bois du commerce ou des particuliers. *Idem*, *art.* 16.

27. Les délits et contraventions concernant le martelage des bois de marine peuvent être poursuivis directement par les ingénieurs de la marine, sans préjudice des poursuites à exercer par les agens forestiers. En conséquence les procès-verbaux des maîtres et contre-maîtres assermentés font foi en justice, pour les faits relatifs au service et étrangers à leurs personnes, à la charge par eux de les faire affirmer dans les délais prescrits. *Idem*, *art.* 19 *et* 20.

28. Sont abrogés tous actes contraires aux dispositions des douze articles précédens, notamment le décret du 15 avril 1811, concernant les bois particuliers. *Idem*, *art.* 24. (Voir le *Nota* à la suite de l'art. 29 ci-après.)

29. Les fournisseurs de la marine qui favoriseraient les propriétaires pour soustraire des bois martelés pour le service de la marine, sont traduits devant les tribunaux avec les délinquans, pour être jugés comme complices de contraventions aux lois forestières, et punis conformément aux arrêts du conseil du 23 juillet 1748 précité, et 1er. mars 1757. *Réglement précité de l'amiral de France, art.* 80.

Il est expressément défendu auxdits fournisseurs de faire aucun commerce de bois pour leur compte. Ils ne peuvent en conséquence vendre à qui que ce soit aucune espèce de bois, à l'exception des pièces portant la marque de rebut, à peine de 3000 fr. d'amende et de confiscation des bois. *Idem*, *art.* 81.

NOTA. Sur toutes les dispositions du présent §. 4, celles qui concernent les propriétés des particuliers sont révoquées; en conséquence les propriétaires de bois ne sont plus assujettis qu'à se conformer aux dispositions des loi, arrêté et décret, ci-après cités. *Ordonnance du Roi du 22 septembre 1819.*

1°. *Loi du 9 floréal an XI précitée.*

Art. 7. Le martelage pour le service de la marine a lieu dans les bois des particuliers, taillis, futaies, avenues, lisières, parcs, et sur les arbres épars. La coupe des arbres marqués est soumise aux règles observées pour les autres bois et forêts.

Art. 8. Le paiement s'effectue avant l'enlèvement, qui ne peut être retardé de plus d'un an après la coupe, faute de quoi le propriétaire est libre de disposer de ses bois.

Art. 9. En conséquence des dispositions ci-dessus, tout propriétaire de futaies est tenu, hors les cas d'une urgente nécessité, de faire, six mois d'avance, au conservateur forestier de l'arrondissement, la déclaration des coupes qu'il a intention de faire, et des lieux où sont situés les bois. Le conservateur en prévient le préfet maritime, pour qu'il fasse procéder à la marque.

2°. *Arrêté du Gouvernement du 28 floréal an XI* (18 mai 1803).

Art. 11. En exécution de la loi du 9 floréal an XI (précitée), les agens de la marine se transportent dans tous les bois particuliers en exploitation, pour y marquer les arbres propres à la marine; le prix de ces arbres est payé à dire d'experts.

3°. *Décret du 15 avril 1811.*

Art. 1er. Les dispositions de l'ordonnance de 1669 et de la loi du 9 floréal an XI, qui prescrivent aux propriétaires d'arbres futaies, épars ou en plein bois, de faire des déclarations de leur intention d'abattre lesdits arbres, sont exécutées sous les peines ci-après.

Sont exceptés de l'obligation de la déclaration les propriétaires des arbres situés dans les lieux clos et fermés de murs ou de haies vives avec fossés, attenant aux habitations et qui ne sont pas aménagés en coupe réglée.

Art. 2. Les propriétaires ne sont assujettis à comprendre dans leur déclaration que les chênes de futaie et les ormes ayant treize décimètres de tour et au-dessus. Ils ne sont pas tenus de déclarer les ormes plantés en avenue près les maisons d'habitation.

Art. 3. Les contrevenans sont condamnés, la première fois, à l'amende, à raison de 45 francs par mètre de tour, pour chaque arbre passible de la déclaration ci-dessus ; l'amende est double en cas de récidive.

Au moyen de la fixation ci-dessus des amendes, il n'y a pas lieu à la restitution égale à l'amende, ordonnée par l'article 8 du titre 22 de l'ordonnance de 1669, et par l'article 50 de l'édit de 1716.

Art. 4. Les déclarations sont faites à double, sur papier timbré, et remises à l'inspecteur ou sous-inspecteur forestier de l'arrondissement; lequel vise un des doubles qui est retiré par le déclarant.

L'inspecteur enregistre les déclarations, et en transmet l'état chaque mois au conservateur, qui transmet sans délai à l'officier du génie maritime l'état général des déclarations fournies dans sa conservation.

Art. 5. Les martelages sont opérés par un contre-maître de la marine, qui en dresse procès-verbal, dont un double est remis au propriétaire, et l'autre à l'inspecteur ou sous-inspecteur forestier.

Art. 6. L'abattage des arbres est fait par le propriétaire, avant le 15 avril, conformément à l'article 11 du titre 15 de l'ordonnance de 1669.

Art. 7. Dès que l'abattage est terminé, le propriétaire en donne avis au contre-maître de la marine ou à l'officier du génie maritime, chef de l'arrondissement forestier, et celui-ci en informe le fournisseur.

Art. 8. Les propriétaires font constater l'époque de

l'abattage des arbres par un certificat du contre-maître de la marine, ou des agens forestiers, ou du maire de la commune de la situation des bois.

Art. 9. Six mois après l'abattage ainsi constaté, si l'administration de la marine ou ses fournisseurs n'ont pas payé la valeur des bois, le propriétaire peut disposer à son gré des arbres marqués.

Art. 10. Les contraventions sont poursuivies par les agens forestiers, dans les formes ordinaires pour le régime forestier, sur les procès-verbaux des gardes, qui sont, pour ce cas, autorisés à constater les délits dans les bois des particuliers.

Art. 11. Les contre-maîtres de la marine doivent également constater les contraventions; ils envoyent leurs procès-verbaux, dûment affirmés, à l'inspecteur ou sous-inspecteur de l'arrondissement forestier, qui font les poursuites et en rendent compte à l'ingénieur de la marine.

Art. 12. Tout fournisseur, agent ou particulier qui détourne de leur destination les pièces marquées et reçues pour la marine, est condamné à une amende double de celle exprimée en l'article 3 ci-dessus, du décret du 15 avril 1811, par pièce façonnée ou non façonnée, sans préjudice de la confiscation des bois.

Art. 13. Les agens forestiers et contre-maîtres de la marine sont chargés de constater ces sortes de délits, et les poursuites sont exercées par les inspecteurs ou sous-inspecteurs forestiers, conformément aux art. 10 et 11 ci-dessus.

Art. 14. Les propriétaires qui n'ont pas fait l'abattage dans le délai d'un an, à dater du jour de leur déclaration, sont tenus de la renouveler; la première est alors comme non-avenue.

Art. 15. Les propriétaires qui veulent user de la faculté qui leur est accordée par l'article 9 ci-dessus, de

la loi du 9 floréal an XI, pour les cas d'*urgente nécessité*, ne peuvent procéder à l'abattage des arbres, qu'a-
près avoir fait constater l'urgence par un procès-verbal
du maire, constatant les causes qui exigent l'abattage
d'un ou plusieurs arbres, ainsi que l'âge et les dimensions desdits arbres.

Tout propriétaire qui, sans motifs valables, a donné
en tout ou en partie à ses arbres une destination différente de celle énoncée au procès-verbal, est puni des
peines portées en l'article 3 ci-dessus, du décret du 15
avril 1811.

Art. 16. Défenses aux agens forestiers, aux contre-
maîtres de la marine et autres, d'exiger des propriétaires de bois aucune rétribution ou indemnité pour les
actes et procès-verbaux énoncés aux art. 5, 8 et 11 ci-
dessus, dudit décret.

§. V. *Bois de Bourdaine pour la fabrication de la poudre à canon.*

30. Dans les forêts royales et des établissemens publics, il n'est fait aucune adjudication ni vente de
coupes de bois, qu'à la charge de réserver tout le bois
de Bourdaine de 3, 4 et 5 ans de crue, et d'en faire des
bottes ou bourrées de deux mètres de long sur un mètre
cinquante centimètres de grosseur, pour la confection
du charbon propre à la fabrication de la poudre à canon.
Arrêté du Gouvernement du 25 fructidor an XI (12 septembre 1803).

31. L'administration des poudres est autorisée à
faire faire en tout tems la recherche, coupe et enlèvement des bois de bourdaine de l'âge ci-dessus, dans lesdites forêts où il y a des coupes ouvertes, vendues et
adjugées. *Idem.*

32. Les dispositions des deux articles précédens s'appliquent aux bois des particuliers non clos et non atte-

nant à des habitations, situés dans l'étendue de quinze myriamètres des fabriques de poudre. *Idem. Décret du 16 floréal an XIII (6 mai 1805).*

33. Les préposés de l'administration des poudres, qui procèdent à ladite recherche des bois de bourdaine, doivent justifier aux autorités des lieux, de leurs pouvoirs de l'administration des poudres, visés par le préfet du département et par le conservateur des forêts. Ils se font assister dans leur opération par les gardes forestiers, qui dressent procès-verbal de la quantité de bottes ou bourrées fabriquées, et auxquels ils payent pour ladite assistance, vingt-cinq centimes par cent de bottes. *Arrêté précité du 25 fructidor an XI.*

34. Le prix des bois de bourdaine est payé à raison de vingt-cinq centimes la botte ou bourrée, et un cinquième en sus, pour celles que les adjudicataires ou acquéreurs de bois auraient réservées et livrées aux préposés de l'administration des poudres. *Idem.*

§. VI. *Délits forestiers.*

35. Les dispositions pénales de l'ordonnance des eaux et forêts de 1669 sont maintenues. *Loi du 3 brumaire an IV (25 octobre 1795), article 609. Code pénal, art. 484.*

36. Il n'est fait aucune vente dans les forêts, bois et buissons de futaie ou de taillis, que suivant le réglement qui en est arrêté ; à peine de restitution du quadruple de la valeur des bois vendus. *Ordonn. de 1669, tit. XV, art. 1er.*

37. Les coupes ordinaires ne sont mises en exploitation, que d'après les procès-verbaux d'assiette, balivage et martelage, dressés par les inspecteurs, d'après les ordres des conservateurs. *Loi du 29 septemb. 1791, tit. V, art. 8, et tit. 12, art. 9.*

38. Les coupes ordinaires mises en coupes réglées ne

deviennent meubles, qu'au fur et à mesure que les arbres sont abattus. *Code civil, art.* 521.

39. Conformément aux articles 1er du titre 15, et 4 du titre 24 de l'ordonnance de 1669, et 9 du titre 7 de la loi du 29 septembre 1791, il n'est fait aucune coupe dans les quarts de réserve des bois des communes, des hôpitaux, des bureaux de charité, des colléges, des fabriques, des séminaires, des évêchés et archevêchés, et de tous autres établissemens publics, qu'en vertu d'ordonnances du Roi ; à peine de nullité des adjudications desdites coupes, et de tous dommages-intérêts contre ceux qui les ordonneraient ou adjugeraient, même contre les adjudicataires. Les gardes forestiers sont chargés sous leur responsabilité de s'opposer à toute coupe extraordinaire non autorisée. *Arrêté du Gouvernement du 8 thermidor an IV* (26 juillet 1796). *Ordonnance du Roi du 7 mars* 1817, *art.* 1er.

40. Tous ceux qui jouissent ou administrent des forêts appartenant à des établissemens de main-morte, sont tenus de faire en leurs bois taillis les mêmes réserves ordonnées pour les forêts royales, à peine d'amende et de confiscation du prix des ventes et des bois abattus.

Les adjudicataires de ces forêts sont tenus d'observer dans leurs exploitations tout ce qui est prescrit pour celles des forêts royales, et de faire procéder au récolement aussitôt que le terme de vidange (ou enlèvement des bois abattus) est expiré, à peine des amendes prononcées par les réglemens, et de répondre des délits dans la vente et dans les repousses. *Arrêté du Gouvernement du 27 messidor an X* (16 juillet 1802).

41. Défenses de faire aucune coupe au triage du quart réservé pour la futaie, à peine de 2000 fr. d'amende contre chaque contrevenant, et de destitution des agens

forestiers qui auraient permis ou laissé faire lesdites coupes. *Ordonnance de 1669, titre XXV, art.* 8.

42. Défenses à toutes personnes de débiter, vendre ou acheter en fraude des bois coupés en délits, à peine, contre les vendeurs et les acheteurs, d'être poursuivis suivant la rigueur des ordonnances ; lesdits bois sont saisis ; perquisition en est faite en présence d'un officier de police, qui ne peut s'y refuser. *Loi du 11 décembre 1789, art.* 4.

43. Les gardes forestiers suivent les bois de délits partout où ils ont été transportés, et les séquestrent. Ils ne peuvent entrer dans lesdits lieux, qu'en présence d'un officier de police. *Loi du 29 septembre 1791, tit. IV, art.* 5. *Loi du 3 brumaire an IV, précitée, art.* 4 *et* 41.

L'officier de police ne peut refuser d'accompagner sur-le-champ le garde forestier. Il doit signer le procès-verbal de perquisition du garde avant l'affirmation. Le tout à peine, contre les maires et adjoints, d'être suspendus de leurs fonctions, et traduits devant les tribunaux ; et contre les commissaires de police, d'être destitués et dénoncés au procureur général.

Les dispositions ci-dessus sont applicables à la recherche et perquisition des bois volés sur les rivières. *Arrêtés du Gouvernement des 4 et 26 nivose an V* (24 décembre 1796 et 5 janvier 1797).

44. Défenses aux arpenteurs de donner plus d'un mètre de largeur aux routes pour passer les porte-perches et les marchands qui vont visiter les ventes, à peine de 100 fr. d'amende, et de restitution du double de la valeur du bois abattu. *Ordonnance de 1669, tit. XV, art.* 7.

45. Les bois abattus dans les baies et tranchées appartiennent à l'adjudicataire de la vente. Défenses aux agens forestiers et aux riverains de les enlever, à peine, contre les premiers, de 100 francs d'amende et d'inter-

diction, et contre les autres, de punition exemplaire. *Idem*, art. 8.

46. En cas de places vides ou chemins qui se trouveraient dans les ventes, il n'est donné à l'adjudicataire aucun bois par forme de remplage, à peine de 3000 fr. d'amende et de destitution contre les agens forestiers qui l'auraient donné, et de restitution du quadruple contre les marchands qui l'auraient obtenu. *Idem*, article 13.

47. Sous aucun prétexte les ventes ne peuvent être changées en tout ni en partie, après l'adjudication, à peine, contre les agens forestiers, de punition exemplaire, interdiction et restitution du quadruple du prix des ventes changées ; et à peine d'amende contre les marchands. *Idem*, art. 14.

48. Défenses à tous agens forestiers de prendre part directement ou indirectement aux adjudications, à peine de destitution, amende, et confiscation des ventes. *Idem*, art. 22.

49. Défenses à toutes personnes de mettre obstacle aux enchères, par des associations ou autres moyens, à peine de confiscation des ventes et d'une amende de 1000 fr. au moins. *Idem*, art. 23.

Voir aussi *Commissaires-priseurs*, art. 15.

50. Les bois de cépées, (bois qui repoussent d'une même souche, comme le taillis), sont abattus à la coignée et non autrement, à peine de 100 fr. d'amende, et confiscation des marchandises et outils. *Idem*, art. 44.

51. Défenses de travailler nuitamment dans les ventes en coupe, d'y prendre et enlever du bois, à peine de 100 francs d'amende. *Idem*, art. 49. Voir aussi *Vol*, art. 10.

52. Les gardes veillent à la conservation des bois chablis, (ou abattus par le vent), et à ce qu'ils ne soient

enlevés ni ébranchés; ils sont vendus à l'enchère au profit du trésor public. *Idem*, *tit. XVII*, *art.* 2 *et* 4.

53. La *glandée* n'est ouverte dans les bois et forêts que du 1er. octobre au 1er. février. Les usagers et les adjudicataires n'y mettent que le nombre de porcs compris dans l'adjudication, et après les avoir fait marquer au feu, d'une marque dont l'empreinte est déposée au chef-lieu de la conservation de l'arrondissement ; le tout à peine de 500 fr. d'amende et confiscation des porcs excédant le nombre, ou marqués d'une fausse marque. Les propriétaires des porcs sont responsables des personnes qui les gardent. *Idem*, *tit. XVIII*, *art.* 3 *et* 4.

54. Défenses d'abattre la glandée, faine et autres fruits des arbres, à peine de 100 fr. d'amende. *Idem*, *tit. XXVII*, *art.* 27. Permis seulement de ramasser et emporter ceux qui sont tombés. *Loi du* 12 *fructidor an II* (29 août 1794).

55. Les propriétaires de hêtres sont tenus de déclarer avant le 10 octobre, qu'ils veulent ramasser le fruit pour être converti en huile ; faute de quoi il est proclamé que tout particulier est libre de ramasser ledit fruit. La faine des forêts royales qui ne pourra être ramassée par les particuliers est ramassée pour le compte du Gouvernement, et convertie en huile. *Loi du* 28 *fructidor an II* (14 septembre 1794).

56. Le paturage et le panage (1) des bestiaux n'est permis qu'à ceux compris, pour en avoir le droit, dans l'état qui en est arrêté par l'administration forestière, et seulement dans les parties de bois déclarés *défensables* (2) ; les bestiaux y sont conduits et non ailleurs,

---

(1) Le panage est le droit de faire paître le gland aux cochons.

(2) Les bois ne sont défensables qu'autant qu'ils sont reconnus assez forts et élevés, sans égard à leur âge ; pour n'avoir rien à craindre de la dent des bestiaux.

sans mélange de troupeaux ; le tout à peine de confiscation desdits bestiaux, d'amende contre les pâtres, et
de destitution des agens forestiers qui permettent ou
souffrent le contraire. *Ordonnance de* 1669, *titre XIX,*
art. 1 *et* 3. *Arrêté du Gouvernement du 5 vendémiaire*
an VI (26 septembre 1797). *Décret du 27 nivose an XIII*
(9 janvier 1805).

Les bestiaux doivent avoir une clochette au col, pour
faire connaître les lieux où ils pourraient s'échapper et
faire dégât. *Ordonnance de* 1669, *tit. XIX, art.* 7.

57. Défenses à toutes personnes ayant droit de panage
dans les forêts, d'y envoyer dans aucun tems des bêtes
à laine, ni même dans les landes et bruyères et places
vagues, à peine de confiscation des bêtes, et de 3 fr.
d'amende par bête ; à peine aussi contre les bergers et
gardes, de 10 fr. d'amende, dont les propriétaires des
bestiaux sont responsables. *Idem, art.* 13.

58. Les propriétaires qui ont droit réciproque de parcours, sur leurs bois, ne peuvent y introduire des bestiaux ayant que lesdits bois soient déclarés défensables,
sous les peines portées en l'article 38 de la loi du 6 octobre 1791, sur la police rurale. *Avis du conseil d'Etat*
du 16 frimaire an XIV (7 décembre 1805). Voir *Po-*
lice rurale, art. 68, *et Délits, art.* 30, §. X.

59. Les administrateurs forestiers ne peuvent mettre
plus de huit porcs à la glandée, et les autres agens en
proportion, à peine de confiscation, et dans le cas seulement où ils sont résidens. *Ordonnance de* 1669,
tit. XIX, art. 15.

60. Les propriétaires des bois joignant les forêts
royales sont tenus de faire réparer les fossés séparatifs,
de manière qu'ils aient un mètre trente-deux centimètres (4 pieds) de largeur, sur un mètre soixante-
quatre centimètres (5 pieds) de profondeur, et d'en
faire creuser dans les mêmes dimensions dans les en-

droits où il n'en existe pas. *Idem, tit. XXVII, art.* 4.
Arrêté du Gouvernement du 19 *pluviose an IX* (8 février 1801).

61. Défenses de faire aucune aliénation de parties
de forêts à peine de destitution des administrateurs,
10,000 fr. d'amende contre les acquéreurs, réunion au
domaine, et confiscation de tout ce qui serait semé,
planté et bâti sur lesdites parties de forêts. *Ordonnance
de* 1669, *tit. XXVII, art.* 1er.

62. Défenses à toutes personnes de planter des bois
à demi-hectare (100 perches) de distance des forêts
royales, sans une permission expresse, à peine de 500 fr.
d'amende, les bois confisqués, arrachés et coupés. *Idem,
art.* 6.

63. Défenses d'arracher dans les forêts aucunes plantes
de chêne, charme et autres bois, sans permission, à
peine de punition exemplaire et 500 francs d'amende.
Idem, art. 11.

64. Défenses d'enlever dans les forêts, ni sur les bords
d'icelles, des sables, terres, marnes, ni argiles, et de
faire faire de la chaux à un demi-hectare (100 perches)
de distance, sans une permission expresse, et à l'administration de le souffrir ; à peine de 500 fr. d'amende,
et de confiscation des chevaux et harnois. *Idem, art.* 12.

65. Défenses de délivrer aucun menu bois vert ou
sec aux poudriers et salpêtriers, et à ceux-ci, ainsi
qu'à l'administration des poudres, d'en prendre sous
aucun prétexte, à peine de 500 fr. d'amende ; du double et punition exemplaire en cas de récidive, et ce,
nonobstant tous édits, déclarations, arrêts, commissions et concessions contraires. *Idem, art.* 13.

66. Défenses de bâtir sur perches aucune maison,
dans, sur les bords, et à moins d'un myriamètre de distance des bois et forêts, sous peine de punition corporelle et de démolition desdites maisons. *Idem, art.* 7.

Comme aussi de faire construire aucuns châteaux, fermes ou maisons, dans l'enclos, sur les rives et à demi-lieue des forêts, à peine d'amende, et de confiscation du fonds et des bâtimens. *Idem, art.* 18.

67. Les cendres ne sont faites qu'aux places et endroits désignés aux marchands par l'administration. Défenses d'en façonner ailleurs, et de les faire transporter autrement que dans des tonneaux marqués du marteau du marchand; à peine d'amende et confiscation. *Idem, art.* 20 *et* 21.

68. Défenses de charmer ou brûler les arbres, d'en enlever l'écorce, à peine de punition corporelle. *Idem, art.* 22.

69. Les fosses à charbon sont placées aux endroits les plus vides et les plus éloignés des arbres et du cru; les marchands sont tenus de les repeupler et réserver, s'il est ainsi ordonné par l'administration; à peine d'amende. *Idem, même article.*

70. Les cercliers, vaniers, tourneurs, et tous autres ouvriers en bois, ne peuvent tenir ateliers qu'à la distance de deux kylomètres (1/2 lieue) des forêts, à peine de confiscation des marchandises et de 100 fr. d'amende. *Idem, art.* 23.

71. Les bûcherons et autres ouvriers ne peuvent recevoir du bois pour leurs salaires, à peine, contre ceux qui leur en donneraient, d'être responsables des délits jusqu'au recollement des ventes, et contre lesdits ouvriers qui emporteraient du bois de leurs ateliers, de 50 francs d'amende et de punition en cas de récidive. *Idem, art.* 26.

72. Défenses aux marchands de peler les bois de leurs ventes étant encore debout et sur pied, à peine de 500 fr. d'amende. *Idem, art.* 28.

73. Les marchands et leurs associés ne tiennent aucuns ateliers et loges; et ne font ouvrer les bois ailleurs

que dans les ventes, à peine de 100 fr. d'amende et confiscation. *Idem*, *art.* 29.

74. Les habitans des maisons situées dans et sur les bords des forêts, ne peuvent y faire commerce, ni tenir ateliers de bois, ni en avoir plus que pour leur chauffage, à peine de confiscation, amende, et démolition des maisons. *Idem*, *art.* 30.

75. Défenses à toute personne de porter ou allumer du feu dans les forêts, landes et bruyères, à peine d'amende, et des dommages que l'incendie pourrait occasionner. Voir *Incendie*, *art.* 3.

76. En cas d'incendie d'une forêt, toutes les communes riveraines sont tenues, à la première réquisition des agens forestiers, de les aider à y porter des secours, et à arrêter les effets du feu, à peine, pour lesdites communes, et même pour les particuliers qui s'en dispenseraient sans motif valable, d'être notés, et privés du droit de pâturage dans la forêt. *Arrêté du Gouvernement du 25 pluviôse an VI* (13 février 1798.) Voir aussi *Délits*, *art.* 30, §. 12.

77. Toute personne trouvée de nuit dans les forêts, hors des routes et grands chemins, avec serpes, haches, scies ou coignées, est emprisonnée et condamnée à 6 fr. d'amende, 20 fr. en cas de récidive. *Ordonnance de 1769*, *tit. XXVII*, *art.* 34.

78. La chasse est défendue dans les forêts. Les contrevenans sont punis, savoir :

1°. Cent fr. d'amende pour chasser à feu, entrer et demeurer de nuit dans les bois et forêts avec armes à feu, y prendre vires ou nids d'oiseaux, œufs de cailles, de perdrix ou faisans, y détruire aucune espèce de gibier avec tirailles, traîneaux, tonnelles et autres engins. *Idem*, *tit. XXX*, *art.* 4, 8 et 12.

2°. Vingt fr. d'amende et 10 fr. d'indemnité, sauf

plus grands dommages-intérêts, s'il y échoit, pour chasser, en quelque tems et de quelque manière que ce soit, sur le terrain d'autrui sans son consentement. *Loi du 22 avril 1790, art. 1er. Arrêté du Gouvernement du 28 vendémiaire an V (19 octobre 1796). Voir aussi* Chasse.

79. Néanmoins il est fait tous les trois mois dans les campagnes, sous la surveillance de l'administration fóréstière, des chasses ou battues aux loups, renards, blaireaux et autres animaux nuisibles. Il en est dressé procès-verbal contenant le nombre et l'espèce des animaux détruits.

Les particuliers peuvent être autorisés par les corps administratifs à se livrer à cette espèce de chasse, sous la surveillance des agens forestiers, qui constatent le nombre et l'espèce des animaux détruits.

Extrait des procès-verbaux de ces chasses est envoyé au ministre des finances, pour être pourvu, s'il y a lieu, au paiement des récompenses promises par la loi du 10 messidor an V, (28 juin 1797), sur la destruction des loups. *Loi sur la police rurale du 6 octobre 1791, tit. Ier, section IV, art. 40. Arreté du Gouvernement du 19 pluviôse an V (7 février 1797.)*

Voir aussi *Loups.*

80. Les bois appartenant aux communes, aux hospices et autres établissemens publics, sont soumis aux mêmes régime, administration, garde et surveillance, que les forêts royales. *Arrêté du Gouvernement du 19 ventôse an X (10 mars 1802).*

81. Le partage des bois communaux d'affouage autres que les futaies, se fait dans tous les départemens où l'affouage a lieu, par tête d'habitant, conformément à la déclaration du 13 juin 1724, et à la loi du 26 nivôse

an II (15 janvier 1794). *Arrêté du Gouvernement du 19 frimaire an X* (10 décembre 1801).

NOTA. L'affouage est le droit de couper du bois dans une forêt pour sa famille.

82. Les délits commis du lever au coucher du soleil, sans feu ni scie, par des personnes étrangères aux bois et forêts, sont punis de 4 fr. d'amende par chaque pied de tour de chêne, de châtaignier et de tous arbres fruitiers; de 2 fr. 50 c. d'amende par pied de tour de saulx, hêtre, orme, tillot, sapin, charme et fresne, et de 1 fr. 50 c. par pied de tour d'arbres de toute autre espèce, verts, secs ou abattus. Le tout est pris et mesuré à seize centimètre de terre. *Ordonnance de 1669, tit. XXXII, art. 1er.*

83. Pour échouper, ébrancher et déshonorer des arbres, la même amende au pied de tour comme si on les avait abattus. *Idem, art. 2.*

84. Pour chaque charretée de bois carré de sciage ou de charpente, 80 fr. d'amende; par charretée de bois de chauffage, 15 fr.; par charge de bête de somme, 4 fr.; pour un fagot ou fouée, 1 fr. *Idem, art. 3.*

85. Pour étalons, baliveaux, parois, arbres de lisières et autres de réserve, 50 fr.; par pied cornier abattu, 100 fr.; s'il est arraché ou déplacé, 200 fr.; pour les baliveaux au-dessous de vingt ans, l'amende n'est que de 10 fr. *Idem, art. 4.*

Les amendes ci-dessus sont doubles, si les délits sont commis du coucher au lever du soleil, avec scie ou feu, par des agens forestiers ou autres personnes employées dans les forêts. *Idem, art. 5.*

86. Les chefs sont responsables civilement de leurs subordonnés. *Idem, art. 7.*

87. Les destitutions, dommages-intérêts, sont toujours au moins de pareille somme que l'amende. *Idem, art. 8.*

88. Outre l'amende, les restitutions, dommages et intérêts, il y a toujours confiscation des animaux, outils et ustensiles. *Idem, art.* 9.

89. Les bestiaux trouvés en délit, ou hors des lieux, routes et chemins désignés, sont confisqués. S'ils ne peuvent être saisis, le propriétaire encourt l'amende de 20 fr. par cheval, bœuf ou vache ; 5 fr. par veau, et 3 fr. par mouton ou brebis ; le double en cas de récidive ; le quadruple à la troisième fois et le bannissement des forêts. *Idem, art.* 10.

90. Toutes personnes privées coupant ou amassant des joncs, des herbages, glands ou faines, de telle nature et âge que ce soit, et les emportant des forêts, boqueteaux, garennes et buissons, sont condamnées la première fois à l'amende, savoir : pour faix à col, 5 fr. ; pour charge de cheval ou bourrique, 20 fr. ; pour harnois, 40 fr. L'amende est double en cas de récidive, et bannissement des forêts ; le tout avec confiscation des chevaux, bourriques et harnois qui se trouveraient chargés. *Idem, art.* 12.

Les dispositions ci-dessus s'appliquent à l'enlèvement des feuilles mortes. *Décret du* 19 *juillet* 1810.

91. Le produit des amendes forestières, déduction faite de tous frais de poursuite et de recouvrement, peut être réparti annuellement entre les agens forestiers, à titre d'indemnité. *Loi du* 2 *ventôse an XII* (22 *février* 1804). Voir aussi *Gardes champêtres et Forestiers, art.* 35.

92. Pour tout délit forestier qui emporte avec lui les peines de simple police, l'amende ou l'emprisonnement est toujours porté au maximum. *Loi du* 23 *thermidor an IV.* (10 *août* 1796). Voir *Peines.*

Voir aussi *Arbres. Carrières, art.* 9. *Police rurale, art.* 67 à 69.

14.

§. VII. *Poursuite des délits forestiers.*

93. La poursuite des délits et contraventions commis dans les bois et forêts, est faite au nom et par les agens de l'administration forestière, par-devant les tribunaux de la situation des bois, et sur les procès-verbaux des gardes forestiers et autres préposés. *Loi du 29 septembre 1791, tit. IX, art.* 1 *et* 2.

94. Les juges de paix peuvent donner main-levée des bestiaux et objets saisis et séquestrés, en exigeant caution de la valeur desdits objets, et en faisant payer les frais de séquestre. *Idem, art.* 3. Voir *Frais de justice, art.* 34 *et* 35.

A défaut de réclamation, dans les trois jours, des objets séquestrés, le juge de paix ordonne la vente à l'enchère au marché le plus voisin ; le produit en est déposé au greffe de la justice de paix, déduction faite des frais. *Idem, art.* 4.

95. Les inspecteurs poursuivent les délits constatés par les procès-verbaux des gardes. *Idem, art.* 5.

96. Les conservateurs poursuivent les malversations dans les coupes et exploitations, et les contraventions aux lois forestières, ainsi que les actions contre les agens forestiers. *Idem, art.* 6 *et* 7.

97. Les actions en réparations de délits sont intentées dans les trois mois du jour où ils ont été reconnus, si le délinquant est connu, à peine d'extinction et prescription desdites actions. Le délai est d'un an, si le délinquant n'est pas connu. *Idem, art.* 8.

98. Il est donné copie des procès-verbaux aux prévenus. L'instruction se fait à l'audience sur simples mémoires sans fais. *Idem, art.* 9 *et* 11.

99. Les procès-verbaux font preuve suffisante du délit, lorsque l'indemnité et l'amende n'excédent pas 100 fr., et s'il n'y a inscription en faux : au-dessus de

cette somme ils doivent être soutenus d'un autre témoignage. *Idem*, *art.* 12 *et* 14.

100. Les huissiers sont tenus de faire les significations de tous actes et jugemens relatifs aux délits forestiers, à peine de destitution. *Loi du* 29 *fructidor an III* (15 septembre 1795).

§. VIII. _Attributions des agens supérieurs forestiers, pour la poursuite des délits._

101. En fait de délits forestiers commis soit par des agens ou préposés de l'administration forestière, soit par toutes autres personnes prises en flagrant délit, le directeur-général, les administrateurs et les conservateurs peuvent dresser des procès-verbaux des délits, délivrer tous mandats d'amener et de dépôt, interroger les prévenus, entendre les témoins, faire toutes recherches, perquisitions ou visites nécessaires, saisir les bois de délit, les voitures, les chevaux, instrumens et ustensiles des délinquans, apposer des scellés, et faire généralement jusqu'au mandat d'arrêt exclusivement, en se conformant aux lois sur l'instruction correctionnelle et criminelle, tout ce que le procureur du Roi pourrait faire. *Loi du* 22 *mars* 1806, *art.* 1, 2, 3.

102. L'instruction est faite sur les lieux, ou dans une des communes de l'arrondissement où le délit a été commis. *Idem*, *art.* 4.

103. Lesdits agens supérieurs peuvent, pour ladite instruction, se faire assister d'un agent inférieur, en qualité de greffier, lequel prête serment entre leurs mains de remplir fidèlement ses fonctions. *Idem*, *art.* 5.

104. Après l'instruction, les prévenus et les pièces sont renvoyés devant le procureur du Roi. *Idem*, *art.* 6.

105. Les fonctionnaires publics de l'ordre judiciaire sont également chargés de poursuivre d'office tous les délits forestiers. En cas de concurrence entre eux et les

agens supérieurs ci-dessus désignés, la poursuite des délits demeure à ceux qui, les premiers, ont délivré un mandat soit d'amener, soit de dépôt. *Idem*, *art.* 7.

106. Les délits forestiers poursuivis à la requête des particuliers, sont de la compétence des juges de paix, comme juges de police. Voir *Juges de paix*, art. 15, §. IV. Ceux poursuivis à la requête de l'administration forestière sont de la compétence des tribunaux correctionnels. Voir *Police correctionnelle.*

107. Aux audiences des tribunaux correctionnels, tenues pour des délits forestiers poursuivis à la requête de l'administration forestière, les conservateurs, inspecteurs, sous-inspecteurs, et les gardes généraux chargés de poursuivre, ont une place particulière à la suite du parquet du procureur du Roi et de ses substituts. Ils se tiennent découverts. *Décret du 18 juin* 1819.

Boisseau ancienne mesure. Voir *Poids et Mesures.*

Boisseliers ; ne doivent pas travailler la nuit sans lanterne. Voir *Incendie.*

Boissons.

Chapitre Ier. *Droit de circulation.*

Chapitre II. *Droits d'entrée.*

   §. Ier. *De la perception.*

   II. *Du passe debout.*

   III. *Du transit.*

   IV. *De l'entrepôt.*

   V. *Dispositions particulières.*

Chapitre III. *Droit à la vente au détail.*

   §. Ier. *De la perception.*

   II. *Des débitans.*

   III. *Abonnemens pour le droit.*

   IV. *Propriétaires vendant des boissons de leur crû.*

   V. *Droit de consommation sur l'eau-de-vie.*

   VI. *Remplacement du droit de détail, à Paris.*

   VII. *Dispositions générales.*

CHAPITRE IV. *Des marchands en gros.*
CHAPITRE V. *Des brasseries.*
CHAPITRE VI. *Des distilleries.*
CHAPITRE VII. *Dispositions générales, licence.*
CHAPITRE VIII. *Police et salubrité des boissons.*

CHAPITRE Ier. *Droit de circulation.*

Art. 1er. A chaque enlèvement ou déplacement de vins, cidres et hydromels, poirés, eaux-de-vie, esprits, et liqueurs composées d'eau-de-vie ou d'esprits, sauf les exceptions portées en l'article 3 ci-après, il est perçu un droit de circulation. *Loi sur les contributions directes, annexée à la loi sur les finances, du 28 avril 1816, art.* 1er. *Idem sur les finances du 25 mars 1817, art.* 85.

2. Il n'est dû qu'un seul droit pour le transport à la destination déclarée, quelles que soient la longueur et la durée du trajet, et nonobstant toute interception ou changement de voie et de moyens de transport. *Idem, art.* 2 *du 28 avril 1816, art.* 2.

3. Sont exempts du droit de circulation,

1º. Les boissons qu'un propriétaire fait conduire de son pressoir, ou d'un pressoir public, dans ses caves ou celliers.

2º. Celles qu'un colon ou fermier, même à bail ˄mphytéotique à rente, remet au propriétaire ou reçoit de lui, en vertu de bases authentiques ou d'usages notoires.

3º. Les vins, cidres et poirés transportés par un propriétaire colon, partiaire ou fermier, des caves ou celliers où sa récolte a été déposée, dans une autre de ses caves ou celliers, situés dans le même département, ou hors de ce département dans les arrondissemens limitrophes de celui où la récolte a été faite. *Loi sur le budget, du* 17 *juillet* 1819.

4°. Quels que soient le lieu d'enlèvement et l'expéditeur, et pourvu que dans le lieu de la destination le commerce des boissons ne soit pas affranchi des exercices des employés de la régie, les boissons enlevées à destination de négocians, marchands en gros, courtiers, facteurs, commissionnaires, distillateurs et tous autres munis d'une licence de marchand en gros ou de distillateur; ainsi que les vins, cidres et poirés enlevés à destination de toute personne vendant en détail lesdites boissons, pourvu qu'elle soit munie d'une licence de débitant. *Loi précitée du 25 mars 1817, art. 82.*

5°. Celles enlevées pour l'étranger ou pour les colonies françaises. *Loi du 28 avril 1816, art. 5.*

4. Aucun enlèvement ni transport de boissons ne peut être fait sans déclaration préalable de l'expéditeur ou de l'acheteur, et sans que le conducteur soit muni d'un congé, d'un acquit à caution ou d'un passavant pris au bureau de la régie. *Idem, art. 6.*

5. L'obligation de déclarer l'enlèvement et de prendre des expéditions n'est point applicable aux vendanges et aux fruits. *Idem, art. 11.*

6. Toutes boissons circulant avec un laissez-passer, au-delà du bureau ou il devait être échangé, sont considérées comme n'étant accompagnées d'aucune expédition, et passibles de la saisie. *Idem, art. 12.*

7. Les boissons doivent être conduites à la destination déclarée, dans le délai porté sur l'expédition, fixé en raison des distances et des moyens de transport, sauf les motifs légaux et constatés de suspension ou retardement du transport. *Idem, art. 13, 14 et 15.*

8. Faute par les conducteurs de boissons de représenter leurs expéditions aux employés qui les en requièrent, ou en cas de fraude ou de contravention, les employés saisissent le chargement; ils saisissent aussi les voitures, chevaux et autres objets de transport, mais

seulement comme garantie de l'amende, et à défaut de caution solvable. Les marchandises faisant partie du chargement qui ne sont pas en fraude, sont rendues au propriétaire. *Idem*, *art.* 17.

9. Les voyageurs ne sont pas tenus de se munir d'expéditions pour les vins destinés à leur usage pendant leur voyage, pourvu qu'ils n'en transportent pas plus de trois bouteilles par personne. *Idem*, *art.* 18.

10. Les contraventions au présent chapitre sont punies de la confiscation des boissons saisies, et d'une amende de 100 à 600 francs, suivant la gravité des cas. *Idem*, *art.* 19.

CHAPITRE II. *Droits d'entrée sur les Boissons.*

§. Ier. *De la perception.*

11. Il est perçu au profit du trésor dans les villes de 1500 âmes et au-dessus, un droit d'entrée sur les boissons désignées en l'article 1er. ci-dessus, introduites ou fabriquées dans l'intérieur, et destinées à la consommation du lieu. *Loi précitée du 28 avril 1816, art.* 20. *Idem du 25 mars 1817, art. 84 et 85.*

Ce droit est perçu dans les faubourgs des lieux sujets, et sur toutes les boissons reçues par les débitans établis sur le territoire de la commune. Les habitations éparses et les dépendances rurales, entièrement détachées du lieu principal, en sont affranchies. *Idem, du 28 avril 1816, art.* 21.

12. Les vendanges et les fruits à cidre ou à poiré sont soumis au même droit, à raison de 3 hectolitres de vendange pour deux hectolitres de vin, et de cinq hectolitres de pommes ou poires pour deux hectolitres de cidre ou de poiré.

Les fruits secs destinés à la fabrication du cidre et du poiré sont imposés à raison de vingt-cinq kilogramm.

de fruits pour un hectolitre de cidre ou de poiré. Les eaux-de-vie ou esprits altérés par un mélange quelconque sont soumis au même droit que les eaux-de-vie ou esprits purs. *Idem, art.* 23.

13. Avant d'introduire des boissons dans un lieu sujet aux droits d'entrée, et avant, dans un lieu où il n'existe qu'un bureau central de perception, de décharger les voitures et d'introduire les boissons au domicile du destinataire, le conducteur doit en faire sa déclaration au bureau, produire les congés, acquits-à-caution ou passavans, dont il est porteur, et acquitter les droits, si les boissons sont destinées à la consommation du lieu. *Idem, art.* 24 *et* 25.

14. Faute de ladite déclaration, les boissons sont saisies par les employés; il en est de même des voitures, chevaux et autres objets de transport; à moins de consignation du *maximum* de l'amende, et de donner caution solvable. *Idem, art.* 27.

§. II. *Du passe-debout.*

15. Les boissons introduites dans un lieu sujet aux entrées, pour le traverser seulement, ou y séjourner moins de vingt-quatre heures, ne sont pas soumises aux droits, mais le conducteur en consigne ou fait cautionner le montant, et se munit d'un permis de passe-debout. La somme consignée est restituée, ou la caution libérée, après le départ des boissons, et que la sortie du lieu a été justifiée. S'il est possible de faire escorter les chargemens, la consignation, ou le cautionnement n'a pas lieu. *Loi précitée du* 28 *avril* 1816, *art.* 28.

Les boissons conduites à un marché dans un lieu sujet aux entrées, sont soumises aux mêmes formalités. *Idem, art.* 29.

§. III. *Du transit.*

16. En cas de séjour de boisson pendant plus de vingt-quatre heures, le transit est déclaré, conformément à l'article ci-dessus, la consignation ou le cautionnement du droit d'entrée subsiste pendant toute la durée du séjour. *Idem, art.* 3o.

§. IV. *De l'entrepôt.*

17. Tout négociant ou propriétaire qui fait conduire dans un lieu sujet aux entrées, au moins neuf hecto-litres de vin, dix-huit hectolitres de cidre ou poiré, ou quatre hectolitres d'eau-de-vie ou d'esprit, peut demander l'admission de ces boissons en entrepôt; et n'est tenu d'acquitter les droits que sur les quantités non représentées, et qu'il ne justifierait pas avoir fait sortir de la commune. La durée de l'entrepôt est illi-mitée. *Idem, art.* 3i.

La même faculté est accordée pour les vendanges et fruits dont les boissons en provenant sont destinées à être transportées hors de la commune. *Idem, art.* 33.

18. Les déclarations d'entrepôt sont faites avant l'in-troduction des chargemens, et indiquent les magasins, caves ou celliers où les boissons devront être déposées. *Idem, art.* 35.

19. Tout bouilleur ou distillateur de grains, marcs, lies, fruits et autres substances, établi dans un lieu sujet aux entrées, est tenu, s'il ne réclame pas la fa-culté de l'entrepôt, d'acquitter le droit d'entrée sur l'eau-de-vie provenant de sa distillation, et dont la quantité est constatée par l'exercice des commis. *Idem, art.* 36.

20. Dans les villes ouvertes où la perception des droits d'entrée sur les vendanges, pommes ou poires, ne peut être opérée au moment de l'introduction, la

régie peut faire faire, après la récolte, chez tous les propriétaires récoltans, l'inventaire des vins ou cidres fabriqués. Il en est de même pour les vendanges et fruits récoltés dans l'intérieur de la commune. Tout propriétaire qui n'a pas réclamé l'entrepôt, ou qui ne récolte pas assez pour l'obtenir, doit acquitter de suite les droits d'entrée sur les vins ou cidres inventoriés. *Idem*, art. 40.

21. Les propriétaires qui jouissent de l'entrepôt pour les produits de leur récolte seulement, en vertu de l'article précédent, ne sont soumis, outre l'inventaire, qu'à un recensement avant la récolte suivante : toutefois ils paient le droit d'entrée au fur et à mesure de leurs ventes à l'intérieur. *Idem*, art. 41.

22. Les boissons dites *piquettes*, faites par les propriétaires récoltans avec de l'eau jetée sur de simples marcs, sans pression, ne sont pas inventoriées chez eux, et sont exemptes du droit, à moinsqu'elles ne soient déplacées pour être vendues en gros ou en détail. *Idem*, art. 42.

§. V. *Dispositions particulières.*

23. Les voyageurs à pied, à cheval, ou en voitures particulières et suspendues, ne sont point soumis à la visite des commis, à l'entrée des villes sujettes aux entrées. *Loi précitée du 28 avril 1816, art.* 44.

Les courriers ne peuvent être arrêtés à leur passage sous prétexte de la perception ; mais ils doivent acquitter les droits sur les objets qui y sont sujets : à cet effet les employés peuvent accompagner les malles et assister au déchargement.

Tout courrier, tout employé des postes convaincu d'avoir fait ou favorisé la fraude, est destitué, outre les peines résultantes de la contravention.

Idem, art. 45.

24. Les contraventions aux dispositions du présent chapitre II, sont punies de la confiscation des boissons saisies, et d'une amende de 100 à 200 fr., suivant la gravité des cas; la fraude en voitures suspendues, est punie d'une amende de 1000 fr.

La fraude par escalade, par souterrain, ou à main armée est punie de six mois de prison, outre l'amende et la confiscation. *Idem*, *art.* 46.

Chapitre III. *Droit à la Vente en détail.*

§. Ier. *De la perception.*

25. Il est perçu, lors de la vente en détail des vins, cidres, poirés, eaux-de-vie, esprits, ou liqueurs composées d'eau-de-vie ou d'esprit, un droit de 15 pour 100 sur le prix de ladite vente. *Loi précitée du 28 avril 1816, art.* 47.

26. Les vendeurs en détail sont tenus de déclarer aux commis le prix de vente de leurs boissons, lorsqu'ils en sont requis ; ces prix sont inscrits sur les portatifs et registres des commis, et sur une affiche apposée, par le débitant, dans le lieu le plus apparent de son domicile. *Idem*, *art.* 48.

27. En cas de contestation sur l'exactitude de la déclaration, il en est référé au maire de la commune, qui prononce, sauf le recours au préfet. Le droit est perçu provisoirement, d'après la décision du maire, sauf rappel ou restitution. *Idem*, *art.* 49.

§. II. *Des débitans.*

28. Les cabaretiers, aubergistes, traiteurs, restaurateurs, maîtres d'hôtels garnis, cafetiers, liquoristes, buvetiers, débitans d'eau-de-vie, concierges, et autres donnant à manger au jour, au mois ou à l'année, ainsi

que tous autres qui veulent se livrer à la vente au détail des boissons spécifiées en l'article 25 ci-dessus, en
font leur déclaration au bureau de la régie, avant de
commencer leur débit ; ils désignent les espèces et quantités de boissons qu'ils ont dans leurs caves, celliers,
ou ailleurs, et dans le lieu de leur débit ; ils indiquent
aussi par une enseigne ou bouchon leur qualité de débitant. *Loi précitée du 28 avril 1816, art.* 50.

29. Toute personne qui vend en détail des boissons,
quelles qu'elles soient, est soumise aux visites et exercices des employés de la régie. *Idem, art.* 52.

Les habitans sont tenus d'ouvrir leurs caves, celliers,
et autres parties de leurs maisons aux employés, pour
y faire leurs visites, même les jours de fêtes et dimanches, hors les heures du service divin, pendant lesquelles lesdits lieux sont fermés. *Idem, art.* 56.

50. Les boissons déclarées par les dénommés en l'article 28 ci-dessus, sont comptées et prises en charge
aux registres portatifs des commis. A cet effet les futailles
sont jaugées et marquées par les employés ; les boissons
dégustées ; le dégré des eaux-de-vie et esprits vérifié,
ainsi que pour toutes les boissons qui arrivent chez les
vendans en détail pendant le cours du débit, et qui ne
peuvent être introduites dans leur domicile, leurs caves
ou celliers, qu'en vertu de congés, acquits-à-caution
ou passavans, lesquels sont produits lors des visites et
exercices, et sont relatés dans les actes de charge ; ainsi
que pour les débitans domiciliés dans les lieux sujets
aux droits d'entrée, les quittances de ces droits, et de
ceux d'octroi ou de banlieue. *Idem, art.* 55.

51. Les débitans ne peuvent vendre de boissons en
gros qu'en futailles au moins d'un hectolitre (100 litres),
et ils n'en sont déchargés à leur compte, qu'autant que
les vaisseaux ont été démarqués par les commis. En cas
d'enlèvement sans démarque, le droit de détail est

sonstaté sur la contenance des futailles, sans préjudice des effets de la contravention.

Le compte des débitans est également déchargé des quantités de boissons gâtées ou perdues, lorsque la perte est dûment justifiée.

Idem, art. 57.

52. Les vendans au détail ne peuvent avoir, ni recevoir chez eux, à moins d'une autorisation spéciale, des boissons en vaisseaux d'une contenance moindre qu'un hectolitre, ni établir le débit des vins et eaux-de-vie, sur des vaisseaux au-dessus de cinq hectolitres, ni mettre en vente ou avoir en perce plus de trois pièces de chaque espèce de boissons. Ils peuvent mettre les vins en bouteille, mais la transvasion a lieu en présence des commis; les bouteilles sont cachetées du cachet de la régie : le débitant fournit la cire et le feu. *Idem*, *art.* 58.

33. Défenses aux débitans de faire aucun remplissage, si ce n'est en présence des commis; d'enlever de chez eux les pièces vides avant d'être démarquées, et de substituer de l'eau ou autre liquide aux boissons qui auraient été reconnues dans les futailles lors de la prise en charge. *Idem*, *art.* 59.

34. Ils ne peuvent avoir qu'un seul râpé de raisin de trois hectolitres au plus, et pourvu qu'ils aient en cave au moins trois hectolitres de vin. Ils ne peuvent verser du vin sur ce râpé, hors de la présence des commis. *Idem*, *art.* 60.

35. Défenses aux vendans en détail de recéler des boissons dans leurs maisons ou ailleurs, et à tous propriétaires ou principaux-locataires, de laisser entrer chez eux des boissons appartenant aux débitans, sans qu'il y ait bail par acte authentique pour les caves, celliers, magasins, et autres lieux où seront placées lesdites boissons. Toute communication intérieure entre les maisons des débitans et les maisons voisines est inter-

dite, et les commis sont autorisés à exiger qu'elle soit
scellée. *Idem*, *art.* 61.

35. S'il y a impossibilité d'interdire les communications, le voisin du débitant peut, en vertu d'un arrêté
du préfet, être soumis aux exercices des commis, et
au paiement du droit à la vente au détail, si sa consommation apparente est évidemment supérieure à ses
facultés et à la consommation réelle de sa famille,
d'après les habitudes du pays. *Idem*, *art.* 62, 63 et 64.

36. Le paiement des droits est exigé à la fin de chaque trimestre, ou à la cessation de commerce d'un débitant. Il peut l'être au fur et à mesure de la vente,
pourvu qu'il y ait une pièce entière débitée, ou lorsque
les boissons ont été mises en vente dans les foires,
marchés ou assemblées. *Idem*, *art.* 65.

37. Il est accordé aux débitans pour tous déchets et
pour consommation de famille trois pour cent sur le
montant des droits de détail. *Idem*, *art.* 66.

38. Les débitans qui ont déclaré cesser leur débit,
retirent leur enseigne ou bouchon, et restent soumis
pendant les trois mois suivans aux visites et exercices
des commis. S'ils continuent la vente, il est dressé
procès-verbal de la contravention, et ils sont tenus en
outre, pour tout le tems écoulé depuis la déclaration
de cessation, du paiement des droits, en proportion
des sommes constatées à leur décharge pendant le trimestre précédent. *Idem*, *art.* 67.

39. Les débitans qui ont refusé de souffrir le service
des employés, sont tenus, outre les suites à donner aux
procès-verbaux, du paiement du droit de détail sur
toutes les boissons restant en charge lors du dernier
exercice; ils acquittent en outre le même droit pour
tout le tems de la suspension des exercices, au prorata
de la somme la plus élevée qu'ils auront payée pour un
trimestre pendant les années précédentes.

Les débitans qui n'auraient pas été soumis précédemment aux exercices, acquittent une somme égale à celle payée par le débitant le plus imposé du même canton.

Le maire de la commune vise dans les vingt-quatre heures de la présentation qui lui en est faite, les procès-verbaux de refus d'exercice.

Idem, art. 68.

40. La vente en détail des boissons ne peut être faite par les bouilleurs ou distillateurs pendant le tems de leur fabrication. Elle peut être autorisée si le lieu du débit est totalement séparé de l'atelier de distillation. *Idem*, art. 69.

§. III. *Abonnemens pour le droit de la vente en détail.*

41. Lorsqu'un débitant, ou une commune demande à payer par abonnement l'équivalent du droit de détail dont il est estimé passible, la régie doit l'y admettre. Les abonnemens ne sont conclus que pour un an. Ils sont révocables de plein droit faute de paiement de l'un des termes à l'époque fixée, ou en cas de fraude ou de contravention constatée. *Loi précitée du 28 avril 1816, art. 70 à 76.*

42. Dans les villes où ces abonnemens sont accordés, tout exercice chez les débitans est supprimé, et la circulation des boissons est affranchie de toute formalité. *Idem*, art. 77.

43. Les débitans ainsi abonnés sont solidaires pour le paiement des sommes portées aux rôles ; en conséquence aucun nouveau débitant ne peut s'établir dans la commune pendant la durée de l'abonnement, s'il ne remplace un autre débitant et compris dans la répartition. *Idem*, art. 80.

44. Les sommes portées aux rôles sont exigibles par douzième de mois en mois, d'avance et par voie de contrainte. A défaut de paiement d'un terme échu,

l'abonnement est révoqué, et la perception rétablie par exercices, sans préjudice des poursuites pour les sommes exigibles. *Idem , art.* 81.

45. Les employés de la régie constatent, à la requête des débitans abonnés, toute vente en détail faite par des personnes non comprises dans la répartition. Les poursuites sont exercées par les syndics des débitans , et les condamnations sont prononcées au profit de la masse des débitans. *Idem. art.* 82.

46. Les débitans abonnés ou leurs syndics, peuvent concéder à des personnes non comprises dans la répartition, le droit de vendre en détail des boissons lors des foires et assemblées. *Idem. art.* 83.

§. IV. *Propriétaires vendant en détail des boissons de leur crû.*

47. Les propriétaires qui vendent en détail les boissons de leur crû, jouissent d'une remise de 25 pour cent sur les droits qu'ils ont à payer. Ils déclarent préalablement la quantité de boissons de leur crû qu'ils ont en leur possession et celle qu'ils entendent vendre en détail , avec soumission de ne vendre que des boissons de leur crû. Ils vendent par eux-mêmes , ou par leurs domestiques, dans des maisons à eux appartenant, ou par eux louées par bail. *Idem. art.* 85.

48. Ils ne fournissent aux buveurs que les boissons déclarées , avec bancs et tables ; ils peuvent établir leur vente sur des vaisseaux au-dessus de 5 hectolitres. Ils sont soumis aux mêmes obligations que les débitans de profession ; mais les visites et exercices des commis n'ont pas lieu dans l'intérieur de leur domicile, si le local de la vente en détail en est séparé. *Idem. art.* 86.

§. V. *Droit général de consommation sur l'Eau-de-vie.*

49. Un droit général de consommation égal à celui

fixé pour la vente en détail , par l'article 25 ci-dessus , est perçu sur toute quantité d'eau-de-vie, d'esprit ou de liqueur composée d'eau-de-vie ou d'esprit , adressée à une personne non assujettie aux exercices des employés de la régie. Ce droit n'est pas dû sur les eaux-de-vie , esprits et liqueurs qui sont exportés à l'étranger. *Loi précitée du 28 avril 1816 , art. 87.*

50. Le droit n'est point exigé des personnes non-soumises aux exercices en cas de transport des boissons ci-dessus de l'une de leurs maisons dans une autre, ou dans un nouveau domicile.

Les bouilleurs de crû qui font transporter les produits de leur distillation , dans des caves ou magasins séparés de la brûlerie , n'ont droit à la même exemption qu'en soumettant ces caves ou magasins aux exercices des préposés de la régie. *Idem. art.* 90.

51. Les eaux-de-vie versées sur les vins sont affranchies du droit de consommation , si la quantité employée n'excède pas un 20e. de la quantité de vin soumise à cette opération , qui ne peut se faire qu'en présence des employés de la régie. *Idem. art.* 91.

§. VI. *Remplacement du droit de détail, à Paris.*

52. Dans l'intérieur de la ville de Paris , il n'y a pas d'exercice sur les boissons autres que les bières. Le droit de détail et celui d'entrée y sont remplacés par une taxe unique aux entrées. *Idem. art.* 92.

53. Les dispositions du chapitre II ci-dessus et les peines y portées en cas de contravention, sont applicables à la taxe établie par l'article précédent. *Idem. art.* 93.

§. VII. *Dispositions générales applicables au présent chapitre III.*

54. Les boissons trouvées en la possession de per-

sonnes vendant au détail , sans déclaration , et celles
à l'égard desquelles des contraventions sont constatées
chez les débitans , sont saisies par les employés de la
régie. *Idem. art. 94.*

55. Le commerce de boissons en détail sans déclaration préalable, ou après déclaration de cesser, est puni
d'une amende de 300 à 1000 fr. et de la confiscation
des boissons saisies. Les boissons peuvent leur être
restituées, en payant par eux 1000 fr. , outre l'amende.
Idem. art. 95.

56. Les autres contraventions aux dispositions du
présent chapitre III , sont punies de la confiscation
des objets saisis et d'une amende de 50 à 300 fr. la
première fois, et de 500 fr. en cas de récidive. *Idem.
art.* 96.

Chapitre IV. *Des Marchandises en gros.*

57. Toute personne qui veut faire le commerce des
boissons en gros et qui habite un lieu sujet aux entrées,
doit déclarer les quantités , espèces et qualités de
boissons qu'elle possède dans le lieu de son domicile et
ailleurs. (*Loi précitée du* 28 *avril* 1816 , *art.* 97.)

58. Est réputé marchand en gros , celui qui reçoit
ou expédie pour son compte ou celui d'autrui , des
boissons , soit en futailles d'un hectolitre au moins ,
ou en plusieurs futailles contenant, réunies , plus d'un
hectolitre , soit en caisses ou paniers de 25 bouteilles
et au-dessus. *Idem. art.* 98.

59. N'est pas réputé marchand en gros, 1°. celui recevant accidentellement une pièce , une caisse, ou un
panier de vin pour le partager avec d'autres personnes,
pourvu que l'expéditeur ait énoncé dans sa déclaration,
outre le nom et le domicile du destinataire, ceux des
co-partageans , et la quantité destinée à chacun d'eux ;
2°. Ceux qui , en changeant de domicile, vendraient

les boissons qu'ils auraient reçues pour leur consommation ;

3°. Les personnes qui vendraient, après le décès de celle à qui elles auraient succédé, les boissons dépendant de sa succession et provenant de sa récolte ou de ses provisions, pourvu qu'elle ne fût ni marchand en gros, ni débitant, ni fabricant de boissons. *Id. art.* 39.

60. Les dénommés en l'article 57 ci-dessus, peuvent transvaser, mélanger, et couper leurs boissons hors de la présence des employés ; les pièces ne sont pas marquées à l'arrivée ; seulement il est tenu pour les boissons en leur possession, un compte d'entrée et de sortie, d'après les congés, acquits à caution ou passavans, qu'ils sont tenus de représenter, à peine de saisie. *Id. art* 100.

61. Les vérifications des employés chez les marchands en gros, n'ont lieu que dans les magasins, caves et celliers, et pendant le jour seulement. *Idem. art.* 101.

62. Les dénommés en l'article 57 ci-dessus, peuvent faire accidentellement des ventes de boissons en quantités inférieures à celles fixées par l'article 58 ci-dessus. Ils paient le droit de détail pour ces ventes, lorsque la quantité expédiée ne forme pas un hectolitre, en une ou plusieurs futailles, ou 25 litres en bouteilles. *Idem. art.* 102.

63. Il est accordé aux marchands en gros pour ouillage, coulage, et affaiblissement de degrés, une déduction de 6 pour cent, par an, sur les eaux-de-vie au-dessous de 28 degrés ; — de 7 pour cent sur les eaux-de-vie rectifiées et esprits de 28 degrés et au-dessus ; — de 7 pour cent sur les cidres et poirés ; — de 3 pour cent sur les vins nouveaux, pendant les trimestres d'octobre et janvier. Sur les mêmes vins, pendant les trimestres d'avril et juillet, et sur les vins vieux, pour les trimestres suivans un ½ pour cent. — Le décompte de cette déduction est fait en raison du séjour. — La ré-

gie peut accorder une plus forte déduction en cas de déchet supérieur à la remise ci-dessus. *Loi du 31 juillet 1821, art. 5.*

64. Les marchands en gros paient un droit égal à celui de détail, sur les quantités de boissons reconnues manquer à leurs charge, après les déductions ci-dessus. *Idem précitée, du 28 avril 1816, art. 104.*

65. Celui qui fait le commerce de boissons en gros, sans déclaration préalable, ou après une déclaration de cesser, ou qui ayant fait une déclaration en gros, fait le commerce en détail, encourt une amende de 500 fr. à 2,000 fr. avec saisie et confiscation des boissons étant en sa possession. Il peut en obtenir la main levée en payant 2,000 fr., outre l'amende.

Toute autre contravention est punie comme il est dit ci-dessus, art. 56. *Idem. art.* 106.

CHAPITRE V. *Des Brasseries.*

66. Il est perçu à la fabrication des bières un droit de 2 fr. par hectolitre de bière forte, et de 50 c. par hectolitre de petite bière; ce dernier droit est de 75 c. lorsqu'elle se vend 5 fr. et au-dessus, l'hectolitre. (*Loi du 28 avril 1816. art. 107*).

NOTA. Le droit ci-dessus de 2 fr. a été porté à 3 fr. par la loi sur les finances du 25 mars 1817, art. 86.

67. Est exempte de tous frais, la petite bière fabriquée sans ébullition, par le versement d'eau froide dans la cuve-matière, sur les marcs, pendant le jour, pourvu que cette petite bière n'excède pas en quantité le 8e. des bières assujetties au droit, qu'elle soit livrée de suite à la consommation, sans mélange d'aucune autre espèce de bière. *Idem, art.* 114.

68. Les employés de la régie peuvent vérifier dans les bacs ou cuves, ou à l'entonnement, le produit de la vérification de chaque brassin.

Tout excédant à la contenance brute de la chaudière est saisi. Un excédent de plus d'un 10ᵉ. suppose la fabrication d'un brassin non-déclaré, et le droit est perçu en conséquence, indépendamment de l'amende encourue.

Idem, art. 3.

69. L'entonnement de la bière ne peut avoir lieu que de jour. *Idem*, art. 112.

70. Il ne peut être fait d'un même brassin qu'une seule espèce de bière ; elle est retirée de la chaudière et mise aux bacs refroidissoirs sans interruption ; les décharges partielles sont défendues. *Idem*, art. 113.

71. Les bières destinées à être converties en vinaigre sont assujetties aux mêmes droits de fabrication que les autres bières. *Idem. art.* 115.

72. Il n'est fait usage pour fabriquer la bière, que de chaudières de 6 hectolitres et au-dessus ; elles sont fixées à demeure et maçonnées. Les brasseries ambulantes sont interdites ; mais la régie peut les permettre suivant les nécessités. *Idem*, art. 116.

73. Les brasseurs font au bureau de la régie, la déclaration de leur profession et du lieu de leurs établissemens, ainsi que de la contenance de leurs chaudières, cuves et bacs avant de s'en servir. Ils fournissent l'eau et les ouvriers pour vérifier, par l'empotement, les contenances déclarées ; l'opération est dirigée en présence des employés de la régie ; il en est dressé procès-verbal. Chaque vaisseau porte un numéro et l'indication de sa contenance en hectolitres. *Id. art.* 117.

74. Défenses de changer, modifier ou altérer la contenance des chaudières, cuves et bacs, et d'en établir de nouveaux, sans en avoir fait déclaration par écrit, 24 heures d'avance, avec soumission de n'en faire usage qu'après vérification de leur contenance. *Idem. art.* 118.

75. Le feu ne peut être allumé sous les chaudières

que pour la fabrication de la bière. *Idem. art.* 119, et après déclaration :

1º. Du numéro et de la contenance des chaudières qui devront être employées et de l'heure de la mise du feu sous chacune ;

2º. Du nombre et de la quantité des brassins qui devront être fabriqués avec la même drèche ;

3º. De l'heure de l'entonnement de chaque brassin ;

4º. Du moment où l'eau doit être versée sur les marcs, pour fabriquer la petite bière sans ébullition, exempte de droit, et du moment où elle devra sortir de la brasserie.

Les brasseurs qui veulent faire, pour la fabrication du vinaigre, un ou plusieurs brassins par infusion, déclarent, en outre, la contenance de la cuve dans laquelle toutes les trempes devront être réunies pour fermenter.

Le préposé qui a reçu une déclaration en remet ampliation signée de lui au brasseur, qui doit la représenter à toute réquisition des employés, pendant la durée de la fabrication. *Idem. art.* 120.

76. La mise de feu sous une chaudière supplémentaire peut avoir lieu sans donner lieu à aucun droit, pourvu qu'elle ne serve qu'à chauffer les eaux nécessaires à la confection de la bière et au lavage des ustensiles de la brasserie. Ce feu est éteint et la chaudière est vidée aussitôt que l'eau pour la dernière trempe en a été retirée. *Idem. art.* 121.

77. Les brasseurs peuvent se servir de hausses mobiles d'un décimètre (environ 4 pouces) de hauteur, lesquelles ne sont point comprises dans l'épalement, sont placées sur ces chaudières, au moment seulement de l'ébullition de la bière, et ne sont point soutenues ni élevées avec mastic ou autres matières. *Idem. art.* 122.

78. Toute brasserie en activité porte une enseigne avec l'inscription *Brasserie*.

Ils apposent sur leurs tonneaux une marque particulière, dont ils déposent une empreinte à la régie, au moment de la déclaration prescrite par l'article 13 ci-dessus. *Idem. art.* 124.

79. Les brasseurs sont soumis aux visites et vérifications des employés, et tenus de leur ouvrir leurs maisons, brasseries, ateliers, magasins, caves et celliers, et de leur représenter toutes leurs bières. Ces visites n'ont pas lieu dans les maisons non contigues aux brasseries et non enclavées dans la même enceinte.

Ils doivent faire sceller toute communication avec les maisons voisines, autres que celle de leur habitation. *Idem. art.* 125.

80. Les particuliers qui ne brassent que pour leur consommation, les colléges, les maisons d'instruction et autres établissemens publics, sont soumis aux mêmes taxes et obligations que les brasseurs de profession; excepté le droit de licence. (Voir le chapitre VII, ci-après.

Les hôpitaux ne sont assujettis qu'à un droit proportionnel à la qualité de bière qu'ils font fabriquer pour leur consommation intérieure. *Idem. art.* 128.

81. Toute contravention aux dispositions du présent chapitre V, est punie d'une amende de 200 à 600 fr. Les bières trouvées en fraude, les chaudières qui ne seraient pas fixées à demeure et maçonnées, sont en outre saisies et confisquées. *Idem. art.* 129.

82. La régie peut consentir, de gré-à-gré, avec les brasseurs de Paris et des autres villes au-dessus de 30,000 âmes, un abonnement général, pour le droit de fabrication. *Idem. art.* 130.

83. Les bières fabriquées dans Paris et expédiées hors du département de la Seine, sont soumises, à la

sortie du département ; au droit de fabrication établi par l'art. LXVI ci-dessus. Il en est de même des bières fabriquées dans les villes où l'abonnement ci-dessus est consenti, lorsqu'elles sont expédiées hors desdites villes. *Idem. art.* 137. (Voir aussi *Brasseurs.*)

CHAPITRE VI. — *Des Distilleries.*

84. Les distillateurs et bouilleurs de profession font par écrit, avant de commencer à distiller, toutes les déclarations nécessaires, pour que les employés puissent surveiller leur fabrication, en constater les résultats, et les prendre en charge. Il leur en est délivré des ampliations qui sont représentées à toute réquisition, aux employés, pendant la fabrication. (*Loi précitée, du* 28 *avril* 1816 *, art.* 138.)

Toute contravention de leur part est punie ainsi qu'il est dit en l'article 81 ci-dessus. *Idem. art.* 143.

CHAPITRE VII. — *Dispositions générales.*

85. Toute personne assujettie par les dispositions des chapitres précédens, à une déclaration préalable, en raison d'un commerce quelconque de boissons, est tenue, en faisant ladite déclaration, de se munir d'une *licence*, de la renouveler tous les ans, et d'en payer le droit annuel, suivant le tarif annexé à la loi précitée, du 28 avril 1816. *Idem. art.* 144.

86. Toute contravention au droit de licence, est punie d'une amende de 500 fr., laquelle, en cas de fraude, est augmentée du quadruple des droits fraudés. *Idem. art.* 171.

87. Dans toutes les opérations relatives aux taxes établies ci-dessus, les bouteilles sont comptées chacune pour un litre, chaque demi-bouteille pour un demi-litre ; les droits sont perçus en raison de ces contenances. *Idem. art.* 145.

CHAPITRE VIII. — *Police et salubrité des Boissons.*
(Voir aussi au tome IV, *Boissons.*)

88. Ceux qui exposent en vente des boissons gâtées, corrompues ou falsifiées, sont punis de l'amende de 6 à 10 fr. et en outre, s'il y a lieu, d'un emprisonnement de trois jours au plus. Les boissons sont saisies et répandues. (*Code pénal, art.* 475, 476, 477. Voir *Délits, art.* 30 , §. VI.

89. Ceux qui vendent ou débitent des boissons falsifiées, contenant des mixtions nuisibles à la santé, sont punis d'un emprisonnement de six jours à deux ans, et d'une amende de 16 à 500 fr. , avec saisie et confiscation desdites boissons. *Idem, art.* 318. Voir aussi *Vinaigre. Vol, art.* 9.

90. Les officiers de police, assistés de gens de l'art, font des visites chez les marchands de boissons, pour en vérifier et constater la qualité par des procès-verbaux. *Loi du 22 juillet 1791, art. 9 du tit. I*er.

91. A Paris, des dégustateurs nommés par le préfet, dégustent tous les vins qui arrivent sur les ports et à la halle, ainsi que dans les magasins chez les marchands ; ils peuvent, pour ces visites, requérir l'assistance d'un commissaire de police. Voir *Navigation, art.* 54 et *suivans. Vins, art.* 13.

Ces dégustateurs dressent des états des prix des vins, en en indiquant la qualité, le crû et l'année de la récolte. *Instructions du préfet de police des 4 brumaire et 24 ventôse an IX* (26 octobre 1800 et 15 mars 1801).

92. Défenses de vendre sur la voie publique des boissons, telles que vin, cidre, bière , eau-de-vie ; les contrevenans sont poursuivis comme embarrassant la voie publique. *Arrêté de police du 7 floréal an IV* (26 avril

1796) ; sans préjudice des autres peines comme contrevenans aux lois sur le débit des boissons.

93. Défenses de vendre du vin, cidre ou bière dans des bouteilles de moindre jauge et poids que ceux prescrits. Voir *Bouteilles*.

Entrepôt général des vins et eaux-de-Vie. Voir *Entrepôt général*, etc.

Pour le commerce des vins. Voir *Vins*.

Mesures pour les boissons ou liquides. Voir *Poids et Mesures*.

Pillage et dégât des boissons. Voir *Destructions*.

BOÎTES D'ARTIFICE. Voir *Artifice*.

BOÎTES FUMIGATOIRES ou d'entrepôt. Voir *Asphixiés, Cadavres. Noyés*.

BOMBES D'ARTIFICE. Voir *Artifice*.

BONBONS. Voir *Confiseurs*.

BONNE-AVENTURE (diseurs de), Voir *Devins*.

BONNETIERS, fabricans de bas.

Suivant les anciens réglemens, les fabricans de bas ou bonnetiers ne doivent employer que des soies débouillies au savon, bien teintes, bien séchées, sans bourre, doublées, adoucies, plates et nerveuses.

Ils ne doivent employer, pour le noir, que des soies non teintes ; les ouvrages sont envoyés tout faits aux teinturiers.

Défenses de mettre dans les ouvrages de laine, fil et castor, moins de trois brins, et d'employer aucun fil d'estam ou d'estaim.

Les ouvrages au métier ne doivent être foulés qu'avec du savon blanc ou vert, à bras ou à pieds.

Marques des ouvrages de bonneterie en laine ou coton. Voir *Douanes*, art. 121.

BORNAGE DES PROPRIÉTÉS. Voir *Propriétés. Police rurale*.

BORNES ou CHASSE-ROUES de pierre contre les maisons.

(Voir aussi *Voirie* au tome IV).

Art. 1er. On ne peut établir de bornes contre les maisons sur la voie publique, sans une permission de la petite voirie. Leur saillie est de 25 centimètres (8 pouces), à peine d'être arrachées et d'amende contre les propriétaires. On les tolère à 65 centimètres au pied (2 pieds), et 49 à la tête (18 pouces), suivant les places où elles sont posées. *Ordonnance du 26 octobre 1666.*

Voir aussi *Voirie — tarif des droits de petite-voirie.*

2. Défenses de faire poser des bornes dans la face des pans coupés des maisons, à peine de 50 fr. d'amende (et suppression desdites bornes), attendu les accidens qu'elles peuvent occasionner. *Ordonnances du bureau des finances des 22 et 25 février 1787.*

NOTA. Les contraventions dans l'espèce dont s'agit, peuvent être assimilées, quant à l'amende, aux contraventions de simple police prévues par le §. 5 de l'article 471 du Code pénal.

BORNES pour empêcher le passage des voitures sur les accottemens des chaussées, ou qui défendent les parapets des ponts, des quais et autres endroits dangereux. Voir *Routes — détériorations sur les grandes routes.*

BORNES MILLIAIRES placées sur les grandes routes, pour indiquer les distances.

Défenses de les arracher, à peine de 300 fr. d'amende. *Ordonnance du bureau des finances du 30 avril 1772, art. 9.*

BORNES ISOLÉES.

Il faut une permission de la petite-voirie pour en établir. Voir *Voirie — tarif des droits de petite-voirie.*

BORNES D'HÉRITAGES. Peines contre ceux qui les

suppriment ou déplacent. Voir *Police rurale. Destructions. Vol*, *art.* 11.

BOUCHERIE.

Chapitre Ier. *Bouchers de Paris.* (Voir aussi *Bouchers*, au tome IV.)

1º. *Etablissemens de boucherie;*

2º. *Caisse de Poissy;*

3º. *Halle à la viande;*

4º. *Police des garçons bouchers;*

5º. *Tripes et issues de boucherie;*

6º. *Vaches pour la boucherie;*

7º. *Commerce des veaux;*

8º. *Approvisionnement des marchés de Sceaux et Poissy;*

Police des marchés; Mort d'un bœuf;

9º. *Conduite des bestiaux à Paris;*

10º. *Abattoirs généraux.*

Chapitre II. *Bouchers de Versailles.*

CHAPITRE Ier. *Bouchers à Paris.*

§. Ier. *Etablissemens de boucherie.*

Art. 1er. Les bouchers de Paris sont tenus de se faire inscrire à la préfecture de police, et d'y prendre une permission du préfet, qui leur est délivrée sur l'avis des syndics et adjoints. *Arrêté du Gouvernement du* 8 *vendémiaire an XI* (30 sept. 1802), *art.* 1 et 4.

2. Trente bouchers nommés par le préfet de police, et dont dix sont pris parmi les moins imposés au droit proportionnel des patentes, nomment un syndic et six réélus adjoints. *Idem, art.* 2 et 3.

Le syndic et les deux adjoints sont renouvelés ou réélus tous les ans par la voie du sort.

Les trente électeurs sont renouvelés par tiers tous les ans par la voie du sort.

Arrêté du préfet de police du 2 *décembre* 1819.

Nota. Le Bureau du commerce de la boucherie est établi à Paris, à la halle aux veaux.

Il y a un agent du commerce de la boucherie.

3. Les bouchers fournissent par chaque étal qu'ils tiennent, un cautionnement de 3,000 fr., ou de 2000 fr., ou de 1000 fr.; ce qui forme trois classes de bouchers. Ce cautionnement est payé par sixième, de mois en mois. *Arrêté précité du Gouvernement, art.* 5 *et* 7; l'intérêt leur en est compté à raison de cinq pour cent par an, sans aucune retenue. *Décret du 6 février* 1811, *art.* 73. Voir ci-après l'article 5.

4. Sur les six adjoints, deux sont pris dans la première classe des bouchers; deux dans la seconde, et deux dans la troisième. *Arrêté précité du Gouvernement, art.* 6.

5. Le boucher qui n'a pas versé son cautionnement dans les délais prescrits, ne peut plus exercer. *Idem, art.* 7.

6. Un boucher ne peut quitter son commerce que six mois après en avoir fait sa déclaration au préfet de police, à moins qu'il n'en ait obtenu la permission, à peine de perdre son cautionnement. *Idem, art.* 13 *et* 14.

7. Les créanciers d'un boucher failli peuvent néanmoins réclamer la partie de son cautionnement qui se trouvera libre. *Idem, art.* 14.

8. Le cautionnement est restitué, à la réquisition du boucher qui a quitté volontairement le commerce après déclaration, ou à la réquisition des héritiers ou ayans-causes d'un boucher décédé en exercice. *Idem, art.* 6.

9. Il ne peut être vendu de bestiaux pour l'approvisionnement de Paris, que sur les marchés de Sceaux et de Poissy et à la Halle aux veaux. *Idem. art.* 7.

10. Tout étal qui cesse d'être garni de viande pendant

trois jours conséqutifs, est fermé pendant six mois. *Idem*, *art.* 18. (Voir au tome IV, *Bouchers*, n°. 7.)

11. La vente de la viande de boucherie est permise deux jours de la semaine seulement dans les marchés publics, sous la surveillance de la police. *Idem*, *art.* 19.

12. Pour obtenir du préfet de police la permission d'exercer la profession de boucher, il faut justifier du paiement du premier sixième du cautionnement de la classe dans laquelle se trouve le requérant, d'après le tableau des bouchers de Paris, arrêté par le préfet de police.

Il est procédé chaque année à la révision du classement des bouchers. (*Ordonnance du préfet de police*, *du* 16 *frimaire an II*. (6 *décembre* 1802.)

13. En conséquence de l'arrêté précité du Gouvernement, il ne peut exister, dans le ressort de la préfecture de police, un étal de boucherie, sans une permission du préfet de police. En cas de changement dans ces établissemens, son autorisation est nécessaire. *Idem*, *du* 15 *nivose an II* (5 *janvier* 1803) *art.* 1er. (Voir au tome IV, *Bouchers*, n°s. 1, 2 et 3.)

14. A Paris, les bestiaux ne peuvent être abbattus ailleurs que dans les abattoirs généraux établis à cet effet. *Idem*, *art.* 2. Voir le §. 10, ci-après. (Voir aussi au tome IV, *Bouchers*, n°. 6.)

15. Défense de vendre de la viande ailleurs que dans les étaux de boucherie, et sur le carreau de la Halle à ce destiné, *Idem*, *art.* 3; sous les peines de simple police, comme contrevenant à un réglement de police légalement rendu. Voir Contravention. (Voir aussi, au tome IV, *Bouchers*, n°s. 4 et 6.)

16. Défenses d'exposer en vente des viandes insalubres et corrompues, à peine de confiscation et des peines de simple police (Voir au tome IV, *Bouchers*, n°. 5.) comme aussi, et sous les mêmes peines, de

vendre la viande au-dessus de la taxe qui en serait légalement faite et publiée. (*Loi du* 22 *juillet* 1791 , *tit. II, art,* 20. *Loi du* 3 *brumaire an IV* , (25 *octobre* 1795), *art.* 605. Voir *Taxe.*

17. Pour que les bouchers ne puissent déguiser les mauvaises viandes par la cuisson, il leur est défendu de cumuler l'état d'aubergiste ou de tavernier avec celui de boucher. (*Ordonnance de police, du* 14 *septembre* 1517).

18. Pour l'exécution des articles 14 , 15 , 16 et 17, ci-dessus, les commissaires de police font des rondes fréquentes : ils saisissent les viandes trouvées dans des dépôts clandestins, pour être vendues, ainsi que celles que des marchands forains apporteraient du dehors et colporteraient dans les rues ; ils envoient ces viandes à la halle où elles sont vendues, et le produit de la vente est déposé dans la caisse de la préfecture de police ; celles saisies comme insalubres, sont envoyées à la ménagerie du jardin du Roi, pour la nourriture des animaux. *Décision du préfet de police , du* 18 *juin* 1806.

19. Les syndics, adjoints et doyens d'âge des bouchers sont autorisés par le préfet de police, à faire, lorsqu'ils le jugent convenable , des visites chez les marchands bouchers, assistés d'un commissaire de police , pour s'assurer si les étaux sont garnis des trois espèces de viande ; le commissaire de police rédige le procès-verbal de la visite, et le transmet au préfet de police. *Arrêté du préfet de police , du* 2 *septembre* 1806.

20. Un étal de boucherie doit avoir au moins 2 mètres et demi (7 pieds et demi) de haut, sur 3 mètres et demi (10 pieds et demi) de large , et 4 mètres (12 pieds) de profondeur ; l'air doit y circuler transversalement, et la propreté doit y régner ; il n'y a dans l'étal ni âtre , ni cheminée, ni fourneau; toute chambre à coucher doit en être séparée par des murs sans

communication directe. *Instruction du préfet de police, du 15 nivose an XI (5 janvier 1803.)*

La police exige aussi que la fermeture d'un étal sur la rue, ne soit composée, même la nuit, que d'une grille à barreaux de fer, pour faciliter la circulation de l'air extérieur.

21. La cour d'un échaudoir ou tuerie, doit être grande, aérée, bien pavée, et avoir un bon puits.

L'échaudoir doit avoir au moins 6 mètres et demi de long, 4 mètres de large et 3 mètres de haut ; être dallé en pierres jointes au ciment, avec un puisard ou auge pour recevoir le sang des bestiaux, et un égout avec grille pour retenir les immondices, conformément à l'ordonnance de police, du 15 juin 1765 ; l'air doit y circuler librement. La bouverie, l'étable et la bergerie doivent être dans la même cour ; elles sont rapprochées autant que possible de l'échaudoir.

La voirie est déposée dans un endroit à ce destiné, et enlevée tous les jours ; les eaux sales sont vidées la nuit.

L'entrée principale de l'établissement doit être facile et commode pour les bœufs, et n'être commune à aucune autre exploitation. *Instruction précitée.*

NOTA. Les dispositions de l'article 21 ci-dessus ne peuvent s'appliquer à Paris, depuis l'établissement des abattoirs généraux mentionnés au §. X ci-après ; mais elles peuvent servir d'instruction pour les échaudoirs ou tueries dans les autres villes et communes.

22. Défenses aux bouchers de répandre dans les rues le sang et autres immondices de boucherie qui doivent être transportées hors de Paris dans des voitures et vaisseaux bien clos ; les eaux rousses seulement peuvent couler dans les rues, et le ruisseau doit être lavé de suite à grande eau claire ; le tout à peine de 100 fr. d'amende, aux termes de l'ordonnance de police du 27 avril 1703, ou au moins sous les peines de simple police, confor-

mément aux *paragraphes III et VI de l'article* 471 *du Code pénal.* Voir *Délits*, art. 29, § 3 et 6.

NOTA. Même observation que sur l'article 21 ci-dessus.

23. Défenses aux bouchers d'étaler au-devant de leur boutique ou étal, des quartiers de bœuf, des colliers et palerons, des trains de côtes, des veaux et moutons entiers ou fendus par la moitié. Ils ne peuvent faire aucun étalage de viande à une hauteur moindre de 2 mètres, à partir du sol de la rue jusqu'au-dessous des viandes étalées. *Ordonnance du préfet de police, du* 29 *janvier* 1811, *art.* 1 *et* 2. (Voir au tome IV, *Bouchers*, n°. 9.)

Ils doivent disposer leurs tringles, râteliers et crochets, d'une manière conforme aux dispositions ci-dessus, *Idem, art* 3; à peine de l'enlèvement d'office et à leurs frais, des étalages, crochets, tringles et râteliers laissés en nuisance et en contravention aux dispositions ci-dessus; sans préjudice des poursuites judiciaires, comme entravant la liberté, la sûreté et la commodité de la voie publique. *Idem, art* 4.

24. Les fondoirs des bouchers pour le suif en branche, peuvent être construits près des échaudoirs. Ils sont établis dans les cours, isolés de tous bâtimens. Le fourneau doit être construit, suivant les règles de l'art, surmonté d'une hotte avec conduit de cheminée en brique. *Instruction précitée.*

NOTA. Même observation que sur l'article 21.

25. Les bouchers de Paris ne peuvent plus exercer le droit de parcours sur les terres et jachères de la ci-devant banlieue de Paris. *Loi du* 6 *octobre* 1791, *sur la police rurale,* 4e. *section, art* 2. *Avis du Conseil-d'Etat, du* 30 *frimaire an XII.* (22 *décembre* 1803.)

§. II. Caisse du Commerce de la Boucherie, ou Caisse de Poissy.

26. La caisse du commerce de la boucherie a le titre de *Caisse de Poissy*; elle est au compte et au profit de la ville de Paris ; elle est chargée de payer comptant, sans déplacement, aux herbagers et aux marchands forains, le prix de tous les bestiaux que les bouchers de Paris et du département de la Seine, achètent aux marchés de Sceaux et de Poissy, au marché des vaches grasses, et à la Halle aux veaux. *Décret du 6 février 1811, art. 1er.*

27. L'administration de cette caisse et la surveillance de toutes les opérations y relatives, appartiennent au préfet du département de la Seine. *Idem, art. 2.*

28. Le préfet de police intervient dans les rapports de la caisse avec les bouchers, pour les avances et crédits qui leur sont faits, le versement de leurs cautionnemens, les achats des étaux, et autres opérations relatives aux bouchers et à leur communauté. *Idem, art. 3.*

29. Le fonds de la caisse de Poissy se compose,

1°. Du montant des cautionnemens des bouchers ;

2°. Des sommes versées par la caisse municipale, d'après un crédit ouvert par le préfet de la Seine, jusqu'à concurrence de ce qui est nécessaire pour payer les forains, suivant l'article 26 ci-dessus. *Idem, art. 4.*

30. La caisse est régie, sous les ordres du préfet de la Seine, par un directeur nommé par le Roi, et ses opérations se font par un caissier nommé par le préfet de la Seine. *Idem, art. 5.*

31. Le directeur correspond avec le préfet de police pour les objets désignés en l'article 28 ci-dessus. *Idem, art. 6.* Il surveille la gestion du caissier, et la perception des droits ci-après mentionnés. *Idem, art. 7.*

32. Le directeur et le caissier ne peuvent faire, directement ni indirectement, le commerce de la boucherie, émettre aucun effet en circulation pour le compte de la caisse, ni s'intéresser au commerce des bouchers, sous les peines portées par l'article 475 du Code pénal. *Idem, art.* 7. Voir *Fonctionnaires publics, art.* 2.

33. Il est perçu aux marchés de Sceaux et de Poissy, à celui des vaches grasses et à la halle aux veaux, au profit de la ville de Paris, par tête de bestiaux vendus pour la consommation de Paris : par bœuf, 10 fr. ; par vache, 6 fr. ; par veau, 2 fr. 40, c. ; par mouton, 70 c. *Ordonnance du Roi du 28 mars* 1821.

34. Le directeur de la caisse de Poissy recouvre ce droit sur les bouchers simultanément avec les avances à eux faites par ladite caisse. *Idem du* 21 *décembre* 1819, *art.* 5.

35. Le produit en est affecté aux dépenses de la caisse, et à celles de la ville de Paris. *Décret précité, art.* 9.

36. Le droit est perçu au compte de la ville de Paris, et en régie par le directeur de la caisse. *Idem, art.* 12.

37. Il est alloué à cet effet au directeur un traitement fixe pour lui, le caissier, ses agens, et ses frais de bureau, dont l'état est arrêté par le ministre de l'intérieur sur l'avis du préfet du département, et de manière que le directeur soit chargé de tous les frais et dépenses de perception et gestion généralement quelconques, et que le droit perçu, déduction faite, par douzième, de la somme portée audit état, soit versé, chaque mois, entre les mains du receveur de la ville de Paris *Idem, art.* 13 et 14.

38. Il y a un inspecteur de la caisse et des marchés, et le nombre de contrôleurs nécessaire pour la surveillance de la perception, le *visa* des bordereaux, la tenue des livres, les paiemens et prêts, et pour toutes les me-

sures d'ordre nécessaires. Ils reçoivent leurs instructions du directeur, d'après les ordres que lui transmet le préfet de la Seine ; leur traitement est payé par la Ville comme celui des autres agens des marchés de Paris. *Idem, art.* 15 et 16.

39. Le directeur fait ouvrir à la caisse, pour le paiement des forains, un crédit général, égal au montant présumé des ventes les plus considérables de chaque marché ; le montant de ce crédit est réglé par le directeur de la caisse, d'après les ordres du préfet de la Seine, qui prend l'avis du préfet de police et du syndicat des bouchers. *Idem, art.* 19. Ce crédit est divisé entre tous les bouchers de Paris et du département de la Seine. *Idem, art.* 20.

40. A cet effet, les syndics et adjoints des bouchers de Paris présentent, le 25 de chaque mois au plus tard, au préfet de police, un état du crédit individuel qui peut être accordé à chaque boucher de Paris pour le mois suivant, et qui ne peut être moindre que le montant du cautionnement de chacun, sans une déclaration contraire de leur part.

Les sous-préfets de Sceaux et de Saint-Denis adressent au préfet de police, à la même époque, un état du crédit qui peut être accordé à chaque boucher de leurs arrondissemens respectifs.

Le préfet de police vérifie ces états ; il en forme un état de distribution du crédit général, entre tous les bouchers, et l'adresse au préfet de la Seine. *Idem, art.* 21.

41. L'effet du crédit ouvert à un boucher peut être suspendu, même interdit, par le préfet de police, en cas de dérangement de ses affaires ; en ce cas, le montant en est réparti entre les autres bouchers. *Idem, art.* 22.

42. Tout boucher dont le crédit serait épuisé ou

insuffisant pour couvrir le prix des achats, est tenu de verser à la caisse, marché tenant, le montant ou le complément du prix des bestiaux qu'il a achetés, à défaut de quoi le directeur peut ordonner au caissier de faire consigner les bestiaux, et de ne les délivrer au boucher qu'à fur et à mesure des versemens ; dans ce cas, il est tenu compte au caissier, par le boucher, des frais de nourriture seulement, pendant la durée de la consignation des bestiaux. *Idem*, *art.* 23.

43. Les prêts sont faits aux bouchers dans les marchés de Sceaux et de Poissy, sur engagemens emportant obligation par corps, de 25 à 30 jours de date, au choix des emprunteurs. *Idem*, *art.* 24. L'intérêt de ces prêts est fixé à cinq pour cent par an. *Id.*, *art.* 26.

44. Les prêts sont faits à la halle aux veaux et au marché des vaches grasses, sur simples borderaux à 8 jours d'échéance ; l'intérêt de leur montant est réglé sur le pied de cinq pour cent par an. Le recouvrement desdits prêts se fait par voie de contrainte décernée par le directeur de la caisse, et visée per le juge de paix de l'arrondissement. *Décret du* 15 *mai* 1813, *art.* 1, 2 et 3.

45. Tout boucher qui, à l'échéance desdits engagemens ou bordereaux, n'en a pas remboursé la valeur, ne peut obtenir un nouveau crédit. Si dans le délai de deux mois au plus, qui lui est accordé par le directeur, il ne s'acquitte pas, son étal peut être vendu, s'il est nécessaire, pour acquitter ses effets, ou fermé sans être vendu, si le paiement des effets peut être assuré autrement. *Décret précité du* 6 *février* 1811, *art.* 28.

NOTA. Lorsque l'autorité fait fermer l'étal d'un boucher, le commissaire de police qui y procède, fait transporter à la halle la viande qui se trouve dans l'étal, pour y être vendue à la diligence du commissaire de police du quartier des marchés, qui en verse le prix dans la caisse de la préfecture de police ; ensuite l'étal est fermé entièrement. (Voir au tome IV, *Bouchers*, n°. 7.)

46. Le boucher qui est dans le cas de l'article précédent, paie à la caisse, outre l'intérêt des fonds, une commission de demi pour cent sur les fonds en retard. *Idem, art.* 29.

47. Le directeur est tenu de faire contre les bouchers qui ne paient pas, et à leurs frais, toutes poursuites nécessaires. *Idem, art.* 20.

48. La ville de Paris a privilége sur le cautionnement des bouchers, et sur la valeur estimative des étaux vendus à des tiers, ou supprimés et achetés par le commerce de la boucherie, et sur ce qui peut leur être dû pour viande fournie, ainsi que sur leurs créances pour peaux et suifs. Ce privilége a lieu jusqu'à concurrence du montant du crédit accordé aux bouchers en vertu de l'article 39 et suivans ci-dessus, et des sommes restées en arrière, en vertu de délais accordés. *Idem, art.* 31. *Idem, précité du* 15 *mai* 1813, *art.* 4.

49. En cas de contestation entre le caissier et les bouchers, herbagers, forains, employés, et autres agens des marchés ou de la caisse, elle est soumise au directeur, qui prononce. Sa décision est exécutoire par provision, sauf le recours au préfet de la Seine et au conseil de préfecture. *Idem, du* 6 *février* 1811, *art.* 32.

50. L'intérêt du cautionnement des bouchers, fixé à cinq pour cent, suivant l'article 3 ci-dessus, est réservé, jusqu'à due concurrence pour subvenir au remboursement des étaux dont le rachat est ordonné par le préfet de police, aux dépenses du syndicat, et à celles jugées nécessaires à l'avantage du commerce de la boucherie. Dans le cas où cette somme ne serait pas employée, la portion qui en reste disponible tourne à l'accroissement des fonds de cautionnemens. *Idem, art.* 33.

51. Les étaux sont rachetés ou supprimés jusqu'à réduction du nombre des bouchers à trois cents; jus-

qu'à cette réduction, nulle permission n'est donnée par le préfet de police à aucun nouveau boucher de s'établir ou d'ouvrir un étal. *Idem*, art. 34.

Nota. Les dispositions du présent article 51 sont abrogées par une ordonnance du Roi du 9 octobre 1822.

52. Le caissier de la caisse de Poissy tient ses livres de compte avec les bouchers, et ceux de perception du droit, en partie double; ils sont paraphés par l'administration. *Idem, art.* 36

Il remet des états de situation chaque mois, aux préfets du département et de police, et chaque jour au directeur. *Idem*, art. 37.

53. Le directeur rend ses comptes tous les ans, à une commission du conseil municipal; à l'effet de quoi ils sont dressés par le caissier. Ces comptes sont revus chaque année, arrêtés par le préfet de police, et remis au ministre de l'intérieur qui en rend compte au Gouvernement. *Idem*, art. 38. *Arrêté du Gouvernement du 8 vendémiaire an XI, art.* 12. Le directeur et le préfet de la Seine y joignent leurs observations, sur les améliorations dont le service leur parait susceptible, sur la gestion du caissier et sur les abus existant dans les marchés, ou dans la perception du droit, ou dans la direction de la caisse.

54. Tous les bénéfices, résultant des prêts faits aux bouchers par le caissier, viremens de parties, négociations, et de toutes opérations quelconques, appartiennent à la ville de Paris, et sont versés à sa caisse après l'arrêté de compte. *Décret précité*, art. 39.

55. pour venir au secours des anciens et honnêtes bouchers tombés dans l'indigence:

1°. Les étaliers, avant de s'établir bouchers, versent à la caisse de la boucherie une somme proportionnée à la classe de l'étal qu'ils prennent, savoir:

120 fr. pour un étal de première classe; 90 fr. pour celui de deuxième classe; 60 francs pour celui de troisième classe. *Délibération des syndics, homologuée par le préfet de police le 4 mars 1819.*

2°. Les marchands bouchers qui veulent changer de domicile sont imposés, pour en obtenir la permission, savoir : ceux de première classe, à 200 fr.; ceux de la deuxième, à 150 fr.; ceux de la troisième à 100 fr. *Autre délibération homologuée le même jour.*

III. *Halle à la viande.*

56. La halle à la viande, à Paris, est établie sur le marché de la rue des Prouvaires; et ne peut avoir lieu ailleurs; elle tient le mercredi et le samedi de chaque semaine, depuis le lever jusqu'au coucher du soleil.

La vente en gros et le regrat y sont défendus.

Le commerce de pièces détachées, de boucher à boucher, est interdit au marché, conformément à l'ordonnance du 6 octobre 1632.

Toute vente en étalage, même sur éventaire, de comestibles et autres marchandises, est défendue dans ledit marché et dans les rues adjacentes. *Ordonnances du préfet de police des 15 ventôse an XI (5 janvier 1803), 20 brumaire an XII (17 novembre 1803), 26 mars 1811, 2 avril 1818.*

57. La halle à la viande se compose de quatre-vingt-seize places pour la vente au détail, dont soixante-douze pour les bouchers de Paris, et vingt-quatre pour les bouchers forains. Elle est approvisionnée par ceux des bouchers de Paris qui ont déclaré vouloir l'approvisionner; ils y sont appelés à tour de rôle chaque mois, à raison de soixante-douze par mois; le tour de rôle est déterminé par le sort. *Idem précitées des 26 mars 1811 et 2 avril 1818.*

58. Vingt-quatre bouchers forains du département de la Seine, désignés par le sort, et pris parmi ceux qui ont déclaré au commissaire inspecteur-général des halles et marchés, vouloir approvisionner la halle, y sont admis également à tour de rôle chaque mois. *Ordonnance du directeur-général de la police, du 28 février 1815. Idem du préfet de police, du 25 novembre 1817.*

59. Tout boucher de Paris ou forain qui manque son tour pour approvisionner la halle, sans cause légitime ou avertissement, en est irrévocablement exclus; il est remplacé par le boucher à marcher après lui. *Idem, des 26 mars 1811, 28 février 1815 et 25 novembre 1817.*

S'il ne se présente pas un nombre suffisant de bouchers de Paris pour approvisionner la halle, il y est pourvu par un nombre proportionné de bouchers forains. *Idem, du 26 mars 1811.*

60. Les bouchers forains ne peuvent amener leurs viandes à Paris que le mercredi et le samedi, *ordonnance du préfet de police du 15 juillet 1808*, dans des voitures couvertes, et directement à la halle, sans pouvoir en vendre ni déposer ailleurs sous quel que prétexte que ce soit. Ils apportent leurs viandes coupées, les bœufs en demi-quartiers, les veaux et les moutons en quartiers; en arrivant à la halle, ils représentent aux préposés la quittance du droit d'octroi; si elle énonçait des quantités plus ou moins considérables que celles apportées, le boucher est exclus pour toujours de la halle. *Ordonnances précitées des 26 mars 1811, 28 février 1815 et 25 novembre 1817.*

61. La viande destinée pour la halle, y est portée directement, et doit y être vendue dans le jour. *Idem du préfet, du 5 novembre 1808.*

62. Les bouchers occupent leurs places par eux-

mêmes, leurs femmes, ou leurs enfans âgés au moins
de seize ans, sans pouvoir les faire desservir par aucune
autre personne, sous quelque prétexte que ce soit, à
peine d'être exclus de la halle. *Idem, des* 26 *mars* 1811
et 2 *avril* 1818.

63. Défense à eux d'employer qui que ce soit, même
leurs enfans, pour appeler et arrêter le public. *Idem.*

64. Ils ne peuvent employer pour le service de leurs
places, plus de deux individus qui doivent être munis
de livrets sur lesquels les bouchers inscrivent leur admission. (Voir ci-après *Garçons Bouchers.*) Ces livrets
sont déposés au bureau du commissaire-inspecteur-
général des marchés. *Idem.*

65. Tout individu employé au service d'un boucher
au marché, qui a subi une condamnation pour contravention ou délit relatif à la police du marché, en est
exclus pour toujours.

66. Aucun boucher, autre que ceux reconnus pour
approvisionner la halle, ne peut y vendre de la viande.
Tous ceux qui y ont une place mettent à leur étalage
un écriteau portant leurs noms et demeure. *Ordonnance précitée du 5 novembre* 1808.

Ils ne peuvent faire aucune vente avant l'ouverture,
et après la fermeture du marché, annoncées par le son
de la cloche, à peine d'exclusion de la halle. *Idem du*
26 *mars* 1811, *et* 2 *avril* 1818.

Ils ne peuvent vendre qu'aux poids légaux, sans
pouvoir faire usage de contrepoids. *Idem du* 26 *mars.*

§. IV. *Police des garçons bouchers.*

67. Les étaliers et garçons bouchers se font inscrire
chez le commissaire de police du quartier des marchés,
qui, sur la représentation de leurs papiers, leur délivre
un livret, contenant leurs noms et leur signalement.
Ce livret est remis par le garçon au boucher qui l'em-

ploie ; celui-ci y inscrit l'entrée du garçon, et le dépose dans les vingt-quatre heures chez le commissaire de police du quartier, qui rend le livret au garçon lors de sa sortie de chez son maître , après avoir fait mention de ladite sortie sur son livret (et après aussi le complément des dispositions ci-après). *Ordonnance du préfet de police du 25 brumaire an XII* (17 *novembre* 1803), *art.* 1 *à* 8, *et* 10.

68. L'étalier ou le garçon boucher qui quitte un boucher, en fait sa déclaration au bureau des syndics et adjoints, qui lui en délivrent un certificat, lequel est représenté par le garçon au commissaire de police du domicile du boucher, pour obtenir la remise de son livret. *Décisions du préfet de police des* 21 *nivôse an XII* (12 *janvier* 1804), *et* 29 *mai* 1806.

69. Avant de remettre le livret, le commissaire de police se fait rendre compte des motifs de la sortie du garçon ; il en rend compte au préfet, en même-tems qu'il transmet la note de mutation au bureau d'inscription. *Autre décision du préfet, du* 31 *frimaire an XII* (13 *décembre* 1803.)

70. Le garçon étalier avertit le boucher un mois avant de le quitter ; le garçon boucher l'avertit huit jours d'avance ; le boucher donne un certificat au garçon ; en cas de refus, le garçon se retire devant le commissaire de police du quartier, qui statue sur la difficulté, sauf le recours au préfet de police, s'il y a lieu. *Ordonnance précitée du* 25 *brumaire an XII, art.* 9.

71. Un étalier qui est resté deux mois chez un boucher, doit laisser au moins quatre établissemens entre l'ancien boucher et le nouveau chez lequel il entre. Il ne peut revenir travailler sur le même quartier, qu'un an après en être sorti. *Idem, art.* 11.

72. Tout étalier ou garçon boucher, qui veut cesser

d'exercer son état, en fait la déclaration au bureau d'inscription. *Idem, art.* 12.

73. Il y a à Paris, un bureau de placement pour les étaliers et les garçons bouchers, pour les garçons chandeliers et ouvriers fabricans de suif brun. Défenses à toutes personnes de s'immiscer dans le placement desdits garçons et ouvriers. *Ordonnance du préfet de police du 3 fructidor an XII* (21 août 1804).

74. Les dispositions des articles 63 à 67 ci-dessus sont applicables aux garçons bouchers *à deux mains. Décision du préfet de police du* 29 mai 1806.

75. Les garçons bouchers sont tenus de saigner et dépouiller les bestiaux, sans endommager ni hacher les cuirs et peaux. *Ordonn. précitée du 5 novembre 1808, art.* 13.

Voir aussi le §. X, ci-après.

§. V. *Tripes et issues de boucherie.*

76. Les *issues rouges* de bestiaux se composent du cœur, du foie, de la rate et des poumons de bœuf, vache et mouton. *Ordonnance du préfet de police du* 25 novembre 1819, *art.* 2.

Les *issues blanches* se composent : celles de bœuf ou vache, des quatre pieds avec leurs patins, de la panse, de la franche-mule, des feuillets avec l'herbière, des muffles, palais et mamelles de vache; celles de mouton, de la tête avec la langue et la cervelle, des quatre pieds, de la panse et de la caillette. *Ordonnance du préfet de police du* 25 novembre 1819, *art.* 2.

77. Défenses aux bouchers de faire entrer dans leurs pesées, même sous la dénomination de réjouissance, aucune partie des issues rouges ou blanches; *Lettres patentes du* 1er. *juin* 1782, *art.* 8. *Ordonnance précitée, art.* 4; sous les peines portées en l'article 423 du Code pénal. Voir *Marchands, art.* 4; ou au moins

sous les peines de simple police, conformément à ce qui est dit au mot *Contravention.*

78. Les panses, franches-mules, et feuillets de bœuf ou de vache, caillettes et pieds de mouton, ne peuvent être mis dans le commerce et la consommation, qu'après avoir subi les préparations nécessaires à cet effet. *Idem, art.* 3.

79. En conséquence, les parties d'issues comprises dans l'article précédent ne peuvent être enlevées des abattoirs que pour être transportées dans les ateliers de préparation et cuisson légalement autorisés. *Idem, même article 3.*

80. Le marché aux deux espèces d'issues se tient à la halle ou marché de la rue des Prouvaires, aux jours et heures fixés par l'article 56 ci-dessus. *Idem, art.* 5.

81. Défenses aux bouchers, tripiers, et à tous autres, de faire aucune préparation et cuisson des parties d'issues désignées en l'article 78 ci-dessus, ailleurs que dans les établissemens autorisés à cet effet. (Voir *Ateliers. Idem, art.* 6.)

82. Pour vendre de la triperie en boutique, ou en étalage sur la voie publique, il faut une permission du préfet de police, visée par le commissaire des halles et marchés, et par le commissaire de police du quartier de la boutique ou de l'étalage. (Voir, au tome IV, *Triperie.*)

83. Défenses aux tripiers et tripières de céder et transférer leur commerce, sans y être autorisés par le préfet de police.

Lorsqu'un tripier cède ou suspend son commerce, pour quelque cause que ce soit, il en est rendu compte sur-le-champ au préfet de police.

Défenses de reconnaître d'autres tripiers ou tripières, que ceux qui sont autorisés.

Ordonnance du préfet de police du 21 janvier 1813.

§. VI. *Vaches propres à la boucherie.*

84. Les vaches propres à la boucherie sont vendues aux marchés de Sceaux et de Poissy, tous les jours de marché. On peut en exposer en vente à Paris, à la halle aux veaux, dans un emplacement à ce destiné ; ce dernier marché tient le vendredi de chaque semaine de midi à trois heures. *Ordonnance du préfet de police du 22 décembre 1817.*

85. Défenses de vendre ni acheter des vaches pour la boucherie ailleurs que sur les marchés ci-dessus désignés. *Idem.*

Voir aussi à l'article 98, ci-après, le *nota.*

§. VII. *Veaux (Commerce des).*

86. Les veaux amenés à Paris, par les marchands forains, sont conduits directement et vendus à la halle aux veaux ; le marché tient le mardi et le vendredi, depuis dix heures du matin jusqu'à trois heures en hiver, et depuis neuf heures jusqu'à deux heures en été. *Ordonnance du préfet de police du 1er mai 1819, art. 1, 2 et 3.*

87. Conformément aux lettres patentes du 1er. juin 1781, art. 23, il est défendu d'en vendre ailleurs, à peine de confiscation et 100 francs d'amende. (Néanmoins il peut en être vendu au marché de Poissy.) *Idem, art. 4.*

88. Conformément à l'ordonnance du 21 décembre 1787, art. 3, les ventes et achats sont défendus hors des heures de la tenue du marché, à peine de confiscation des veaux et de 100 fr. d'amende. *Idem, art. 5.*

89. A fur et à mesure de l'arrivée des veaux à la halle, les marchands en font la déclaration au préposé du marché, et ils exhibent la quittance des droits d'oc-

tioi. Les veaux sont rangés sur de la paille avant l'ouverture de la vente ; on laisse entre les rangs un espace
de soixante-six centimètres. *Idem*, *art*. 8.

90. Les veaux doivent porter la marque du marchand?
Idem, *art*. 7.

Conformément aux lettres patentes du 1er. juin 1782,
il est défendu d'en exposer en vente âgés de moins de
six semaines, à peine de confiscation et de 300 francs
d'amende; à cet effet ils sont visités avant la vente,
par le commissaire des halles et marchés, ou son préposé. *Idem*, *art*. 9 et 10.

91. Les veaux arrivés trop tard pour être placés, et
ceux qui n'ont pu être vendus, sont déposés dans les
caves de la halle, et exposés en vente le lendemain, depuis onze heures jusqu'à deux heures. *Idem*, *art*. 11.

92. Les marchands emploient qui ils veulent pour
décharger et placer les veaux. *Idem*, *art*. 12.

93. Conformément aux lettres patentes du 1er. juin
1782, art. 23 et 24, il est défendu aux bouchers d'aller
au-devant des marchands forains, et d'acheter ou arrher des veaux ailleurs qu'à la halle; comme aussi d'en
acheter à la halle, pour les revendre sur le marché ou
ailleurs; le tout sous les peines portées en l'article 87 ci-
dessus. *Idem*, *art*. 13 et 18.

94. Les bouchers seuls achètent des veaux à la halle;
il leur est défendu de se faire accompagner de qui que
ce soit pendant leurs achats.

Les garçons bouchers et étaliers ne peuvent entrer à
la halle qu'une demi-heure après l'ouverture de la
vente, pour charger les veaux des bouchers chez qui ils
travaillent.

Idem, *art*. 14 et 16.

95. Défenses d'allumer du feu dans l'enceinte et au
pourtour de la halle aux veaux, à peine de 100 francs

d'amende. *Idem, art.* 17. *Ordonnance de police du* 15 *novembre* 1781, *art.* 7. Voir *Incendie, art.* 3.

Veaux provenant des vaches nourries dans Paris.

96. Les veaux provenant des vaches nourries dans Paris, et qui n'ont pas l'âge requis pour être livrés à la consommation, ne peuvent être vendus qu'à des nourrisseurs établis dans les communes rurales : la vente s'en fait à la halle aux veaux, dans un emplacement indiqué, en même tems que celle des veaux destinés à la boucherie. *Ordonnance du préfet de police du* 29 *juillet* 1813, *art.* 1er.

97. Pour l'exécution de l'article précédent, les nourrisseurs qui ont chez eux des vaches pleines, en font la déclaration au commissaire de police de leur domicile, qui la transmet au préfet de police. Les veaux sont visités par le commissaire des halles et marchés, quelques jours avant d'être exposés en vente. *Idem, art.* 2.

§. VIII. *Approvisionnement des marchés de Sceaux et Poissy. Mort d'un bœuf.*

98. Les bœufs ne sont engraissés pour la boucherie qu'après avoir servi un certain tems à l'agriculture, et les vaches quand elles ne rapportent plus.

Nota. Pour assurer l'approvisionnement, les marchands forains doivent trouver sûreté dans leurs routes, commodité dans les marchés, facilité dans leurs paiemens. De leur côté ils doivent :

1°. Ne point garder trop long-tems les bestiaux chez eux ou sur les routes, pour en faire paraître la disette ;

2°. Ne point les vendre à l'étable, en route, ni ailleurs que sur les marchés ;

3°. Ne point faire des associations pour se rendre maîtres de tout le commerce ;

4°. Ne point avoir des facteurs ou commissionnaires résidant dans les lieux où sont les marchés ;

5°. Ne point emmener ou renvoyer leurs bestiaux avant de les avoir exposés en vente ;

6°. Enfin ne point amener sur les marchés des bestiaux viciés ou malades.

Les autorités chargées d'assurer les approvisionnemens doivent surveiller l'exécution de ces dispositions.

99. Dans le rayon de dix myriamètres (20 lieues) de Paris, il n'est vendu ni acheté de bestiaux pour la Loucherie, que sur les marchés de Sceaux et de Poissy, à la halle aux veaux de Paris, et dans les autres marchés aux veaux établis dans ce rayon.

Les bestiaux destinés pour Sceaux et Poissy et pour la halle aux veaux de Paris, y sont conduits directement. Le tout à peine de confiscation et d'amende. *Arrêt du Conseil du 29 mars 1746. Ordonnances des 14 avril 1663 et 18 mars 1777. Lettres patentes du 1er. juin 1782, art. 23. Arrêté du ministre de l'intérieur du 19 ventose an XI (10 mars 1803), art. 1er.*

100. Défenses, sous les mêmes peines, de vendre et acheter des bestiaux sur les routes et dans les auberges, d'aller au-devant pour en arrher ou en acheter. *Ordonnance du 16 mars 1657, art. 4 et 5. Lettres patentes des 18 février 1763 et 1er. juin 1782, art. 21. Arrêté précité du ministre de l'intérieur, art. 2.*

101. Les bouchers peuvent acheter des bestiaux au-delà du rayon ci-dessus fixé, à la charge de les amener et vendre aux marchés de Sceaux ou de Poissy, de justifier par lettres de voiture, de l'achat et destination des bestiaux, et de ne les faire sortir du marché qu'après avoir été marqués du trait d'achat. *Ordonnance du 9 août 1703. Arrêté précité, art. 3.*

102. Les bestiaux pour l'approvisionnement de Paris sont insaisissables; les oppositions n'en arrêtent point la vente : elles tiennent sur le produit de ladite vente, lequel est déposé dans la caisse de Poissy. *Edit de décembre 1743. Arrêté précité, art. 4.*

Police des marchés de Sceaux et de Poissy ; Mort d'un bœuf.

103. Les bœufs, les vaches grasses, les veaux et les moutons sont vendus sur les marchés de Sceaux et de Poissy.

Celui de Sceaux tient le lundi.

Celui de Poissy tient le jeudi.

Ordonnance du préfet de police du 30 ventose an XI (21 mars 1803), *art.* 1 *et* 2.

104. Les bestiaux sont déclarés en arrivant au marché; la déclaration est vérifiée et portée sur un registre. *Ordonn. du 30 juin 1749, art.* 1er. *Ordonn. précitée du préfet, art.* 3.

105. Les bestiaux qui arrivent au marché après l'ouverture de la vente, n'y sont point admis, à moins de motifs de retard légitimes et prouvés. *Ordonnance précitée du préfet, art.* 4.

106. Défenses de vendre des taureaux dans l'intérieur du marché. *Idem, art.* 5.

107. Les bestiaux sont placés sur le marché, une heure avant l'ouverture de la vente; les bœufs et les vaches sont cordés. Il est laissé entre chaque bande, un espace pour la circulation des acheteurs. *Idem, art.* 6.

Les moutons sont placés dans les parquets, en suivant l'ordre des déclarations; ceux de renvoi du dernier marché sont placés de préférence; le tout à onze heures du matin. *Idem, art.* 7 *et* 8.

108. L'ouverture et la fermeture de la vente sont annoncées au son d'une cloche.

A Poissy, la vente s'ouvre à neuf heures, pour les bœufs et les vaches; à dix heures, pour les veaux; à une heure, pour les moutons.

A Sceaux, la vente s'ouvre à neuf heures, pour les bœufs et les vaches, et à une heure pour les moutons.

La vente est fermée sur les deux marchés à cinq heures du soir.

Les ventes et achats sont défendus hors des heures de vente, sous les peines portées en l'art. 100 ci-dessus. *Idem, art.* 9 et 10.

109. Les bestiaux sont visités avant l'ouverture de la vente, pour s'assurer s'ils sont dans le cas d'être livrés à la boucherie. Ceux qui n'ont pas l'âge requis ou qui sont trop maigres, sont renvoyés aux herbages et marqués de la lettre R. *Idem, art.* 11 et 12.

110. Conformément à l'arrêt du 28 mai 1608, et aux lettres patentes des 18 février 1743, art. 27, et 1er. juin 1782, art. 14, les bestiaux achetés sur les marchés ne peuvent être revendus sur pied, à peine de confiscation et 100 fr. d'amende. *Idem, art.* 13.

111. Défenses d'exposer en vente des bestiaux étant dans les cas rédhibitoires. *Idem, art.* 14.

Pour ceux malades, Voir *Bestiaux malades.*

112. Si un bœuf meurt dans les neuf jours de la vente, les causes en sont constatées par procès-verbal, pour assurer l'action en garantie contre le vendeur, conformément aux lettres patentes du 1er juin 1782, art. 27. *Idem, art.* 15.

Le boucher requiert le commissaire de police du lieu où le bœuf est mort, de se transporter sur les lieux. La mort est constatée par le procès-verbal, qui contient le signalement exact du bœuf, les traits et marques du vendeur et de l'acheteur, le poids, par aperçu, de l'animal, le jour et le lieu où il a été acheté, le nom et domicile du vendeur. Le commissaire de police le fait ouvrir, et d'après l'examen et rapport de gens de l'art, il constate les causes de la mort; il fait ensuite enfouir les chairs, sans les suifs et le cuir qui sont pesés et remis au boucher.

A Paris, l'animal est envoyé au Jardin-du-Roi, pour la nourriture des animaux; il est ouvert et les causes de la mort sont constatées. Le commissaire de police est assisté dans toute son opération d'un agent du commerce de la boucherie, qui évalue le poids de l'animal, et le prix, au kilogramme, du suif et du cuir. (Voir, au tome VI, *Bouchers, n°. 11.*).

113. Les bouchers qui achètent des bestiaux sur les marchés, de personnes inconnues, peuvent en déposer le prix dans la caisse de Poissy, à moins que le vendeur ne fournisse caution suffisante. Neuf jours après la vente, les fonds sont remis au vendeur, s'il n'y a point eu d'action en garantie; le tout aux termes de l'art. 28 des lettres patentes précitées. *Idem, art.* 16.

114. Conformément à l'ordonnance du 21 mars 1744, art. 5, les bestiaux non admis ou non vendus sur les marchés, sont renvoyés au marché suivant. Ce renvoi est annoncé à quatre heures au son de la cloche. *Idem, art.* 17.

Les propriétaires ou conducteurs font de suite au préposé chargé de la surveillance du marché, la déclaration des bestiaux renvoyés; il leur est délivré des billets de renvoi, contenant les quantités, qualité, signalement et poids présumé des bestiaux; ils s'obligent à les représenter au marché suivant, à peine de 50 fr. d'amende, aux termes des ordonnances des 14 avril 1769 et 18 mars 1777, art. 2. Sont exceptés les bestiaux qui auront été exposés trois fois consécutivement sur les marchés, à la charge par les propriétaires ou conducteurs, de se munir d'un billet de renvoi; le tout à peine de 100 fr. d'amende, aux termes des lettres patentes des 18 février 1743, et 1er. juin 1782, art. 23. *Idem, art.* 18.

115. Les bestiaux ne sortent du marché que revêtus de la marque d'achat ou de renvoi.

Les conducteurs sont porteurs du bulletin d'achat et de destination délivré par le préposé du marché. Ce bulletin est représenté aux employés de l'octroi à Paris;

le tout à peine de confiscation et de 300 fr. d'amende,
conformément aux ordonnances des 20 juin 1749, article 5 ; 14 avril 1769, art. 4; 18 mars 1777, art. 5.
Idem, *art.* 20 *et* 21.

116. Les bœufs achetés à Poissy pour Paris, qui dans
l'intervalle d'un marché à l'autre, n'ont pas été conduits à leur destination, ne peuvent partir les jours de
marché, qu'avec la première bande des bœufs achetés
sur le marché du jour. *Idem*, *art.* 22.

§. IX. *Conduite à Paris des bestiaux achetés sur les
marchés de Sceaux et de Poissy.*

117. Les bestiaux achetés à Sceaux et à Poissy pour
Paris y sont amenés directement par les routes ordinaires ; ces bandes de bœufs sont séparées de celles des
vaches ; chaque bande ne peut être de plus de quarante,
à peine de 100 francs d'amende, aux termes de l'ordonnance du 18 mars 1777, art. 6. *Ordonnance du préfet
de police du* 21 *nivose an XI* (11 janvier 1803), *articles* 1 *et* 2.

118. Aux termes de la même ordonnance de 1777,
art. 8, ils sont introduits à Paris de jour, par la barrière d'Enfer pour ceux venant de Sceaux, et par
la barrière du Roule pour ceux venant de Poissy, à
peine de 300 francs d'amende. *Idem*, *article* 8. (Voir
l'article 178 ci-après.)

119. Nul ne conduit des bestiaux, s'il n'en a une
permission du préfet de police. Les conducteurs doivent avoir dix-huit ans, aux termes de l'ordonnance
précitée du 18 mars 1777, art. 4; néanmoins les bouchers peuvent conduire eux-mêmes les bestiaux. *Idem*,
art. 3.

120. Il y a deux conducteurs au moins par chaque
bande de bestiaux, l'un par devant pour empêcher
qu'il s'en détourne, et avertir les passans; l'autre par

derrière pour les chasser ; le tout à peine de 300 francs d'amende, conformément à l'ordonn. du 5 août 1785. *Idem, art.* 4.

121. Conformément à l'ordonnance précitée du 18 mars 1777, art. 9, les conducteurs des bestiaux achetés par les bouchers de Paris, ne peuvent conduire ceux achetés par les bouchers de campagne, *et vice versâ;* à peine de 200 fr. d'amende. *Idem, art.* 5.

122. Aux termes de l'art. 7 de la même ordonnance, les bestiaux sont conduits au pas, à peine contre les conducteurs, de 200 francs d'amende, et d'être personnellement responsables des accidens. *Idem, art.* 6.

123. Les bœufs trop fatigués sont confiés à un bouvier, chargé de les conduire à leur destination séparément et avec les précautions requises. *Ordonnance précitée du préfet du* 30 *ventose an XI, art.* 19.

124. Les taureaux sont attachés derrière une charrette, et conduits de cette manière aux abattoirs. *Idem du* 21 *nivôse an XI, art.* 9.

125. Les conducteurs des bestiaux appartenant aux bouchers de Paris font, hors des barrières, le partage des bestiaux pour les différens abattoirs, et les dirigent séparément. *Idem, art.* 9.

126. Il y a des conducteurs désignés par le bureau de la boucherie, et agréés par le préfet de police, pour conduire à Paris les bœufs, vaches et taureaux achetés par les bouchers de Paris sur les marchés de Sceaux et de Poissy. Ils perçoivent 50 centimes par chaque bœuf ou vache amené des marchés, et traitent de gré à gré avec les bouchers pour la conduite des taureaux, et pour celle des bœufs ou vaches fatigués.

Sur cette rétribution ils versent dans la caisse de la boucherie 5 centimes par tête de bœuf, vache ou taureau, achetés auxdits marchés pour Paris. Le montant de ce versement est employé aux réparations et entretien des parquets à bœufs sur le marché de Sceaux, et autres mesures jugées nécessaires.

Délibération du bureau de la boucherie, du 16 prairial an XII, (5 juin 1804), approuvée par le préfet de police.

127. Il y a des conducteurs désignés par le bureau de la boucherie et agréés par le préfet de police, pour conduire à Paris les moutons achetés sur les marchés de Sceaux et de Poissy. Il leur est alloué 6 centimes par tête de mouton, soit que la conduite soit faite par eux ou par les bouchers. Sur cette rétribution ils versent au bureau de la boucherie, et par trimestre, une somme de 1000 fr., qui est partagée entre deux anciens bouchers peu fortunés, lesquels sont chargés de surveiller le lotissage des moutons dans les parquets. *Idem du 18 floréal an XII, (8 mai 1814) approuvée par le préfet de police.*

§ X. *Abattoirs généraux pour les bestiaux destinés à la consommation de Paris.*

1°. *Dispositions préliminaires.*

128. Conformément au décret du 13 novembre 1806, il y a à Paris cinq abattoirs généraux distribués aux diverses extrémités de la ville, et où sont abattus, exclusivement à tout autre lieu, les bœufs, et vaches achetés aux marchés de Sceaux et de Poissy ; les veaux achetés à Paris à la halle aux veaux ; les vaches grasses achetées au marché de Paris ; les moutons amenés des marchés extérieurs, ou des parcs de Vaugirard et de Clichy. *Ordonnance du préfet de police du 11 septembre 1818, art. 11 et 14.*

129. Ces abattoirs sont au nombre de cinq ; savoir :
L'abattoir des Invalides,
————— de Miromesnil,

L'abattoir de Rochechouart,

———— d'Ivry,

——— de Popincourt.

130. Aucuns bestiaux destinés à la boucherie de Paris ne peuvent être abattus dans aucune boucherie, étable, bergerie et abattoir particulier. *Ordonnance précitée, art.* 2. (Voir, au tome IV, *Bouechrie*, n°. 6.)

131. Les cinq abattoirs généraux sont distribués entre les bouchers de Paris. *Idem, art.* 4. Les abattoirs particuliers situés dans chaque abattoir général, sont tirés au sort entre les bouchers auxquels le même abattoir général est affecté. *Idem, art.* 5.

132. Les bouchers pourvoient à la nourriture de leurs bestiaux. *Idem, art.* 9. Ils se pourvoient aussi de tinets, étaux, baquets, seaux, brouettes, et de tous les instrumens et ustensiles manuels nécessaires. *Idem, art.* 10.

133. Ils doivent se conformer à ce qui est prescrit pour la perception du droit d'abattage établi au profit de la ville, et dont le tarif est annexé à l'ordonnance du 16 août 1815. *Idem, art.* 69.

2°. *Conduite des bestiaux aux abattoirs.*

134. Tous les bestiaux, en arrivant à Paris, sont conduits directement aux abattoirs affectés à chacun des bouchers de Paris. *Idem, art.* 11 *et* 14. Les conducteurs, en arrivant aux abattoirs, conduisent les bœufs dans les parcs de triage, et dirigent ensuite ceux de chaque boucher à la bouverie qui lui est affectée. *Idem, art.* 12. Il leur est expressément défendu de laisser entrer leurs chiens dans les abattoirs. *Idem, art.* 13.

135. Défenses aux conducteurs, charretiers et garçons bouchers, de conduire, détourner, et entreposer

les bestiaux par tout ailleurs, sous quelque prétexte que ce soit , sous les peines de droit. *Idem , art.* 15.

136. Les bouchers sont tenus d'avoir dans les abattoirs des garçons pour recevoir et soigner les bestiaux à leur arrivée. *Idem , art.* 16.

137. Les conducteurs remettent aux préposés de la police de chaque abattoir, les bulletins et certificats d'achat des bestiaux dans les marchés. Le préposé en fait sur-le-champ écriture , et remet de suite les bulletins à l'administration municipale. *Idem , art.* 17.

3°. *Police des Abattoirs.*

138. Aucune voiture de fourrages n'est reçue dans les abattoirs , si son chargement ne peut être rentré et resserré avant la nuit tombante. *Idem, art.* 18.

139. L'entrée des greniers à fourrages est interdite de quatre heures du soir à huit heures du matin , en novembre , décembre et janvier ;

De cinq heures du soir à neuf heures du matin ; en février, mars et octobre ;

De sept heures du soir à cinq heures du matin , en avril et septembre ;

De huit heures du soir à quatre heures du matin , en mai , juin, juillet et août.

Idem, art. 19.

140. Défenses d'entrer la nuit dans les bouveries avec des lumières , sans être renfermées dans des lanternes. *Idem , art.* 20.

141. Les bouchers font nettoyer, tous les deux jours, les corridors et escaliers des greniers à fourrages. *Idem, art.* 21.

142. Les bouchers peuvent abattre à toute heure de jour et de nuit, suivant les besoins, sauf, pour la nuit, à en faire la déclaration au préposé de la police des abattoirs. *Idem , art.* 22 et 23.

143. Défenses de laisser ouvertes les portes des abattoirs particuliers, pendant l'abattage des bœufs. *Idem.* art. 24.

144. Les bouchers font laver exactement les abbatoirs, après l'abbatage et l'habillage. *Idem, art.* 25. Ils tiennent constamment en état de propreté, les étaux, baquets, seaux, brouettes et ustensiles de service. *Idem, art.* 26.

145. Défenses de laisser dans les abattoirs particuliers aucuns suifs, graisses, dégrais, ratis, panses et boyaux, cuirs et peaux en vert, en manchons, salés ou non salés. *Idem, art.* 28.

146. Les bouchers font enlever exactement les fumiers des bouveries, tous les mois, ou chaque fois qu'ils en seront requis par les employés supérieurs de la police, et les vidanges tous les jours. *Idem, art.* 29.

147. Tout amas de bourres et caboches est défendu. *Idem, art.* 30.

4°. *Police des Garçons, dans les Abattoirs.*

148. Il n'est admis, dans les abattoirs, que des garçons bouchers pourvus de livrets. *Idem, art.* 30. Les livrets sont déposés au bureau du préposé de la police de chaque abattoir. *Idem, art,* 31. Les apprentis, justifient de leur enregistrement au bureau d'inscription des ouvriers. *Idem, art.* 32. Un boucher ne peut prendre à son service, un garçon, s'il ne lui certifie de son livret revêtu du congé d'acquit de son précédent maître. *Idem, art.* 33.

149. Défenses aux garçons bouchers de se coaliser pour faire cesser d'une manière quelconque tout ou partie des travaux et du service des abattoirs. *Idem, art* 34. Voir *Ouvriers*, art. 2.

150. Il leur est défendu aussi de detruire ou dégrader aucun objet dépendant des abattoirs généraux et

particuliers, notamment les pompes, tuyaux, robinets, tampons, comme aussi de laisser ouverts aucuns robinets sans nécessité. Les maîtres bouchers sont responsables des dégâts faits par leurs ouvriers ou agens. *Idem, art.* 35.

151. Tous jeux de hasard et autres, sont expressément défendus dans les abattoirs. *Idem, art.* 36.

152. Défenses de rien écrire, tracer ou crayonner sur les murs et sur les portes. *Idem, art.* 37.

153. Tout garçon boucher trouvé fumant dans les bouveries ou greniers à fourrages, est arrêté et poursuivi, conformément à l'article V, de l'Ordonnance du 15 novembre 1781. *Idem, art.* 38. Voir *Incendie,* art. 6.

5°. *Fonte des Suifs.*

154. Les suifs provenant des abats de bestiaux, ne peuvent être fondus que dans les abattoirs généraux, même ceux des dégrais levés en ville. *Idem, art.* 39. Les bouchers peuvent toutefois livrer aux parfumeurs et aux pharmaciens les suifs des rognons et les dégrais des moutons. *Idem, art,* 40.

155. La fonte des suifs en branche appartient aux bouchers. *Idem, art.* 41. Les bouchers qui ne veulent ou ne peuvent user de cette faculté, peuvent confier ou vendre leurs suifs en branche, pour être fondus dans les abattoirs, à d'autres bouchers ou à des fondeurs qu'ils font connaître. *Idem, art.* 42 et 43.

156. Les fondoirs établis dans les abattoirs sont mis à la disposition des bouchers; ils ont la faculté d'en laisser l'exploitation, en tout ou en partie, à des fondeurs. *Idem, art.* 44 et 45.

157. Les bouchers font établir dans les fondoirs, sous la direction des architectes chargés de la construction des abattoirs, les fourneaux, poëles, tuyaux, rafraîchissoirs, presses, cuviers, jalots et tous les instrumens et ustensiles nécessaires à la fonte. *Idem, art.* 46. Il

ne peut être établi de poële d'une contenance au-dessous de mille kilogrammes. *Idem, art.* 47.

158. Les bouchers qui fondent par eux-mêmes ne peuvent le faire que dans celui des abattoirs généraux où se trouve leur abbatoir particulier. *Idem, art.* 49.

159. Les bouchers-fondeurs et les fondeurs auxquels sont livrés les fondoirs où il a été établi, par la ville, des poëles, presses, instrumens et moyens de fonte, sont tenus de les prendre et conserver dans l'état où ils sont, d'après inventaires, et aux conditions déterminées par le Code de commerce. *Idem, art.* 50.

160. Les bouchers-fondeurs et les fondeurs établis dans l'un des abattoirs, peuvent lever des suifs en branche dans tous les autres abattoirs, en en faisant la déclaration au préposé-comptable de l'abattoir où les suifs sont levés ; et ils ne peuvent les transporter qu'avec une expédition de la déclaration. *Idem, art.* 51.

Ils doivent se conformer à ce qui est prescrit pour la perception du droit établi au profit de la ville, pour la fonte des suifs. *Idem, art.* 52.

161. Les fondeurs fournissent un cautionnement de 1,000 fr. *art.* 53.

162. La fonte des suifs peut avoir lieu la nuit comme le jour. *Idem, art.* 54.

163. Défenses de mêler dans la fonte des suifs, aucune matière étrangère, et d'introduire dans les abattoirs aucune matière propre à être mêlée avec le suif. *Idem*, *art.* 55.

164. Défenses expresses aux fondeurs de faire usage de lumières autrement qu'avec des lanternes bien closes. L'usage des chandeliers, bougeoirs, martinets, lampes à main, est interdit formellement dans les fondoirs ; il est enjoint aux préposés de la police de les saisir par-

tout où il en sera trouvé, et d'en dresser procès-verbal. *Idem*, *art.* 56.

165. Le bois amené pour le service des fonderies, est rentré aussitôt après son arrivée. *Idem*, *art.* 57.

Les cheminées des fondoirs sont ramonées tous les 15 jours. *Idem*, *art.* 58.

Les fondeurs sont tenus de faire ratisser et nettoyer, au moins une fois par semaine, le carreau des fondoirs, les rampes et marches des escaliers qui y conduisent. *Idem*, *art.* 59.

166. Il est établi dans chaque abattoir, un bureau de pesage public, pour le service des suifs. *Idem*, *art.* 60.

167. Les dispositions des articles 148 à 153 ci-dessus, sont communes aux garçons-fondeurs. *Idem*, *art.* 61.

168. Défenses aux bouchers-fondeurs et aux fondeurs de vendre leur suif en pain ailleurs qu'au marché à ce destiné *Idem*, *art.* 62. Voir *Suifs*.

169. Défenses aux chandeliers d'acheter ou arrher des suifs ailleurs qu'au marché ; en conséquence l'entrée des abbatoirs et fondoirs leur est interdite. *Idem*,*art.*63.

170. Les bouchers-fondeurs et les fondeurs sont tenus d'envoyer chaque semaine au marché aux suifs, des jalonneaux d'échantillon de chaque espèce de suif qu'ils ont fondus dans la semaine, avec étiquette indicative des quantités de chaque espèce. *Idem*, *art.* 64.

171. Les suifs achetés au marché sont livrés et enlevés dans les trois jours. *Idem*, *art.* 65.

     6°. *Entretien des Abattoirs et Fondoirs.*

172. Les bouchers et fondeurs sont tenus des réparations locatives et d'entretien des bouveries, greniers à fourrages, abattoirs particuliers, fondoirs et ustensiles et caves, chacun en ce qui le concerne. *Idem*, *art.* 68.

7°. *Dispositions générales.*

173. Il n'est admis dans les abattoirs généraux, aucune personne étrangère au service. *Idem. art.* 70.

Défenses d'y amener des chiens sans être muselés. *Idem, art.* 71.

174. Défenses d'embarrasser les cours, rues et passages, par des charrettes, sans nécessité, ainsi que les préaux des corps d'abattoirs avec des étoux, brouettes, et baquets. *Idem, art.* 72.

Aucune charrette ni autre voiture de charge ou transport, ne peut entrer dans les abattoirs, si elle n'est pas garnie d'un plaque, comme il est dit au mot *Charrettes*, art. 9. *Ordonnance du préfet de police, du* 18 *février* 1819, *art.* 3.

175. Il est établi dans les abattoirs des préposés de la police assermentés en justice, qui constatent toutes les contraventions, par des procès-verbaux qui sont transmis au préfet de police. *Ordonnance précitée du préfet de police, du* 11 *septembre* 1818, *art.* 73 *et* 74.

176. Les commissaires de police des quartiers où sont établis les abattoirs, y font des visites au moins une fois par semaine. *Idem, art.* 75.

177. Il est pris envers les contrevenans aux dispositions du présent paragraphe X, des mesures de police administrative, sans préjudice des poursuites devant les tribunaux. *Idem, art.* 76.

178. Itinéraire des bestiaux conduits aux abattoirs. (Voir aussi l'article 118, ci-dessus.)

Marché de Poissy; entrée dans Paris, par la barrière du Roule.

1°. Pour l'abattoir de *Miromesnil* :

Rues du Faubourg du Roule et de la Pépinière.

2°. Pour l'abattoir de *Rochechouart* :

Rues du Faubourg du Roule, de la Pépinière, S.-Lazare, et des Martyrs.

3°. Pour l'abattoir de *Popincourt* :

Rues du Faubourg du Roule, de la Pépinière, S.-Lazare, Coquenard, Montholon, Papillon, de Paradis, de la Fidélité, du Faubourg S.-Martin, des Morts, et S.-Maur.

4°. Pour l'abattoir des *Invalides* :

Rues du Faubourg du Roule, Neuve de Berry, de Chaillot, Nouvelle Rue, quai de Billy, pont de l'École Militaire, les avenues de la Bourdonnaye, de Tourville, et de Breteuil.

5°. Pour l'abattoir d'*Ivry* :

La Route ci-dessus, jusqu'au pont des Invalides, les avenues de la Bourdonnaye, de Tourville, de Villars, les boulevards des Invalides, du Mont-Parnasse, d'Enfer, S.-Jacques, des Gobelins, et de l'Hôpital.

Marché de Sceaux ; entrée par la barrière d'Enfer.

1°. Pour l'abattoir des *Invalides* :

Le Boulevard, à gauche, jusqu'à l'abattoir.

2°. Pour l'abattoir de *Miromesnil* :

Les Boulevards, les avenues de Villars, de Tourville, de la Bourdonnaye, le pont de l'École Militaire, le quai de Billy, l'allée des Veuves, les rues Montaigne, Verte, et de Miromesnil.

Pour l'abattoir de *Rochechouart* :

La Route ci-dessus, jusqu'à la rue de Miromesnil, les rues S.-Lazare et des Martyrs.

4°. Pour l'abattoir d'*Ivry* :

Les boulevards S.-Jacques, des Gobelins et de l'Hôpital.

5°. Pour l'abattoir de *Popincourt* :

La Route ci-dessus, le pont du Jardin du Roi, la rue Contrescarpe, la porte S.-Antoine, les rues de la Roquette, de Popincourt, et des Amandiers.

(*Cet itinéraire est à la suite de l'Ordonnance précitée du* 11 *septembre* 1818.)

CHAPITRE II. *Bouchers à Versailles.* (Police des).

Ordonnance du Roi, du 28 décembre 1815.

179. Les bouchers de Versailles ont un syndic et six adjoints nommés parmi tous les bouchers choisis et désignés par le maire, parmi ceux qui paient le droit proportionnel de patente le moins considérable. *Art.* 2 et 3.

180. Pour s'établir boucher, il faut se faire inscrire à la mairie et obtenir une permission du maire, qui est accordée sur l'avis des syndics et adjoints. *Art.* 1 et 4.

181. Les bouchers inscrits et reçus fournissent pour chaque étal un cautionnement qui est déposé au mont-de-piété de Versailles, et qui ne porte point intérêt; le mont-de-piété a, à cet effet, un compte ouvert intitulé : *compte de la caisse des bouchers. Art.* 5.

182. Il y a trois classes de cautionnement; la première de 900 fr.; la deuxième de 600 fr.; la troisième de 300 fr. *Art.* 6.

Les six adjoints sont pris à raison de deux par classe de cautionnement. *Art.* 7.

Le cautionnement est versé par sixième de mois en mois, entre les mains du directeur du mont-de-piété; faute du versement dans le délai fixé, le boucher ne peut plus continuer sa profession. *Art.* 8 *et* 9.

183. La caisse des bouchers fait des prêts, à titre de secours, aux bouchers qui ont éprouvé des accidens dans leur commerce. Les prêts ont lieu sur la demande des bouchers, l'avis des syndic et adjoints, et la décision du maire; ils se font sur engagement personnel de commerce, à terme, dont le délai ne peut excéder un mois; l'intérêt est de demi pour cent. *Art.* 10 *et* 11.

184. Chaque année le directeur du mont-de-piété rend compte de l'état de la caisse aux syndic et adjoints;

ce compte est arrêté par le maire, remis au préfet qui le soumet au ministre de l'intérieur. *Art.* 12.

185. Un boucher ne peut quitter son commerce que six mois après avoir fait sa déclaration au maire, à moins qu'il n'ait obtenu la permission ; sinon il perd son cautionnement. *Art.* 13 *et* 14.

186. Les créanciers d'un boucher failli peuvent réclamer la portion de ce cautionnement qui se trouve libre dans la caisse, pour la faire entrer dans son actif. *Art.* 14.

187. Les frais de bureau de la caisse sont prélevés sur le produit des sommes prêtées ; le surplus de ce produit tourne en accroissement des fonds de cautionnement. *Art.* 15.

188. A la première réquisition d'un boucher qui a quitté librement son commerce, après les six mois de déclaration, ou à la réquisition des héritiers ou ayanscause d'un boucher décédé en exercice, son cautionnement est restitué aux requérans. *Art.* 16.

189. Tout étal qui cesse d'être garni de viande pendant trois jours consécutifs, est fermé pendant six mois. *Art.* 17.

190. Le commerce et la vente des viandes de boucherie sont permis deux jours de la semaine dans les marchés publics, sous la surveillance de la police. *Art.* 18.

191. Le maire, sur la proposition des syndic et adjoints, fait des réglemens sur le régime et la discipline intérieure du commerce de la boucherie ; ils sont exécutoires après avoir été adoptés et homologués par les autorités supérieures, dans la forme usitée pour les réglemens d'administration publique. *Art.* 19.

Nota. Des *ordonnances du Roi* subséquentes ont réglé la police des bouchers dans d'autres villes de France.

BOUCHES A FEU. Voir *artillerie.*

18.

BOUCHONS DE CABARETS , ou *couronnes*. Espèce d'enseigne pour indiquer le local où on vend du vin.

Il faut une permission de la petite voirie pour en établir. Voir *voirie. Tarif des droits de petite-voirie.*

BOUES (enlevement des). Voir *nettoiement.*

BOUGIE.

Art. 1er. La bougie est fabriquée au poids métrique; le poids du kilogramme doit être représenté par un nombre donné de bougies de pareilles dimensions. *Ordonnance du directeur-général de la police , du 27 décembre* 1814 *, art.* 3.

2. La bougie est vendue au paquet du poids d'un demi kilogramme (une livre), y compris le papier et la ficelle de l'enveloppe qui ne doit pas peser plus de quinze grammes (une demi-once) , à peine de saisie et confiscation , conformément à la sentence de police , portant réglement pour la bougie, du 13 avril 1736. *Idem, art.* 4.

Nota. Les peines portées par l'article 425 du Code pénal peuvent s'appliquer à la contravention aux dispositions de l'article 2 ci-dessus. Voir *Marchands , art.* 1.

3. Le consommateur a le droit de faire peser la bougie qui lui est livrée ; à cet effet le marchand doit avoir dans sa boutique des balances et une série de poids légaux. *Idem , art.* 5 et 6.

4. Les contraventions sont constatées par des procès-verbaux. *Idem , art.* 9.

BOULANGERS

1°. *Boulangers à Paris.* (Voir aussi *Boulangers*, au tome IV).

§. Ier. *Boulangers.*

II. *Garçons boulangers.*

III. *Marchés au pain.*

IV. *Dispositions particulières.*

2°. *Boulangers dans les départemens.*

CHAPITRE 1er. *Des Boulangers à Paris.*

§. 1er. *Des Boulangers.*

Art. 1er. On n'est point boulanger à Paris sans une permission du préfet de police. *Arrêté du Gouvernement, du 19 vendémiaire an X* (11 octobre 1801), *art.* 1er. (Voir au tome IV, *Boulangers*, *n°.* 1 et 2.)

Les boulangers munis de permission ont seuls le droit de vendre du pain dans Paris et sa banlieue (et dans les communes rurales du département de la Seine), à peine de saisie et vente du pain; le prix provenant de la vente est déposé, sous la réserve des droits de qui il appartiendra. Les contraventions sont poursuivies et réprimées par le tribunal de police municipale qui peut prononcer l'impression et l'affiche du jugement aux frais des contrevenans. *Ordonnance du Roi du 4 février* 1815, *art.* 1, 5 *et* 6.

2. Chaque boulanger est tenu de déposer, à titre de garantie, au magasin de Sainte-Élisabeth, 20 sacs de farine de première qualité, du poids de 159 kilogrammes.

Il se soumet à avoir dans son magasin un approvisionnement de même farine, déterminé ainsi qu'il suit:

Première classe; ceux qui cuisent par jour quatre sacs de farine et au-dessus,............ 140 sacs.

Deuxième classe; ceux qui cuisent trois sacs et au-dessus,................... 110 sacs.

Troisième classe; ceux qui cuisent deux sacs et au-dessus,................... 80 sacs.

Quatrième classe; ceux qui cuisent moins de deux sacs,................. 30 sacs.

Le préfet de police fixe le délai dans lequel les conditions ci-dessus doivent être remplies.

Ordonnance du Roi du 21 *octobre* 1818, *art.* 2.

3. La permission délivrée par le préfet de police constate le versement de vingt sacs de farine, et la soumission du boulanger pour la quotité de son approvisionnement. Elle énonce aussi le quartier dans lequel le boulanger doit exercer sa profession.

Le préfet de police fait constater si les boulangers ont constamment en magasin l'approvisionnement auquel ils se sont soumis.

Arrêté précité du Gouvernement, art. 3 et 4.

4. Il y a quatre syndics boulangers nommés par vingt-quatre anciens boulangers désignés par le préfet de police. Les syndics surveillent et administrent les farines déposées à titre de garantie. *Idem, art. 5 et 6.*

5. Le boulanger muni de sa permission reçoit, à titre d'encouragement, la quittance de sa patente. *Idem, art. 7.*

NOTA. Une ordonnance du Roi du 2 décembre 1814 a abrogé cette disposition ; les boulangers de Paris sont tenus en conséquence d'acquitter le droit de patente, conformément à la loi du 1er. brumaire an VII (21 octobre 1798).

6. Un boulanger ne quitte sa profession que six mois après en avoir fait sa déclaration au préfet de police. *Idem, art. 8.*

7. Nul boulanger ne peut restreindre sa cuisson sans une autorisation du préfet de police. *Idem, art. 9.*

8. A défaut de l'approvisionnement journalier, ou en cas de diminution de cuisson sans autorisation, le préfet de police procède contre le contrevenant, et peut, suivant les circonstances, prononcer, par voie de police administrative, une interdiction momentanée ou absolue de l'exercice de sa profession. *Idem, art. 10.*

9. Tout boulanger qui quitte sa profession sans autorisation, ou qui est définitivement interdit, ne peut réclamer les vingt sacs de farine de garantie; dans l'un et l'autre cas, ils sont vendus, et le produit en est versé au trésor public. *Idem, art.* 11.

S'il quitte sa profession avec autorisation, ou s'il meurt en exercice, les vingt sacs lui sont rendus ou à ses héritiers. *Idem, art.* 12.

Dans le cas du premier paragraphe du présent article, ou en cas de faillite du boulanger, les facteurs de la halle qui justifient légalement qu'il est leur débiteur pour des farines livrées sur le carreau de la halle, ont un privilége sur le produit desdits vingt sacs de garantie, et en cas d'insuffisance des autres biens du boulanger, ils sont admis à exercer, de préférence à tous autres créanciers, leurs droits sur le produit de la vente desdits vingt sacs, jusqu'à concurrence du montant de leur créance; les autres créanciers viennent après; le surplus appartient au Gouvernement par forme d'amende. *Décret du 27 février 1811.*

10. Un boulanger ne peut traiter de son fonds de commerce, avant que le préfet de police ait statué sur sa demande en cessation, et sur celle de son acquéreur; faute de quoi toute demande en cessation est rejetée. *Décision du préfet de police du 19 prairial an XIII 8 juin 1805).*

11. Les commissaires de police font des visites deux fois par mois chez les boulangers de leur quartier, et constatent leur approvisionnement sur un état qui est transmis au préfet de police. *Ordonnance du préfet de police du 16 brumaire an X (7 novembre 1801), art. 4.* (Voir, au tome IV, *Boulangers*, n°. 4).

12. Défenses à tous ouvriers de construire des fours

de boulangers, sans s'être fait représenter la permission délivrée au boulanger. *Idem, même article.*

13. Les boulangers doivent tenir leurs boutiques toujours garnies de pain, à peine de punition corporelle et d'amende. *Réglement du conseil du 21 novembre 1577.* Aujourd'hui la contravention peut être portée au tribunal de police.

14. Le pain doit être sans mixtion, bien élaboré, fermenté et boulangé, bien cuit et essuyé, froid et paré, à six ou sept heures du matin. Défenses d'employer aucune farine, réprouvée ou gâtée, blé relevé ou son remoulu. *Ordonnance du prévôt de Paris, du 22 novembre 1546.* Voir *Comestibles.*

15. Défenses d'employer d'autre levure de bière, que celle qui se fait dans Paris et aux environs, fraîche et non corrompue, à peine de 500 fr. d'amende. *Arrêt du parlement du 20 mars 1670.* Voir *Comestibles.*

Défenses d'employer de l'alun pour rendre le pain plus blanc. Voir *Alun.*

16. Les boulangers doivent avoir poids et balances en cuivre, pendant publiquement dans leurs boutiques, afin que l'acheteur puisse faire peser le pain si bon lui semble, à peine d'être interdits. *Arrêt du parlement du 16 novembre 1560. Ordonnance de police du 30 mars 1635. Idem du préfet de police du 9 juin 1807, art. 4.* Voir *Contravention.*

17. Ils ne peuvent vendre le pain au-dessus de la taxe légalement faite et publiée, sous les peines de simple police. *Loi du 3 brumaire an IV (25 octobre 1795), art. 605.*

18. Ils ne peuvent fabriquer qu'au poids légal le pain qu'ils exposent en vente. *Ordonnance du préfet de police du 10 mars 1808.*

Il leur est accordé pour déchet de cuisson, savoir :

Pour le pain de 12 livres............	5 onces.
——————— de 8 livres............	4
——————— de 6 livres............	3 à 4
——————— de 4 livres, demi-long..	4 à 5
——————— de 4 livres, ordinaire...	2 à 3
——————— de 2 livres et d'une livre.	1 ½
——————— de demi-livre..........	1

Ordonnance du préfet de police du 9 juin 1817, art. 4.

NOTA. Ils doivent mettre en pâte, savoir :

Pour le pain de 4 livres..........	4 liv.	10 onc.	et demie.
——————— de 6 livres..........	6	15	un quart.
——————— de 8 livres..........	9	4	
——————— de 12 livres..........	13	6	

Un sac de bonne farine, du poids de 15 myriagrammes (325 livres), donne au moins 400 livres de pain, ou au moins 100 pains de 4 livres, suivant un rapport de l'académie des sciences, entériné par arrêt du parlement du 25 juillet 1785.

19. Il est fait des visites chez les boulangers pour vérifier le poids du pain exposé en vente. L'officier de police qui vérifie fait couper en morceaux les pains en déficit de poids, pour ne plus être vendus qu'en détail et au poids dans la balance. Il en est dressé procès-verbal, et le boulanger encourt les peines de simple police, ainsi qu'il a été jugé par arrêt de la cour de cassation du 12 août 1813, rendu sur le pourvoi d'un boulanger de Sèvres, qui avait été condamné par le tribunal de première instance de Versailles à des peines correctionnelles pour vente de pain qui n'avait pas le poids requis. Le tribunal de police peut ordonner l'impression et l'affiché du jugement aux frais du contrevenant.

Lesdites visites sont faites par des préposés à la vérification des poids et mesures, et aussi par les commissaires de police chez les boulangers de leur arrondissement. (Voir, au tome IV, *Boulangers*, n°. 5.)

NOTA. Aux termes d'une ordonnance de police du 19 septembre 1785, rendue pour la ville de Chartres, la vérification ne porte que sur les pains de quatre livres dits *pains de pâte ferme ou de ménage*, attendu que ceux au-dessous de quatre livres, et ceux dits *mollets* ou *couronnes*, etc., sont réputés pains de fantaisie, et comme tels ne sont point sujets à la vérification.

Les commissaires de police, dans leurs visites chez les boulangers, pour vérifier le poids du pain, doivent constater les contraventions par un procès-verbal séparé pour chaque boulanger. Ce procès-verbal doit être fait à domicile ; il doit être contradictoire, contenir les dires et défenses de la partie, signés d'elle. Il doit être visé pour valoir timbre et enregistré en débet. Il doit surtout indiquer sur quelle espèce de pain le déficit a été remarqué, quel est le nombre de pains et la quotité du déficit pour chacun. *Décision du préfet de police du 1er. août 1816.*

Quelques pains brûlés ou amoindris trouvés sur une certaine quantité, chez un boulanger dont la réputation est intacte, ne doivent pas être matière à procès-verbal. C'est un ensemble de pains faibles, c'est l'habitude de la fraude, et la conviction que le boulanger a agi sciemment.

Circulaire du directeur-général de la police aux commissaires de police, du 30 juin 1814.

Les syndics des boulangers sont autorisés à faire aussi des visites chez les boulangers de Paris. Ils font rapport au préfet de police des résultats de leurs visites. *Arrêté du préfet de police du 11 mars 1807.*

20. Un boulanger ne peut être marchand de grains, mesureur de grains, ni meûnier. *Edit de décembre 1672.*

Il peut vendre de la farine à petites mesures. *Statuts des Boulangers du 1er. avril 1783.*

Construction de son four. Voir *Four.*

Eteignoir de la braise, et précautions contre les incendies. Voir *Incendie, art. 16.*

21. La liste des boulangers de Paris est imprimée chaque année, avec désignation de la classe dans laquelle se trouve chacun d'eux, suivant la quantité de farine qu'ils cuisent par jour, conformément à l'article 2 ci-dessus.

22. Chaque boulanger verse chaque année, dans la caisse de la préfecture de police, une cotisation de 30 fr., dont le produit est destiné à l'acquisition, après évaluation par experts, des fonds de boulangerie que le préfet de police aurait décidé devoir être supprimés, à cause de leur faiblesse ou de leur inutilité. Cette cotisation n'a lieu qu'autant que le nombre des établissemens de boulangerie excéde six cents.

Les acquisitions desdits fonds de boulangerie sont faites par les syndics.

Délibération des syndics et électeurs des boulangers, du 25 septembre 1807, approuvée par le préfet de police.

§. II. *Garçons boulangers.*

23. Tout garçon boulanger se fait inscrire à un bureau établi à cet effet près le commissaire de police du quartier des marchés, où il lui est délivré un livret en échange des papiers de sûreté dont il est porteur. (Voir, au tome IV, *Boulangers*, n°. 6.)

Le livret contient son signalement et la mention de son inscription ; il est remis au boulanger, qui inscrit l'entrée du garçon, et dépose le livret dans les vingt-quatre heures chez le commissaire de police du quartier, où le livret reste déposé jusqu'à la sortie du garçon, à qui il est alors remis avec inscription de sa sortie, et d'après un certificat du boulanger.

Ordonnance du préfet de police du 21 ventôse an XI (14 mars 1803), art. 1 à 8, et art. 10.

24. Un garçon prévient son maître cinq jours avant de le quitter ; celui-ci lui en délivre certificat ; en cas

de difficulté, le commissaire de police statue, sauf le recours au préfet, s'il y a lieu. *Idem, art.* 9. (Voir, au tome IV, *Boulangers*, n°. 7.

25. Tout garçon boulanger qui veut cesser d'exercer son état, en fait sa déclaration au bureau d'inscription. *Idem, art.* 11.

26. Conformément à l'ordonnance du 17 août 1781, les contrevenans aux dispositions des 3 articles précédens, encourent une amende de 20 fr. *Idem, art.* 13. Voir, au tome IV, *Boulangers*, n°. 7.)

27. A Chaque entrée de garçon en boutique, et à chaque mutation, il est perçu un franc pour frais de bureau de placement et autres. Cette rétribution est acquittée par le boulanger, qui en fait supporter la moitié au garçon, en déposant le livret du garçon chez le commissaire de police. *Délibération des syndics des boulangers, du 10 germinal an XI (31 mars 1803,), homologuée par le préfet de police.*

Cette rétribution n'a pas lieu pour les garçons qui ne travaillent qu'à la journée. *Instruction du préfet de police du 26 germinal an XI (16 avril 1803).*

28. Tout garçon boulanger qui, sans cause de maladie, ou d'absence de Paris, reste un mois sans prendre de l'ouvrage, doit faire renouveler à ses frais le dernier enregistrement de son livret. *Délibération précitée du 10 germinal an XI.* Si le livret ne fait pas mention de ce renouvellement chaque mois, le boulanger, outre la rétribution d'un franc, verse entre les mains du commissaire de police, en déposant le livret du garçon, autant de francs qu'il y a de mois écoulés depuis la dernière sortie du garçon. *Instruction précitée du 26 germinal an XI.*

29. Ces rétributions sont versées tous les mois, par chaque commissaire de police qui les a reçues, au bureau d'inscription des garçons boulangers, avec un bor-

dereau ou état, dont un double est envoyé au préfet de police. Le commissaire de police joint au versement les bulletins de sortie pendant le mois, indicatifs du numéro du livret du garçon, de la date de sa sortie, du nom du boulanger de chez lequel il sort, et du nouveau domicile du garçon. *Idem.*

30. Pour faciliter le placement des garçons, il y a à Paris trois bureaux de placement. Un garçon en entrant en boutique, doit représenter un bulletin du bureau de placement ; ce bulletin indique les rétributions à payer, et est remis au commissaire de police du quartier du maître, lors du dépôt du livret par ce dernier. Lesdits bulletins sont transmis au bureau d'inscription avec les bulletins de sortie lors du versement mensuaire. *Instructions du préfet de police des 12 prairial et 14 thermidor an XI (1er. juin et 25 juillet 1803.*

31. Dans le cas de contravention de la part des garçons, les procès-verbaux sont adressés au préfet de police, et il en est donné avis au bureau d'inscription, où sont envoyés en même-temps les livrets des garçons contrevenans, et les notes particulières sur leur compte. *Décision du préfet de police du 2e. jour complémentaire an XI (19 septembre 1803).* (Voir, au tome IV, *Boulangers*, n°. 7).

32. Les syndics des boulangers sont autorisés à s'assurer dans les visites qu'ils font chez les boulangers, si les garçons qu'ils y trouvent sont en règle, et s'ils sont les mêmes que ceux inscrits sur les livrets déposés chez les commissaires de police. *Arrêté du préfet du 27 juin 1807.*

33. Un garçon qui quitte un maître ne peut, avant trois ans, prendre à loyer la boutique du dit maître, ni s'établir avant trois ans à la proximité des maîtres qu'il a quittés. Il doit y avoir au moins quatre boutiques de boulangers entre son établissement et les boutiques où

il a demeuré; le tout à peine de fermeture de boutique, dommages et intérêts et amende. *Statuts des boulangers du 1er. avril 1783.*

34. Défenses aux maîtres boulangers de débaucher les garçons des autres maîtres, à peine de 20 fr. d'amende. *Ordonnance de police du 17 août 1781, art. 16.*

35. Défenses aux garçons boulangers de cabaler entre eux pour faire la loi aux maîtres, de s'attrouper avec cannes ou bâtons, d'insulter aucun maître boulanger. *Idem, art. 17.* Voir *Ouvriers.*

36. Les garçons boulangers doivent être vêtus, dans leur travail, d'une cotte qui leur descende jusqu'au dessous des mollets, sans aucune fente, et d'un gilet boutonné qui peut être sans manches. Ils ne doivent jamais se montrer dans les rues sans être vêtus d'un pantalon et d'un gilet à manches.

§. III. *Marchés au pain.*

37. Le nombre des marchés au pain à Paris, est fixé à 7, savoir : aux marchés des Blancs-Manteaux, St-Martin, des grands et petits piliers de la tonnellerie, des Carmes rue des Noyers, St-Germain, de la Vallée et St-Honoré. La vente du pain sur ces marchés a lieu le mercredi et le samedi, du matin au soir. Il n'y est exposé que des pains de quatre, six, huit et douze livres. *Ordonnance du préfet de police du 17 novembre 1808, art. 1 à 4.*

38. Les boulangers de Paris et ceux des communes environnantes, exploitant four et boutique, peuvent seuls exposer du pain sur les marchés, et avec permission du préfet de police. *Idem, art. 6.* (Voir au tome IV, *Boulangers*, n°. 3).

Les places doivent être tenues par les boulangers eux-mêmes, leurs femmes ou leurs enfans, et non par des garçons ni autres personnes; elles doivent être suffi-

samment garnies de pain, et porter le nom du boulanger qui l'occupe, avec le numéro de sa permission.
Idem, *art.* 7 , 8 *et* 9.

39. Le boulanger qui veut quitter sa place, doit remettre préalablement sa permission au commissaire des
halles et marchés. Celui qui est trois marchés consécutifs sans garnir sa place, en est privé pour toujours,
à moins d'empêchement légitime et prouvé. *Idem*,
art. 10 *et* 11.

§. IV. *Dispositions particulières.*

40. La vente du pain ne peut avoir lieu qu'en boutique et sur les marchés à ce affectés. Défenses, à peine
de confiscation, de vendre du pain au regrat, en quelque lieu que ce soit, et d'en former des dépôts. Les
traiteurs, aubergistes, cabaretiers, et autres donnant
à manger ne peuvent tenir chez eux d'autre pain que
celui nécessaire à leur consommation et à celle de leurs
hôtes. Le tout sous les peines portées en l'article 1er.
ci-dessus. *Ordonnance du Roi précitée du 4 février* 1815.
art. 2 , 4, 5 *et* 6. (Voir, au tome IV , *Boulangers* ,
n°. 9.)

41. Les syndics des boulangers qui ont connaissance
d'une contravention aux dispositions de l'article précédent sont autorisés à se transporter sur les lieux, à
l'effet de provoquer la saisie du pain qui y serait trouvé.
Dans ce cas, ils sont assistés d'un commissaire de police
qui dresse de l'opération un procès-verbal, signé des
syndics, et le transmet au préfet de police. *Arrêté du
préfet de police du 6 juin* 1809.

42. Sur les fonds destinés aux frais de bureau et autres
dépenses du corps des boulangers, il est prélevé une
somme de 1000 fr., et plus suivant les besoins et les
circonstances, destinée à donner des secours permanens
ou momentanés aux maîtres boulangers et à leurs

veuves, et aux garçons boulangers, que les syndics ju-
jeront y avoir droit. Les syndics règlent, selon leur
prudence, la quotité des secours, et la durée de ceux
momentanés. *Délibération des syndics des boulangers
du 24 janvier 1809, homologuée par le préfet de police
le 3 février suivant.*

43. Chaque acquéreur d'un fonds de boulangerie
paye, par forme de rétribution, 100 fr. pour frais de
réception, entre les mains des syndics, après qu'il a été
admis à la profession de boulanger, et avant d'obtenir
la permission d'exercer. Le produit de cette rétribution
est versé dans la caisse de la préfecture de police, pour
faire partie des fonds destinés aux frais du bureau, et
aussi spécialement pour les secours indiqués en l'article
précédent. *Autre délibération du 21 juin 1810, homologuée le 29 du même mois.*

44. Il est distribué par le bureau des boulangers, à
chaque syndic, pour honoraires et frais d'assistance,
deux jetons de la valeur de 2 fr., à chaque assemblée
ordinaire, et pour chaque visite qu'ils font pour le
maintien de l'ordre et des réglemens.

Un jeton de pareille valeur est remis à chaque Élec-
teur-Boulanger, pour son droit d'assistance aux assemblées générales, ou en cas de déplacement pour une
mission, et aussi à chaque commissaire expert qui procède à l'évaluation d'un fonds de boulangerie, conformément à l'article 22 ci-dessus.

CHAPITRE II. *Boulangers dans les départemens.* (Pol. des)

Des décrets et des ordonnances du Roi, ont successivement réglé la police des boulangers dans un très-
grand nombre de villes de France, autres que Paris.
Aux termes de ces réglemens :

1°. Il faut une permission spéciale du Maire ; être de

bonne vie et mœurs ; avoir fait un apprentissage, et connaître les bons procédés de l'art.

2º. Chaque boulanger doit avoir constamment en réserve dans son magasin, une quantité de sacs de farine, déterminée par le réglement, suivant sa classe.

Dans plusieurs villes, il doit, en outre, avoir versé, dans le magasin de la halle au blé, à titre de garantie, une quantité de froment ou de farine de première qualité, déterminée par le réglement.

3º. Dans chaque ville les boulangers ont un syndic et des adjoints nommés, en présence du Maire, par un nombre déterminé d'anciens boulangers. Le syndic et les adjoints sont renouvelés tous les ans ; ils peuvent être réélus pendant deux ans ;

4º. Le Maire s'assure que chaque boulanger a son approvisionnement ; il lui assigne le quartier dans lequel il devra exercer sa profession ;

5º. Le syndic et les adjoints font, en présence du Maire, le classement des boulangers ; ils règlent le nombre de fournées que chacun d'eux doit cuire journellement suivant les époques de l'année ;

6º. Ils surveillent l'approvisionnement de chaque boulanger, et constatent la nature et la qualité des farines ; ils surveillent aussi la manutention et la conservation des farines du dépôt de garantie ; dans les tems de chaleur, pour éviter l'avarie des farines, le Maire, sur leur proposition, peut en autoriser l'emploi, à la charge du remplacement dans un délai qui ne peut excéder trois mois ;

7º. Un boulanger ne quitte point sa profession, sans en avoir fait sa déclaration au Maire six mois auparavant ;

8º. Il ne peut restreindre le nombre de ses fournées, sans l'autorisation du Maire ;

9º. Il est tenu de peser le pain, si l'acheteur le

requiert, et d'avoir, à cet effet, en évidence dans sa boutique, des balances et un assortiment de poids légaux;.

10°. Le boulanger qui quitte sa profession sans autorisation, ou qui est définitivement interdit, perd son dépôt de garantie et son approvisionnement de réserve, lesquels sont vendus à la halle, à la diligence du Maire, au profit des hospices.

- Si le boulanger a fait disparaître son approvisionnement de réserve, il est définitivement interdit; il garde prison jusqu'à ce qu'il l'ait représenté, ou versé la valeur à la caisse des hospices;

Nota. Le maire n'ayant pas le droit par la loi de prononcer la peine d'emprisonnement, il semble que la contravention doit être constatée par un procès-verbal du maire ou du commissaire de police du lieu, et que le procès-verbal doit être transmis au tribunal, non de simple police, mais correctionnel, attendu que l'emprisonnement pouvant, dans l'espèce, être de plus de cinq jours, il devient une peine correctionnelle.

11°. Si le boulanger quitte sa profession avec autorisation, ou s'il meurt en exercice, son approvisionnement lui est rendu, ou à sa veuve et héritiers;

12°. Les boulangers et débitans forains, quoiqu'étrangers à la ville, peuvent, concurremment avec les boulangers de la ville, vendre et faire vendre du pain sur les marchés et lieux publics désignés par le Maire, et en se conformant aux réglemens;

13°. Les dispositions de l'article 40 ci-dessus, reçoivent leur exécution dans les départemens;

14°. Dans chaque département, le préfet, sur la proposition du maire et de l'avis du sous-préfet, peut, avec l'autorisation du ministre de l'intérieur, faire les réglemens locaux nécessaires sur l'exercice de la profession de boulanger, la nature, la qualité, la marque et le poids du pain en usage dans la ville; sur les boulangers et débitans forains, et les boulangers qui sont dans l'usage d'approvisionner les marchés de la ville,

ainsi que sur la taxation du prix des différentes espèces de pain ;

15°. En cas de contravention d'un boulanger , en ce
qui concerne son approvisionnement journalier de réserve, le maire procède provisoirement comme il est
dit en l'article 8 ci-dessus pour les boulangers de Paris,
sauf le recours au préfet qui adresse la décision du
maire, avec son avis, au ministre de l'intérieur, pour
être statué définitivement.

Les autres contraventions aux dispositions ci-dessus
et aux réglemens locaux , sont portées au tribunal de
Police municipale , qui peut prononcer l'impression et
l'affiche du jugement aux frais des contrevenans.

BOULANGERS DES ARMÉES (Délits des). Voir *Vols et
Infidélités*.

BOULET. Peine militaire. Voir *Désertion*, §. II.

BOULEVARTS DE PARIS.

Art. 1er. Les contre-allées des boulevarts sont considérées comme promenades publiques. Voir *Promenades
publiques*.

2. Toutes baraques , appentis et échopes construits
hors de l'alignement des maisons et bâtimens sur les
boulevarts doivent être démolis. Les auvens ne peuvent
avoir plus de 81 centimètres (2 pieds et demi) de
saillie; il doit y avoir entre les auvens et les arbres
une distance de 32 centimètres (1 pied). Défenses de
réparer ni établir aucun auvent sans permission du
préfet de police.

Ordonn. du préfet de police du 29 prairial an XII;
(18 juin 1804). Voir *Auvens*.

3. Les tableaux pour enseignes, les devantures de boutiques, étalages de marchands en boutique, et autres de
ce genre , sont autorisés suivant les saillies d'usage.
Idem.

4. En cas de contravention aux dispositions ci-dessus,

il est mis des ouvriers par le commissaire de police du quartier pour les suppressions ou réductions, aux frais des contrevenans, sommation à eux préalablement faite de supprimer ou réduire. *Idem.*

5. Il ne peut être établi de barrières au-devant des propriétés bordant les contre-allées des boulevarts intérieurs de Paris, que pour cause de salubrité, et avec permission. Elles sont établies hors des contre-allées, à 5o centimètres au moins du corps des arbres, sans pouvoir excéder un mètre 5o centimètres de saillie, du nu du mur. *Ordonn. du préfet de police du 26 août 1816, art. 1er.*

6. Les barrières existantes antérieurement à l'ordonnance précitée ne peuvent être réparées ; elles sont supprimées dès qu'elles sont sujettes à réparations, et rétablies, s'il y a lieu, à l'alignement déterminé par l'autorité. *Idem, art. 2.*

7. Défenses de faire aucun dépôt ou établissement dans l'enceinte desdites barrières, sans une autorisation spéciale. *Idem, art. 3.*

8. Les contraventions sont constatées par des procès-verbaux. *Idem, art. 4.* Les contrevenans peuvent être traduits au tribunal de police.

Pour les permissions à accorder. Voir *Voirie.*

Voir aussi *Accottemens, Bannes.*

Défenses de chasser et de tirer des armes à feu sur les boulevarts. Voir *Chasse*, art. 20.

BOULINE. Peine maritime. Voir *Désertion.* *Police maritime.*

BOUQUETIÈRES *et* BOUQUETS.

Le marché aux bouquets se tient, à Paris, tous les jours rue aux fers, près de la rue saint-denis.

Défenses d'offrir des bouquets aux passans et dans les maisons, pour extorquer de l'argent. Voir *Mendicité,* §. IV.

BOUQUINISTE. C'est celui qui achète et vend des vieux livres.

Aux termes d'une déclaration du Roi du 29 mars 1778, le bouquiniste ne peut acheter ni vendre des livres neufs, mais seulement des livres de hasard.

L'article 6, au mot *Brocanteurs*, est applicable aux bouquinistes. Voir *Brocanteurs*.

BOURDAINE (Bois de). Voir *Bois et Foréts*, §. V.

BOURSES DE COMMERCE. Voir *Commerce*.

BOUTEILLES DE VERRE pour le vin.

Art. 1er. La matière vitrifiée pour la fabrication des bouteilles doit être raffinée et fondue également, en-sorte que chaque bouteille soit d'une égale épaisseur dans toute sa circonférence.

2. Chaque bouteille doit contenir un litre et être du poids de une livre et demie environ ; les demi-bouteilles et quarts de bouteille, à proportion.

3. Défenses d'introduire en France des bouteilles de moindres jauge et poids, à peine de confiscation, et de 200 fr. d'amende contre chaque contrevenant.

4. Défenses à ceux qui vendent du vin de France, cidre ou bière, et aux marchands faïenciers d'employer ni vendre des bouteilles de moindres jauge et poids, à peine de 400 fr. d'amende, et confiscation des vins, ou sous les peines portées par l'article 4, aux mots *Mar-chards ; Poids et Mesures.*

Les dispositions des quatre articles précédens sont consignées dans la déclaration du 8 mars 1735.

BOUTEILLES CASSÉES. Voir *Nettoiement, art.* 57.

BOUTIQUES.

Art. 1er. Les boutiques et magasins des marchands étant des lieux ouverts au public, les officiers de police ont droit d'y entrer à toute heure du jour, pour la vé-rification des poids et mesures, et des marchandises exposées en vente, et pour y prendre connaissance de tous désordres, et de toutes contraventions aux réglemens. *Loi du 22 juillet 1791, titre Ier., art. 9.*

Heures de la fermeture des boutiques où l'on donne à boire ou à manger. Voir *Cabarets.*

Ouvertures et devantures de boutiques.
(Voir aussi *Voirie*, au tome IV.)

3. Il faut une permission de la grande-voirie, pour faire sur la rue une ouverture de boutique, et une permission de la petite-voirie pour y placer une devanture ou une fermeture, ou un auvent, ou une enseigne. Si le bâtiment est sujet à reculement, l'on ne peut faire aucune confortation, sous prétexte d'ouvrir une boutique.

Les devantures ou fermetures de boutiques, les grilles des boulangers, des marchands de vin et autres, ne peuvent avoir plus de 68 millimètres (2 pouces) de saillie, du nu du mur; on les tolère de 16 centimètres (6 pouces) dans les rues les plus larges, et de 12 centimètres (4 pouces) dans les autres.

Ordonnance du bureau des finances du 14 décembre 1725.

Voir *Voirie*, tarifs des droits de la grande-voirie et de la petite-voirie.

NOTA. Si lesdits objets sont placés au raz du mur de face, sans aucune espèce de saillie, il n'est pas besoin de permission, et il n'y a aucun droit de voirie à payer.

BOUTIQUES (Appuis de). Voir *Appuis.*

BOUTONS (Fabriques de). Voir *Ateliers.*

BOUVERIES. Leur désinfection. Voir *Bestiaux malades.*

BOYAUDIERS et Fabricans de cordes à instrumens.

Art. 1er. Défenses de nettoyer et de préparer des boyaux dans l'intérieur de Paris, à peine de 300 francs d'amende. *Lettres patentes du 31 mai 1780.* Voir aussi *Ateliers.*

2. Conformément au décret du 15 octobre 1810, à l'ordonnance du Roi du 14 janvier 1815, et à l'ordonnance du préfet de police du 5 septembre 1810, aucune boyauderie et fabrique de cordes à instrumens, ne peut être mise en activité qu'en vertu d'une autorisation délivrée dans les formes indiquées au mot *Ateliers*, §. Ier. *Ordonnance du préfet de police du 14 avril 1819, art. 3.*

3. Dans le ressort de la préfecture de police, les emplacemens qui seraient indiqués dans les demandes doivent être isolés de cent mètres au moins de toute habitation (autre qu'un établissement aussi incommode), et placés, autant que possible, sur le bord d'une rivière ou d'un ru; à défaut de cours d'eau il doit y être suppléé par un puits en état de fournir de l'eau en abondance. Il doit être joint à la demande un plan figuré des lieux et des constructions projetées. *Idem, art. 2.*

4. Dans les boyauderies et fabriques de cordes à instrumens établies légalement antérieurement au 15 avril 1819, qui n'étant point sur le bord d'une rivière ou d'un ru, ne seraient pas pourvues d'un puits, il en sera établi un sans délai, qui puisse fournir en toute saison assez d'eau pour le service de l'établissement. *Idem, art. 4.*

5. Il est expressément défendu d'établir aucun puisard, pour recevoir les eaux de lavage et de macération. Ceux existant doivent être comblés et supprimés dans le plus court délai. *Idem, art. 5.*

6. Défenses aux boyaudiers et fabricans de cordes à instrumens de faire écouler leurs eaux de lavage et macération sur la voie publique, ni sur quelque portion de terrain que ce soit. Il leur est enjoint de recevoir ces eaux dans un tonneau sur voiture, pour être versées le soir à la voirie, ou dans un égoût, ou dans une rivière voisine. Sont exceptés de ces défenses et injonc-

tions, et de celles mentionnées en l'article 5 ci-dessus, lesdits boyaudiers et fabricáns dont les ateliers sont situés au bord d'une rivière ou d'un ruisseau naturel, pourvu que l'écoulement des eaux puisse y avoir lieu immédiatement, par des conduits souterrains, ou par des caniveaux bien dallés et bien cimentés, et qui puissent être constamment tenus en bon état de propreté. *Idem*, art. 6.

7. Les tonneaux destinés à la macération des intestins, doivent être placés sous un hangar ou dans un atelier dallé et, s'il est possible, ouvert à tous les vents. Les fabricans dont les ateliers ne seraient pas ainsi disposés, sont tenus d'y pourvoir, sauf délai. *Idem, art.*7.

8. Les contrventions sont constatées par des procès-verbaux ou rapports qui sont transmis au préfet de police. Il est pris contre les contrevenans, dans l'intérêt de la salubrité publique, telles mesures de police administrative, suivant les circonstances, sans préjudice des poursuites à exercer devant les tribunaux, conformément aux lois. *Idem, art.* 8. Voir *Ateliers*, art. 13.

BRAISES DE CHARBON. Voir *Charbon de bois*.

BRANCARDS pour le transport des malades, des blessés et des cadavres.

A Paris, chaque commissaire de police a en dépôt près de son bureau, un brancard avec ses bretelles, un matelas et une couverture de laine, pour le transport des malades, des blessés, et des cadavres. Ces objets sont fournis et entretenus par la police.

BRASSEURS. (Voir *Idem*. au tome IV.)

Art. 1er. Il n'est point établi de brasserie, à Paris, sans une permission du préfet de police; à l'effet de quoi les brasseurs se font inscrire à la préfecture de police, et y justifient de leur patente. *Ordonnance du préfet de police du 7 septembre 1813, art.* 1 et 2.

2. Les brasseurs font inscrire en gros caractères au-dessus de la principale entrée de leur brasserie, leurs noms et les lettres initiales de leurs prénoms. *Idem, art.* 3.

3. Tout brasseur qui suspend ses travaux ou cède son établissement, ou ferme définitivement sa brasserie, en fait sa déclaration à la préfecture de police *Idem, art.* 4.

4. Toute brasserie fermée pendant plus de six mois, ne peut être remise en activité, sans la permission du préfet de police. *Idem, art.* 5.

5. Les brasseurs sont tenus de faire bonne bière, d'y employer du bon grain, orge, blé ou avoine, ou seigle et avoine mêlés ensemble, suffisamment germés et bra-sinés, du houblon sain, de l'eau nette et non corrompue, sans y mettre sarrasin, ivraie, épiceries, drogues, mau-vais grains ou mauvaises matières. Ils doivent faire quiller la bière pour qu'elle se conserve, et l'entretenir dans des vaisseaux sains et lavés à l'eau bouillante, sans pouvoir mettre la nouvelle bière sur la vieille; le tout sous les peines portées au mot: *Boissons. Statuts des Brasseurs, enregistrés au Parlement le* 15 *février* 1780, *art.* 3.

6. Les houblons qui ont servi et sont égoutés, doi-vent être jetés, sans pouvoir servir à faire aucune autre boisson, sous les peines ci-dessus. *Idem, art.* 4.

7. Défenses aux brasseurs de fabriquer et vendre cidre ni poirée, d'avoir et nourrir, dans la maison où se trouve la brasserie, des bœufs, vaches, porcs, oies ou canards, attendu leur mauvaise odeur; à peine de con-fiscation des marchandises et bestiaux, et 100 fr. d'a-mende. *Idem, art.* 5.

8. Les tonneaux ou quarts servant à entonner et vendre la bière, doivent être de la contenance de 75 litres, et porter la marque particulière du brasseur, sans pouvoir se servir de tonneaux d'une autre conte-

nance. *Ordonnance du préfet de police, du 2 février 1810,* *approuvée par le ministre de l'intérieur ;* sous les pei-nes portées contre ceux qui vendent avec des mesures non légales. Voir *Poids et Mesures.*

9. Les houblons apportés à Paris pour y être vendus et employés, doivent être visités, pour constater s'ils sont sains et propres à la fabrication de la bière. Il est dressé procès-verbal par l'officier de police, de ceux trouvés gâtés ou défectueux, pour être ensuite, les contrevenans, punis comme il est dit en l'article 5 ci-dessus. *Statuts précités, art.* 10.

10. Dans les tems de disette, les brasseurs ne peu-vent faire de la bière. Voir *Disette.*

Les brasseurs de Paris sont en corporation ; ils ont des syndics et délégués, sous la surveillance du préfet de police.

Drèche ou résidus de bière. Défenses aux brasseurs d'en vendre de vieille ou corrompue aux nourrisseurs de vaches. Voir *Lait.*

Les brasseries sont sous la surveillance de la police. Voir *Ateliers.*

Voir aussi *Boissons,* chapitre 5.

Brevets d'invention.

Art. 1er. Toute découverte ou nouvelle invention dans tous les genres d'industrie, est la propriété de son auteur, la loi lui en garantit la pleine et entière jouissance, suivant le mode et pour le tems qu'elle dé-termine.

2. Tout moyen de perfectionner une fabrication est regardée comme une invention.

3. Celui qui apporte en France une découverte étran-gère, jouit des mêmes avantages que s'il en était l'in-venteur.

Loi du 7 janvier 1791.

4. Tout contrefacteur d'un objet pour lequel il a été

accordé un brevet d'invention, est condamné à des dommages-intérêts, et à une amende du quart du montant desdits dommages-intérêts, sans qu'elle puisse excéder 3,000 fr. *Idem*, à moins que le prévenu de la contrefaçon ne prouve, par témoins, une possession antérieure au brevet d'invention. *Arrêt de la cour de Cassation, du 30 avril 1810.*

Voir aussi *Contrefaçon*.

5. Il est délivré des *Brevets d'invention*, et sans examen préalable, à ceux qui veulent exécuter des objets d'industrie inconnus en France.

6. Le brevet accordé pour un moyen de perfection d'une invention déjà brevetée, ne donne que le droit d'exercer le moyen de perfection, mais non d'exécuter l'invention principale; de même, l'inventeur principal ne peut exécuter le moyen de perfection.

7. Les changemens de formes et de proportions et les ornemens, ne sont point réputés inventions.

8. Tout concessionnaire d'un brevet obtenu pour un objet que les tribunaux ont jugé contraire aux lois, à la sûreté publique, ou aux réglemens de police, est déchu de son droit, sans indemnité, et sans préjudice des conclusions du ministère public.

9. Le propriétaire d'un brevet d'invention, qui est troublé dans l'exercice de son droit, se pourvoit civilement contre le contrefacteur. Voir *Contrefaçon*.

S'il cède tout ou partie de son droit, (ce qu'il ne peut faire que par acte notarié), les deux parties doivent, à peine de nullité, faire enregistrer le transport au secrétariat de leurs départemens respectifs.

Loi du 25 mai 1791.

11. Il ne peut établir son entreprise par actions, sans une autorisation du Gouvernement. *Décret du 25 novembre 1806.*

12. Le Gouvernement, en accordant un brevet d'in-

vention sans examen préalable, n'entend garantir en aucune manière la propriété, le mérite ni le succès d'une invention. *Arrêté du Gouvernement du 5 vendémiaire an IX* (27 *septembre* 1800.)

BRIGANDAGE.

Tout officier de police doit en rechercher les auteurs, constater les premières traces du délit, et envoyer les procès-verbaux au procureur du Roi. Voir *Associations de malfaiteurs. Pillage. Vagabondage.*

Refus de prêter les secours requis dans les cas de brigandage. Voir *Délits*, art. 30, §. 12.

Peines contre ceux qui logent des brigands. Voir *Peines*, art. 44.

BRIS DE PRISON. Voir *Évasion*, art. 12.

BRIS DE SCELLÉS. Voir *Scellés*, art. 8 et suivans.

BROCANTEURS. (Voir *idem*, au tome IV.)

NOTA. Cette dénomination s'applique à toute personne qui achète et revend des objets de hasard ; seulement les brocanteurs et fripiers en boutique ne sont point assujettis à ce qui est prescrit par les articles 1, 5 et 8 ci-après.

Art. 1er. Pour être brocanteur ambulant, il faut une permission du préfet de police, à peine de confiscation des marchandises et 10 fr. d'amende. *Déclaration du 28 mars* 1778, *art.* 1er. *Ordonnance du préfet de police du 25 juillet* 1818, *art.* 1 *et* 5. (Voir, au tome IV, *Brocanteurs*, nos. 2 et 6.)

La permission est visée par le commissaire de police du domicile du brocanteur, sur la représentation de la patente de l'année. Tout brocanteur doit représenter sa permission à toute requisition des commissaires de police et des officiers et agens de police. *Ordonnance de police du 8 novembre* 1780, *art.* 4. *Idem*, *précitée du préfet*, *art.* 1 *et* 11.

Les permissions sont renouvelées chaque année. *Id. du préfet*, *art.* 4.

2. Pour être brocanteur, il faut aussi savoir lire et écrire, justifier d'un domicile d'un an à Paris, et d'un certificat de bonne conduite, signé de deux témoins, visé par le commissaire de police du domicile du brocanteur. *Ordonnance précitée, du préfet, art.* 6. (Voir au tome IV, *Brocanteurs*, n°. 1.)

3. Les brocanteurs ambulans portent sur leur habit, et visiblement, une plaque de cuivre portant : *Brocanteur*, le nom du brocanteur, les lettres initiales de ses prénoms, et le numéro de sa permission. *Déclaration précitée, art.* 2. *Ordonnance précitée du préfet, art.* 7 et 8.

Défenses de vendre, céder, ou prêter leurs plaques ou permissions. *Ordonnance de police, du* 16 *avril* 1740. Ils les déposent à la préfecture de police, lorsqu'ils cessent d'exercer leur état ; en cas de décès, le dépôt est fait par leurs héritiers. *Ordonnance précitée du préfet, art.* 9. Voir l'article 17, ci-après.

4. Ils sont tenus, ainsi que les fripiers en boutique, d'avoir un registre timbré, cotté et paraphé par le commissaire de police de leur domicile, et portant en tête leurs noms, demeure et signalement (Voir le *nota* de l'article 2, au mot, *Maisons garnies.* Voir aussi au tome IV, *Brocanteurs*, n°. 3); ils y inscrivent, jour par jour, sans aucuns blancs ni ratures, leurs achats, les noms et professions des vendeurs, et le prix des achats ; ils font viser ce registre une fois par mois, par le commissaire de police de leur domicile. Le tout à peine de 400 fr. d'amende contre les fripiers en boutique, et 100 fr. contre les brocanteurs ambulans. *Ordonnance précitée du 8 novembre* 1780, *art.* 2 *et* 3. *Idem précitée du préfet, art.* 10. Le visa n'est mis sur le registre, que d'après la représentation de la patente.

5. Ils représentent leur registre, même tous objets par eux achetés, à toute requition des officiers et agens

de police ; à peine de saisie des objets qu'ils auraient celés , et 50 fr. d'amende. *Ordonnance précitée du 8 novembre 1780, art 4 ; Idem, du préfet, art. 11.*

6. Défenses à eux de rien acheter des enfans et domestiques, sans le consentement par écrit des pères et mères , tuteurs ou maîtres, ni de personnes à eux inconnues, à peine de 400 fr. d'amende, et d'être responsables des objets volés. *Idem du 8 novembre 1780, art. 1er. Idem du préfet du 26 avril 1806, art. 10.*

7. Ils ne vendent, n'achètent ou n'échangent que des marchandises de friperie , meubles et ustensiles de hasard, et non des marchandises neuves, ni des matières d'or et d'argent, si ce n'est des vieux galons, ou des vieilles étoffes brodées ou tissues d'or et d'argent. *Déclaration précitée, art, 6. Ordonnance précitée du préfet du 25 juillet 1818 , art. 12.*

8. Les brocanteurs ambulans portent leurs marchandises sur le bras, à découvert, sans pouvoir les étaler ni déposer en place fixe, ni s'arrêter dans les rues. *Déclaration précitée , art. 5. Ordonnance précitée du préfet du 25 juillet 1818, art. 15.*

9. Défenses expresses d'acheter à des militaires, leurs habillemens , armes, chevaux et équipemens , à peine de confiscation, et d'une amende qui ne peut excéder 300 fr. *Loi du 28 mars 1793 , art. 5. Ordonnance précitée du préfet du 25 juillet 1818 ; art. 13.* Voir aussi *Armes, art. 7.*

10. Ils ne peuvent acheter des papiers écrits. Voir *Papiers écrits.*

11. Ceux qui achètent et gardent des vases sacrés , sont punis comme ceux qui les auraient volés. *Loi du 28 mars 1793.*

12. Défenses à eux d'acheter des munitions de guerre provenant des magasins de l'État, et toutes choses servant à l'artillerie, armes, ustensiles, outils, etc.; à

peine d'amende, et de punition corporelle en cas de récidive. *Arrêt de* 1716.

Pareilles défenses sont faites d'acheter ou vendre aucunes armes prohibées, sous les peines portées en pareil cas. Voir *Armes. Ordonnance précitée du préfet du* 25 *juillet* 1818, *art.* 14.

13. Ils ne peuvent conserver chez eux, ni vendre aucuns costumes de généraux et de grands fonctionnaires publics. S'ils en achètent, ils doivent les démonter, et en bruler les galons et broderies. *Décision du ministre de la police, consignée dans une circulaire du préfet de police du* 12 *octobre* 1813.

14. Défenses à eux de se rassembler sur la voie publique, excepté sur la place de la rotonde, au-devant des abris du marché du Temple, sans néanmoins pouvoir y étaler ni colporter. *Ordonnance précitée du préfet, du* 25 *juillet* 1818, *art.* 16. Voir aussi *Hardes*.

15. Les brochanteurs et fripiers sont tenus, dans les ventes publiques, de laisser un libre accès aux particuliers qui veulent enchérir, sans pouvoir s'emparer exclusivement du devant des tables, ni dépriser les objets mis en vente. *Arrêt du* 24 *mai* 1787. *Ordonnance précitée du préfet de* 1806, *art.* 13.

16. Défenses à toutes personnes de se cottiser ou associer pour obtenir les adjudications dans les ventes, de *lotir*, *revider* ou *revendre* entre elles les objets qui leur ont été adjugés; à peine de 500 fr. d'amende, et de confiscation des marchandises et effets. *Arrêt précité du* 24 *mai* 1787. *Ordonnance précitée de* 1806, *art.* 14.

En cas de trouble, de rixe ou émeute, les commissaires-priseurs étant chargés, par la loi du 27 ventôse an IX, de la police dans les ventes, y font arrêter et conduire à la préfecture de police les délinquans. Ils peuvent, au besoin, requérir l'assistance des commissaires de police. *Ordonnance précitée de 1806, art. 15.* Voir *Commissaires-priseurs, art.* 6.

17. Un brocanteur qui cesse son état, en fait la dé_ claration au commissaire de police de son quartier, et lui dépose sa permission, sa plaque et son registre.

S'il ne fait que changer de domicile, il en fait la déclaration aux commissaires de police de son ancien et nouveau domicile, à peine de 100 fr. d'amende. *Or-donnance précitée du 8 novembre 1780, art.* 3. (Voir au tome IV, *Brocanteurs*, n°. 4 et 5).

NOTA. Les brocanteurs ambulans ont des délégués nommés par des électeurs. Ceux-ci sont choisis dans les assemblées des brocanteurs.

Voir aussi *Cabarets, art.* 2.

BROUETTES. Voir *Chaises à porteurs.*

BRUIT.

Ceux qui exercent des professions, arts et métiers qui occasionnent du bruit, ne peuvent commencer leur travail avant cinq heures du matin, et doivent cesser à huit heures du soir.

Cette disposition est consacrée par les statuts des diverses professions à marteaux. Voir *Maréchal-ferrant.* (Voir aussi *Bruit,* au tome IV).

BRUITS ou TAPAGES injurieux ou nocturnes. Voir *Délits, art.* 31, §. 7. *Injures, art.* 2. (Voir aussi *Bruits, etc.*, au tome IV).

Faux bruits tendans à alarmer le peuple. Voir *Alarme.*

BULLETIN DES LOIS. (Voir *Imprimerie, art.* 85, 86, *et* 87).

Art. 1er. Les fonctionnaires publics et les abonnés au bulletin des lois n'ont droit à réclamer gratuitement les numéros manquant dans les envois, qu'en ayant soin de le faire à l'instant où une interruption dans l'ordre d'arrivée leur fait remarquer une lacune. *Avis imprimé de l'imprimerie royale du 15 juin 1811.*

2. Lorsqu'un fonctionnaire public qui reçoit gratuitement le bulletin des lois, en raison des fonctions qu'il exerce, est remplacé, il en remet la collection à son successeur. *Arrêté du Gouvernement du 7 thermidor an IV* (25 juillet 1796).

Bureaux d'agence, de correspondance, d'affaires, etc. (Voir *Idem*, au tome IV.)

Ces divers établissemens sont sous la surveillance de la police. Ceux qui les dirigent doivent envoyer au magistrat de police administrative, le prospectus de leur établissement ; ils doivent aussi se pourvoir d'une patente. Le magistrat fait examiner leurs registres, et prend connaissance des détails de leurs opérations, afin de s'assurer s'ils ne cherchent pas à tromper le public. Dans ce cas il peuvent être assimilés aux *faiseurs d'affaires.* Voir *Affaires.*

Bureaux de charité.

Art. 1er. Il y a à Paris douze bureaux de charité, (un par arrondissement), chargés de la distribution des secours à domicile, sous la direction du préfet du département et du conseil-général de l'administration des hospices. *Ordonnance du Roi du 2 juillet 1816, art. 1 et 2.*

2. Chaque bureau est composé :

1°. Du maire de l'arrondissement, président né du bureau, et de ses adjoints, du curé de la paroisse, des desservans des succursales ;

2°. De douze autres administrateurs nommés par le ministre de l'intérieur, dont le renouvellement s'opère par quart chaque année, en suivant l'ordre de leur nomination, sans que nul puisse être réélu avant un intervalle d'un an. *Idem, art. 2 et 6.*

3°. D'un nombre indéterminé de visiteurs des pauvres, et de dames de charité, nommés par le bureau ;

qui n'assistent aux séances, avec voix consultatives, que lorsqu'ils y sont invités. *Idem*, *art. 2 et 7.*

3. Chaque bureau a un agent comptable, sous le titre de secrétaire-trésorier. Il est salarié et fournit un cautionnement. *Idem*, *art. 3.*

4. Dans les arrondissemens où il se trouve un temple du culte protestant, le ministre du temple fait partie du bureau de charité.

Responsabilité des membres des bureaux de charité. Voir *Responsabilité des fonctionnaires publics*, art. 5.

Voir aussi *Dons et legs*.

BUSTES formant étalage ou enseigne.

On ne peut en établir sans une permission de la petite-voirie. Voir *Voirie*. *Tarif des droits de la petite-voirie.*

(Voir aussi *Voirie*, au tome IV.)

C

CABANES DE GARDIENS. Peines contre ceux qui les coupent ou détruisent. Voir *Destructions*.

CABARETIERS *ou* MARCHANDS DE VIN (Commerce des). Voir *Vins*.

CABARETS, CAFÉS, EPICIERS, RESTAURATEURS, TABAGIES, et autres endroits où l'on donne à boire; BILLARDS.

(Voir aussi *Billards*, au tome IV.)

Art. 1er. Tous les lieux publics où l'on donne à boire ou à manger, sont fermés depuis dix heures du soir jusqu'à cinq heures du matin en hiver, et depuis onze heures du soir jusqu'à quatre heures du matin en été, à peine de 100 fr. d'amende la première fois, et de 200 fr. en cas de récidive. *Ordonnance de police du 8 novembre* 1780, *art.* 14.

Les billards publics sont nécessairement compris dans les dispositions ci-dessus.

NOTA. Une décision de la cour royale de Paris, approuvée par le ministre de la justice le   mars 1812, ayant assimilé aux contraventions de simple police prévues par le §. 5 de l'article 471 du Code pénal, celle de laisser ouvertes les portes d'entrée des maisons après les heures prescrites par les réglemens, (voir *Portes d'entrée*), cette décision paraît devoir s'appliquer à l'article 1er. ci-dessus.

2. Défenses à ceux qui tiennent lesdits lieux publics de recevoir chez eux des femmes publiques, des vagabonds, gens sans aveu, et filoux, sous les peines ci-dessus. *Ordonnance précitée, même article* 14. Voir *Peines*, §. VI.

Ils ne doivent point recevoir chez eux des assemblées de brocanteurs, marchands, fripiers, pour y revendre entre eux des meubles et effets, à peine de 500 francs d'amende. *Ordonnance du 23 novembre* 1742.

3. A Paris, les cabarets, cafés, estaminets, billards, guinguettes, et autres lieux de réunion ouverts au public, doivent être fermés pendant toute l'année à onze heures précises du soir. Dans les communes rurales du ressort de la préfecture de police, ils doivent être fermés à onze heures du soir du 1er. avril au 1er. octobre, et à dix heures du 1er. octobre au 1er. avril. *Ordonnance du préfet de police du 3 avril* 1819, *art.* 1er.

4. Défenses aux maîtres desdits établissemens, à leurs garçons ou gens de service, d'y recevoir ou conserver personne, et d'y donner à boire, à manger, à danser ou jouer, au-delà des heures prescrites par l'article précédent. *Idem, art.* 2.

5. Les officiers de police, assistés de main-forte, font des visites dans lesdits lieux publics, après les heures prescrites pour leur fermeture, lorsqu'ils y entendent du bruit ou tapage, ou qu'ils en trouvent les portes ouvertes. Ils constatent par des procès-verbaux, les contraventions, et le nombre d'individus étrangers à la maison, qu'ils trouvent à boire ou à manger, et

leur enjoignent de se retirer. Ils traduisent les contre-venans devant les tribunaux.

6. Ceux desdits individus trouvés faisant du bruit dans lesdits lieux après lesdites heures, qui ne donne-raient pas des renseignemens satisfaisans sur leur mo-ralité, et sur leurs moyens d'existence, peuvent être arrêtés et conduits à la préfecture de police, pour y être examinés, et retenus, s'il y a lieu, sous la main de la justice.

7. Les officiers de police ont droit d'entrer à toute heure dans lesdits lieux publics, pour y prendre con-naissance des désordres et contraventions qui pour-raient s'y commettre. Voir aussi *Auberges. Gendar-merie.*

Comptoirs de plomb et ustensiles de cuivre, dont se servent ceux qui donnent à boire et à manger. Voir *Cuivre.*

Bouteilles dont ils doivent se servir. Voir *Bouteilles.*

CABINETS LITTÉRAIRES *ou* DE LECTURE.

Ceux qui veulent établir un cabinet littéraire ou de lecture, en font à la police une déclaration, dont il leur est donné acte. Leur patente peut être assimilée à celle de libraire.

CABINETS NOIRS *ou* DE PROSTITUTION, chez ceux qui donnent à boire.

Les officiers de police doivent veiller à ce que les marchands de vin en détail et les rogomistes n'aient point dans l'intérieur de leurs établissemens des cabi-nets noirs destinés à favoriser la prostitution. S'ils en découvrent, ils doivent saisir le moment où les cabinets seraient occupés par des personnes de mauvaise vie, les arrêter si elles sont suspectes ou coupables, sous le rap-port des mœurs, ou sous tout autre rapport, et les faire conduire, avec le procès-verbal, à la préfecture de po-lice, pour y être déposées à la chambre de dépôt, et retenues, s'il y a lieu, sous la main de la justice, en état de mandat d'amener, conformément à l'art. 45 du Code d'instruction criminelle.

Circulaire du directeur général de la police du 11 février 1815. Instruction du préfet de police du 1er. août 1819. Voir *Mœurs.*

CABRIOLETS. Voir *Carrosses.* (Voir aussi *Cabriolets*, au tome IV.)

CADAVRES. (Voir *Idem*, au tome IV.)

Art. 1er. Lorsqu'un cadavre est retiré de l'eau (Voir *Noyés*), ou trouvé dans quelqu'endroit que ce soit, (Voir, au tome IV, *Cadavre*, n°. 2), il en est donné avis sur-le-champ à l'officier de police le plus voisin, qui se transporte de suite au lieu où est le cadavre, assisté d'un homme de l'art, par lui requis, pour constater la mort, ses causes et son époque. *Ordonnance du préfet de police du 25 mars 1816, art.* 8. Voir *Procédure criminelle ; art.* 13, pour le serment à prêter par l'homme de l'art.

2. Le procès-verbal de l'officier de police doit constater le sexe, les nom, prénoms, âge, pays de naisssance profession et demeure du défunt, et son signalement ; le rapport de l'homme de l'art ; les renseignemens recueillis sur l'événement ; les déclarations de ceux qui ont repêché ou trouvé le cadavre ; les vêtemens dont il est couvert ; les papiers et effets trouvés sur lui ; les nom, profession et demeure de la personne à qui il est remis, s'il est réclamé, et s'il ne l'est pas, on envoie à la morgue. *Idem*, *art.* 17 *et* 18.

3. Si l'individu donne quelque signe de vie, il lui est administré de suite tous les secours nécessaires. Voir aussi *Asphyxiés. Noyés.*

4. Si l'individu est mort, ou s'il meurt pendant l'administration des secours, et qu'il ne soit point reclamé, il est transporté à la morgue, avec extrait du procès-

verbal. (Voir, au tome IV, *Mort subite*, nos. 5 et 6.)
Les papiers et effets trouvés sur lui sont joints au procès-verbal, et envoyés à la préfecture de police dans les
vingt-quatre heures. *Idem*, art. 10.

5. Si le cadavre est reconnu et réclamé par une personne domiciliée, qui justifie du domicile du défunt et
de ses facultés, la remise peut lui en être faite, sous
sa soumission de le faire inhumer, et il est transporté
dans son domicile. *Idem*, art. 10. (Voir, au tome IV,
Mort subite, nos. 2 et 3.)

6. Le procès-verbal, dans le cas de l'article précédent, est remis au procureur du Roi, ainsi que l'extrait pour l'inhumation; cet extrait, visé par le procureur du Roi, est remis par l'officier de police qui a
opéré, aux personnes qui se sont chargées de faire inhumer le corps. (Voir, au tome IV, *Mort subite*, nº. 4.)

7. S'il y a présomption de crime, la remise peut
toujours en être faite au réclamant; l'officier de police,
dans ce cas, doit recevoir toutes les déclarations qui
peuvent faire connaître la vérité, et mettre en arrestation les prévenus. Voir *Procédure criminelle*. (Voir
aussi, au tome IV, *Mort violente*.)

8. Défenses de dépouiller les cadavres repêchés, à
peine d'être poursuivi et puni comme coupable de vol.
Sentence de police du 29 mars 1743. Voir *Vol*, art. 1
et 21.

9. Défenses d'inhumer un cadavre sans l'autorisation
de l'officier public. Voir *Décès*, art. 7.

10. Il est procédé pour les portions de cadavre
comme pour les cadavres entiers. *Ordonnance précitée
du* 25 *mars* 1816, art. 11. (Voir, au tome IV, *Cadavres*, nº 3). Voir aussi l'art. 19 ci-après.

11. A l'arrivée d'un cadavre à la morgue, le concierge vérifie son signalement sur l'extrait du procès-
verbal, ou sur les déclarations qui peuvent lui avoir

été adressées. Dans ce dernier cas, il en prévient les dé-
clarans, ainsi que le préfet de police. Si le cadavre n'a
pas été visité, il appelle un homme de l'art pour faire
cette visite. *Ordonnance précitée, art.* 12.

12. Le cadavre est exposé dans la morgue aux re-
gards du public, ainsi que ses vêtemens, pendant trois
jours consécutifs, à compter de celui de son arrivée.
Idem, art. 13.

13. Ceux qui reconnaissent un cadavre pendant son
exposition à la morgue, en font leur déclaration au
commissaire de police du lieu ; cette déclaration est envoyée au préfet de police. *Idem, art.* 14. (Voir, au
tome IV, *Mort subite, n°.* 7.)

14. L'inhumation des cadavres exposés à la morgue
est ordonnée par le préfet de police. Il n'est disposé des
vêtemens que sur un ordre de ce magistrat. *Idem; articles* 15 *et* 16. (Voir, au tome IV, *Mort subite, n°.* 8.)

Si le cadavre est reconnu et réclamé à la morgue, les
réclamans peuvent le faire inhumer avec telles cérémonies qu'ils désirent.

15. Il est alloué, à titre de récompense ou indemnité, à ceux qui ont repêché ou secouru un noyé, un
asphyxié, ou un blessé sur la voie publique ou ailleurs,
savoir :

1°. Pour le repêchage d'un noyé, rappelé
à la vie.. 25 fr.

S'il n'est pas rappelé à la vie.............. 15

2°. Pour le transport à l'hospice, ou à la
morgue, d'un blessé, d'un noyé, d'un asphyxié, ou autre corps vivant ou mort, suivant
les distances............................ de 3 à 5

A l'homme de l'art, les honoraires déterminés par
l'article 17 du décret du 18 juin 1811, et, s'il y a
lieu, une indemnité, suivant la durée et l'impor-

tance des secours et leurs résultats, et qui ne peut être moindre de 5 fr. ni excéder 50 fr.

Idem, art. 20.

Voir *Frais de justice*, §. 2.

16. Les frais ci-dessus sont acquittés par l'individu secouru ou par sa famille ; à défaut de facultés, ce qui doit être constaté et exprimé dans le procès-verbal, ils sont acquittés par la caisse de la préfecture de police, trois jours après la réception du procès-verbal, sur le vû des certificats du commissaire de police, délivrés séparément pour le repêchage, le transport, et les secours. *Idem*, art. 21.

NOTA. Si l'officier de police qui a procédé fait l'avance des frais, ce qui doit être dit au procès-verbal, ils lui sont remboursés par la caisse de la police.

17. Le préfet de police fait remettre, lorsqu'il le juge convenable, une médaille à celui qui s'est distingué par son zèle et son dévouement à secourir un noyé ou un asphyxié. *Idem*, art. 22.

18. Les directeurs des hôpitaux font fournir des cadavres aux professeurs de médecine et de chirurgie pour les démonstrations anatomiques et l'enseignement des opérations chirurgicales. La police veille à ce que ces fournitures soyent faites. *Édit de mars* 1707, art. 25.

Voir *Dissection*.

19. Lorsqu'en faisant des fouilles dans un terrain qui a fait partie d'un lieu de sépulture, il est trouvé des restes du corps ou des ossemens humains, l'entrepreneur des fouilles en prévient le commissaire de police du quartier, fait extraire des fouilles lesdits restes humains, et les met à la disposition du commissaire de police, qui les fait transporter, dans une charrette couverte ou dans un tombereau, et les accompagne, au cimetière le plus voisin, où il les fait réinhumer en présence du concierge. Il est rédigé du tout

procès-verbal. *Ainsi décidé par M. le Préfet de police en semblables circonstances.* (Voir au tome IV, *Cadâ-vres* , n°. 3.)

Les frais sont acquittés par le propriétaire du terrain fouillé. Voir *Décès*, art. 26.

Voir aussi *Complices. Décès. Homicide, Mort subite. Mort violente. Suicide.*

CADRAN, enseigne. Voir *Tableau.* (Voir aussi au tome IV, *Voirie.*)

CAFÉS, Voir *Cabarets.*

CAGES *ou* MONTRES des marchands. Voir *Étalages.* (Voir aussi au tome IV, *Voirie.*)

CAISSE DES DÉPÔTS ET CONSIGNATIONS, créée par l'article 100 de la loi du 28 avril 1816.

Art. 1er. La caisse des dépôts et consignations, reçoit seule toutes les consignations judiciaires. *Ordonnance du Roi du 3 juillet 1816, art.* 1er.

2. Défenses aux cours, tribunaux et administrations quelconques d'autoriser ou ordonner des consignations en autres caisses et dépôts publics ou particuliers, même d'autoriser les débiteurs, dépositaires, tiers saisis, à les conserver sous le nom de séquestre ou autrement ; à peine de nullité de telles consignations, lesquelles ne sont point libératoires. *Idem, art.* 3.

3. Conformément à la loi du 18 janvier 1805 (28 nivôse an XIII) , la caisse des dépôts et consignations paye l'intérêt de toute somme consignée, à raison de trois pour cent, à compter du soixante-unième jour de la date de la consignation. Les sommes qui restent moins de soixante jours en état de consignation, ne produisent aucun intérêt. *Idem, art.* 14.

4. Conformément à l'article 4 de la susdite loi, les sommes consignées sont remises dix jours après la ré-quisition de payement aux préposés de la caisse, qui peuvent être contraints, par corps audit payement, à

moins d'opposition dans leurs mains, ou de non régulari-
té des pièces produites à l'appui de la réquisition, ce dont
ils sont tenus de faire la dénonciation avant l'expiration
des dix jours ; et dans ce cas ils ne sont contraignables
que dix jours après la signification des mains levées, ou
du rapport des pièces régularisées. *Idem, art.* 15 et 16.

5. La caisse des consignations a des préposés dans
toutes les villes du royaume où siège un tribunal de
première instance ; elle est responsable des sommes par
eux reçues, lorsque les parties ont fait enregistrer leurs
reconnaissances dans les cinq jours du versement. *Idem,*
art. 11.

6. La caisse des dépôts et consignations est autorisée
à recevoir les *dépôts volontaires* des particuliers, à
Paris seulement, et en monnaie ayant cours, ou en
billets de la banque de France ; sans pouvoir, sous
aucun prétexte, exiger de droit de garde ni aucune
rétribution, lors du dépôt, ni lors de la restitution.
Autre ordonnance du Roi du même jour 3 *juillet* 1816,
art. 1 *à* 3.

7. Les sommes déposées volontairement portent intérêt
à trois pour cent pourvu qu'elles soyent restées à la
caisse trente jours. La caisse ne doit aucun intérêt pour
celles retirées avant ce tems. *Idem, art.* 5.

8. Le dépôt est rendu à l'époque convenue par l'acte
de dépôt, et s'il n'en a pas été convenu, à simple présentation. Celui qui retire son dépôt, n'est tenu que
de remettre la reconnaissance de la caisse, et de signer
la quittance. *Idem, art.* 6.

9. En cas de perte d'un récépissé, le déposant forme
une opposition fondée sur cette cause. *Idem, art.* 11.

10. Le montant des retenues exercées dans les minis-
tères, administrations et établissemens, en vertu d'ordonnances royales, sur les appointemens, salaires et
autres rétributions, sont versées à la caisse des dépôts

et consignations. *Autre ordonnance du Roi, du 3 juillet 1816, art. 1er.*

11. A la fin de chaque année, les sommes qui se trouvent rester au crédit de chaque établissement, après l'acquittement des retraites dont il est chargé, sont employées en achat d'inscriptions sur le grand-livre, dont les arrérages sont perçus pour son compte, et accroissent d'autant les fonds destinés aux pensions de retraite à sa charge. *Idem, art. 3.*

CAISSE DE POISSY. Voir *Boucherie.*

CAISSE-TAMBOUR. Voir *Tambour.*

CAISSES DE FLEURS SUR LES CROISÉES. Voir *Fenêtres.*

CALAMITÉ, malheur général, tel qu'un incendie, une inondation, etc.

Refus des secours requis en pareil cas. Voir *Délits, art. 30, §. 12.*

CALENDRIER GRÉGORIEN.

Il avait été remplacé par un calendrier temporaire, le 6 octobre 1793 (15 vendémiaire an II), et la première année du calendrier temporaire remontait au 22 septembre 1792. *Décrets des 14 vendémiaire et 4 frimaire an II (5 et 25 octobre 1793).* Le calendrier grégorien a été rétabli à compter du 1er janvier 1806 (11 nivôse an XIV). *Sénatus-consulte du 22 fructidor an XIII (9 septembre 1805).*

Tableaux de la concordance du calendrier temporaire avec le calendrier grégorien, depuis le 1er vendémiaire an II (22 septembre 1793) jusqu'au 5e jour complémentaire an XIV, (22 septembre 1806).

(Voir les tableaux de concordance à la fin du tome IV.)

CALOMNIE ou DIFFAMATION.

Quiconque a fait par écrit une dénonciation calomnieuse contre un ou plusieurs individus, aux officiers de justice ou de police administrative ou judiciaire, est puni d'un emprisonnement d'un mois à un an, et d'une amende de 100 fr. à 3000 fr. *Code pénal*, art. 373.

Pour les autres dispositions relatives à la calomnie et indiquées aux articles 367, 368, 369, 370, 371, 372, 374, 375, 377 du Code pénal, abrogés par la loi du 17 mai 1819. Voir *Imprimerie*, §. 2 et 3.

CANAUX. Voir *Navigation. Voirie.*

CANNES A DARD, à sabre, ou à épée. Voir *Armes*, §. 5.

CANONS. Voir *Armes, art.* 21 et suivans. *Artillerie.*

CAPTURE D'UN PRÉVENU OU D'UN CONDAMNÉ. Voir *Frais de justice*, §. IV de l'art. 57.

CARCAN. Peine criminelle infamante. Voir *Peines.*

CARNAVAL. Voir *Masques.*

CARONADES. Voir *Artillerie.*

CARROSSES ET CABRIOLETS DE LOUAGE. (Voir aussi, au tome IV, *Cabriolets, Carrosses.*)

1º. *Carrosses et cabriolets de place pour l'intérieur.*

   1. *Des loueurs.*

   2. *Des cochers.*

   3. *Prix du louage des carrosses et cabriolets.*

   4. *Des visites des voitures.*

   5. *Statuts des loueurs.*

2º. *Carrosses et cabriolets de remise.*

3º. *Cabriolets et voitures dites des environs de Paris.*

4º. *Cabriolets bourgeois.*

5º. *Desservans des places de fiacres et de cabriolets.*

CHAPITRE Ier. *Carrosses et cabriolets de place pour l'intérieur.*

§. Ier. *Des loueurs.*

Art. 1er. Les propriétaires de fiacres et de cabriolets de place pour l'intérieur de Paris, sont tenus de faire à la préfecture de police, la déclaration de leurs voi-

tures, à l'effet d'obtenir le numéro et le permis de stationnement de chacune de leurs voitures *Ordonnance
du préfet de police, du 4 mai 1813, art. 1 et 5.* (Voir au
tome IV, *Cabriolets*, n°. 3, et *Carrosses*, n°. 2) Leurs
demandes à fin d'obtention de permis de stationnement,
sont communiquées, s'il y a lieu, aux délégués des
loueurs de carrosses et de cabriolets. *Arrêté du préfet de police, du 5 mai 1813, art. 1er.*

2. Il n'est accordé de permis de stationnement à un
loueur, qu'autant qu'il présente une garantie suffisante
à l'autorité et au public, et aussi d'après la visite
des chevaux, voitures et harnois. *Ordonnance précitée
art. 9 et 22.* Voir ci-après le § 4.

3. Le permis de stationnement indique les noms et
demeure du loueur, le numéro que doit porter la voiture, le signalement du fiacre ou du cabriolet, l'obligation de payer le droit de roulage, (Voir *Roulage*,
chap. 2), et le droit de stationnement (Voir ci-après,
l'art. 16), et aussi de se conformer aux réglemens de
police ; à peine, administrativement, de suspension ou
révocation de la permission ; sans préjudice d'autres
peines, s'il y a lieu.

La permission ne peut servir qu'à la personne y dénommée, et pour la voiture qui y est désignée.

A la permission est annexé un exemplaire du réglement concernant les voitures de place.

En cas de perte de la permission (Voir au tome IV,
Carrosses, n°. 6.)

4. Les numéros et les permis de stationnement sont
enregistrés au bureau des délégués, dans les 24 heures
de leur délivrance. *Arrêté précité, art. 3.*

5. Le numérotage des voitures de place est adjugé au
rabais, par voie de soumission cachetée, à la préfecture de police, en présence de trois loueurs désignés
par le préfet. *Ordonnance précitée, art. 3.* Défenses

aux loueurs et à tous autres, de s'immiscer dans le numérotage des voitures de place, en quelque tems et sous quelque prétexte que ce soit. *Ordonnance précitée, art.* 4.

6. Les numéros sont placés dans la partie supérieure de derrière, et sur les deux panneaux inférieurs de chaque côté de la voiture. Ils sont peints à l'huile, en noir, sur un écusson blanc et en chiffres arabes, suivant les dimensions déterminées. Ils sont peints aussi sur une tablette en fer battu, de 13 centimètres de long sur 7 de hauteur, fixée à vis et à écrous dans l'intérieur de la voiture et dans un endroit visible. *Idem, art.* 7. Lesdits numéros ne peuvent être effacés ni changés, sans l'autorisation du préfet de police. *Idem, art.* 8.

7. Défenses de faire rouler ni stationner dans Paris, aucun fiacre ni cabriolet de place, sans avoir fait la déclaration prescrite par l'article 1er. ci-dessus, et sans que lesdites voitures soient numérotées de la manière sus-indiquée. *Idem, art.* 6 ; à peine de confiscation des carrosses et cabriolets et de 100 fr. d'amende contre les propriétaires et les cochers solidairement. *Ordonnance de police, du* 12 avril 1779, *art.* 13 ; ou au moins sous les peines de simple police, comme embarrassant la voie publique. Voir *Délits,* art 29, § 4. (Voir au tome IV, *Cabriolets,* n°. 5, *Carrosses,* n°. 4.)

8. Les fiacres doivent être construits en forme de berlines. *Ordonnance précitée, du* 4 mai 1813, *art.* 20.

9 Aucun fiacre ni cabriolet de place ne peut être vendu sans une décaration préalabe à la préfecture de police, tant par le vendeur que par l'acheteur. *Idem, art.* 24.

Défenses aux loueurs de prêter leurs noms à qui que ce soit, même aux acquéreurs de leurs équipages et chevaux, pour faire stationner et circuler des carrosses ou cabriolets. *Idem, art.* 25.

Pour assurer l'exécution des dispositions ci-dessus du présent article, le préfet de police fait vérifier fréquemment, et de grand matin, par les commissaires de police, si les loueurs de leur quartier ont chez eux un nombre de voitures égal à celui des numéros pour lesquels ils sont enregistrés ; à l'effet de quoi ils sont tenus de représenter les feuilles dudit enregistrement. Si le loueur ne représente pas autant de voitures qu'il y a de numéros sur la feuille, il doit déclarer où sont celles qui manquent, et le vérificateur s'en assure autant que possible. Il fait rapport du tout au préfet de police. *Circulaire du directeur général de la police, du 22 novembre 1814.*

10. Lorsqu'un fiacre cesse de rouler, le propriétaire en fait déclaration à la préfecture de police ; il y rapporte le permis de stationnement; le numéro du carrosse est effacé, et certificat en est délivré au déclarant. Faute de remplir ces formalités, le vendeur et l'acquéreur encourent une amende de 50 fr. *Ordonnance précitée, du 12 avril 1779, art. 14.*

11. Défenses aux selliers, carrossiers, férailleurs, dépeceurs de voitures, et tous autres non inscrits à la préfecture de police, de louer à qui que ce soit aucun carrosse. Les voitures de place, trouvées chez les selliers, dépeceurs de voitures et tous autres, sans déclaration préalable, ou sans que le numéro soit effacé, sont saisies. *Ordonnance de police, du 14 juillet 1731, art. 15.*

12. Les fiacres et les cabriolets de place, doivent être en bon état, garnis de bonnes soupentes et de tout ce qui est nécessaire à la sûreté de ceux qui s'en servent ; attelés de bons chevaux non vicieux ni malades, avec harnois bien conditionnés ; à peine de confiscation. *Ordonnances précitées des 12 avril 1779, art 1er., et 4*

mai 1813, art. 26. (Voir le § 4, ci-après. (Voir au tome IV, *Carrosses*, n°. 5.)

13. Les carrosses et cabriolets de place ne doivent stationner, pour être loués, que sur les places affectées à chaque espèce de ces voitures. Ils y sont rangés en file dans l'espace désigné par les inscriptions placées à cet effet sur le mur, et de manière à laisser un passage libre entre chaque carrosse, et entre les maisons et la file, sans pouvoir obstruer l'entrée des rues, culs-de-sacs et portes cochères; le tout à peine de l'amende de simple police, comme embarrassant la voie publique. *Ordonnance précitée de* 1779, *art.* 4. *Idem, précitée, de* 4 *mai* 1813, *art.* 30 *et* 32. *Code pénal*, §. 4, *de l'art.* 471. (Voir au tome IV, *Cabriolets*, n°. 5.)

14. Défenses de faire stationner aucune voiture de place, sur la place de la rue de la Féronnerie, avant neuf heures du matin du 1er. avril au 1er. octobre, et avant dix heures, du 1er. octobre au 1er. avril; comme aussi d'en faire stationner sur cette place après minuit. *Ordonnance précitée du* 4 *mai* 1813, *art.* 51. (Voir au tome IV, *Cabriolets*, n°. 5.

15. Tout loueur est tenu de placer au-dessus de la porte de son établissement, un tableau indicatif de ses noms et profession. *Idem, art.* 23.

Les loueurs, cochers et conducteurs sont tenus, lorsqu'ils changent de domicile, d'en faire au moins huit jours d'avance, leur déclaration à la préfecture de police. *Idem, art.* 91.

16. Il est perçu, à titre de location des places de stationnement, 75 fr. par an par chaque fiacre roulant et stationnant, et 100 fr. aussi par an, par chaque cabriolet de place, payables par douzième, de mois en mois, entre les mains d'un receveur préposé à cet effet à la préfecture de police. *Décret du* 9 *juin* 1818.

NOTA. Une ordonnance du Roi du 23 octobre 1816 a porté à 160 fr. le droit de stationnement des cabriolets de place.

17. Il est perçu aussi sur les mêmes voitures un droit de roulage. Voir *Roulage*, chap. 11.

18. Les loueurs sont responsables des faits de leurs cochers. Voir *Délits*, art. 3.

19. Le cheval d'un cabriolet doit porter au col un fort grelot mobile. *Ordonnance précitée du 4 mai 1813, art. 61.*

Pendant la nuit, les cabriolets sont garnis de deux lanternes aux deux côtés de la caisse, et allumées à la chute du jour. *Ordonnance du directeur-général de la police du 14 novembre 1814.*

20. Les délégués des loueurs de carrosses et de cabriolets sont autorisés à rechercher les individus qui s'immisceraient dans l'exercice de la profession de loueur de carrosses et cabriolets, sans avoir rempli les formalités prescrites ; ils doivent les signaler à la préfecture de police. *Arrêté précité du préfet de police du 5 mai 1813, art. 9.*

Ils doivent aussi faire connaître à la préfecture de police tous les abus et contraventions qui parviendraient à leur connaissance. Ils présentent leurs observations pour le maintien de l'ordre et le bien du service. *Idem, art. 10.*

§. II. *Des Cochers.*

21. Tout cocher de fiacre, ou conducteur de cabriolet de place, doit être inscrit à la préfecture de police, et y avoir obtenu un livret. *Ordonnance précitée du 4 mai 1813, art. 36.* Il n'est point inscrit s'il n'est âgé au moins de dix-huit ans, et porteur d'une carte de sûreté ou d'un permis de séjour. *Idem, art. 37.* (Voir, au tome IV, *Carrosses*, n°. 3.)

22. Les cochers de fiacre et de cabriolets sont tenus, en prenant leur livret, de prendre en même-temps une

médaille, ainsi que les loueurs qui conduisent eux-mêmes une de leurs voitures. Les médailles sont délivrées à la préfecture de police ; elles sont en cuivre pour les cochers ; elles peuvent être en argent ou argentées pour les loueurs. Chaque médaille porte les nom et prénoms du cocher et du loueur-cocher, avec la légende : *cocher de carrosse de place*, ou *cocher de cabriolet de place*. Sur celle du cocher, il y a le numéro de son livret, sur celle du loueur-cocher, il y a le mot *propriétaire*. *Ordonnance du directeur-général de la police du 27 janvier 1815 , art. 2 , 3 et 4.*

Les cochers qui prêteraient leur médaille à qui que ce soit, sont privés irrévocablement de leur médaille et de leur livret. Les loueurs dans le même cas, sont privés du numéro de leur voiture. *Idem, art. 6.*

23. Les loueurs qui emploient des cochers âgés de moins de dix-huit ans, ou non pourvus de livret, encourent une amende de 300 fr. , et sont personnellement responsables des faits desdits cochers. *Ordonnance précitée de 1779, art. 10. Idem du 4 mai 1813, art. 27.* (Voir, au tome IV, *Carrosses*, n°. 4.)

24. Pour obtenir son inscription et son livret, le cocher de fiacre , ou le conducteur de cabriolet, doit représenter un certificat de bonne conduite délivré par les délégués. *Arrêté précité du 5 mai 1813, art. 4.* Il doit aussi justifier d'un certificat de bonne vie et mœurs, délivré par le commissaire de police de son domicile, sur l'attestation de deux citoyens connus et domiciliés, dont un doit être loueur de carrosses ou de cabriolets. *Décision du préfet de police du 19 janvier 1809.* (Voir , au tome IV , *Moralité*).

25. Le livret indique les noms, prénoms, âge, pays de naissance, domicile et signalement du cocher, le nom et la demeure du loueur qui l'a certifié, le numéro de l'enregistrement du cocher, et l'obligation de

ce dernier de se conformer aux réglemens de police.
(Voir , au tome IV , *Carrosses* , n°. 3.)

Le livret désigne aussi l'espèce de voiture que le
cocher peut conduire. Un cocher de voiture à quatre
roues ne peut conduire un cabriolet, et *vice versá.*
Ordonnance précitée du directeur-général de la police ,
du 27 janvier 1815 , *art.* 7.

26. Si un cocher perd son livret, il en fait déclaration
au commissaire de police de son domicile, assisté de
deux témoins, dont un loueur de carrosses ou
de cabriolets , qui attestent sa probité et qu'il est
incapable d'avoir fait un mauvais usage de son livret.
Il lui en est délivré un nouveau à la préfecture de
police, sur le vû de ladite déclaration. (Voir , au tome
IV , *Carrosses* , n°. 7).

27. Les livrets délivrés aux cochers ou conducteurs sans
place , restent déposés à la préfecture de police, jusqu'à
ce qu'ils aient trouvé à se placer. *Ordonnance précitée*
du 4 mai 1813 , *art.* 38.

Lorsqu'un cocher ou conducteur quitte un loueur ,
son livret est également déposé à la préfecture de police , jusqu'à ce qu'il entre au service d'un autre loueur.
Idem , art. 39.

En échange des livrets ainsi déposés, il est délivré
aux cochers ou conducteurs , un bulletin de dépôt ,
qui est rapporté par le loueur , le jour qu'il prend le
cocher à son service. *Idem , art.* 40. Les livrets ne sont
remis qu'aux loueurs au service desquels entrent les cochers, et ils les gardent entre leurs mains. *Id., art.* 41.

28. Tout loueur de voitures , en prenant un cocher ,
inscrit sur le livret de celui-ci , la date de son entrée.
Idem , art. 28.

Il inscrit également, et de suite, sur un registre qu'il
tient à cet effet , les noms et domicile de chacun de ses
cochers, et le numéro de la voiture qu'il lui donne à
conduire. *Idem , art.* 9.

Le loueur, en retenant le livret du cocher entré chez lui, lui remet le livret de maître, contenant le réglement, et le numéro et permis de stationnement de la voiture qu'il lui confie. *Idem*, art. 30. Voir l'art. 3 ci-dessus.

29. Tout cocher prévenu d'un délit, contravention ou dommage, doit être représenté à la préfecture de police par le loueur qui l'emploie. S'il ne peut être représenté, le loueur dépose dans le jour le livret dudit cocher à la préfecture de police ; faute de quoi il peut être consigné une ou plusieurs voitures du loueur. *Id.*, art. 31.

30. Les voitures et chevaux qui, pour raison des faits d'un cocher ou conducteur auraient été mis en fourrière, peuvent être rendus au loueur qui en est propriétaire, si la garantie civile est assurée à son égard. *Idem*, art. 32.

31. Lorsqu'un cocher quitte le service d'un loueur, celui-ci inscrit sur le livret du cocher un congé d'acquit, et la date de sa sortie, et envoie le livret à la préfecture de police, dans les vingt-quatre heures. *Idem*, art. 33.

Si le loueur refuse le congé d'acquit, il doit déposer dans le jour à la préfecture de police le livret du cocher, et y faire connaître les motifs de son refus, pour être statué par le préfet de police. *Idem*, art. 34. Mais le cocher n'en est pas moins obligé, en quittant le loueur, de lui remettre le livret de maître mentionné au troisième corollaire de l'article 28 ci-dessus. *Idem*, art. 45. Les motifs du refus du loueur de donner le congé d'acquit à un cocher, peuvent être communiqués, s'il y a lieu, aux délégués, qui en font rapport au préfet de police, et donnent leur avis. *Arrêté précité*, art. 5.

32. Aucunes dettes, autres que celles des cochers envers les loueurs, ne peuvent être inscrites sur les livrets des cochers. *Ordonn. précitée du 4 mai 1813*, art. 35.

, Le livret d'un cocher qui a quitté son maître, sans lui avoir tenu compte du produit de ses courses, est déposé par le loueur à la préfecture de police. Si le cocher doit au maître, il n'obtient la remise de son livret qu'après qu'il a payé. Néanmoins le livret est rendu au cocher, si un autre maître consent à garantir la dette du cocher. *Ordonnance du préfet de police du* 11 *mai* 1810, *art.* 15, 16, 17.

33. Un cocher ne peut quitter le service d'un loueur, sans l'avoir prévenu cinq jours d'avance ; le loueur doit en faire mention sur le livret du cocher. Un loueur ne peut être forcé de recevoir plus d'un congé le même jour. *Idem du 4 mai* 1813, *art.* 43 *et* 44.

34. Toute coalition tendante à imposer des conditions aux loueurs, est défendue aux cochers, sous les peines de droit. *Idem, art.* 45. Voir *Ouvriers.*

35. Les loueurs de carrosses et de cabriolets tiennent la main à ce que leurs cochers et conducteurs soient vêtus proprement. *Arrêté précité, art.* 7.

36. Les loueurs tiennent un registre sur lequel ils inscrivent jour par jour les recettes rapportées par chacun de leurs cochers ou conducteurs. Ce registre leur est fourni gratuitement par le bureau des délégués. *Idem, art.* 6.

37. Tout apprenti cocher doit être muni d'une permission du préfet de police, délivrée sur le certificat de son maître. *Ordonnance précitée du 4 mai* 1813, *article* 47.

Les apprentis ne peuvent jamais conduire seuls ; *Id. art.* 48 ; ni monter sur le siége pendant la nuit. *Idem, art.* 49.

38. Tout cocher ou conducteur, conduisant une voiture, doit être porteur, 1°. du livret de maître contenant le numéro de la voiture, le permis de stationnement ; et le réglement ; 2°. de sa carte de sûreté ou de

son permis de séjour. *Idem, art.* 42. Il représente le tout à toute réquisition des préposés de la police et des droits réunis, ainsi que des personnes qui ont fait usage de la voiture. *Idem, art.* 70.

39. Les cochers ou conducteurs se tiennent sur leur siége ou à la tête de leurs chevaux ; ils conservent le rang de leur arrivée sur les places de stationnement. Il leur est défendu d'interrompre la file. *Idem, art.* 53.

40. Le cocher ou conducteur d'une voiture station-née sur une place de louage, ou à la sortie d'un spec-tacle, fête ou bal, pour être louée, ne peut, sous quel-que prétexte que ce soit, refuser de marcher à toute réquisition, à peine d'amende de simple police, même de prison. *Idem, art.* 54. *Ordonnance précitée de* 1779, *art.* 6.

41. Défenses à tout cocher de carrosse de place de laisser conduire sa voiture par qui que ce soit, à peine de 50 fr. d'amende, conformément à l'article 9 de l'or-donnance précitée de 1779. Il ne peut même la laisser conduire par un autre cocher ; *Ordonnance précitée du* 4 *mai* 1813, *art.* 55 ; ni laisser monter qui que ce soit sur son siége, excepté les apprentis autorisés. *Idem, art.* 56.

42. Lesdits cochers ne peuvent être contraints de recevoir dans leurs carrosses plus de quatre personnes et un enfant. *Idem., art.* 57.

On ne peut non plus les contraindre à transporter des malles, ballots, meubles, mais seulement le sac de nuit de la personne qu'ils conduisent.

43. Il est défendu aux cochers des voitures de place, d'exercer leur profession revêtus d'un uniforme mili-taire. Les commissaires de police transmettent à l'admi-nistration de police les noms et demeures des contreve-nans. *Décision du directeur général de la police du* 9 *février* 1815.

44. Défenses à tout propriétaire ou conducteur de cabriolet, de laisser conduire sa voiture par des femmes, ou par des enfans âgés de moins de dix-huit ans; à peine, contre le propriétaire du cabriolet, de 300 fr. d'amende, conformément à l'art. 10 de l'ordonnance précitée de 1779, et d'être privé de son permis de stationnement, sans préjudice de la garantie civile en cas de délit, contravention ou dommage. *Ordonnance précitée du préfet, du 4 mai 1813, art.* 58.

45. Défenses aux cochers et conducteurs de traverser les halles du centre avant dix heures du matin, et la place des Innocens en aucun tems. *Idem, art.* 59. Ils doivent conduire leurs chevaux au pas, lorsqu'ils traversent les halles et marchés. *Idem, art.* 60.

Défenses aux cochers et conducteurs de circuler à vide de jour et de nuit pour offrir leurs voitures. *Idem, art.* 63; sous les peines de simple police comme embarrassant la voie publique.

46. Il est enjoint auxdits cochers et conducteurs de visiter, immédiatement après chaque course, l'intérieur de leurs voitures, de remettre aux personnes qu'ils ont conduites les effets qu'elles y auraient laissés; et en cas d'impossibilité de ladite remise, de déclarer et déposer lesdits effets, dans le jour, à la préfecture de police. *Idem, art.* 62. Ceux qui retiendraient lesdits effets, ou en disposeraient, sont poursuivis et punis comme coupables de vol. *Ordonnance précitée de* 1779, *art.* 16. Voir *Vol, art.* 1 et 21. (Voir, au tome IV, *Cabriolets, n°.* 6.)

47. Il y a à Paris un bureau de placement pour les cochers des carrosses et cabriolets de place; défenses à tous particuliers de s'immiscer dans le placement desdits cochers. Il n'est délivré de bulletin de placement à aucun cocher, s'il n'est porteur d'un livret. Chaque cocher paie au préposé du bureau, lors de son place-

ment, 1 fr. 50 cent. pour les frais de bureau. *Ordon-*
nance du préfet de police du 10 *mai* 1810, *art.* 1 à 4.

Le cocher ou conducteur enregistré au bureau, est
tenu, sous la responsabilité du loueur qui l'emploie,
de se présenter au bureau dans le mois de son placement,
pour déclarer son placement actuel et son domicile.
Idem, art. 5.

Les registres du bureau sont cotés et paraphés par le
secrétaire général de la préfecture de police; ils sont représentés à toute réquisition du commissaire de police
de la situation dudit bureau, des chefs de la préfecture
de police, et de l'inspecteur général des bureaux de placement des ouvriers. *Idem, art.* 6.

48. Les contraventions des loueurs, des cochers et
des conducteurs, sont constatées soit par des procès-
verbaux, soit par des rapports des officiers de paix et
des préposés de la préfecture de police. *Ordonnance
précitée du* 4 *mai* 1813, *art.* 72. Il est pris envers les
contrevenans telle mesure administrative qu'il appartient suivant les cas, sans préjudice des poursuites devant les tribunaux, s'il y a lieu. *Idem, art.* 73.

§. III. *Prix du louage des carrosses et cabriolets.*

49. Défenses aux cochers de fiacres et aux conducteurs de cabriolets, d'exiger des personnes qu'ils conduisent dans l'intérieur de Paris et à Bicêtre, de plus
forts salaires que ceux ci-après fixés, à peine de 50 fr.
d'amende et de prison, de laquelle amende les loueurs
qui les emploient sont responsables civilement. *Ordonnance précitée de* 1779, *art.* 6. (Voir, au tome IV, *Cabriolets, n°.* 5, *le nota.*)

50. Depuis six heures du matin jusqu'à minuit:
    Pour les carrosses de place,
La course........................... 1 fr. 50 c.
La première heure................... 2   00

Chacune des suivantes............., 1 fr. 5o c.

Pour aller à Bicêtre................ 4   00

Pour aller à Bicêtre, rester une heure,
et revenir....................................... 6   00

Ordonnance précitée du 4 mai 1813, art. 64.

Pour les cabriolets de place, dans l'intérieur de Paris,

La course.. 1   25

La première heure........................ 1   ,50

Chacune des suivantes.............. 1   25

Ordonnance du préfet de police du 31 mars 1817.

51. Les cochers et conducteurs pris après minuit,
soit à la course, soit à l'heure, reçoivent le double
des prix ci-dessus fixés. *Ordonnance précitée du 4 mai
1817, art. 65.*

S'ils sont pris avant minuit, et gardés après ladite
heure, on doit faire le décompte de ce qui était dû
avant minuit au prix ordinaire, et de ce qui est dû
pour les heures après minuit, à raison du prix double.

52. Les cochers et conducteurs se font payer d'avance,
lorsqu'ils conduisent des personnes aux spectacles, bals,
lieux de réunions ou divertissemens publics. *Idem,
art. 69.*

53. Tout cocher ou conducteur qui, dans une course,
est détourné de son chemin, est censé avoir été pris à
l'heure, et doit être payé en conséquence. *Idem, art.*
68. Il en est de même lorsqu'un cocher, pris sans ex-
plication, fait plusieurs courses ; néanmoins, pour
éviter discussion, il est mieux de montrer l'heure au
cocher, lorsqu'on a l'intention de lui faire faire plusieurs courses.

54. S'il a été appelé, et qu'il soit renvoyé sans être
employé, il lui est payé la moitié du prix de la course,
en indemnité de son déplacement. *Idem, art. 67.*

55. Défenses aux cochers de fiacre et de cabriolet

d'exiger, *pendant le tems du jour de l'an*, des salaires plus forts que ceux ci-dessus fixés, sous les peines portées en l'article 49 ci-dessus. *Décision du préfet de police du* 10 *décembre* 1818.

Ceux qui ont à se plaindre d'un cocher ou conducteur, s'adressent au commissaire de police le plus voisin, en indiquant le n°. de la voiture, le jour, le lieu et l'heure auxquels elle a été prise et quittée, les faits dont le cocher s'est rendu coupable, les témoins desdits faits; le commissaire en rédige procès-verbal, qu'il transmet au préfet de police, pour en être référé au tribunal compétent. (Voir, au tome IV, *Cabriolets,* n°. 5, le nota.)

§. IV. *Visites des carrosses et cabriolets de place.*

56. La visite prescrite par l'article II ci-dessus est faite par le commissaire de police du quartier du loueur, assisté d'un officier de paix et de l'expert vétérinaire de la préfecture de police. Il en est dressé procès-verbal, constatant, 1°. si chaque voiture est construite avec la solidité convenable dans toutes ses parties ; 2°. si les harnois sont en bon état ; 3°. si les chevaux sont propres au service ; le procès-verbal est transmis de suite au préfet de police. *Idem, art.* 10 *et* 11. (Voir, au tome IV, *Carrosses,* n°. 5.)

57. Il est fait annuellement de pareilles visites dans les mois d'octobre et d'avril. Les voitures visitées sont marquées. *Idem, art.* 12. (Voir *idem.*)

58. Il est fait en outre, par les commissaires de police et aux mêmes fins, de semblables visites chez les loueurs de leurs quartiers respectifs. *Idem, art.* 13.

59. Dans le cas où ils trouveraient des voitures en mauvais état, ils peuvent provisoirement en interdire l'usage. *Idem, art.* 15.

60. Dans les visites mentionnées aux articles précé-

dens, les commissaires de police peuvent être assistés par un ou plusieurs des délégués des loueurs de carrosses, désignés à cet effet par le préfet de police. *Arrêté précité du 5 mai 1813, art. 1er.*

61. Les procès-verbaux de visite sont transmis dans les vingt-quatre heures au préfet de police; ils font mention des voitures interdites et des motifs de leur interdiction. *Ordonnance précitée du 4 mai 1813, art. 15.*

62. L'expert vétérinaire de la préfecture de police fait également de fréquentes visites chez les loueurs, à l'effet de s'assurer de l'état de leurs chevaux; il désigne au préfet de police les loueurs qui auraient des chevaux incapables de servir. *Idem, art. 16.*

S'il trouve chez un loueur des chevaux atteints de maladies contagieuses, il requiert le commissaire de police du quartier du loueur de s'y transporter, et d'en dresser procès-verbal. *Idem, art. 17.*

Si la maladie n'est pas contestée, le cheval est marqué pour être livré à l'écarrissage; en cas de contestation, il en est déféré au préfet de police, et le cheval est provisoirement déposé dans un lieu séparé. *Idem, art. 18.*

63. Les voitures stationnant sur place qui sont reconnues en mauvais état, sont envoyées de suite à la fourrière de la préfecture de police *Idem. art. 19.*

§. V. *Statuts des loueurs de carrosses et de cabriolets.*

64. Les propriétaires loueurs de carrosses et de cabriolets ont cinq délégués nommés par quarante-cinq électeurs. Ceux-ci sont choisis par lesdits loueurs, qui se réunissent à cet effet chaque année dans la première quinzaine d'avril, le jour et à l'heure indiqués par le préfet de police. Les électeurs nomment les cinq délégués dans la quinzaine suivante. Les électeurs et les délégués entrent en fonctions le 1er. juin. *Délibération*

des loueurs du 22 mars 1810, homologuée par le préfet de police le 10 mai suivant, art. 1 à 7.

65. Les fonctions des délégués durent cinq ans ; le renouvellement s'en fait chaque année par cinquième ; le sort indique celui qui doit sortir, et il ne peut être réélu qu'après deux ans. Si un délégué décède, il est remplacé par un électeur choisi par les délégués. *Idem, art. 8 à 14.*

66. Les électeurs sont nommés pour cinq ans ; ils ne peuvent être réélus qu'après deux ans d'intervalle de fonctions ; le renouvellement s'en fait chaque année par cinquième ; le sort indique celui qui doit sortir. *Idem, art. 15 à 19.*

67. Les délégués s'assemblent au moins une fois par semaine ; ils nomment le président du bureau. Les fonctions du président durent un an ; pendant les six premières années il peut être réélu. *Idem, art. 20 à 24.*

68. Les délégués nomment un caissier hors de leur sein ; il est pris parmi les propriétaires loueurs de carrosses et de cabriolets ; il fait partie du bureau, mais il n'a que voix consultative ; ses fonctions durent un an ; il peut être réélu. *Idem, art. 25 à 29.*

69. Les délégués donnent au préfet de police tous les renseignemens qu'il juge convenable de leur demander. *Idem, art. 30.*

70. Un des délégués, assisté de deux électeurs indiqués par les délégués, accompagne les commissaires de police dans les visites qui peuvent être ordonnées. *Idem, art. 31.* Voir ci-dessus l'article 60.

71. Les délégués convoquent au besoin l'assemblée des électeurs, avec l'autorisation du préfet de police. *Idem, art. 32.*

72. Pour subvenir aux frais du bureau, chaque propriétaire loueur de carrosses et de cabriolets, paie annuellement une cotisation de 4 fr. par chaque carrosse

ou cabriolet; celui qui, dans le courant de l'année, monte un nouveau carrosse, paie la cotisation pour l'année entière. Outre la cotisation, celui qui vient à s'établir loueur de carrosses ou de cabriolets, paie une somme fixe de 25 fr. Le propriétaire loueur qui prend un apprenti, verse à la caisse des délégués 5 fr. *Idem*, art. 33 à 39.

73. Le caissier est chargé en recette des sommes ci-dessus, sauf à justifier des non valeurs. Il ne paie aucune somme que sur un mandat du président ; ces mandats sont inscrits sur un registre tenu à cet effet. *Idem, art.* 40 à 42.

74. Le président peut, sans l'autorisation des délégués, signer des mandats pour les dépenses qui n'excèdent pas 100 fr. ; le mandat contient la cause de la dépense ; au-dessus de 100 fr. la dépense doit être autorisée par une délibération des délégués. *Idem , art.* 43 à 45.

75. Le caissier, à la fin de son exercice, rend son compte, qui est reçu par les délégués; et par eux présenté à l'assemblée générale des électeurs ; l'assemblée nomme trois commissaires pour examiner et vérifier ce compte, qui ensuite, sur leur rapport, est arrêté par l'assemblée générale, et transmis par les délégués au préfet de police. *Idem , art.* 46. *Arrêté précité du* 5 *mai* 1813 , *art.* 11, 12 *et* 13.

CHAPITRE II. *Carrosses et cabriolets de remise.*
(Voir, au t. IV, *Cabriolets*, n°. 2. *Carrosses*, n°. 1.)

76. Les propriétaires de carrosses et de cabriolets de remise se font inscrire à la préfecture de police, en justifiant de leur patente et de leur propriété des voitures et chevaux qu'ils emploient. *Ordonnance du préfet de police du* 11 *mai* 1810 , *art.* 1 *et* 2.

77. Les carrosses de remise ne portent point de numéros.

Il est délivré des numéros pour les cabriolets de remise. Ils sont peints à l'huile au-dessous de la capote, et sur les deux panneaux decôté, en chiffres arabes blancs, dans un ovale horisontal peint en noir. *Ordonnances du directeur-général de la police des* 14 *novembre* 1814, *art.* 5, *et* 4 *février* 1815, *art.* 1er.

78. Les carrosses et les cabriolets de remise ne peuvent stationner sur la voie publique pour être loués, à peine, contre le propriétaire, de l'amende de simple police, comme embarrassant la voie publique. *Ordonnance du préfet de police du* 25 *juillet* 1808, *art.* 7.

79. Les dispositions ci-dessus des articles 11, 12, 15, 17, 18, 19, 20 à 37, 41 à 45, 47 et 48, et celles des §. IV et V sont communes aux loueurs et cochers des carrosses et cabriolets de remise.

CHAPITRE III. *Cabriolets et voitures dites des environs de Paris, stationnant sur place.* (Voir, au tome IV, *Cabriolets,* n°. 4.)

80. Les dispositions ci-dessus relatives aux carrosses et cabriolets de place dans l'intérieur de Paris leur sont applicables. Les prix de louage sont fixés de gré à gré. *Ordonnances du préfet de police précitées.* Ils sont numérotés comme ceux de place.

81. Défenses aux conducteurs de ces cabriolets de monter et de laisser monter qui que ce soit sur l'impériale de leurs voitures. *Ordonnance précitée du* 25 *juillet* 1808, *art.* 25. Voir aussi *Roulage, art.* 59.

Comme aussi de sortir de la file pour circuler et se proposer aux voyageurs. Une fois sortis de la place avec une ou deux personnes, ils ne peuvent plus stationner qu'à la queue de la file, ni s'arrêter hors de la place pour attendre des voyageurs, mais seulement le tems nécessasre pour faire monter dans la voiture ceux qui les demandent; le tout sous les peines de simple police, comme embarrassant la voie publique.

CHAPITRE IV. *Cabriolets bourgeois.* (Voir, au tome IV, *Cabriolets*, n°. 1.)

82. Tout particulier qui veut faire rouler et circuler dans Paris un cabriolet pour son usage personnel, doit en faire sa déclaration à la préfecture de police ; il lui en est délivré certificat indiquant le numéro que doit porter le cabriolet. *Ordonnance du préfet de police du* 1er. *messidor an XII,* (20 *juin* 1804), *art.* 1 *et* 4. *Autre du* 29 *février* 1812, *art.* 1 *et* 2.

Ils sont numérotés comme les cabriolets de remise, en chiffres arabes blancs, dans un écusson fond noir, mais en forme de cœur. *Ordonnance du directeur-général de la police, du* 8 *décembre* 1814.

L'article 78 ci-dessus est commun aux cabriolets bourgeois.

83. Les personnes non domiciliées dans le ressort de la préfecture de police, qui viennent à Paris avec un cabriolet pour leur usage particulier, exhibent leurs passeports dans le cas où leur cabriolet serait arrêté, faute de numéro, lanternes ou grelot. *Idem du* 14 *novembre* 1814, *art.* 9.

Disposition générale.

84. Toute personne conduisant un cabriolet dans les rues de Paris, ne peut mener son cheval qu'au petit trot. *Idem, art.* 7.

CHAPITRE V. *Des desservans des places de fiacres et de cabriolets de louage.* (Voir aussi, au tome IV, *Carrosses*, n°. 8.)

85. Chacune des places affectées au stationnement

des carrosses et des cabriolets de place, est desservie
par un porteur d'eau, muni d'une permission du préfet
de police, portant les conditions ci-après :

1º. De se tenir constamment sur la place pour donner
à boire aux chevaux des voitures qui stationnent, sans
pouvoir exiger des cochers plus de cinq centimes par
chaque seau d'eau ;

2. De balayer et nettoyer ladite place, et de la tenir
toujours propre.

3º. De tenir, jour et nuit, des tonneaux pleins d'eau
claire et salubre.

4º. De bien nettoyer et laver le fond de ses tonneaux,
au moins une fois par semaine.

5º. De tenir la main à l'exécution des réglemens sur
les voitures de place, et de signaler aux commissaires
de police, et à tous préposés de la préfecture de police,
les loueurs et cochers qui se rendraient coupables de
quelque contravention.

6º. De faire viser sa permission par le commissaire
de police du lieu où se trouve la place, lequel est
chargé de tenir la main à l'exécution des dispositions
ci-dessus.

Voir aussi *Voitures et Chevaux circulant dans Paris.*

CAILLOUX. Voir *Carrières.*

CARREAU DE VITRE CASSÉ. Voir *Accident.*

Quelle que soit la valeur d'un carreau de vitre cassé,
à une fenêtre, à une boutique, ou en tout autre endroit, cette valeur doit en être payée par celui par le
fait de qui il a été cassé. *Conséquence des articles* 1382,
1383, 1384 *du Code civil.* Voir *Délits, art.* 1 *et* 2.

CARRIÈRES.

Art. 1er. Les carrières renferment les ardoises, les
grès, pierres à bâtir et autres, les marbres, granits,
pierres à chaux, pierres à plâtre, les pollozanes, le

tras, les basaltes, les laves ; les marnes, craies, sables, pierres à fusil., argiles, kaolins, terres à foulon, terres à poterie, les substances terreuses et les caissons de toute nature ; les terres pyriteuses regardées comme engrais ; le tout exploité à ciel ouvert ou par galeries souterraines. *Loi du* 21 *avril* 1810, *art.* 4.

2. L'exploitation des carrières à ciel ouvert a lieu sans permission, sous la simple surveillance de la police, et avec l'observation des lois et réglemens généraux ou locaux. *Idem*, *art*. 81.

3. Quand l'exploitation a lieu par galeries souterraines, elle est soumise à la surveillance de l'administration, comme il est dit au mot *Mines*. *Idem*, *art*. 82.

4. Défenses d'ouvrir aucune carrière souterraine sans permission, laquelle n'est délivrée qu'après visite faite, et justification par le propriétaire de la masse, de ses droits et de l'étendue de ladite masse. *Arrêt du* 19 *septembre* 1778, *art.* 4.

5. Défenses de transporter sa permission à qui que ce soit, sans en avoir fait la déclaration à l'autorité compétente. *Sentence de la capitainerie de la varenne du Louvre du* 5 *août* 1776, *art.* 5.

6. Défenses aux notaires et autres personnes de passer aucuns actes de vente de terrain en superficie, avec réserve de la part des vendeurs d'user ou disposer du terrain inférieur à la superficie, pour y faire des fouilles, excavations ou extractions de matériaux, sans en donner avis à l'autorité compétente. *Déclaration du* 5 *septembre* 1778, *art.* 4.

7. Défenses d'ouvrir aucune carrière ni d'en prolonger les rues à moins de soixante mètres de distance des routes et des murs de construction, à peine de 300 fr. d'amende, confiscation des matériaux, outils et équipages, et de tous dépens, dommages et intérêts; d'être même, les auteurs des fouilles, condamnés à

faire tous ouvrages nécessaires pour assurer la solidité des murs, altérée par leur fait. *Déclaration du 17 mars 1780, art. 4 et 6.*

8. Défenses aux propriétaires ou locataires des carrières de fouiller sous le terrain d'autrui, à peine de 500 fr. d'amende, et de dommages-intérêts de la valeur au moins dudit terrain. *Idem, art. 5.*

9. Défenses d'ouvrir aucune carrière dans l'étendue et aux reins des forêts royales, sans permission expresse, à peine de 1000 fr. d'amende ; et aux agens forestiers de le souffrir, à peine de destitution et de tous dépens, dommages-intérêts. *Arrêt du conseil du 23 décembre 1690.*

10. Il doit être laissé dans toute carrière les murs et piliers nécessaires pour en soutenir les plafonds ; en cas de négligence, il en est mis partout où il est ordonné pour prévenir tous écroulemens et autres accidens ; le tout à peine de 500 fr. d'amende la première fois, solidaire entre les propriétaires et les préposés à l'exploitation de la carrière, et de peine afflictive en cas de récidive. *Arrêt du conseil du 15 septembre 1776, art. 2.*

11. Toute carrière dont l'état présente des dangers, auxquels on ne peut opposer des précautions suffisantes, est interdite et condamnée, sans égard aux matières que l'on pourrait encore en tirer. *Arrêt du conseil du 19 septembre 1778, art. 2.*

12. Il est placé autour de l'entrée de chaque carrière une barrière en charpente ou un mur en moëlons, à la hauteur d'un mètre. *Sentence précitée du 5 août 1776, art. 9.*

13. Pendant la cessation des travaux, l'ouverture de la carrière est couverte de manière à prévenir tous accidens, à peine de 500 fr. d'amende *Ordonnance de police du 1er. mai 1773.*

14. Aucune carrière n'est fermée sans une visite

préalable d'experts, à l'effet de vérifier si les vides sont solidement contenus et soutenus; à peine de 500 fr. d'amende. *Idem*.

15. Défenses d'ouvrir entre les arbres des grandes routes aucun chemin pour aller aux carrières, sans une permission de l'autorité compétente, et de se servir d'autres chemins que de ceux qui ont été autorisés, à de 500 fr. d'amende et confiscation des matériaux. *Arrêt du conseil du 5 avril 1772, art. 2 et 6.*

16. Défenses aux propriétaires dont les possessions reposent sur des carrières déjà fouillées, de faire aucune ouverture dans lesdites carrières, sous quelque prétexte que ce soit; celles existantes doivent être murées. Les carrières ne doivent être abordables que par les entrées réservées. *Arrêt du conseil du 19 septembre 1778, art. 4.*

17. Tous entrepreneurs qui, en faisant des constructions ou réparations, ou des fouilles de puits, découvrent des excavations souterraines, ou le ciel de quelque carrière, ou même des piliers de masse, en donnent avis à la police, à peine d'amende. *Déclaration du 5 septembre 1778, art. 2. Ordonnance du préfet de police du 23 ventôse an X (10 mars 1802.)*

NOTA. Un décret du 22 mars 1813 a approuvé un réglement général y annexé, concernant l'exploitation, dans les départemens de la Seine et de Seine et Oise, des carrières, plâtres, glaisiers, sablonières, marnières et crayères.

Un autre décret du 4 juillet 1813, approuve un réglement spécial pour l'exploitation, dans les mêmes départemens, des carrières de pierres calcaires, dites pierres à bâtir.

18. Il n'est point ouvert de *carrières à plâtre* sans visite préalable aux frais des propriétaires, à l'effet de vérifier si la position de la masse peut permettre une exploitation en décombre et à la tranchée ouverte. *Arrêt du conseil du 19 septembre 1778, art. 5.*

19. Ceux qui veulent exploiter des carrières à plâtre

dans les départemens de la Seine et de Seine et Oise, sont tenus de se conformer au réglement du ministre de l'intérieur, spécial à cette exploitation, annexé au décret du 22 mars 1813.

Les dispositions de ce réglement peuvent être rendues applicables dans toutes les localités où le nombre et l'importance des carrières à plâtre en rendent l'exécution nécessaire, et ce, en vertu d'une décision du ministre de l'intérieur, sur la demande des préfets et le rapport du directeur général des mines. *Décret du 10 mars 1813.*

Tout exploitation de plâtrière est défendue dans Paris. *Réglement précité, approuvé par le décret précité.*

20. Défenses d'établir des fours à plâtre dans l'intérieur des carrières à plâtre, sous quelque prétexte que ce soit, à peine d'amende et de répondre des événemens. *Arrêt du conseil du 19 septembre 1778, art. 6.*

Voir aussi : *Plâtre.*

21. Défenses aux carriers, tailleurs de pierres, et autres ouvriers, de laisser pendant la nuit leurs pinces et leviers dans les carrières ni sur les ateliers ; ceux de ces outils qui sont trouvés après le travail, sont enlevés et déposés chez l'officier de police le plus voisin. Les contraventions sont constatées par des procès-verbaux. *Ordonnance du préfet de police du 9 messidor an XIII (28 juin 1805.)*

22. Défenses d'ouvrir aucune carrière dans Paris. L'exploitation de celles qui y existeraient doit cesser. *Idem, du 23 ventose an X (14 mars 1802), art. 1er.*

23. Les carrières du département de la Seine et des communes de Sèvres, S.-Cloud et Meudon, sont visitées par des préposés de la préfecture de police. *Id., art. 5.*

Celles dont l'exploitation est terminée ou abandonnée, sont condamnées par les propriétaires. *Idem, art. 4.*

24. Ceux qui ont obtenu des permissions pour l'ex-

ploitation de carrières dans les lieux ci-dessus , en font la déclaration de suite à la préfecture de police. *Idem* , art. 5.

25. Aucune desdites carrières n'est condamnée , sans avoir été visitée par les préposés de la préfecture de police , à l'effet de quoi les propriétaires en font leur déclaration ; le tout sous les peines indiquées en l'article 15, ci-dessus. *Idem* , *art.* 8.

Voir aussi : *Communes* , *mines.*

Vol de pierres dans les carrières. Voir : *Vol* , art. 10.

CARTE CIVIQUE. Voir: *Domicile politique et civil.*

CARTE D'HOSPITALITÉ. Voir : *Passeports*, art. 28. *Préfet de police*, §. 2.

CARTE DE SÛRETÉ. (Voir *Idem* , au tome IV.)

Art. 1er. Tout citoyen de Paris , âgé de 21 ans , est tenu de se pourvoir d'une carte de sûreté. Elle lui est délivrée à la préfecture de police, d'après un certificat de domicile, délivré par le commissaire de police de son quartier , sur le vû de son acte de naissance , et sur l'attestation de deux témoins. *Loi du 19 septembre* 1792. *Arrêté du Gouvernement du 12 messidor an VIII .* (1er. *juillet* 1800) *art.* 4. La carte de sûreté porte les domicile, âge, profession et signalement du requérant , et est signée de lui. *Loi du 27 nivose an V* (16 *janvier* 1795) *art.* 5.

2. Tout habitant de Paris , étranger à cette commune, qui veut avoir une carte de sûreté , adresse au préfet de police , une pétition sur papier timbré , appuyée de son acte de naissance , de ses papiers de sûreté, tels que passe-port , permis de séjour , patente, livret , ou autres, et d'un certificat de renonciation à son précédent domicile, délivré par le maire de la commune où il résidait. Il présente le tout au commissaire de police de son quartier , qui lui délivre un certificat de son domicile à Paris, depuis un an au moins ; lequel

certificat fait mention des pièces ci-dessus indiquées ; sur le vû de ces pièces, le requérant obtient à la préfecture de police une carte de sûreté.

Les militaires natifs de Paris, domiciliés chez leurs parens, et porteurs de dispenses ou congés définitifs visés à l'état-major, sont dispensés des formalités ci-dessus, lorsque le commissaire de police de leur quartier leur a délivré certificat de leur domicile, énonçant la catégorie dans laquelle ils se trouvent.

Instruction du préfet de police, du 31 mai 1816.

3. Tout citoyen arrêté qui ne peut justifier d'une carte de sûreté ou d'un permis de séjour à Paris, ou d'un passe-port valable (et qui ne donne point des renseignemens satisfaisans sur sa moralité et ses moyens d'existence), peut être conduit et déposé à la préfecture de police, jusqu'à réclamation par deux personnes domiciliées. *Loi précitée, du 27 nivôse an III, art. 8 et 10.*

4. La carte d'un décédé est déposée à l'officier civil qui reçoit la déclaration du décès. *Loi du 19 pluviose, an III (7 février 1795) art. 1er.*

5. Les personnes qui obtiennent un passe-port, remettent en échange leur carte de sûreté ; elle leur est rendue à leur retour. *Idem, art. 3.*

6. Toute personne conduite dans un hôpital ou dans une maison de détention, dépose sa carte en y entrant. *Idem, art. 2.*

7. Toute personne qui va demeurer d'un arrondissement dans un autre, change sa carte à la préfecture de police, en justifiant d'un certificat de son nouveau domicile, délivré par le commissaire de police, sur l'attestation de deux témoins. *Idem, art. 4.*

8. Celui qui a perdu sa carte de sûreté, en fait sa déclaration, assisté de deux témoins devant le commissaire de police de son domicile. Sur le vû de cette

déclaration, il lui est délivré une nouvelle carte à la préfecture de police. *Arreté du préfet de police du 13 thermidor an VIII* (1er. août 1800). (Voir au tome IV, *Cartes de sûreté*, n°. 2.)

9. Tout étranger à la commune de Paris, qui vient y faire son séjour, peut obtenir une carte de sûreté après un an de domicile, et en justifiant par un certificat du maire de la commune où il résidait, qu'il a renoncé à l'exercice de ses droits de citoyen dans ladite commune. Il se présente avec ce certificat devant le commissaire de police de son domicile à Paris, qui, sur l'attestation de deux témoins, lui délivre un certificat de domicile avec lequel l'étranger se présente à la préfecture de police, pour obtenir une carte de sûreté.

Voir : *Droits de cité.*

CARTES A JOUER. (Voir *Idem*, au tome IV.)

Art. 1er. Les cartes à jouer sont assujetties au timbre. *Loi du 9 vendemiaire an VI (30 septembre 1797)*, art. 56. Leur fabrication se fait avec des papiers portant les empreintes des moules confectionnés par la régie des droits-réunis. *Décret du 9 février 1810, art. 1 et 2.* La régie fournit les feuilles de moulage aux fabricans. *Idem, art. 3.*

2. L'as de trèfle, ou tout autre au besoin, est assujetti à une marque distinctive et particulière que la régie est autorisée à faire imprimer sur le papier qu'elle fournit aux cartiers. Défenses aux cartiers d'employer pour les as de trèfle, dans la composition des jeux français, d'autre papier que celui qui leur aura été fourni pour cet objet, sous les peines portées par l'article 24 ci-après. *Ordonnance du Roi, du 18 juin 1817.*

3. Les fabricans mettent sur chaque jeu, une enveloppe indiquant leurs noms, demeure, enseigne et signature en forme de griffe, dont ils déposent une empreinte au greffe du tribunal de Ire. instance, et

dans les bureaux de la régie. Ils ne peuvent changer la forme de leurs enveloppes, sans en faire déclaration à la régie. Tout emploi et entrepôt de fausses enveloppes est prohibé ; sont réputées fausses celles non conformes aux dépôts, ou trouvées chez des fabricans autres que ceux qu'elles indiquent.

Les cartiers qui font des enveloppes par sizain ne les employent qu'en forme de bande de manière à laisser apparente celles de contrôle apposées par la régie sur chaque jeu, après la vérification des cartes à figures.
Idem, art. 4.

4. Le dessus des cartes ne peut être qu'en papier blanc. *Idem, art.* 5.

5. Il est perçu uniformément pour les cartes à portrait français, 25 centimes par jeu, de quelque nombre de cartes qu'il soit composé.

Il n'est rien exigé des fabricans pour le papier et le moulage des cartes à figures. *Idem, art.* 6.

NOTA. Ce droit a été réduit à 15 centimes par l'article 160 de la loi sur les contributions indirectes, annexée à celle sur les finances, du 28 avril 1816.

Lors du décompte chez les fabricans, à la fin de chaque année, pour la comparaison des livraisons des cartes à figures avec les jeux contrôlés, ils payent le double droit des jeux manquans. *Idem, art.* 7.

6. Les tarots et autres cartes dont la forme et les figures diffèrent de celles usitées en France, sont soumis au droit de 40 centimes par jeu, de quelque nombre de cartes qu'il soit composé. Les cartes de cette espèce qui sont réexportées payent un simple droit de 5 centimes. *Idem, art.* 8.

7. Les moules des cartes désignées en l'article précédent, sont déposés dans les bureaux de la régie. Ces espèces de cartes sont fabriquées sur papier libre, et ne peuvent circuler dans l'intérieur qu'autant qu'elles

portent sur toutes les figures la légende *France*, et le nom du fabricant ; elles sont soumises à la bande du contrôle de la régie ; celles destinées à l'étranger ne sont assujetties à aucune légende ; elles payent un droit d'exportation par jeu de cartes. *Décret du 16 juin 1808, art. 3, 4 et 5.*

8. Les cartes usitées en France, ne peuvent circuler qu'autant qu'il en a été fait déclaration au bureau des droits-réunis du lieu de l'expédition, et qu'elles sont accompagnées d'un congé portant le nom de l'expéditeur, la destination et le nom de celui à qui elles sont envoyées. *Idem, art. 6.*

9. Les droits sont remboursés sur les cartes exportées à l'étranger, en déclarant, par les fabricans, au directeur de la régie des droits-réunis, les qualités et quantités qu'ils veulent exporter, et les bureaux de douane, par lesquels doit se faire l'expédition. Les caisses ou ballots de cartes à jouer sont déposés à la régie, avec les déclarations ; ils sont, après vérification, fermés et plombés en présence du directeur de la régie, qui délivre le permis d'exportation. Ce permis, revêtu du certificat de sortie délivré par les préposés des douanes, est rapporté, dans le délai de deux mois, au directeur de la régie qui ordonne le remboursement des droits. Ce délai passé, le remboursement n'a pas lieu. *Décret du 30 thermidor an XII, (16 août 1804.)*

10. Défenses de contrefaire les moules de la régie, d'en fabriquer aucun particulier, de conserver ou recéler des moules faux ou contrefaits, à peine de faux. *Décrets précités des 16 juin 1808, art. 2, et 9 février 1810, art. 10.* Voir les art. 22 et suivans ci-après.

11. L'introduction et l'usage en France des cartes fabriquées à l'étranger sont prohibés. *Décret du 13 fructidor an XIII (31 avril 1805), art. 5.*

12. Les jeux de cartes fabriqués en France, d'une

forme particulière, destinés à l'étranger, ne sont pas assujettis au timbre; les fabricans tiennent registre de la fabrication et des envois. Ils joignent aux envois un permis du directeur de la régie, qui lui est rapporté dans le mois avec le certificat de sortie délivré par les préposés des douanes. *Arrêté du Gouvernement du* 19 *floréal an VI*, (8 mai 1798), *art.* 17.

13. Nul fabricant de cartes ne peut s'établir hors des chefs-lieux de la direction des droits réunis. *Décret du* 1*er. germinal an XIII*, (22 mars 1805), *art.* 1*er.*

14. Tous les moules de cartes à figures sont déposés dans le principal bureau de la régie, du lieu de la fabrique; les fabricans sont tenus d'y venir imprimer les cartes à figures. *Idem*, *art.* 2.

15. La vente et la fabrication des cartes fabriquées en papier libre et marquées des timbres humides, en usage avant le décret précité du 1*er*. germinal an XIII, sont interdites. *Décret du* 16 *juin* 1808, *art.* 8.

16. La recoupe des cartes est interdite aux fabricans et débitans, ainsi que la vente, entrepôt et colportage sous bande ou sans bande des cartes recoupées ou réassorties. *Idem*, *art.* 10.

17. Nul ne peut vendre des cartes à jouer, en tenir entrepôt, ni en placer aucune enseigne de débit, s'il n'est fabricant patenté, ou agréé et commissionné par la régie, qui peut révoquer sa permission en cas de fraude. *Décret précité du* 9 *février* 1810, *art.* 9.

18. Les fabricans de cartes sont soumis à un droit de licence annuel, de 50 fr. Toute contravention relative à ce droit est punie de 300 fr. d'amende; en cas de fraude, l'amende est augmentée du quadruple des droits fraudés. *Art.* 164 *et* 171 *de la loi sur les contributions indirectes, annexée à celle sur les finances du* 28 *avril* 1816.

19. Le fabricant doit tenir trois registres pour ins-

crire, sur l'un, la quantité de papier qu'il prend à la régie; sur le second, ses fabrications journalières; sur le troisième, ses ventes avec les noms et demeures des acheteurs. *Arrêté du Gouvernement du 3 pluviose an VI* (22 janvier 1798), *art.* 10.

20. Les entrepreneurs des maisons où l'on donne à jouer, ont un registre sur lequel sont inscrits leurs achats de cartes, par le fabricant qui les fournit. *Id.*, *art.* 12. *Arrêté précité du 19 floréal an VI, art.* 14.

21. Tous les registres ci-dessus sont timbrés, fournis par la régie, cotés et paraphés par le directeur de la régie; ils sont représentés à toute réquisition des préposés de la régie, qui peuvent y prendre des notes ou extraits. *Idem précité du 3 pluviose an VI, art.* 12 et 13.

22. Tout individu qui fabrique ou introduit en France, distribue, vend ou colporte des cartes à jouer, sans y être autorisé par la régie, est puni de la confiscation des objets de fraude, d'une amende de 1000 à 3000 fr., et d'un mois d'emprisonnement. En cas de récidive, l'amende est toujours de 3000 fr. *Loi sur les contributions indirectes, annexée à celle sur les finances du 28 avril 1816, art.* 166.

23. Sont punis des mêmes peines les teneurs de cafés, auberges, débit de boissons, et autres établissemens où le public est admis, qui permettent que l'on se serve chez eux de cartes prohibées, lors même qu'elles auraient été apportées par les joueurs. Ils sont tenus de souffrir les visites des préposés de la régie. *Idem, article* 167.

24. Ceux qui auraient contrefait ou imité les moules, timbres et marques de la régie, ou qui se serviraient des véritables moules, timbres et marques, d'une manière nuisible aux intérêts de l'Etat, sont punis, outre l'amende prononcée par l'article 22 ci-dessus, des peines

portées aux art. 142 et 143 du Code pénal. *Idem*, *article* 168. Voir *Faux*, *art.* 11 et 12.

25. Les dispositions des art. 26, 27, 28 et 29, au mot *Tabac*, sont applicables à la fraude et à la contrebande sur les cartes à jouer. *Idem.*, *art.* 169.

Voir aussi *Contrebande. Droits réunis.*

Jeux de cartes. Voir *Jeux.*

CARTONNIERS. Voir *Ateliers.*

CAS FORTUIT. Voir *Accident.*

CASERNE. Voir *Domaine militaire.*

CASSATION (COUR DE).

Art. 1er. Il y a pour toute la France une seule Cour de cassation siégeant à Paris, et partagée en trois sections, des requêtes, civile et criminelle. Elle ne connait point le fond des affaires ; elle casse les jugemens ou arrêts rendus sur des procédures dans lesquelles les formes ont été violées, ou qui contiennent quelque contravention expresse à la loi, et elle renvoie le fond du procès aux juges qui en doivent connaître. *Loi du 22 frimaire an VIII*, (13 décembre 1799), *art.* 65 et 66. *Charte constitutionnelle*, *art.* 59.

2. Le procureur général de la cour de cassation, sans préjudice du droit des parties intéressées, dénonce à la cour, les excès de pouvoir des juges, ou les délits par eux commis relativement à leurs fonctions. La cour annulle ces actes, s'il y a lieu ; et s'il y a lieu à accusation contre les juges, elle les renvoie devant l'une des deux cours royales les plus voisines du lieu où les accusés exerçaient leurs fonctions. Le choix de l'une des deux cours est laissé aux accusés. *Loi du 27 ventose an VIII*, (18 mars 1800), *art.* 80 et 81.

3. La cour de cassation a droit de censure et de discipline sur les cours royales, d'assises et spéciales. Elle peut, pour cause grave, en suspendre les juges de leurs fonctions, les mander pour rendre compte de leur con-

duite; elle est alors présidée par le ministre de la justice. *Sénatus-consulte du 16 thermidor an X*, (4 août
1802), *art.* 82.

4. Le procureur général près la cour de cassation surveille les procureurs généraux près les autres cours.
Idem, art. 84.

Recours en cassation. Voir *Pourvoi, section II. Juges
de paix. Police, art.* 114.

Membres de la cour de cassation prévenus de délits
de police correctionnelle. Voir *Cours royales, art.* 5.

Avocats près la cour de cassation. Voir *Avocats art.* 7.

CASTRATION. (Voir *Idem*, au tome IV.)

Le crime de la castration et puni des travaux forcés
à perpétuité. Si la mort s'en est suivie avant quarante
jours, du jour du crime, il y a peine de mort. *Code
pénal, art.* 316.

Néanmoins si le crime a été immédiatement provoqué par un outrage violent à la pudeur, il est excusable; *Idem, art.* 325; et la peine est réduite à un emprisonnement d'un à cinq ans. *Idem, art.* 326.

CAUTION.

Art. 1er. En matière civile, celui qui se rend caution d'une obligation, se soumet envers le créancier à
y satisfaire si le débiteur n'y satisfait pas. *Code civil
art.* 2011.

2. Lorsqu'il s'agit d'un cautionnement judiciaire, la
caution est susceptible de la contrainte par corps. *Id.,
art.* 2040. Voir *Commerce, §. X.*

3. Celui qui ne peut pas trouver une caution, est
reçu à donner à la place un gage en nantissement suffisant. *Idem, art.* 2041.

CAUTION en matière de crimes ou délits. Voir *Juges
d'instruction, §. VI.*

CAUTION de bonne conduite, pour ceux mis sous la
surveillance de la haute-police. Voir *Peines, §. IV.*

CAUTIONNEMENS DES FONCTIONNAIRES PUBLICS.

Il est pourvu au remplacement des fonctionnaires qui n'ont pas versé leur cautionnement dans le délai prescrit. *Ordonnance du Roi du 12 janvier 1820.*

Voir aussi *Prévarication. Frais de Justice*, §. 15

CAVES.

Art. 1er. Défenses de creuser aucune cave sous la voie publique, à peine de 300 fr. d'amende contre les propriétaires, entrepreneurs et maçons, et d'être lesdites caves comblées. *Édit de décembre 1607. Ordonn. du bureau des finances du 4 septembre 1778.*

2. Celles qui se trouvent sous rue, comme dépendantes de maisons reculées pour l'allignement, peuvent être conservées si la solidité des voûtes est constatée. *Arrêt du Conseil du 3 août 1785.*

Les dispositions ci-dessus sont maintenues. *Loi du 22 juillet 1791, tit. Ier., art. 29.*

4. Les trappes de caves situées dans les allées ou boutiques, qui présentent des dangers par leur mauvais état ou leur position, ou par l'habitude de les laisser ouvertes, doivent exciter l'attention de la police, pour faire cesser tout danger.

Eau dans les caves. Voir *Inondation.*

Voûtes de caves adossées à un mur mitoyen. Voir *Bâtimens, art. 29.*

Soupirail de caves. Voir *Soupirail.*

CENTIARE. Voir *Poids et Mesures.*

CENTIGRAMME. Voir *Idem.*

CENTIME. La plus petite monnaie de cuivre, la centième partie d'un franc ; il en faut cinq pour un sou. Voir *Monnaie.*

CENTIMÈTRE, ou centième partie du mètre. Voir *Poids et Mesures.*

CÉRÉMONIES PUBLIQUES. Voir *Fêtes.*

CÉRÉMONIES RELIGIEUSES. Voir *Cultes. Processions.*
CERTIFICATS.

Art. 1er. Les certificats pour obtenir une *carte de
sûreté*, un *passeport*, un *permis de séjour*, ou un *port
d'armes*, ceux de *domicile*, de *bonnes vie et mœurs* ou
de *moralité*, sont délivrés par les commissaires de police, et dans les lieux où il n'y en a point, par les
maires. *Voir chaque objet à son article.*

Les certificats de *bonne conduite* dont doivent justifier ceux qui veulent prendre du service dans les armées,
sont aussi délivrés par les commissaires de police. Voir
Armée, §. 1.

Tous les certificats ci-dessus désignés, étant destinés
à être produits à la préfecture de police, dont les commissaires de police font partie, ils ne sont point soumis
au timbre, conformément à l'*article* 16 *de la loi sur le
timbre, du* 13 *brumaire an VII* (3 novembre 1798),
et à *l'instruction du préfet de police, du* 15 *septembre*
1819. Voir *Timbre*, art. 10.

2. Les certificats *d'indigence* sont délivrés par les
bureaux de charité, et gratuitement.

3. Les certificats de *résidence* pour toucher des rentes, sont délivrés par les municipalités. Ceux d'*indivi-
dualité*, dans le cas de perte d'extrait d'inscription sur
le grand livre, sont délivrés par les commissaires de
police ou les maires. Voir *Inscriptions*.

4. Les certificats de résidence nécessaires à ceux qui
ont voyagé ou séjourné chez l'étranger, sont délivrés dans
le département de la Seine, par le préfet de police, et
ailleurs par les préfets.

5. Les certificats de *vie*, pour toucher des rentes
viagères ou des pensions sur l'état, sont délivrés, à
Paris, par tous les notaires indistinctement. *Ordonnance du Roi, du* 30 *juin* 1814, *art.* 1er.

6. Dans les départemens, ils sont délivrés par des notaires certificateurs désignés par le Roi. *Idem, art. 2.*

7. Les rentiers et pensionnaires qui, pour cause de maladie ou d'infirmités, ne peuvent se transporter chez le notaire certificateur de leur arrondissement, lui adressent une attestation du maire de leur commune, visée par le sous-préfet ou le juge de paix, sur laquelle le notaire délivre le certificat de vie, en faisant mention de ladite attestation. Cette disposition est applicable aux rentiers et pensionnaires domiciliés dans les isles françaises où il n'y a point de notaires certificateurs. *Décret du 23 septembre 1806. Ordonnance du Roi, précitée, art. 3.*

8. Les certificats de vie des rentiers viagers résidant hors de France peuvent être délivrés indifféremment par les ambassadeurs, envoyés et consuls dans les pays où habitent les rentiers; par les magistrats du lieu, par les notaires ou tous autres officiers publics ayant qualité à cet effet, quelle que soit la distance de leur résidence à celle des agens français. Dans les deux derniers cas, les certificats sont légalisés par les agens diplomatiques ou consulaires français, établis près de la puissance dans le territoire de laquelle se trouve la résidence des rentiers viagers.

Dans les pays où il n'existe point de consuls français, lesdits certificats de vie peuvent être légalisés par les ambassadeurs ou chargés d'affaires de chaque puissance respective.

Les certificats de vie ainsi légalisés sont visés à Paris au ministère des affaires étrangères.

Ordonnance du Roi, du 20 mai 1818.

9. Dans les colonies françaises, lesdits certificats sont délivrés par les notaires. *Ordonnance du Roi, du 24 janvier 1816, art. 1er.* Voir l'art. 7 ci-dessus.

10. Les certificats de vie des militaires servant dans

les armées, qui jouissent de rentes viagères ou de pensions, sont délivrés par les conseils d'administration des corps, ou par les officiers en remplissant les fonctions, pour les militaires en troupe, et par les inspecteurs ou sous-inspecteurs aux revues, pour les officiers sans troupe et les employés des armées. *Idem, art.* 2.

NOTA. A ladite ordonnance sont joints des modèles desdits certificats.

Peines dans les cas de faux certificats. Voir *Faux, art.* 25 *et suivans.*

CHABLIS, arbres abattus par les vents. Voir *Bois et forêts, art.* 52. *Gardes forestiers, art.* 28.

CHAISES À PORTEURS et BROUETTES de louage, (Voir aussi *Cabriolets, Carrosses,* au tome IV.)

Art. 1er. Les propriétaires, porteurs et conducteurs des chaises à porteurs et des brouettes de louage, sont assujettis aux mêmes formalités que les propriétaires et conducteurs des carrosses et cabriolets de place, en ce qui concerne les déclarations, le numérotage, la solidité des chaises ou brouettes, leur exposition sur les places à ce destinées ; l'obligation des porteurs et conducteurs de marcher à la première réquisition, et de rendre ou déposer les effets laissés dans lesdits chaises ou brouettes. *Ordonnance de police, du* 21 *mai* 1782. Voir *Carrosses et Cabriolets de louage.*

2. Défenses auxdits porteurs et conducteurs d'exiger dans Paris de plus forts salaires que ceux ci-après, savoir :

Pour les chaises à porteurs, la course, ainsi que la première heure 1 fr. 50 c., les heures suivantes 1 fr. 20 c.; le tout tant le jour que la nuit.

Pour les brouettes, la course et la première heure 90 c. (18 s.); les heures suivantes, 80 c. (16 s.); depuis onze heures du soir jusqu'à six heures du matin, la course et la première heure, 1 fr.; les heures suivantes comme dans le jour.

Ordonnance précitée, du 21 *mai* 1782.

TOME Ier.   23

3. Les prix pour les voyages hors de Paris sont convenus de gré-à-gré. *Idem.*

NOTA. D'après l'ancienneté de l'ordonnance de 1782, on pense que les prix ci-dessus pour les brouettes peuvent être assimilés aux prix fixés pour les cabriolets de place. Voir *Carrosses et Cabriolets de louage;* §. III.

CHALOUPES. L'usage en est défendu dans le département de la Seine. Voir *Bacs.*

CHAMBRE DE DÉPÔT. Voir *Prisons.*

CHAMBRE DU CONSEIL. Voir *Jug\`s d'instruction,* art. 54 et suivans. *Mises en accusation Cours d'assises.*

CHAMBRE DES PAIRS. Voir *Charte,* §. 3.

CHAMBRE DES DÉPUTÉS. Voir *Idem,* §. 4.

Provocation contre l'autorité des chambres. Voir *Imprimerie,* §§. 2 et 3.

Offenses publiques envers les chambres. Voir *Idem,* art. 32 et 40.

CHAMBRES DE COMMERCE. Voir *Commerce,* §. 13.

CHAMBRES CONSULTATIVES des manufactures, fabriques, arts et métiers. Voir *Manufactures.*

CHAMBRES GARNIES. Voir *Maisons garnies.*

CHAMPIGNONS. (Voir *Idem,* au tome IV).

Art. 1er. Il est défendu d'exposer en vente aucuns mousserons ou champignons des bois, morilles et autres espèces de champignons d'une qualité suspecte, ou qui, étant de bonne qualité, seraient gardés d'un jour à l'autre; à peine de 50 fr. d'amende. Ceux qui arrivent et sont exposés en vente sont visités; ceux d'une qualité suspecte sont saisis, et il est dressé procès-verbal de la contravention. *Ordonnance de police, du 13 mai 1782.*

2. Tous les champignons destinés à l'approvisionnement de Paris, doivent être apportés, visités et vendus à la halle sur le marché aux poirées. *Ordonnance du préfet de police, du 1er. mai 1809, art. 1, 2 et 4.*

3. Les seuls champignons achetés en gros au marché aux poirées, peuvent être vendus en détail dans le

même jour, sur tous les marchés aux fruits et légumes. *Idem*, *art.* 5.

4. Défenses de crier, vendre et colporter des champignons sur la voie publique et dans les maisons. *Idem*, *art.* 6.

5. Les contraventions sont constatées par des procès-verbaux qui sont transmis au préfet de police. *Idem*, *art.* 7. Les contrevenans sont traduits au tribunal compétent.

6. *Instruction sur les champignons, destinée à prévenir les accidens funestes que leur usage n'a que trop souvent occasionnés.*

1°. Les champignons de la meilleure qualité sont difficiles à digérer; si on en mange une trop grande quantité, ou s'ils sont gardés quelque tems avant d'être cuits, ils peuvent causer des accidens fâcheux. Il y a des champignons qui sont *un vrai poison*, lors même qu'ils sont mangés frais.

2°. Le champignon en général est composé d'un chapiteau ou tête, et d'une tige ou queue qui le supporte. Lorsqu'il est très jeune, il a la forme d'un œuf, tantôt nu, tantôt renfermé dans une poche ou bourse. Quand le chapeau se développe en forme de parasol, il laisse quelquefois autour de la tige les débris de la bourse, qui prennent le nom de collet. Le chapeau est garni en dessous de feuillets serrés qui s'étendent du centre à la circonférence.

3°. Le *bon champignon* ordinaire se trouve dans les pâturages et dans les friches. Il n'a point de bourse; son pivot ou tige, à peu près rond, plein et charnu, est garni d'un collet très-apparent; son chapeau est blanc en dessus; ses feuillets ont une couleur de chair ou de rose plus ou moins claire. C'est le champignon que l'on fait venir sur couche, et c'est le seul *champignon de* couche qu'il soit permis de vendre à la halle et dans les marchés.

Le *mauvais champignon* ordinaire dit *bulbeux* a la base de sa tige renflée en forme de *bulbe*, et ayant autour les vestiges d'une bourse qui renfermait le cha-peau. Il a le collet comme le bon champignon ; les feuillets sont blancs et non roses ; le dessus du chapeau est ou très-blanc, ou verdâtre, et quelquefois parsemé au-dessus, de vestiges ou débris de la bourse. *C'est ce champignon qui a causé des accidens funestes.*

4°. *Bon champignon*, dit *orange vraie*. Il a une bourse très-considérable, est plus gros que le champi-gnon de couche ; le chapeau est rouge en dehors, ou rouge orange ; les feuillets d'une belle couleur jaune, son pied jaunâtre, très-enflé surtout par le bas ; le collet grand et jaunâtre. On le trouve dans les taillis à Fon-tainebleau, et dans le midi de la France ; c'est un met délicat et très-sain.

L'*orange blanche* est moins délicate et ne diffère de l'espèce précédente, qu'en ce que toutes les parties sont blanches.

Mauvais champignon dit *orange fausse.* Le chapeau est en dessus, d'un rouge plus vif et non orangé, par-semé de petites taches blanches débris de la bourse ; la tige moins épaisse, plus arrondie, plus élevée ; les restes de la bourse ont plus d'adhérence avec la bulbe qui est à la base de la tige ; la couleur rouge du chapeau et la couleur blanche des feuillets le distinguent essen-tiellement de l'orange vraie. *C'est un des champignons des plus vénéneux.*

Il y a d'autres *champignons bulbeux et mal-faisans* ; les uns sont recouverts de tubercules nombreux ou d'un enduit gluant : les autres ont une couleur livide, une odeur désagréable.

5°. *Bon champignon* dit *mousseron.* Il croit au milieu

de la mousse, ou dans les friches gazonnées ; couleur
fauve ; chapeau d'une forme plus ou moins irrégulière,
couvert d'une peau luisante et sèche comme une peau
de gand ; le pivot, plein et ferme, peut se tordre sans
se casser.

Il y en a de deux espèces : l'une *mousseron ordinaire*,
plus grosse, plus irrégulière, à pivot plus gros et par
proportion plus court ; l'autre *faux mousseron*, plus
menu chapeau plus mince, pivot plus grêlé. Ils sont
tous deux bons à manger.

Mauvais champignon dit *mousseron suspect*. La surface du chapeau n'est pas sèche. Ils sont d'une consistance plus molle, leur support est creux et cassant ;
leur goût n'est point aussi agréable.

6º. *Bon champignon* dit *morille*. Sur un pivot élargi
par le bas, porte le chapeau toujours reserré contre lui,
ne s'ouvrant jamais, en parasol inégal, et comme celluleux sur la surface extérieure. Ce champignon croit
dans les taillis au pied des arbres ; il est sain et très-
recherché.

Mauvais champignon dit *le satyre*. Il ressemble à la
morille par son chapeau celluleux. Il a un pied très-
élevé sortant d'une bourse ; le chapeau est plus petit et
suinte une liqueur verdâtre ; il exhale une mauvaise
odeur, et *est très-dangereux*.

7º. *Bon champignon* dit *girole* ou *clavaire* ; différent
de tous les précédens. C'est une espèce charnue, ayant
une espèce de tronc qui se ramifie contre le choux-fleur,
et se termine en pointes mousses ou arrondies. Sa couleur est ou blanchâtre ou jaunâtre tirant sur le rouge,
son goût est assez délicat. On n'en connaît dans ce
genre aucune espèce pernicieuse.

8º. *Bon champignon* dit *la chantérelle* ; jaune dans
toutes ses parties, et petit ; son chapeau, à-peu-près
applati en-dessus, a en-dessous la forme d'un cône

renversé, couvert de feuillets épais semblables à de petits plis, et est terminé inférieurement par un pied très-court. L'espèce en est recherchée.

9. Ceux qui ne connaissent pas parfaitement les champignons, ne doivent manger que de ceux généralement connus pour bons, et dont les espèces sont ci-dessus indiqués.

Nota. L'instruction ci-dessus a été rédigée par MM. Parmentier, Deyeux, Thouret, Huzard, Leroux, Dupuytren, C. L. Cadet, membres du conseil de salubrité établi près la préfecture de police ; elle a été imprimée et publiée à la suite de l'ordonnance précitée du préfet de police du 1er. mai 1809.

CHAMPS. Police des champs. Voir *Police rurale.*

CHAMPS-ÉLYSÉES à Paris.

Police spéciale des Champs-Élysées, prescrite par arrêté du ministre de l'intérieur, du 6 septembre 1806.

Art. 1er. Défenses expresses d'entrer dans les contr'allées et dans les quinconces, avec voitures ou chevaux, même en conduisant un cheval par la bride.

2. Défenses d'y faire paturer des bestiaux, notamment des chèvres, attendu qu'elles grimpent, broutent les branches, et font périr les jeunes arbres. Voir *Police rurale. Délits, art.* 30, § 10.

3. Défenses de monter sur les arbres, d'y jeter des pierres ou des bâtons, d'y appliquer aucune clôture, et de les englober dans des baraques qui seraient même autorisées; d'enclore aucune partie de terrain tenant aux dites baraques. Voir *Police rurale.*

4. Défenses d'enlever du gazon, de couper l'herbe ou les racines d'arbres qui périssent à la surface, et d'enlever de la terre, sous quelque prétexte que ce soit. Voir *Idem.*

5. Les jeux d'exercice sont expressément prohibés le long des allées, et partout ailleurs que dans le carré

dit *des jeux*, côté de la rivière, et dans celui situé entre l'avenue de Marigny et.celle de Matignon. Voir *Jeux*.

6. Défenses de tirer, dans les Champs-Élysées, des armes à feu, des pétards ; de lancer des fusées et autres pièces d'artifice ; d'y allumer des feux, et de tirer des fusils à vent. Voir *Police rurale. Chasse, art.* 20.

7. Défenses à tous voituriers, gravatiers, jardiniers, de déposer, dans les Champs-Élysées et avenues en dépendantes, aucuns gravois, immondices, fumiers et matériaux, à moins, pour ce dernier cas seulement, d'en avoir obtenu l'autorisation expresse et par écrit, et de l'avoir fait viser par l'inspecteur principal des plantations des Champs-Élysées ; à peine d'être condamnés aux frais d'enlèvement desdits dépôts, et d'être poursuivis et punis, par voie de simple police, comme embarrassant ou dégradant les voies publiques. Voir *Délits, art.* 29, §. 4. *Peines. Routes.*

8. Aucuns établissemens, tels que baraques, échoppes mobiles ou sédentaires, aucune réparation d'anciens établissemens de cette espèce, ne peuvent avoir lieu, sans une permission expresse du ministre de l'Intérieur; sous les peines ci-dessus.

9. Les habitans des Champs-Élysées, des avenues en dépendantes et du Cours-la-Reine, ne peuvent, sous aucun prétexte, combler aucun fossé, pour faciliter les abords des bâtimens, à moins d'y être autorisés. Voir *Destructions, art.* 15.

10. Ils sont tenus d'établir et d'entretenir des bourons ou cabanes aux arbres qui se trouvent en face de leurs portes d'entrée, et sont responsables des dégradations qui pourraient être faites aux abords extérieurs. de leurs propriétés, à moins qu'ils n'en fassent connaître les auteurs, pour être poursuivis conformément aux réglemens généraux de la police des promenades. Voir *Police rurale. Promenades publiques.*

CHANCELIER DE FRANCE, GARDE DES SCEAUX. Voir *Ministres*.

CHANDELLES. (fabricans de)

Art. 1er. Il est défendu aux chandeliers de mêler avec le suif de bœuf et de mouton, des mauvaises graisses, ou des suifs de mauvaise qualité, notamment le suif de bouc ou de porc, qui fait couler les chandelles, exhale une odeur puante, et donne une fumée épaisse et nébuleuse.

2. Il est défendu de mettre des sels dans les suifs, attendu qu'il fait pétiller la chandelle.

3. La chandelle moulée est fabriquée dans des moules dont la contenance donne exactement 8, 10, 12, 16, 24 chandelles au kilogramme (2 livres). *Ordonnance du directeur-général de la police, du 27 décembre 1814, art.* 1er.

4. Celle à bageutte est fabriquée de manière à donner également 8, 10, 12, 16, 24, 32 chandelles pour un kilogramme. *Idem, art.* 2.

5. Tout paquet de chandelles mis en vente, doit peser exactement 2 kilogr. et demi (5 liv.), y compris le papier d'enveloppe et la ficelle qui ne doivent pas peser plus de 6 décagrammes. (2 onces). *Ordonnance du préfet de police, du 18 avril 1818, art.* 1 et 2.

6. Tous les paquets de chandelles mis en vente, portent ostensiblement une marque indicative du poids, et des noms et demeure du fabricant. Cette marque est pour tous les fabricans, de 6 centimètres de long, sur 3 de haut. *Idem, art.* 3 et 4.

7. Chaque fabricant est tenu de déposer à la préfecture de police, une empreinte de sa marque, pour y avoir recours au besoin. Lorsqu'il cesse son commerce, il dépose sa marque à la préfecture de police. *Idem, art.* 5 et 6.

8. Tous les paquets de chandelles mis en vente sans

la marque ou sans le poids prescrits, sont saisis et déposés à la préfecture de police, en attendant le jugement à intervenir. *Idem, art.* 7. Les procès-verbaux sont transmis au préfet de police. *Idem, art.* 8.

9. Le consommateur a le droit de faire peser la chandelle qui lui est livrée ; à cet effet, tout marchand de chandelle doit avoir dans sa boutique, des balances et une série de poids légaux. *Ordonnance précitée du* 27 *décembre* 1814, *art.* 5 *et* 6.

10. Les moules de chandelle établis par l'article 3, ci-dessus ne peuvent être fabriqués que sur des modèles matrices revêtus de la marque du fondeur-fabricant, et du poinçon légal, à peine de saisie et confiscation, aux termes de l'article 11, de la loi du 1er. vendemiaire an IV. (21 décembre 1795). *Idem, art.* 7 *et* 8. Voir *Poids et mesures, art.* 4, 5, 6.

11. Les chandeliers ne peuvent établir leurs chaudières destinées à la fonte du suif en pain, pour fabriquer la chandelle, sans une autorisation du préfet de police, d'après un procès-verbal du *commodo et incommodo* de l'établissement (Voir au tome IV, *Fonderie de suif,* nos. 1 et 2.)

Fonte de suif en branche. Voir : *Boucherie,* § 10, no. 5.

Voir aussi *Suifs. Ateliers.*

Garçons chandeliers. Voir *Boucherie*, art. 68.

CHANSONS. Voir *Ecrits-images-gravures. Bateleurs.*

CHANTERELLE. Voir : *Champignons.*

CHANTEURS AMBULANS. (Voir *Idem*, au tome IV.

Ils doivent être porteurs d'une permission du préfet de police, et d'une médaille qui leur est délivrée à la préfecture de police, sur un certificat du commissaire de police de leur domicile. Voir *Bateleurs.*

CHANTIERS DE BOIS DE CHAUFFAGE. Voir *Bois de chauffage.*

CHANTIER DE BOIS A OEUVRER. Voir *Bois à œuvrer*.

CHANVRE. (*rouissage du*)

Défenses de faire rouir du chanvre ou du lin dans les rivières ou ruisseaux, attendu qu'il peut en résulter la corruption de l'eau, la mort des poissons, et des maladies pour les bestiaux. *Arrêts du Conseil, des 4 avril et 27 juin 1702, 24 décembre 1719, 11 septembre 1725, 26 février 1732, 26 décembre 1756.* Voir aussi *Ateliers*.

CHAPELIERS. (Voir *Idem*, au tome IV.)

Art. 1er. Les marchands chapeliers sont tenus de se faire inscrire à la préfecture de police, et d'y représenter leurs patentes. *Ordonnance du préfet de police, des 28 novembre 1809 et 12 juillet 1818, art. 1er.*

2. Aucune foule pour fabrique de chapeaux, n'est établie sans une permission délivrée dans les formes indiquées par l'art. 7 du décret du 15 octobre 1810, et par l'article 4 de l'ordonnance du Roi, du 14 janvier 1815. (Voir *Ateliers*, art. 7 et 15) *Idem, du 12 juillet 1818, art. 2.*

Il ne peut en être établi sur la rue, mais seulement dans le fond des cours, au rez-de-chaussée. *Idem, art. 3*

3. Défenses de prêter ou louer des foules de chapeau à des ouvriers ou à des fabricans non pourvus de patente.

Défenses aux fabricans et détaillans, de donner à leurs ouvriers des chapeaux en paiement, sauf leur recours contre les ouvriers pour les mal-façons.

Les ouvriers ne peuvent, sous aucun prétexte, faire le commerce de chapeaux.

Le tout conformément à la loi sur les patentes, du 1er. brumaire an VII (22 octobre 1798).

Ordonnance précitée, du 12 juillet 1818, art. 4.

4. Chaque fabricant est tenu d'appliquer avec un fer chaud, son nom en toutes lettres, dans l'intérieur

des chapeaux qu'il fabrique. Il ne peut, sous aucun prétexte, prêter sa marque. *Idem*, *art.* 5.

5. Il est enjoint aux maîtres chapeliers de n'employer que des ouvriers porteurs de livrets, conformément à la loi du 22 germinal an XI, et à l'arrêt de la cour de cassation, du 21 avril 1808. (Voir *Ouvriers.*) *Idem*, *art.* 6.

6. Défenses aux maîtres chapeliers de se coaliser pour faire baisser les salaires des ouvriers, et à ceux-ci de se coaliser également pour faire suspendre, empêcher ou enchérir les travaux ; sous les peines correctionnelles portées par les articles 414 et 415 du code pénal. (Voir: *Ouvriers*, art. 1 et 2.) *Idem*, *art.* 7 et 8.

7. Défenses aux teinturiers de teindre, et aux apprêteurs d'apprêter aucun chapeau non-revêtu du nom du fabricant, *idem*, *art.* 9 ; aux marchands chapeliers et à tous autres, d'acheter des chapeaux même en blanc, non revêtus de la marque du fabricant, *idem*, *art.* 81, et à toute personne d'exposer en vente des chapeaux qui ne porteraient pas ladite marque. *Idem*, *art.* 10.

8. Défenses aux marchands de vieux habits, revendeurs et brocanteurs, de vendre des chapeaux neufs. *Idem*, *art.* 12 ; ils peuvent vendre des vieux chapeaux remis à neuf. *Décision du préfet de police, du* 31 *décembre* 1809. Défenses à toute personne de vendre comme neufs des vieux chapeaux remis à neuf, sous les peines portées par l'art. 423 du code pénal. (Voir *Marchands*, art. 4.) *Ordonnance précitée, art.* 13.

9. Les contraventions sont constatées par des procès-verbaux qui sont transmis au préfet de police ; il est pris contre les contrevenans telles mesures de police administrative qu'il appartient, sans préjudice des poursuites devant les tribunaux. *Idem*, *art.* 14 et 15.

10. Les contraventions à l'art. 6, ci-dessus sont poursuivies et punies par voie de police correctionnelle.

Celles relatives aux dispositions des huit autres articles ci-dessus, sont poursuivies et punies par voie de police municipale, comme contravention à un réglement de police légalement rendu, cas prévu par l'arrêt de la cour de cassation, du 23 avril 1819. Voir *Contravention*.

Statuts des marchands chapeliers de Paris, homologués par le préfet de police, le 29 novembre 1809.

1°. Les marchands chapeliers ont un bureau composé d'un délégué, trois adjoints et un doyen d'âge, nommés par vingt-quatre électeurs, dont douze fabricans et douze détaillans. Les électeurs sont nommés en assemblée générale des fabricans et en assemblée générale des détaillans, tenue chacune dans chaque arrondissement municipal, dans la première quinzaine de décembre, aux lieux, jour et heure indiqués par le préfet de police.

2°. Les teinturiers et les apprêteurs de chapeaux sont compris dans la classe des fabricans.

3°. Si le délégué est fabricant, le premier adjoint est un détaillant, le deuxième un fabricant, le troisième un détaillant ; le doyen d'âge est l'un ou l'autre.

4°. Le délégué est un an en fonctions ; le premier adjoint passe de droit délégué.

Les adjoints sont trois ans en fonctions ; l'adjoint nouvellement élu entre en fonctions le 1er. janvier.

5°. Lors de la nomination des électeurs, les fabricans donnent leur voix à des fabricans, et les détaillans la donnent à des détaillans. Le votant peut nommer des marchands chapeliers étrangers à son arrondissement communal.

6°. Les électeurs sont quatre ans en fonctions ; chaque année un quart des électeurs sort. Ils peuvent être réélus.

7°. Pour subvenir aux frais du bureau, chaque marchand chapelier paye annuellement une cotisation de

15 fr. Le nouveau marchand chapelier paye pour la première année 25 fr.

8º. Le troisième adjoint fait les fonctions de trésorier.

9º. Le délégué fait toutes les depenses du bureau. Pour celles au-dessus de 100 fr., il faut une autorisation préalable du bureau.

10º. Tous les ans le délégué et le troisième adjoint rendent les comptes, dans la première quinzaine de janvier, aux membres du bureau, en présence de six électeurs. Ces comptes sont soumis au préfet de police.

11º. Le délégué préside le bureau. S'il meurt ou donne sa démission, le premier adjoint le remplace pendant le reste de l'année, et n'en est pas moins nommé délégué l'année suivante.

12º. Le délégué et les adjoins convoquent, s'il y a lieu, l'assemblée des électeurs, avec l'agrément du préfet de police.

13º. Le délégué et un adjoint accompagnent les commissaires de police, dans les visites qui peuvent être ordonnées.

CHAPELLES DOMESTIQUES et ORATOIRES PARTICULIERS.

Art. 1er. Les chapelles domestiques et les oratoires particuliers ne sont établis qu'en vertu d'un autorisation donnée par le Roi, sur la demande des évêques, d'après les délibérations des établissemens publics, et l'avis des maires et des sous-préfets, et conformément aux dispositions suivantes. *Loi du 18 germinal an X*, (18 avril 1802), *art. 44. Décret du 22 décemb.* 1812, *art.* 1, 2 *et* 3.

Il doit être joint à toute demande en érection de chapelle :

1º. Un certificat de l'ingénieur du département, constatant la distance de la commune requérant une chapelle, à l'église paroissiale ou succursale, et les difficultés des communications dans les mauvais tems.

2°. Un certificat du directeur des contributions, constatant le montant en principal des contributions foncière et mobilière des domiciliés catholiques de la commune réclamante.

3°. Un état de la population, certifié par le sous-préfet.

Avis du conseil d'Etat du 6 novembre 1813.

2. Les évêques ne consacrent que les chapelles ou oratoires autorisés. *Décret précité, art.* 4.

3. Aucune chapelle ou oratoire ne peut exister dans les villes, que pour causes graves, et pour la durée de la vie de la personne qui a obtenu la permission. *Idem, art.* 5.

4. Les particuliers qui ont des chapelles à la campagne, ne peuvent y faire célébrer l'office que par des prêtres autorisés par l'évêque, qui n'accorde la permission qu'autant qu'elle ne peut nuire au service curial du diocèse. *Idem, art.* 6.

5. Les chapelains des chapelles curiales ne peuvent administrer les sacremens, s'ils n'ont les pouvoirs spéciaux de l'évêque, et sous l'autorité et la surveillance du curé. *Idem, art.* 7.

6. Tous les oratoires ou chapelles où le propriétaire veut faire exercer le culte, et pour lesquels il ne présenterait pas l'autorisation énoncée en l'article 1.er, ci-dessus, sont fermés à la diligence des procureurs du Roi, des préfets, maires, et autres officiers de police. *Idem, art.* 8.

NOTA. Par ordonnance de l'archevêque de Paris du. .. avril 1811, les prédications, la confession et l'administration des sacremens sont défendues dans les chapelles particulières, sous peine, par ce seul fait, d'interdiction desdistes chapelles, et de suspension des prêtres qui y prêcheraient, confesseraient ou administreraient les sacremens.

CHAPITRES. (*Dons et legs faits à des*) Voir *Dons et legs.*

CHARBONS DE BOIS. (Voir *Idem* , au tome IV.)

1er. *Dispositions générales.*

Art. 1er. Les fosses à charbon sont placées dans les forêts, aux endroits les plus vides et les plus éloignés des arbres et du recru. Voir *Bois et forêts*, art. 69.

2. On n'employe à la fabrique du charbon, que du bois de moins de 16 centimètres (6 pouces) de circonférence.

3. Défenses à tous mariniers et autres, travaillant au chargement des bateaux de charbon, de ramasser et s'attribuer les charbons et braises qui tombent des vans et mannes sur le port et dans le trajet du port au bateau, quand même ils leur seraient donnés en paiment par les marchands, à peine de 200 fr. d'amende la première fois, et d'interdiction de travail en cas de récidive. Défenses, sous les mêmes peines, aux marchands de donner des charbons et braises en paiement auxdits mariniers et à tous autres. *Ordonnance du bureau de la ville, du 20 mars* 1763.

4. Le charbon de bois destiné pour Paris, doit y être conduit directement et vendu aux ports et places à ce destinés. Le conducteur doit être porteur d'une lettre de voiture en règle. (Voir *Commerce*, art. 54.) Pour les charbons venus par terre, la lettre de voiture doit, en

outre, énoncer les forêts où les charbons ont été fabriqués, et être certifiée par les maires des communes de la situation desdites forêts. *Ordonnance de décembre 1672, chapitre 2, art. 8. Arrêt du 28 juin 1778. Ordonnance du 11 septembre 1789, art. 8. Ordonnance du préfet de police, du 24 décembre 1812, art. 2 et 4.*

5. Néanmois les propriétaires de bois peuvent faire amener directement à leur domicile, les charbons provenant de leurs propriétés, mais pour leur consommation seulement, en justifiant de l'origine de ces charbons par un certificat du maire de la commune où ils ont été fabriqués, et en demandant au préfet de police l'autorisation pour les faire entrer dans Paris; faute de quoi, le charbon est conduit aux places de vente, et vendu en la manière accoutumée; (sauf au préfet de police à faire remettre au propriétaire, s'il y a lieu, le prix provenant de la vente, frais prélevés). *Ordonnance du bureau de la ville, du 19 juin 1755, confirmée par arrêt du parlement, du 19 juillet 1776; Ordonnances du préfet de police, des 20 pluviose an XII, (10 février 1804) art. 6, et 2 décembre 1812, art. 3.*

(Voir au tome IV, *Charbon de bois*, nos. 10 et 11.)

6. Défenses d'aller au-devant des charbons et d'en vendre et acheter en route, à peine de confiscation contre le vendeur et de la perte du prix d'achat contre l'acheteur. *Ordonnances de décembre 1673, chapitre 3, art. 2. Idem, du préfet de police, du 2 décembre 1812, art. 5.*

7. Défenses d'établir dans le ressort de la préfecture de police, sans la permission du préfet de police, aucun magasin ou entrepôt de charbon de bois, à peine de confiscation et de 50 fr. d'amende. *Ordonnance de 1672, chapitre 21, art. 3. Ordonnance de police, du 15 novembre 1781, art. 10. Idem, du préfet de police, du 2*

décembre 1812, *art.* 66. et *du* 24 *février* 1817, *art.* 20.
Voir l'article 63 , ci-après. (Voir aussi au tome IV,
Charbon de bois, n°. 5.)

8. Il y a lieu à saisir tout charbon de bois, lorsqu'il
est porté ou accompagné par des charbonniers sans
médaille ; lorsqu'il est abandonné sur la voie publique,
et que personne ne se présente à l'instant pour le réclamer ; lorsque la contravention doit être punie de l'a-
mende ; lorsqu'il y a lieu de présumer que la voie de
charbon a été frauduleusement affaiblie. *Instruction
du préfet de police, du* 21 *août* 1811. (Voir au tome IV,
Charbon de bois , n°s. 7 et 8.)

9. Tout charbon ou poussier saisi doit être transporté de suite à la place de vente la plus prochaine,
pour y rester en dépôt, jusqu'à ce qu'il en ait été autrement ordonné par les tribunaux ou par le préfet de
police. Si toutefois la saisie n'est que provisoire sur
un simple soupçon de fraude, et si, après vérification
à la place de vente, le mesurage est reconnu exact , le
charbon est rendu sur-le-champ. *Instruction précitée ,*
(Voir au tome IV, *Charbon de bois,* n°. 9.)

10. Il n'est fait dans les bateaux ni sur les places de
vente, aucun achat ni enlèvement de charbon, hors
des heures fixées pour la vente. *Instruction du préfet de
police, du* 30 *septembre* 1806.

11. Défenses de faire du feu sur les places de vente
et dans les bateaux de charbon, excepté dans les bateaux
foncets. *Idem.*

12. Les charbons de bois résultant de fabrication
de produits chimiques, sont déposés et vendus sur un
emplacement à ce affecté. Ces dépôts sont fermés aussitôt
la vente terminée. *Ordonnance du préfet de police, du*
24 *février* 1817, *approuvée par le ministre de l'intérieur,*
art. 21 ; 22.

TOME Ier.   24

§. II. *Charbon amené par eau.*

13. Le charbon de bois amené par eau est vendu sur bateau. Il se distingue par le nom des eaux qui le transportent, savoir :

Allier.	Haute-Seine.
Aube.	Ourcq.
Basse-Loire et canaux.	Yonne.
Haute-Loire.	Aisne.
Marne.	Oise.
Haute-Marne.	Basse-Seine.

Arrêté du gouvernement du 23 floréal an VI (12 mai 1798), *art. 1er. Ordonnance du préfet de police, du 2 décembre 1812, art. 7 et 10.*

Sont compris dans les charbons des canaux, ceux chargés sur la rive droite de la Loire en aval, depuis le port de Cosne exclusivement jusqu'à l'embouchure du canal d'Orléans. *Même ordonnance, art. 8.*

Les charbons chargés au port de Cosne et au-dessus, et au-dessous dudit port sur la rive gauche de la Loire jusqu'à l'embouchure du canal d'Orléans, sont compris dans les charbons de Loire. *Idem, même article.*

Le charbon chargé sur l'Aube au-dessous des canaux d'Auglure est vendu comme charbon de Haute-Seine. *Idem, art. 9.*

14. En arrivant à Paris, les bateaux sont garés au-dessous de la grande estacade et du Pont-Marie, de la manière indiquée par l'inspecteur-général de la navigation. *Ordonnance du préfet de police, du 20 pluviose an XII* (10 février 1804), *art. 11.*

15. Les ports de vente à Paris, pour le charbon de bois, sont ceux :

De la Tournelle,	De l'Ecole,
De l'ancienne place aux veaux,	Des Quatre-Nations,
De la Grève,	Et d'Orsay.

Ordonnance précitée du préfet, du 2 décembre 1812, art. 1er.

16. Il est défendu d'établir plus d'une mesure sur chaque bateau de charbon, sans une permission du préfet de police. *Idem*, art. 11.

17. Au mois de mars de chaque année, il est fait par le préfet de police une distribution des places de vente sur les ports, entre toutes les rivières qui approvisionnent Paris. *Idem*, art. 12.

18. Lorsque quelques ports ne se trouvent pas garnis par les rivières auxquelles ils sont affectés, il est pourvu par le préfet de police à leur occupation momentanée par d'autres rivières. *Idem*, art. 13.

19. Les bateaux de charbon de chaque rivière sont mis en vente dans l'ordre établi par les listes formées tous les ans en exécution de l'art. 17 ci-dessus. *Idem*, art. 14. Il est enjoint à tous les marchands de mettre leurs bateaux en vente à leur tour de liste, à peine d'être pris à leur égard des mesures de police administrative. *Idem*, art. 15.

NOTA. La peine légale est l'amende de simple police, pour le fait de la contravention à un réglement de police légalement rendu, ainsi qu'il a été jugé par arrêt de la cour de cassation du 23 avril 1819. Voir *Contravention*

20. Un bateau mis en vente avant son tour, ou dans un port autre que celui indiqué, est remonté aux gares aux frais et risques du propriétaire; il est remis en vente après tous les bateaux de la liste. *Idem précitée, du 20 pluviose an XII,* art. 16.

21. La vente d'un bateau de charbon une fois commencée n'est point suspendue, sinon il est procédé comme il est dit en l'article précédent. *Idem*, art. 18.

Prix de la vente du charbon. Voir ci-après, *Charbon de terre,* art. 17.

22. Lorsque, pour cause d'avarie, il est nécessaire de changer de bateau des charbons, ils peuvent, sur la permission du préfet de police, être mis en vente avant

leur tour de liste avec une inscription portant, visiblement, *charbon avarié* : le bateau porté sur la même
liste pour être mis en vente le premier, et qui appartient au même marchand, est porté au rang du bateau
vendu le premier pour cause d'avarie. *Idem*, *du 2 décembre* 1812, *art.* 16.

23. Si pour cause extraordinaire, un marchand qui
a plusieurs bateaux de charbon, est obligé de mettre
un bateau en vente à la place d'un autre dont le tour
est arrivé, il peut le faire avec une permission du préfet
de police ; le bateau substitué doit être de la même rivière que le bateau remplacé ; celui-ci reprend le rang
du bateau substitué. *Idem, art.* 17.

24. Aucun bateau n'est mis en vente que sur un
permis délivré à la préfecture de police. *Idem, art.* 18.
Les chefs de pont doivent mettre le bateau à port dans
le jour de la représentation du permis. *Idem, art.* 19.

25. S'il y a nécessité d'alléger un bateau, l'allège a
le même rang que le bateau, et est vendue immédiatement avant ou après le bateau allégé, comme en faisant
partie. *Idem, art.* 20.

26. En mars et en avril, et dans tous les cas où la
rivière le permet, il est descendu le nombre de bateaux
nécessaire pour garnir convenablement les ports de
l'Ecole, des Quatre-Nations, et du quai d'Orsay jusqu'au mois de décembre ; à cet effet et préalablement,
l'inspecteur-général de la navigation rend compte au
préfet de police du nombre de bateaux qu'il est nécessaire de descendre. *Idem, art.* 21.

27. Dans le cas où des couplages qui se trouveraient
dans les ports de Paris au 1er. décembre, auraient
moins de trente-deux centimètres de bord au milieu,
le charbon dont ils seraient chargés est mis dans d'autres
bateaux par les propriétaires dudit charbon, faute de
quoi il y est pourvu à leurs frais et risques. *Idem, art.* 22.

§. III. *Charbon de bois amené par terre.*

28. Le charbon de bois amené par terre n'entre à Paris que par les sept barrières ci-après, savoir :

De Charenton,
De Vincennes,
De la Villette,
De Mousseaux,

Des Bons-Hommes ou de Passy,
De la Chaussée-du-Maine,
Et de Fontainebleau.

Idem, art. 23.

29. Il est conduit directement, déposé et vendu dans les deux places de vente à ce affectées. *Arrêt du conseil du 20 mars 1667. Ordonnance de décembre 1672, chap. XXI, art. 1 et 3. Idem du préfet de police, du 2 décembre 1812, art. 24.*

30. Le charbon de bois entré par les barrières de Fontainebleau, Charenton, Vincennes et la Villette, est conduit, déposé et vendu à la *place* située rue *d'Aval*, porte S.-Antoine.

Celui arrivé par les barrières de Mousseaux, des Bons-hommes ou de Passy, et de la chaussée du Maine, est conduit et vendu à la *place* située rue *Cisalpine*, faubourg du Roule.

Tout charbon trouvé dans une autre direction est saisi, envoyé et consigné à l'une des deux places de vente ci-dessus désignées ; il y est mis sous la surveillance du concierge. (Voir au tome IV, *Charbon de bois*, n°. 10.) *Ordonnance du préfet de police, du 2 décembre 1812, art. 24 et 25.*

31. Défenses de vendre et distribuer du charbon sur la voie publique, de faire séjourner les charrettes qui en sont chargées dans aucun lieu ni rue de Paris, à peine de 500 fr. d'amende et de confiscation. *Ordonnance de décembre 1672, chap. XXI, art. 3. Ordonnance du 19 juin 1755, art. 3, confirmée par arrêt du parlement du 16 juillet 1716. Idem, du préfet de police, du 2 dé-*

cembre 1812, *art.* 26. (Voir au tome IV, *Charbon de bois*, n°. 11.)

32. Défenses aux regrattiers d'acheter du charbon dans les rues, à peine de confiscation, de 100 francs d'amende, pour la première fois, et d'interdiction du regrat en cas de récidive. *Ordonnance précitée, du* 17 *juin* 1755, *art.* 6. (Voir *Idem.*)

33. Le charbon de bois amené par terre aux places d'Aval et Cisalpine y est vendu à tour de rôle suivant la date des arrivages, et pour la quantité arrivée à cette date et constatée par lettre de voiture. Il ne peut être mis en vente, dans chaque place, plus de tas de charbon qu'il n'y a de mesures. *Ordonnance précitée du préfet de police, du* 24 *février* 1817, *art.* 1, 2, 3 *et* 9.

34. En conséquence les marchands et voituriers sont tenus de se munir de lettres de voiture en bonne forme, énonçant la quantité de charbon chargée sur chaque voiture. Ils doivent les représenter au concierge de la place au moment de l'arrivage du charbon; leur tour de vente ne prend date que du moment de cette représentation. *Ordonnance de* 1672, *chap. II, art.* 8. *Arrêté du* 28 *juin* 1778. *Ordonnance du* 11 *septembre* 1779, *art.* 8. *Et ordonnance précitée du préfet de* 1817, *art.* 10 *et* 11.

35. Si un marchand en tour de vente retient la mesure pendant un jour sans en faire emploi, la mesure passe au marchand premier en tour. Il ne peut, s'il n'a pas d'autres charbons sur la place, reprendre son tour qu'après l'épuisement des quantités de charbon qui étaient enregistrées au moment où la mesure lui a été retirée. S'il n'a pas d'autres charbons sur la place, il peut reprendre son tour à la date de l'enregistrement de son second arrivage, pour la quantité seulement qu'il aurait dû vendre au tour qu'il a perdu; ses tours de vente ultérieurs sont successivement retardés, et

son dernier tour est à la queue de la liste, à la date du jour et de l'heure où la mesure lui a été retirée ; il en est fait mention sur le registre du concierge. *Ordonnance précitée du préfet de police, de* 1817, *art.* 12 *et* 13.

36. Outre les mesures établies auxdites places d'Aval et Cisalpine, il peut être mis à la disposition du commerce une mesure pour les provisions qui seraient autorisées par le préfet de police sur la demande des consommateurs, et qui ne peuvent être au-dessous de soixante hectolitres. Aussitôt après le mesurage de chaque provision, la mesure à ce affectée est retirée par le concierge, qui en reste gardien et responsable. *Idem, art.* 14 *et* 15.

La mesure de provision n'est jamais livrée pour le poussier. *Idem, art.* 16.

37. Défenses de séparer la braise du poussier. Néanmoins la braise amenée à la place en nature de braise, y est vendue en cet état, et selon le tour d'arrivage. *Idem, art.* 17 *et* 18.

38. Défenses aux porteurs de charbon d'être plus de cinq à la fois à la même mesure. *Idem, art.* 19.

39. Les marchands peuvent vendre par eux-mêmes, ou par l'un de leurs fils, leur charbons sur les places de vente. Ils ne peuvent se faire remplacer que par les facteurs préposés à cet effet. *Idem, art.* 23.

40. Les facteurs sont nommés par le préfet de police, sur la présentation des délégués et électeurs du commerce. *Idem, art.* 24.

41. Défenses aux facteurs de faire pour leur compte, directement ni indirectement, le commerce de charbon, de braise ou de poussier, et de recevoir aucuns poussiers des marchands, à quelque titre que ce soit. *Idem, art.* 25.

§. IV. *Vente du Charbon.*

42. La vente du charbon aux ports et sur les places, est ouverte;

Du 1er. avril au 30 septembre, depuis sept heures du matin jusqu'à midi, et de deux heures après midi jusqu'à cinq.

Du 1er. octobre au 31 mars, de huit heures du matin à midi, et de deux heures après midi jusqu'à quatre. *Ordonnance du préfet de police, du 25 mars 1819.*

43. Le prix du charbon est affiché en caractères visibles sur chaque bateau, et aux places de vente au-dessus de chaque tas. Pour les bateaux, l'inscription porte aussi le nom de la rivière sur laquelle le charbon a été chargé. *Idem du 2 décembre 1812, art. 32.*

44. Défenses aux marchands de charbon, aux facteurs et aux préposés du commerce, de faire aux porteurs sur le prix de la marchandise, aucune remise sous le nom de *nivet*, ou autre dénomination. Défenses aux porteurs de recevoir ladite remise. *Idem, art. 33.*

45. Le marchand, facteur, ou préposé du commerce, convaincu d'avoir donné du *nivet*, est puni de 100 fr. d'amende, conformément à l'article 3 de l'ordonnance du 31 août 1787; et en outre, par mesure administrative, le marchand sur bateau perd son tour de mise à port, pour le bateau qu'il aurait à mettre en vente après celui sur lequel le nivet aurait eu lieu; le marchand aux places de vente, a sa vente suspendue pendant un mois au moins, et plus long-tems suivant les circonstances; le facteur est révoqué; le préposé du commerce est renvoyé des ports; le porteur de charbon qui a reçu le nivet est pour toujours privé de sa médaille, sans préjudice de plus grande peine, si le cas y échoit. *Idem, art. 34 et 35.*

46. Les marchands de charbon sur bateau remettent

au préfet de police l'état des préposés qu'ils emploient à la vente de leurs charbons ; ils rendent compte successivement des mutations. *Idem*, *art.* 36.

§. V. *Mesurage du charbon.*

47. Il ne peut être livré ni enlevé de charbon sans mesurage préalable ; la mesure est remplie, charbon sur bord et non comble, avec des pelles dont le modèle est déposé à la préfecture de police. *Idem*, *art.* 37, 38 *et* 39.

Le mesurage se fait à l'hectolitre ; les sacs doivent contenir deux hectolitres, et être entretenus en bon état. *Idem*, *art.* 61.

48. Le mesurage est fait par les garçons de pelle, et surveillé par les préposés de la préfecture de police ; l'acheteur peut le surveiller, mais sans toucher à la mesure pour fouler ou briser le charbon. Les porteurs de charbon ne s'immiscent point dans le mesurage, à peine d'être privés de leur médaille. *Id.*, *art.* 40 *et* 41.

49. Les fumerons ne doivent pas être mis dans la mesure avec le charbon ; ils sont vendus séparément et à tous venans ; défenses aux marchands d'en vendre aux garçons de pelle et aux porteurs, et à ces derniers d'en acheter. *Idem*, *art.* 42.

50. Défenses de séparer la braise du poussier ; ils sont vendus ensemble aux consommateurs ; la mesure en est faite sur bord comme du charbon. A défaut de consommateur pour en acheter, ils peuvent être vendus aux détaillans. Défenses aux porteurs et garçons de pelle d'en acheter ni enlever pour leur compte. *Ordonnance du 19 juin 1755. Idem du préfet du 2 décembre 1812, art.* 43.

§. VI. *Porteurs de charbon et garçons de pelle.*

(Voir, au tome IV, *Charbon de bois*, n°s. 3, 4 et 6.)

Nota. Les dispositions ci-après s'appliquent également aux ouvriers sur les ports.

51, Tout porteur de charbon est pourvu d'une permission du préfet de police, portant son signalement, et d'une médaille qu'il doit toujours porter en évidence, sur laquelle sont gravés le numéro d'enregistrement, ses prénoms, nom et surnom. *Id. du 2 décembre 1812, art. 44 et 46.*

52. Tout garçon de pelle est nommé par le préfet de police sur la présentation du commerce ; sa permission porte son signalement.

Le commerce les paie et les dirige ; il peut les suspendre provisoirement de leur service ; il est statué par le préfet, en cas de renvoi définitif. *Idem, art. 44 à 46.*

53. Pour obtenir une permission de porteur de charbon ou de garçon de pelle, il faut justifier d'un certificat de bonne conduite, délivré par le commissaire de police du domicile du requérant, sur la représentation de ses papiers de sûreté, et contenant en outre son signalement, comme aussi que sa femme ou ses enfans ne font point le commerce de charbon en détail, le tout attesté par deux témoins. *Idem, art. 47. Instruction du préfet de police du 28 août 1811.*

54. Les porteurs de charbon sont divisés en séries, composées chacune de cent hommes qui sont distingués par les numéros de leurs médailles ; chaque série a un chef et un sous-chef choisis et nommés par les porteurs, et qui ont une médaille d'une forme particulière. *Idem, art. 48 et 49.*

55. En cas de changement de domicile, les garçons de pelle et les porteurs de charbon en font, dans les

trois jours, leur déclaration à l'inspecteur général de la navigation et des ports, à peine d'être privés de leurs permissions et de leurs médailles. L'inspecteur général fait au préfet de police rapport de ces déclarations. *Idem*, *art*. 50.

56. Le porteur de charbon, ou le garçon de pelle, qui renonce, même momentanément, à son service, remet sa permission, et le porteur sa médaille, à l'inspecteur général de la navigation et des ports, qui en rend compte au préfet de police ; il déclare en-même-tems si sa renonciation est définitive ou momentanée ; dans ce dernier cas, les permissions et médailles peuvent rester en dépôt pendant un tems déterminé. *Id.*, *art*. 51 et 52.

57. Chaque médaille vacante, pour quelque cause que ce soit, est délivrée au plus ancien porteur inscrit, si sa moralité le permet.

Défenses à tous préposés de recevoir des médailles ou des certificats pour en obtenir.

Instruction précitée.

58. Les porteurs de charbon ne peuvent être garçons de pelle. Défenses à ces derniers de porter du charbon, des fumerons et du poussier. *Idem*, *art*. 53.

59. Défenses aux porteurs de charbon et aux garçons de pelle, à leurs femmes et à leurs enfans, de faire le commerce de charbon en détail, à peine de 100 francs d'amende et de confiscation. *Ordonn. du* 19 *juin* 1755 ; *Idem précitée du* 2 *décembre* 1812, *art*. 54.

60. Défenses aux porteurs de charbon d'être plus de cinq à la fois dans un bateau. *Idem du* 2 *décemb*. 1812, *art*. 55.

Il est défendu d'entrer dans les bateaux hors des heures de la vente. *Idem*, *art*. 56.

61. Faute d'avoir leur médaille en portant du charbon, ils sont arrêtés et conduits à la préfecture de po-

lice, leur charbon est saisi et transporté à une place de vente. *Instruction précitée.* (Voir, au tome IV, *Charbon de bois, n°. 7.*)

§. VII. *Transport du charbon dans Paris.*

62. Les porteurs de charbon, pourvus de permission et de médaille, ont seuls le droit de transporter du charbon dans Paris. On ne peut en transporter en voiture sans une permission du préfet de police. *Ordonnance précitée du 2 décembre 1812, art. 57 et 58.*

63. Le charbon doit être enlevé des bateaux, ports et places de vente aussitôt qu'il est mesuré et mis en sac. Défenses aux porteurs de laisser, sous aucun prétexte, des sacs de charbon dans les bateaux et places de vente, sur les quais, ni sur aucune partie de la voie publique, ni en dépôt dans les maisons, à peine, contre ceux qui recevraient lesdits dépôts, d'une amende de 300 fr., aux termes de l'ordonnance de police du 8 juin 1787. *Idem, articles 59 et 60.* (Voir, au tome IV, *Charbon de bois, n°. 8.*)

64. Les porteurs doivent prendre le chargement entier de chaque sac dans un seul bateau aux ports, ou dans un seul tas aux places. Tout porteur convaincu d'avoir mélangé le charbon de plusieurs qualités est privé pour toujours de sa médaille, sans préjudice de plus forte peine, si le cas y échoit. *Idem, art. 62.*

65. Il est enjoint aux porteurs de porter directement le charbon à sa destination; ils ne peuvent en transporter d'un port à un autre, ou d'une place de vente à une autre; le tout à peine de 50 fr. d'amende, conformément à l'ordonnance du 19 décembre 1747, et de privation de leur médaille *Idem, art. 63 et 64.*

66. Tout porteur sortant de l'intérieur d'une maison avec une charge de charbon, est présumé coupable

de fraude. *Instruction précitée.* (Voir, au tome IV, *Char-*
bon de bois, *n°.* 6.)

67. Défenses de transporter du charbon dans Paris,
une heure après la fermeture des ports et des places.
Ordonn. précitée du 2 décembre 1812, *art.* 65.

68. Défenses à tout porteur d'entrer du charbon
dans Paris, même *à col*, à peine d'interdiction de travail sur les ports et aux places de vente. Ils ne peuvent
non plus porter du charbon pendant la nuit, ni en
vendre le jour ni la nuit dans les rues, en gros ou en
détail, en voiture, ni autrement. *Ordonn. précitées du*
préfet de police des 20 *pluviose an XII* ; *art.* 50 et 52,
et 2 décembre 1812, *art.* 6.

§. VIII. *Commerce en détail du charbon de bois.*

(Voir, au tome IV, *Charbon de bois*, *n°*. 1 et 2.)

69. Il est défendu de faire le commerce de charbon
de bois en détail, dans le ressort de la préfecture de
police, sans une permission du préfet de police, de le
faire ailleurs qu'en boutique ouverte, et autrement
qu'au décalitre et mesures au-dessous, sans pouvoir en
vendre au sac ni au demi-sac. *Idem du 2 décemb.* 1812,
art. 67, 68, 69.

70. Les permissions sont délivrées sur un certificat
du commissaire de police du domicile du requérant,
constatant sa moralité, que ses père et mère ou ses enfans ne sont point porteurs de charbon, et que vérification faite des localités, il n'y a aucun danger pour le feu.

71. Aux termes du réglement du 3 décembre 1666,
et de l'ordonnance de décembre 1672 chapitre XXII,
art. 6, il est défendu aux détaillans d'avoir chez eux
plus de douze hectolitres de charbon de bois ou de poussier (6 sacs ou voies), y compris leur consommation,
à peine de 300 fr. d'amende. *Ordonnance précitée du 2*
décembre 1812, *art.* 70.

La quantité de charbon excédant douze hectolitres doit être saisie, attendu qu'il y a alors magasin de charbon non autorisé, ce qui rentre dans la catégorie de l'art. 7 ci-dessus. (Voir, au tome IV, *Charbon de bois, n°. 12.*)

72. Il leur est défendu de faire du feu dans le lieu où ils déposent leur charbon. *Idem*, art. 72.

Ils ne doivent point acheter de charbon dans les rues, Voir l'art. 32 ci-dessus.

Préposés à la surveillance du commerce des charbons. Voir *Bois de chauffage*, §. XIII.

CHARBON DE BOIS ÉPURÉ. Voir *Ateliers*.

CHARBON DE TERRE.

1°. *Exploitation des mines;*

2°. *Vente du charbon de terre à Paris.* (Voir, au tome IV, *Charbon de terre.*)

§. Ier. *Exploitation des mines.*

Art. 1er. Nul ne peut ouvrir ni exploiter des mines de houille ou charbon de terre, sans en avoir demandé la permission au préfet du département où se trouve située la mine. *Arrêt du conseil du 29 mars 1783, article* 1er. Voir *Mines*.

2. La permission n'est accordée qu'après s'être assuré de la nature et qualité du charbon, et de la facilité ou difficulté de l'exploitation. *Idem*, art. 2.

3. Ceux qui ont obtenu lesdites permissions sont tenus d'indemniser de gré à gré, ou à dire d'experts, les propriétaires des terrains qu'ils font ouvrir. *Idem*, art. 4.

4. Ils sont tenus de se conformer à l'instruction qui leur est remise sur toutes les précautions à prendre pour prévenir les accidens; à peine d'amende, de tous dépens, dommages-intérêts, et, s'il y a lieu, de la révocation de la permission. *Idem*, art. 5.

5. Les puits des mines peuvent, s'ils sont ronds, avoir tel diamètre que l'on voudra ; s'ils sont carrés, ils n'ont pas plus de deux mètres en dedans ; ceux carrés-longs doivent être étrésillonnés solidement avec des planches, madriers et poteaux. *Arrêt du Conseil du 14 janvier 1744, art. 3 et 4.*

6. Si les mines sont exploitées par des galeries de plain-pied qui ne puissent être taillées dans le roc, ces galeries sont revêtues en maçonnerie, ou étayées solidement. *Idem, art. 5.*

7. Dans tous les cas il n'est formé de galeries pour extraire la houille, ou charbon de terre, qu'après que la veine droite, plate, ou oblique, a été percée et suivie jusqu'au fond du sol, et qu'il a été creusé au-dessous un puisard de huit mètres de profondeur, pour rechercher s'il n'y a point une autre veine au-dessous, laquelle, dans ce cas, doit être percée et suivie comme celle supérieure ; et il ne peut être mis en extraction que la dernière veine au-dessous de laquelle le puisard de huit mètres ayant été fait, il ne s'en est pas trouvé d'autre. *Idem, art. 6.*

8. Les galeries ne peuvent être larges de plus de 2 mètres 66 centimètres ; elles sont plus étroites, si le charbon, le ciel et le sol de la mine ont une consistance moins solide. L'extraction est faite en découvrant toujours le sol de la mine. *Idem, art. 7.*

9. Les galeries formées dans les veines de houille ou charbon de terre, doivent être espacées de manière qu'il y ait de l'une à l'autre un massif de charbon au moins aussi épais que la largeur de la galerie, et même plus si le peu de solidité de la houille l'exige. *Idem, art. 8.*

10. Les galeries sont solidement étayées et pontelées avec poteaux de chêne. *Idem, art. 9.*

11. En cas de cessation de travaux pendant l'exploitation, l'entrepreneur en fait déclaration au préfet du

département, et avant d'abandonner l'exploitation, il est tenu de faire percer un touret ou puits, de 20 mètres de profondeur, le plus près de la mine possible, pour connaître s'il n'y a point quelqu'autre filon au-dessous de celui dont l'exploitation est commencée. *Id, art.* 10.

12. Les contestations entre les propriétaires des terrains et les entrepreneurs de l'exploitation des mines, sont décidées administrativement, sans que les tribunaux en puissent connaître. *Arrêté précité du 29 mars 1783, art. 6.*

§. II. *Vente du charbon de terre à Paris.*

13. Le charbon de terre amené à Paris est conduit directement aux gares de Villeneuve-Saint-Georges et de Charenton, et descendu ensuite, d'après un permis de l'inspecteur général de la navigation, aux ports indiqués pour la vente. Le conducteur du bateau doit être porteur d'une lettre de voiture en règle. *Ordonn. de décembre 1672, chap. II, art. 8 et 9. Ordonnance du préfet de police du 8 avril 1807.*

14. Défenses d'aller au-devant du charbon de terre destiné à l'approvisionnement de Paris, et d'en acheter en route, à peine de la confiscation de la marchandise, contre le vendeur, et de la perte du prix d'achat contre l'acheteur. *Ordonnance précitée de 1672, chapit. III, art. 2. Idem précitée du préfet du 8 avril 1807.*

15. Le charbon de terre amené à Paris ne peut être vendu que dans les ports à ce affectés, et dans les entrepôts autorisés. *Idem précitée du préfet.*

16. Un bateau n'est mis en décharge que sur un permis de l'inspecteur général de la navigation. S'il est mis en vente avant son tour, ou sans permis, ou dans un port autre que celui indiqué, il est retiré aux frais du propriétaire, et n'est remis en vente que sur une autorisation du préfet de police. *Idem.*

17. Lorsque la vente est ouverte, le premier prix qui a été mis au charbon ne peut être augmenté. Si dans le cours de la vente, le marchand fait rabais, il doit continuer la vente à ce dernier prix, sans pouvoir l'augmenter, à peine de confiscation des marchandises et d'amende. *Ordonn. précitée de 1672, chap. XXI, art.* 9.

Les dispositions du présent article sont applicables au charbon de bois.

.18. Le charbon de terre est mesuré pour la vente, au demi-hectolitre. La mesure doit être remplie à comble. *Arrêté du ministre de l'intérieur du* 19 *germinal an FII* (8 avril 1799). *Ordonnance précitée du préfet de police.*

19. Les artisans et forgerons sont préférés aux marchands pour l'achat du charbon. *Ordonnance précitée de* 1672, *chap. XXI, art.* 8.

20. Il n'est tenu à Paris aucun magasin ni entrepôt de charbon de terre, sans une permission du préfet de police, délivrée sur une pétition du marchand avec un plan figuré du local, de ses dimensions, tenans et aboutissans. *Ordonnance précitée du préfet de police.* (Voir, au tome IV, *Charbon de terre.*)

21. Le charbon de terre ne peut être livré ni enlevé sans avoir été mesuré. *Idem.*

22. Le marchand doit donner chaque jour aux préposés de la préfecture, la note des quantités de charbon vendues ou enlevées sur les ports et dans les entrepôts. *Idem.*

23. Les contraventions sont constatées par des procès-verbaux qui sont transmis au préfet de police. *Idem.*

CHARBON DE TERRE ÉPURÉ. Voir *Ateliers.*

CHARCUTIERS. Voir *Porc.*

, CHARDONS DE FER ou HERSES ; Espèce de séparation en déhors du mur de face d'une maison, pour empêcher la communication d'une maison à une autre, ou d'un appartement à un autre, par les fenêtres.

On ne peut en établir sans une permission de la petite voirie. Voir *Voirie - tarif des droits de petite voirie.*

CHARGEMENT des voitures de roulage. Voir *Roulage. Délits, art. 30, §. 7, et art. 31, §. 2.*

CHARGEURS et DÉCHARGEURS DES BOISSONS. Voir *Entrepôt général, art. 40.*

CHARIOTS. Voir *Charrettes. Roulage.*

CHARITÉ. Voir *Bureau de charité.*

CHARIVARI. Espèce de bruit nocturne que l'on faisait par ancien usage, avec des poëlons, casseroles et chaudrons, à la porte d'une veuve qui se remariait.

Défenses à toutes personnes de faire ou exciter, le jour ou la nuit, aucun attroupement pour faire des charivaris, à peine de 100 fr. d'amende, dont les pères et mères, maîtres et maîtresses, sont responsables, pour leurs enfans, apprentis, ouvriers ou domestiques. *Sentence de police du 13 mai 1735.*

NOTA. Ce fait rentre aujourd'hui dans la classe des bruits ou tapage nocturnes, contravention de simple police de troisième classe, prévues par le §. 8 de l'article 479 du Code pénal. Voir *Délits; art, 31, §. 7.* (Voir aussi, au tome IV, *Bruits* ou *Tapages* et *Charivari.*)

CHARLATANS *ou* EMPIRIQUES, vendant des drogues et médicamens. Voir : *Pharmaciens. Argent en feuilles.* (Voir aussi, au tome IV, *Pharmaciens.*)

CHARLATANS *ou* FAISEURS DE TOURS sur la voie publique. Voir : *Bateleurs.*

CHARONS *et* MENUISIERS, qui sont en même tems. serruriers, taillandiers ou maréchaux grossiers. Voir *Incendie, art. 17. Maréchal-ferrant.*

CHARPENTIERS. (Voir aussi *Charpentiers,* au tome IV.)
1°. *Dispositions générales.*
2°. *Police des charpentiers à Paris.*

3°. *Leurs statuts.*

4°. *Visites.*

§. Ier. *Dispositions générales.*

Art. 1er. Les charpentiers ne doivent employer que des bois coupés depuis long-tems, les bois verts étant sujets à se gercer et à se fendre.

2. Le bois équarri doit être débarrassé de toutes surfaces molles sujettes à s'amollir, à pourrir et à s'affaisser. On doit atteindre le vif et la partie saine des bois, sans épargner aucune partie faible, sous prétexte de ne point trop diminuer la grosseur de la pièce.

3. L'assemblage des pièces de charpente à tenons, à mortaises, ou à queue d'aronde, doit être fait avec le plus grand soin, pour prévenir les accidens.

4. Les charpentiers (ainsi que les maçons) qui ont construit un bâtiment, doivent garantir pendant 10 ans, la durée de leurs ouvrages, réparer pendant ce tems les défauts considérables qui s'y trouveraient, et répondre du dommage que ces défauts pourraient occasionner. *Lettres patentes du* 11 *septembre* 1785; *art.* 9. Voir aussi : *Bâtimens*, §. 3.

5. Défenses aux charpentiers et autres, d'emporter de chez leurs maîtres, des ateliers, et des bâtimens, aucune fouée, copeaux, bouts de bois et billots, sans une permission expresse ; à peine d'être punis comme pour vol. *Idem, art.* 10.

§. II. *Police des charpentiers à Paris.*

6. Les maîtres charpentiers de Paris, se font inscrire à la préfecture de police. *Ordonnance du préfet de police, du* 7 *décembre* 1808, *art.* 1er., *renouvelée le* 11 *juillet* 1812.

7. Tout maître charpentier doit avoir un chantier suffisant pour la taille de ses bois ; il ne peut les fa-

çonner ailleurs que dans son chantier. *Idem*, *art*. 2 et 3. Voir *Embarras*.

8. Néanmoins il est permis aux propriétaires et au-tres, de faire façonner et tailler les bois dont ils ont besoin, sur le lieu même de la construction. *Idem*, *art.* 4.

9. Les outils de chaque maître charpentier sont mar-qués d'un poinçon particulier ; à cet effet, chaque maître fait graver deux poinçons portant en toutes let-tres son nom de famille, et dont l'un est déposé à la préfecture de police. *Idem*, *art.* 5 *et* 6.

Les commissaires de police font des visites chez les charpentiers, pour assurer l'exécution du présent article.

10. Les ouvriers charpentiers doivent avoir des li-vrets comme les autres ouvriers. Ils sont soumis à toutes les mesures de police concernant les ouvriers. *Idem*, *art.* 7, 8, 9. Voir *Ouvriers*.

11. Les maîtres charpentiers et leurs compagnons, se conforment en toute espèce de construction, aux règles de l'art, et aux réglemens de police. *Idem*, *art.* 11.

12. Tout propriétaire, locataire ou autre, ne peut employer des compagnons charpentiers plus de deux jours, sans en faire déclaration à la préfecture de po-lice. Les compagnons ne peuvent travailler pour les-dites personnes, plus de huit jours, sans s'être assuré que ladite déclaration a été faite. *Idem*, *art.* 12.

13. Défenses aux férailleurs et autres, d'acheter des outils marqués du nom d'un maître charpentier.

§. III. *Statuts des maîtres charpentiers de Paris, homologués par le préfet de police, le 7 décembre 1808.*

14. Les maîtres charpentiers de Paris ont trois dé-légués (un syndic et deux adjoins), nommés par 24 électeurs choisis par les maîtres charpentiers.

Les maîtres charpentiers se réunissent chaque année, dans la première quinzaine de décembre, pour nommer leurs électeurs, aux lieu, jour et heure indiqués par le préfet de police.

Les délégués sont en fonction pendant trois ans ; le renouvellement s'en fait par tiers ; le délégué sortant peut être réélu ; si l'un d'eux meurt dans l'année, l'électeur qui a eu le plus de voix, remplit ses fonctions par *interim*.

Les électeurs sont nommés pour trois ans ; ils peuvent être réélus.

Les délégués s'assemblent une fois par semaine ; ils donnent au préfet de police tous les renseignemens qu'il croit devoir leur demander.

Un délégué et deux électeurs, à tour de rôle, accompagnent les commissaires de police dans les visites qui peuvent être ordonnées. Voir le §. IV, ci-après.

Les délégués convoquent, au besoin, l'assemblée des électeurs, avec l'autorisation du préfet de police.

Chaque année, il est fait un tableau des maîtres charpentiers. Ils sont divisés en trois classes ; les délégués et les électeurs sont chargés de cette classification ; l'état est envoyé au préfet de police qui prononce sur les réclamations relatives au classement.

Les maîtres charpentiers cotisent entre eux pour les frais du bureau :

Ceux de première classe, payent 48 fr. ; ceux de la seconde, 36 fr. ; ceux de la troisième, 24 fr. ; en deux paiemens égaux, le 1er. janvier, et le 1er. juillet.

Le plus ancien délégué perçoit la cotisation et en est chargé en recette ; il fait toutes les dépenses du bureau ; celles au-dessus de 100 fr. sont autorisées par les autres délégués ; celles au-dessous sont arrêtées tous les mois ; elles sont toutes portées sur un registre.

Le délégué sortant rend ses comptes à la fin de l'année ; le compte est reçu et arrêté par les électeurs et soumis au préfet de police.

§. IV. *Visites.*

15. Lorsqu'un commissaire de police assiste des maîtres charpentiers, lors des visites dans des bâtimens en construction, il constate, d'après leurs dires et rapports, les vices de construction qui peuvent s'y trouver, et fait suspendre au besoin les travaux où il a été reconnu des mal-façons. Il fait, à cet effet, sommation à l'entrepreneur ou directeur des travaux, avec déclaration que faute par lui d'y déférer, il demeurera garant, en son privé nom, de toutes pertes, dommages et intérêts. Le procès-verbal est envoyé au préfet de police. *Arrêté du préfet de police, du 7 décembre 1808.*

CHARRETTES, et autres voitures de transport ; charretiers, voituriers et rouliers. (Voir aussi *Charrettes,* au tome IV.).

Art. 1er. Les charrettes, chariots et autres voitures de transport doivent être en bon état, à peine de 100 fr. d'amende et confiscation des voitures ; les commissaires de police, assistés de gens de l'art, en font la visite au besoin. *Ordonnance du 21 décembre 1787, art.* 1er, *et du préfet de police, du 11 novembre 1818 , art.* 4. (Voir au tome IV, *Charrettes, n°. 3.*)

2. Toute voiture de charge est garnie de ridelles ou de planches de clôture. Tous objets qui peuvent facilement tomber, ne doivent point être chargés au-dessus des ridelles. Les gravois, décombres et démolitions ne sont point surchargés au-delà des débords des planches du tombereau. *Idem, art.* 3. Le tout sous les peines de police, de 6 à 10 fr. ou de 11 à 15 fr., et, s'il y a lieu, d'un emprisonnement de trois jours au plus. *Code pénal, art.* 475; §. IV ; *art.* 76; *et art.* 479, §. 2. Voir

Délits, art 30, §. 4 ; et 31 , §. 2. (Voir au tome IV , *Charrettes*, n⁰. 2.)

Charrettes chargées de pierres de taille , de moëlons, et de pierre à plâtre. Voir *Pierres*, *art.* 27 *et* 28.

3. Les charrettes chargées de fumier, doivent être couvertes d'une toile ou banne , pour empêcher le fumier de se répandre sur la voie publique. *Ordonnance précitée du préfet* , *art.* 5, sous peine de l'amende de police de 1 à 5 fr. *Code pénal*, *art.* 471 , §. 3. Voir *Délits*, *art.* 29 , §. 3. *Nettoiement*, art. 59 (Voir aussi au tome IV, *Fumier*, n⁰. 4.)

4. Les jantes des roues des voitures de roulage, ont une largeur déterminée. Voir *Roulage.* (Voir aussi , au tome IV, *Charrettes*, n⁰. 1.)

Longueur des essieux et poids du chargement. Voir *Roulage.*

5. Les charretiers ne font point trotter ni galopper leurs chevaux, et n'en confient pas la conduite à des enfans qui ne soient pas en état de les conduire. (Voir l'article 13, ci-après.) Ils ne se mettent point dans leurs voitures ni sur leurs chevaux , ils se tiennent à pied près de leurs chevaux, pour être à portée de les diriger avec les guides ou le cordeau. *Ordonnance précitée du* 21 *décembre* 1787 , *art.* 1ᵉʳ. *Idem*, *du préfet de police*, *du* 18 *février* 1819 ; le tout à peine de l'amende de police, de 6 à 8 fr. ou de 11 à 16 fr., suivant les circonstances, et , s'il y a lieu, d'un emprisonnement de trois jours au plus. *Code pénal*, *art.* 475 , §. 3 ; *art.* 476 ; et *art.* 479, §. 2. Voir *Délits*, *art.* 30 , §. 3, et 31, §. 2.

Défenses expresses aux charretiers, garçons bouchers et autres , de monter dans leurs voitures , même lorsqu'elles ne sont attelées que d'un seul cheval. Sont exceptés les blanchisseurs et les laitières , pourvu que le cheval soit retenu par des guides solides, mais sans pouvoir les faire trotter ni galopper. Toute voiture, de quelqu'espèce qu'elle soit, doit aller au pas , en passant les barrières. *Ordonnance précitée du préfet de police, du 18 février 1819.* (Voir aussi au tome IV, *Charrettes,* n°. 3.)

6. Les voituriers et rouliers cèdent le pavé aux courriers et aux voitures de poste. *Ordonnance du 4 février 1786* ; ils en cèdent la moitié aux voitures des voyageurs. *Ordonnances des 17 juillet 1781 et 18 février 1819* ; le tout sous les peines portées en l'article précédent. *Code pénal, art.* 475, §. 3, *et art.* 476. Voir *Délits, art.* 30, §. 3. *Roulage, art.* 66.

7. Aucune charrette, attelée ou non , ne stationne sur la voie publique, que pour en opérer le chargement, ou le déchargement. *Ordonnances des 17 juillet 1781, et 18 février 1819* ; sous peine, contre le conducteur ou le propriétaire , de l'amende de simple police, comme embarrassant la voie publique. Sont exceptées les voitures des marchands forains des halles , et celles des voituriers des ports, qui stationnent à des endroits indiqués.

8. Les aubergistes qui se trouvent forcés de laisser hors de chez eux des voitures de rouliers, les placent de manière à ne point gêner la voie publique, et posent la nuit une lanterne , pour que les voitures puissent être aperçues ; le tout à peine de l'amende de simple police de 1 à 5 fr. (Voir *Délits, art.* 29, § 3.), et de toutes pertes, dommages et intérêts. *Ordonnances précitées, des 17 juillet 1781 , et 18 février 1819.*

9. Toute charrette, chariot, haquet, tombereau , camion, diable, carioles et autres voitures de charge , même les petites voitures à bras d'homme , ou attelées de chevaux ou autres animaux, (ce qui comprend nécessairement celles traînées par des chiens) , doivent porter au côté gauche de la voiture, en avant de la roue, une plaque de métal ou tôle , sur laquelle sont inscrits

d'une manière apparente, les noms et demeure du propriétaire de la voiture ; à peine de 25 fr. d'amende ; l'amende est double si la plaque porte un nom et un domicile supposés. *Loi du 3 nivose an VI* (23 *décembre* 1797) *titre II, art.* 9. *Décret du 23 juin* 1806. *Ordonnances du préfet de police, des* 11 *novembre* 1808, *et* 18 *février* 1819. (Voir, aussi au tome IV, *Charrettes*, nos. 2 et 4.)

Les propriétaires des chiens attelés à de petites voitures, doivent avoir soin de les tenir toujours muselés, sur la voie publique et dans les abattoirs de bestiaux, et que la muselière soit de capacité telle que le chien puisse, au besoin, boire facilement.

10. Dans le département de la Seine, la plaque doit porter aussi le numéro délivré au propriétaire de la voiture à la préfecture de police, lors de la déclaration qu'il est tenu de faire de sa voiture, conformément à l'article 2 de l'ordonnance précitée du préfet de police du 11 novembre 1808. En cas de changement de domicile, le propriétaire en fait la déclaration à la préfecture de police. *Ordonnance précitée, du* 18 *février* 1819. (Voir aussi, au tome IV, *Charrettes*, n°. 1.)

11. Défenses d'entrer dans des écuries avec de la lumière, si elle n'est renfermée dans une lanterne, à peine de 200 fr. d'amende. *Ordonnance du* 15 *novembre* 1781. *Idem précitée, du* 18 *février* 1819.

12. La voiture ou l'un des chevaux des contrevenans aux dispositions des articles précédens, peut être mis en fourrière, pour sûreté de l'amende, si mieux n'aime le contrevenant, consigner l'équivalent de l'amende, ou fournir caution. *Ordonnance précitée, du* 18 *février* 1819.

13. Les propriétaires de voitures et chevaux et les aubergistes sont responsables civilement des faits de ceux qu'ils employent, conformément aux articles

1584 et 1385 du code civil. *Ordonnances précitées, des 21 décembre 1787, art. 9, et 18 février 1819.* Ils ne peuvent confier la conduite de leurs voitures qu'à des personnes âgées de moins de dix-huit ans. *Ordonnance préfet de police du 11 novembre 1808, art. 7.*

14. Tout voiturier est responsable des objets qui lui sont confiés, à moins qu'il ne prouve qu'ils ont été perdus ou avariés, par cas fortuit, ou de force majeure. *Code civil, art. 1783 et 1784.*

Dispositions particulières aux voituriers et charretiers des ports et chantiers, dans le département de la Seine.

15. Les voituriers et charretiers font, à la préfecture de police, la déclaration de leurs noms et demeure, et il leur est délivré un numéro qu'ils font peindre sur la plaque mentionnée en l'article 9, ci-dessus. *Ordonnance précitée du préfet de police, du 11 novembre 1808, art. 2 et 3.* (Voir au tome IV, *Charrettes*, n°. 1.)

16. Aucune voiture sans ridelles n'est employée au transport des bois. Les falourdes peuvent être transportées sur des haquets.

Les ridelles ne peuvent, dans aucun cas, être supplées ni sur-élevées par des bûches ou piquets placés perpendiculairement, pour retenir le chargement. *Ordonnance du préfet de police, du 28 août 1816, art. 3.*

17. Défenses auxdits voituriers ou charretiers et à tous autres, de se coaliser, pour empêcher les acheteurs de choisir le voiturier qui leur convient. *Ordonnance du 31 août 1787, art. 3.* Voir *Ouvriers.*

18. Défenses d'aller par eux-mêmes ou par autres personnes, au-devant des acheteurs, pour leur proposer un marchand plutôt qu'un autre ; à peine de 300 fr. d'amende contre les voituriers et charretiers, et 50 fr. contre ceux qu'ils entremettraient. *Arrêté du 24 juillet 1724, art. 15.*

19. Défenses d'entrer leurs voitures dans les chan-

tiers, sans y être appelés par les marchands ou les acheteurs ; de charger leurs voitures sur les ports et dans les chantiers, hors des heures de vente, et de s'immiscer dans le cordage et le mesurage des bois. *Ordonnance du 31 août 1787, art. 3.*

20. Défenses de recevoir des marchands aucune gratification dite *nivet*, pour leur amener des acheteurs, et aux marchands de leur donner ladite gratification à eux ou à d'autres, à peine de 100 fr. d'amende contre les marchands. *Idem.*

21. Les voituriers qui détournent aucune des marchandises chargées sur leurs voitures, sont poursuivis comme coupables de vol. Ils doivent les conduire directement à leur destination, ramasser et remettre sur la voiture celles qui seraient tombées, et ils ne peuvent exiger de plus forts salaires que ceux convenus ; le tout à peine de 50 fr. d'amende par chaque contravention. *Idem.*

22. Les contraventions sont constatées par les commissaires de police, et les procès-verbaux envoyés avec le délinquant à la préfecture de police, ainsi que les voitures et chevaux dans les cas graves. *Décision du préfet de police du 14 thermidor an XI (2 août 1803).*

23. Ils sont tenus au surplus des dispositions des articles 1 à 14 ci-dessus.

Nota. La majeure partie des dispositions des vingt-trois articles ci-dessus sont consignées dans des ordonnances du préfet de police des 28 vendémiaire an X (20 oct. 1801), 18 thermidor an XIII (6 août 1805), 11 novembre 1808, 13 janvier 1812, 18 février 1819.

CHARRETTES des marchands forains. Voir *Marchands forains.*

CHARRUES DE LABOUR (Coutre des). Voir *Police rurale, art. 31.*

Vol de charrues. Voir *Idem.* Voir aussi *Vol.*

CHARTE CONSTITUTIONNELLE DU ROYAUME DE FRANCE donnée par S. M. Louis XVIII, le 4 juin 1814.

LOUIS, par la grâce de Dieu, etc.

§. Ier. *Droits publics des Français.*

Art. 1er. Les Français sont tous égaux devant la loi, quels que soient d'ailleurs leurs titres et leurs rangs.

2. Ils contribuent indistinctement, dans la proportion de leur fortune, aux charges de l'Etat.

3. Ils sont tous également admissibles aux emplois civils et militaires.

4. Leur liberté individuelle est également garantie, personne ne pouvant être poursuivi ni arrêté, que dans les cas prévus par la loi, et dans la forme qu'elle prescrit.

5. Chacun professe sa religion avec une égale liberté, et obtient pour son culte la même protection.

6. Cependant la religion catholique, apostolique et romaine est la religion de l'Etat.

7. Les ministres de la religion catholique, apostolique et romaine, et ceux des autres cultes chrétiens, reçoivent seuls des traitemens du trésor Royal.

8. Les Français ont le droit de publier et de faire imprimer leurs opinions, en se conformant aux lois qui doivent réprimer les abus de cette liberté.

9. Toutes les propriétés sont inviolables, sans aucune exception de celles qu'on nomme *nationales*, la loi ne mettant aucune différence entre elles.

10. L'Etat peut exiger le sacrifice d'une propriété pour cause d'intérêt public légalement constatée, mais avec une indemnité préalable.

11. Toutes recherches des opinions et votes émis jusqu'à la restauration, sont interdites. Le même oubli est commandé aux tribunaux et aux citoyens.

12. La conscription est abolie. Le mode de recrute-

ment de l'armée de terre et de mer est déterminé par une loi.

§. II. *Forme du gouvernement du Roi.*

13. La personne du Roi est inviolable et sacrée. Ses ministres sont responsables. Au Roi seul appartient la puissance exécutive.

14. Le Roi est le chef suprême de l'État; commande les forces de terre et de mer; déclare la guerre; fait les traités de paix, d'alliance et de commerce; nomme à tous les emplois de l'administration publique; fait les réglemens et ordonnances nécessaires pour l'exécution des lois et la sûreté de l'Etat.

15. La puissance législative s'exerce collectivement par le Roi, la chambre des Pairs et la chambre des Députés.

16. Le Roi propose la loi.

17. La proposition de loi est portée, au gré du Roi, à la chambre des Pairs ou à celle des Députés, excepté la loi de l'impôt, qui doit être adressée d'abord à la chambre des députés.

18. Toute loi doit être discutée et votée librement par la majorité de chacune des deux chambres.

19. Les chambres ont la faculté de supplier le Roi de proposer une loi, sur quelqu'objet que ce soit, et d'indiquer ce qu'il leur paraît convenable que la loi contienne.

20. Cette demande peut être faite par chacune des deux chambres, mais après avoir été discutée en comité secret. Elle n'est envoyée à l'autre chambre par celle qui l'a proposée, qu'après un délai de dix jours.

21. Si la proposition est adoptée par l'autre chambre, elle est mise sous les yeux du Roi. Si elle est rejetée, elle ne peut être représentée dans la même session.

22. Le Roi seul sanctionne et promulgue les lois.

23. La liste civile est fixée pour toute la durée du règne par la première législature assemblée depuis l'avénement du Roi.

§. III. *De la chambre des Pairs.*

24. La chambre des Pairs est une portion essentielle de la puissance législative.

25. Elle est convoquée par le Roi en même tems que la chambre des Députés des départemens. La session de l'une commence et finit en même tems que celle de l'autre.

26. Toute assemblée de la chambre des Pairs qui serait tenue hors du tems de la session de la chambre des Députés, ou qui ne serait pas ordonnée par le Roi, est illicite et nulle de plein droit.

27. La nomination des Pairs de France appartient au Roi. Leur nombre est illimité. Le Roi peut en varier les dignités, les nommer à vie, ou les rendre héréditaire selon sa volonté.

NOTA. La dignité de pair est héréditaire de mâle en mâle, par ordre de primogéniture. A défaut de ligne directe, le Roi peut autoriser la transmission du titre dans la ligne collatérale qu'il plait à Sa Majesté de désigner. *Ordonnance du Roi du 19 août* 1815. Voir aussi *le Nota* à la fin du §. II, au mot *Titres.*

28. Les Pairs ont entrée dans la chambre à vingt-cinq ans, et voix délibérative à trente ans seulement.

29. La chambre des Pairs est présidée par le chancelier de France, et en son absence, par un pair nommé par le Roi.

30. Les membres de la famille royale et les princes du sang sont Pairs par le droit de leur naissance. Ils siégent immédiatement après le président; mais ils n'ont voix délibérative qu'à vingt-cinq ans.

31. Les princes ne peuvent prendre séance à la chambre des Pairs, que de l'ordre du Roi exprimé pour cha-

que séssion par un message, à peine de nullité de tout ce qui aurait été fait en leur présence.

32. Toutes les délibérations de la chambre des Pairs sont secrètes.

33. La chambre des Pairs connait des crimes de haute-trahison, et des attentats à la sûreté de l'Etat, qui sont définis par la loi.

34. Aucun Pair ne peut être arrêté que de l'autorité de la chambre, et il est jugé par elle en matière criminelle. Voir *Responsabilité des fonctionnaires publics.*

NOTA. Dans le cas de l'art. 33 ci-dessus, la chambre prend le titre de *Cour des Pairs. Résolution de la chambre du 8 mars 1816, art. 1er.*

Les crimes de la compétence de la cour des Pairs, indiqués par l'art. 33 ci-dessus, sont ceux que la loi définit comme crimes contre la sûreté de l'Etat, (Voir *Sûreté de l'Etat*, §§. I, II et III), lorsque le prévenu ou l'un des prévenus est revêtu de l'une des dignités, ou remplit une des fonctions suivantes :

Princes du sang,

Pairs de France,

Archevêques et évêques,

Maréchaux de France,

Grands officiers de la couronne;

Grands officiers de la maison du Roi, savoir : capitaines des gardes en activité de service; ministres secrétaires-d'état; ministres d'état; ambassadeurs et ministres plénipotentiaires près les cours étrangères; généraux commandant en chef les forces de terre et de mer; gouverneurs des colonies et de divisions militaires, en activité.

Résolution précitée, art. 4.

L'attentat ou complot contre la personne du Roi, de la Reine, ou de l'héritier présomptif de la couronne, est toujours de la compétence de la cour des Pairs, quelle que soit la qualité du prévenu. *Idem, art.* 3.

§. IV. *De la chambre des Députés.*

55. La chambre des Députés est composée des députés élus par les colléges électoraux, dont l'organisation est déterminée par la loi.

36. Chaque département a le même nombre de Députés qu'il a eu jusqu'à présent.

37. Les Députés sont élus pour cinq ans, et de manière que la chambre soit renouvelée chaque année par
cinquième.

38. Aucun Député ne peut être admis dans la chambre, s'il n'est âgé de quarante ans, et s'il ne paie une
contribution directe de 1000 fr.

39. Si néanmoins il ne se trouvait pas dans le département cinquante personnes de l'âge indiqué, payant
au moins 1000 fr. de contributions directes, leur nombre sera complèté par les plus imposés au-dessous de
1000 fr., et ceux-ci peuvent être élus concurremment
avec les premiers.

40. Les électeurs qui concourent à la nomination
des Députés, ne peuvent avoir droit de suffrage s'ils ne
payent une contribution directe de 300 fr., et s'ils ont
moins de trente ans.

41. Les présidens des colléges électoraux sont nommés par le Roi, et de droit membres du collége.

42. La moitié au moins des Députés est choisie parmi
des éligibles qui ont leur domicile politique dans le département.

43. Le président de la chambre des Députés est nommé
par le Roi, sur une liste de cinq membres présentée par
la chambre.

44. Les séances de la chambre sont publiques; mais
la demande de cinq membres suffit pour qu'elle se forme
en comité secret.

45. La chambre se partage en bureaux pour discuter les projets qui lui sont présentés de la part du Roi.

46. Aucun amendement ne peut être fait à une loi, s'il n'a été proposé ou consenti par le Roi, et s'il n'a été renvoyé et discuté dans les bureaux.

47. La chambre des Députés reçoit toutes les propositions d'impôts; ce n'est qu'après que ces propositions ont été admises, qu'elles peuvent être portées à la chambre des Pairs.

48. Aucun impôt ne peut être établi ni perçu, s'il n'a été consenti par les deux chambres et sanctionné par le Roi.

49. L'impôt foncier n'est consenti que pour un an. Les impositions indirectes peuvent l'être pour plusieurs années.

50. Le Roi convoque chaque année les deux chambres; il les proroge, et peut dissoudre celle des Députés des départemens; mais dans ce cas, il doit en convoquer une nouvelle dans le délai de trois mois.

51. Aucune contrainte par corps ne peut être exercée contre un membre de la chambre durant la session, et dans les six semaines qui l'auront précédée ou suivie.

52. Aucun membre de la chambre ne peut, pendant la durée de la session, être poursuivi ni arrêté en matière criminelle, sauf le cas de flagrant délit, qu'après que la chambre a permis sa poursuite. Voir aussi *Responsabilité des fonctionnaires publics*.

53. Toute pétition à l'une ou à l'autre des chambres ne peut être faite ni présentée que par écrit. La loi interdit d'en apporter à la barre.

NOTA. *Disposition communes aux deux chambres*. Aucun étranger ne peut siéger dans aucune des deux chambres, à moins qu'il n'ait obtenu du Roi des lettres de naturalisation vérifiées par les deux chambres. Les dispositions du Code civil relatives aux étrangers et à leur naturalisation, n'en restent pas moins en vigueur. *Ordonnance du Roi du 4 juin 1814*. Voir *Droits civils*. *Droits politiques*.

§. V. *Des ministres.*

54. Les ministres peuvent être membres de la chambre des Pairs ou de la chambre des Députés. Ils ont en outre leur entrée dans l'une ou l'autre chambre, et doivent être entendus quand ils le demandent.

55. La chambre des Députés a le droit d'accuser les ministres, et de les traduire devant la chambre des Pairs, qui, seule, a le droit de les juger.

56. Ils ne peuvent être accusés que pour fait de trahison ou de concussion. Des lois particulières spécifient cette espèce de délits et en déterminent la poursuite.

§. VI. *De l'ordre judiciaire.*

57. Toute justice émane du Roi. Elle s'administre en son nom par des juges qu'il nomme et qu'il institue.

58. Les juges nommés par le Roi sont inamovibles.

59. Les cours et tribunaux ordinaires actuellement existant sont maintenus ; il n'y est rien changé qu'en vertu d'une loi.

60. L'institution actuelle des juges de commerce est conservée.

61. La justice de paix est également conservée. Les juges de paix, quoique nommés par le Roi, ne sont point inamovibles.

62. Nul ne peut être distrait de ses juges naturels.

63. Il ne peut en conséquence être créé de commissions et tribunaux extraordinaires. Ne sont pas comprises sous cette dénomination les jurisdictions prévôtales, si leur établissement est jugé nécessaire.

64. Les débats sont publics en matière criminelle, à moins que cette publicité ne soit dangereuse pour l'ordre et les mœurs; dans ce cas, le tribunal le déclare par un jugement.

65. L'institution des jurés est conservée ; les chan-

gémens qu'une plus longue expérience ferait juger nécessaires ne peuvent-être effectués que par une loi.

66. La peine de la confiscation des biens est abolie,
et ne pourra être rétablie. -

67. Le Roi a le droit de faire grâce, et celui de commuer les peines. Voir *Cour d'assises, art.* 77.

68. Le code civil et les lois actuellement existantes
qui ne sont pas contraires à la présente charte, restent
en vigueur jusqu'à ce qu'il y soit légalement dérogé.

§. VII. *Droits particuliers garantis par l'état.*

69. Les militaires en activité de service, les officiers
et soldats en retraite, les veuves, les officiers et soldats
pensionnés, conservent leurs grades, honneurs et pensions.

70. La dette publique est garantie, toute espèce d'engagement pris par l'état avec ses créanciers est inviolable.

71. La noblesse ancienne reprend ses titres; la nouvelle conserve les siens. Le Roi fait des nobles à volonté.
Mais il ne leur accorde que des rangs et des honneurs,
sans aucune exemption des charges et des devoirs de la
société.

72. La légion d'honneur est maintenue, le Roi en
détermine les réglemens intérieurs et la décoration.

73. Les colonies sont régies par des lois et des réglemens particuliers.

74. Le Roi et ses successeurs jurent, dans la solen-
nité de leur sacre, d'observer fidèlement la présente
charte constitutionnelle.

Donné à Paris, l'an de grâce 1814, et le dix-neuvième
de notre règne.　　　　　　　Signé, *Louis.*

Crimes et délits contre la charte.

Art. 1er. Lorsque par attroupement, voies de fait, on
a empêché un ou plusieurs citoyens d'exercer leurs

26.

droits civiques, chacun des coupables est puni d'un emprisonnement de six mois à deux ans, et de l'interdiction du droit de voter, et d'être éligible pendant cinq à dix ans. *Code pénal*, *art.* 109.

2. Si le crime a été commis par suite d'un plan concerté pour être exécuté dans tout le royaume, ou dans un ou plusieurs départemens, ou arrondissemens communaux, la peine est le bannissement. *Idem*, *art.* 110.

3. Celui qui, étant chargé du dépouillement d'un scrutin est surpris falsifiant les billets, ou en en soustrayant de la masse, ou en y ajoutant, ou inscrivant sur les billets des votans, d'autres noms que ceux qui ont été déclarés, est puni du carcan. *Idem*, *art.* 111.

Toute autre personne coupable du même fait est punie d'un emprisonnement de six mois à deux ans, et de l'interdiction du droit de voter, et d'être éligible pendant cinq à dix ans. *Idem*, *art.* 112.

4. Tout citoyen qui, dans les élections, achète ou vend un suffrage à un prix quelconque est puni d'interdiction des droits de citoyen, et de toute fonction ou emploi public pendant cinq à dix ans. L'acheteur et le vendeur du suffrage sont en outre condamnés à une amende du double de la valeur des choses reçues ou promises. *Idem*, *art.* 113.

5. Tout fonctionnaire public, agent ou préposé du gouvernement, qui a ordonné ou fait quelqu'acte arbitraire et attentatoire à la liberté individuelle ou aux droits civiques d'un ou plusieurs citoyens, ou contraire à la charte, est condamné à la dégradation civique.

Si néanmoins il prouve qu'il a agi par ordre de ses supérieurs pour des objets de leur ressort, et sur lesquels il leur était dû obéissance hiérarchique, il est exempt de la peine, laquelle, dans ce cas, est appliquée aux supérieurs qui ont donné l'ordre.

Idem, *art.* 114.

6. Si c'est un ministre qui a ordonné ou fait les actes mentionnés en l'article précédent, il est puni du bannissement. *Idem, art.* 115.

7. Si le ministre prévenu d'un acte contraire à la charte, prétend que la signature à lui imputée lui a été surprise, il est tenu, en faisant casser l'acte, de dénoncer celui qu'il a déclaré auteur de la surprise, sinon le ministre est poursuivi personnellement. *Idem, art.* 116.

8. Les dommages-intérêts résultant des crimes mentionnés en l'article 5 ci-dessus, sont demandés, soit sur la poursuite criminelle, soit par la voie civile, et sont réglés eu égard aux personnes, aux circonstances, et au préjudice souffert, sans qu'en aucun cas, ils puissent être au-dessous de 25 fr. pour chaque jour de détention illégale et arbitraire ; et pour chaque individu. *Idem, art.* 117.

9. S'il y a eu fausse signature du nom du ministre ou d'un fonctionnaire public, les auteurs des faux et ceux qui en ont fait sciemment usage, sont punis des travaux forcés à tems, dont le *maximun* (vingt ans), est toujours appliqué dans ce cas. *Idem, art.* 118.

CHARTE-PARTIE. Voir *Commerce*, §. II. Elle est soumise au timbre. Voir *Timbre*.

CHARTE-PRIVÉE ; Détention illégale. Voir *Arrestations*.

CHASSE. (Voir *Idem*, au tome IV.)

Art. 1er. Défenses de chasser sur le terrain d'autrui sans son consentement, à peine de 20 fr. d'amende envers la commune du lieu, et 10 fr. envers le propriétaire du terrain, et aussi de tous dommages-intérêts, s'il y a lieu.

L'amende est de 30 fr., et 15 fr., si le terrain est clos de murs ou de haies ; et de 40 fr. et 20 fr., si le terrain clos tient immédiatement à une habitation, sans pré-

judice des peines contre la violation de clôture. Voir
Clôture.

Les peines ci-dessus sont doublées en cas de récidive,
triplées, à la troisième fois, et ainsi de suite ; le tout
dans le courant de la même année seulement.

Loi du 3o *avril* 1790, *art.* 1, 2 et 3.

2. Faute de payement de l'amende, le contrevenant
est contraint par corps, détenu vingt-quatre heures la
première fois, huit jours la deuxième fois, trois mois
les suivantes ; les armes sont confisquées, sans néanmoins
que les gardes puissent désarmer les chasseurs. *Idem,
art.* 4 *et* 5.

3. Les pères et mères sont responsables des délits de
leurs enfans mineurs non-mariés, et domiciliés avec
eux ; mais ne sont point contraignables par corps.
Idem, art. 6.

4. Les rapports des gardes-champêtres et forestiers
font foi. *Idem, art.* 10. Voir *Gardes-champêtres.* Il peut
être suppléé au rapport des gardes par la déposition de
deux témoins.

5. Toute action pour délit de chasse est prescrite un
mois après le jour du délit. *Idem, art.* 12.

6. Tout propriétaire ou possesseur peut chasser en
tout tems, dans ses lacs et étangs, et dans ses possessions
closes de murs ou de haies. Il peut aussi chasser dans
ses bois et forêts, mais sans chiens ; il peut détruire le
gibier dans ses récoltes non closes, en se servant de filets
et autres engins, et en repousser avec des armes à feu
les bêtes fauves. *Idem, art.* 13, 14 *et* 15.

7. La chasse est défendue dans les forêts royales ;
elle est autorisée pour les animaux nuisibles. Voir *Bois
et forêts, art.* 78 et 79.

8. Tout chasseur masqué pris sur le fait, est arrêté,
sans aucune réquisition de l'officier civil. Voir *Police
rurale.*

9. L'époque de l'ouverture et de la clôture de la chasse est déterminée par le préfet dans chaque département. *Loi précitée*, art. 2.

10. Dans le département de la Seine, le préfet de police fixe tous les ans ces époques, dans le ressort de sa préfecture.

La chasse est ordinairement ouverte dans les premiers jours de septembre, et fermée le 1er. mars.

11. Nul ne peut chasser sans permis de *port d'armes pour la chasse*. (Voir au tome IV, *Chasse*, nos. 1 et 2.) Il n'en est délivré qu'aux propriétaires ou fermiers de soixante hectares au moins de terre (environ 120 arpens ancienne mesure), ou aux porteurs d'une permission desdits propriétaires ou fermiers; ceux-ci justifient de l'étendue de la propriété par un certificat du maire de la commune où les biens sont situés. Les permissions accordées par les propriétaires indiquent également l'étendue de la propriété, et sont visées par le maire. *Ordonnance du préfet de police, du 12 août 1807.*

Le requérant d'un port d'armes pour la chasse se présente chez le commissaire de police de son domicile, qui lui délivre, sur l'attestation de deux témoins, un certificat constatant sa moralité, et qu'il est incapable de faire un mauvais usage de ses armes.

12. L'administration de l'enregistrement est chargée de fournir les permis de port d'armes de chasse, conformes au modèle arrêté par le gouvernement. Ils sont uniformes et timbrés à Paris pour toute la France. Ils sont à talon et à souche, et reliés en registre. *Décret du 11 juillet 1810, art. 1, 2 et 3.*

13. L'administration de l'enregistrement adresse à son directeur dans chaque département, des registres et permis de port d'armes de chasse. *Idem*, art. 10. Le prix en est payé au receveur de l'enregistrement du chef lieu du département. *Idem*, art. 11.

Ils ne sont valables que pour un an, du jour de leur délivrance. *Idem, art.* 12.

14. Le prix des permis de port d'armes qui était fixé à 30 fr. y compris les frais de papier timbré et d'expédition, par l'article 13 du décret précité du 11 juillet 1810, est réduit à 15 fr. *Loi du 28 avril 1816, art.* 77. Ce droit est payé indistinctement par tous ceux qui sont dans le cas de se pourvoir de ces permis. *Ordonnance du Roi, du 17 juillet 1816, art.* 1er.

15. Quiconque étant trouvé chassant, ne justifie pas d'un permis de port d'armes délivré dans la forme ci-dessus, est traduit au tribunal de police correctionnelle et puni d'une amende de 30 à 60 fr., et en cas de récidive, de 61 à 200 fr., même, s'il y a lieu, d'un emprisonnement de 6 jours à un mois. *Décret du 4 mai 1812, art.* 1 *et* 2.

16. Dans tous les cas, il y a lieu à la confiscation des armes, et si elles n'ont pas été saisies, le délinquant est condamné à les rapporter au greffe, ou à en payer la valeur, suivant la fixation faite par le jugement, sans que cette fixation puisse être au-dessous de 50 fr. *Idem, art.* 3.

17. Le port d'armes ne donne pas le droit de chasse; ceux qui en sont porteurs ne peuvent chasser hors du canton où sont leurs biens, ou les biens des propriétaires qui ont donné permission de chasser. *Ordonnance du préfet de police, du 15 fructidor an XIII.* (2 *septembre* 1805.)

18. Le permis de port d'armes est représenté aux employés des barrières, et à toute réquisition des gendarmes, des gardes-champêtres et forestiers, et autres agens de l'autorité publique. *Idem précitée, du 12 août* 1807.

19. Défenses de chasser après la fermeture de la chasse et dans les vignes, avant que les vendanges

soient terminées, et même le long des rivières, sous prétexte de tirer des hirondelles; le tout à peine de 20 fr. d'amende. *Loi précitée, du 30 avril* 1790. *Ordonnance précitée, du 12 août* 1807.

20. Les délits de chasse ne peuvent être poursuivis pendant le tems de la chasse, qu'à la requête des propriétaires. Pendant la prohibition, ils peuvent être poursuivis à la requête du ministère public. *Arrêt de la cour de cassation, du* 12 *février* 1808.

21. Défenses expresses de tirer sur les boulevards de Paris, dans les champs-élysées, et autres promenades publiques, et sur les grandes routes. *Même ordonnance.*

Les armes des contrevenans sont saisies et envoyées à la préfecture de police, avec le procès-verbal de contravention. *Décision du préfet de police, du* 25 *frimaire an XIV.* (16 *décembre* 1805.)

22. Les battues ou traques, les chiens courans, les levriers, les filets, les tirasses, les lacets, les panneaux, les piéges de toute espèce, et tout ce qui tend à détruire le gibier, par d'autres moyens que le fusil, est défendu, à peine de 30 fr. d'amende. *Ordonnance des eaux et forêts, titre XXX, art.* 12. *Ordonnance du préfet de police, du* 25 *août* 1805, sauf toutefois les exceptions portées en l'article 6 ci-dessus.

23. Défenses expresses de chasser dans les forêts, bois, enclos, remises et terrains réservés exclusivement pour les chasses du Roi, sans une permission expresse du grand veneur de la couronne, signée de lui, enregistrée au secrétariat de la vennerie, et visée par le conservateur, dans l'arrondissement duquel la permission est accordée. *Ordonnance précitée, du* 12 *août* 1807.

24. Pareilles défenses de lancer ou poursuivre les bêtes destinées aux plaisirs du Roi, qui pourraient s'échapper des domaines royaux, et se trouver dans des

terrains particuliers. Les dégats qu'elles peuvent y occasionner sont payés, après qu'ils sont constatés. *Id.*

25. Tout braconnier porteur de tirasses, lacets, panneaux ou autres piéges, est arrêté et conduit à la préfecture de police. *Idem.*

26. Tout gendarme, garde-champêtre ou forestier, qui constate des contraventions aux lois et réglemens sur la chasse, reçoit une gratification de 5 fr. *Ordonnance du Roi, du 17 juillet 1816, art. 2.*

Délits pour fait de chasse commis par des militaires. Voir *Police militaire, art. 2.*

Voir aussi *Bois et foréts, art. 78. Garennes.*

CHASSE-MARÉE. Voir *Marée.*

CHASSE-ROUE. Voir *Bornes.*

CHASSIS A VERRE, sédentaires ou mobiles.

Il faut une permission de la petite voirie, pour en établir en saillie à l'extérieur. Voir *Voirie - tarif des droits de petite-voirie.*

CHATEAUX, PALAIS et MAISONS ROYALES. Voir *Maisons royales.*

CHAUDRONNIERS.

Art. 1er. Défenses aux chaudronniers de vendre des marchandises vieilles pour neuves. *Déclaration du 4 octobre 1735, art. 10*; à peine de trois mois à un an d'emprisonnement, et d'une amende de 50 fr. au moins, et au plus du quart des restitutions et dommages-intérêts. Les objets du délit ou leur valeur, s'ils appartiennent encore au vendeur, sont confisqués. *Code pénal, art. 423.*

2. Les garnitures des coquemarts et autres pièces allant au feu, sont en cuivre forgé et non en cuivre fondu, à peine de 30 fr. d'amende *Déclaration précitée, art. 12.*

3. Défenses d'employer pour les pièces qui vont au

feu, de la soudure blanche ou d'étain, au lieu de soudure forte, à peine de 100 fr. d'amende. *Idem, art.* 13.

4. Défenses d'employer du plomb dans aucun ouvrage de chaudronnerie, à peine de 500 fr. d'amende. *Idem, art.* 14.

5. Défenses de donner à leurs apprentis ou compagnons ce qui provient du regratage des ouvrages à étamer, à peine de 50 fr. d'amende. Il ne doit être enlevé dans ledit regratage, que le moins de cuivre possible, pour que la pièce soit bien étamée. *Idem, art.* 17.

Voir aussi *Cuivre.*

Heures de travail des chaudronniers. Voir *Maréchal ferrant.*

CHAUME (Couvertures de bâtimens en). Voir *Bâtimens, art.* 13.

CHAUSSÉE D'UNE RUE.

Les habitans sont tenus de la balayer jusqu'à la moitié, chacun de leur côté. Voir *Nettoiement, chap. III.*

CHAUSSÉES. Voir *Digues.*

CHAUX. Voir *Bois et Forêts, art.* 64.

Fours à chaux. Il faut une permission pour en établir. Voir *Ateliers.*

CHEMINÉES.

Leur construction. Voir *Bâtimens,* §. III.

Ramonage des cheminées.

Les cheminées doivent être ramonées, aux frais de ceux qui occupent les lieux, savoir : celles des appartemens, quatre fois par an ; celles des fours, des fondoirs, des cuisines, notamment celles des rôtisseurs, traiteurs, et autres établissemens où l'on emploie journellement du combustible, une fois par mois. *Ordonn. de police du* 15 *novembre* 1781; *art.* 3, *du* 28 *octobre* 1815, *art.* 2, *et* 21 *décembre* 1819, *art.* 2. Le tout à peine de l'amende de police de 1 fr. à 5 francs. *Code pénal, art.* 471. Voir *Délits, art.* 29; §. Ier.

Chaque année, avant l'hiver, la police ordonne le ramonage des cheminées comme ci-dessus, à peine par les propriétaires ou locataires, d'être responsables des dommages et intérêts, lorsque le feu prend par leur négligence.

Il est payé au moins 3 fr. à un ramoneur qui monte dans une cheminée incendiée.

Défenses expresses de faire usage de feu pour nettoyer les cheminées et les tuyaux de poêle. *Ordonnance pré-citée du 21 décembre 1819, art. 3.*

Voir aussi *Incendie, Ramoneurs.* (Voir aussi, au tome IV, *Incendie, n°. 1.*)

CHEMINS.

Vols commis dans les chemins publics. Voir *Vol, article 5.*

Dégradation des chemins publics. Voir *Police rurale. Voirie.*

Chemins impraticables. Voir *Idem.*

Chemins de hallage. Voir *Navigation.*

Dégradation des chemins de hallage. Voir *Voirie.*

Arbres plantés sur les chemins publics. Voir *Arbres.*

CHÊNES. Voir *Arbres.*

CHENILLES, ou ÉCHENILLAGE DES ARBRES. (Voir aussi *Chenilles*, au tome IV.)

Art. 1er. Les propriétaires, fermiers ou locataires de terrains ou héritages, font écheniller tous les ans, avant le 1er. mars, leurs arbres, haies et buissons. Les toiles et bourses provenant de l'échenillage sont brûlées sur-le-champ dans un endroit isolé ; le tout à peine de l'amende de police de 1 à 5 fr. *Loi du 26 ventôse an IV* (*16 mars 1796*), *art* 1 *et* 2. *Code pénal, art.* 471. Voir *Délits, art.* 29, §. 8.

2. Chaque année, dans la dernière quinzaine de février, les commissaires de police, dans les lieux où il y en a, et ailleurs les maires et adjoints, visitent tous

les terrains garnis d'arbres, arbustes, haies ou buissons, pour s'assurer si l'échenillage a été fait ; ils en rendent compte à l'autorité supérieure administrative. *Idem, art. 4 et 5.*

3. En cas de négligence de la part des propriétaires, fermiers ou locataires, ils leur font sommation d'y pourvoir dans un délai donné, après lequel l'échenillage est fait d'office et à leurs frais, à la diligence du ministère public ; il est dressé du tout procès-verbal, et le tribunal de police statue sur le remboursement des dépenses et sur l'amende encourue. *Idem, art. 7.*

4. La loi précitée est publiée chaque année dans chaque commune avant le 1er. février. *Idem, art. 8.*

Ordonnances successives du préfet de police, publiées chaque année.

CHEVAL ou VOITURE.

Peines contre ceux qui entrent à cheval ou en voiture dans un champ ensemencé. Voir *police rurale. Délits, art. 30, §. 10.*

Peines contre ceux qui occasionnent des accidens par la rapidité de leurs chevaux ou voitures. Voir *Blessures.*

CHEVAUX. (Voir *idem*, au tome IV.)

1°. *Vente et essai des chevaux.*

2°. *Chevaux attaqués de la morve.*

3°. *Fourrière des chevaux.*

§. Ier. *Vente et essai des chevaux.*

Art. 1er. Le marché aux chevaux tient à Paris le mercredi et le samedi, depuis deux heures après midi jusqu'à cinq heures, du 1er. octobre au 31 mars, et jusqu'à sept heures du soir, du 1er. avril au 30 septembre, sur l'emplacement à ce destiné, entre la rue du Marché aux Chevaux et le boulevard de l'Hôpital. Si le jour de marché se trouve un jour de fête, il tient la veille. *Ordonnance du préfet de police du 3 décembre* 1816*, art.* 1 *et* 2.

2. Défense de vendre des chevaux sur le marché avant son ouverture; il doit être évacué aussitôt la fermeture. *Idem , art.* 3.

3. Défenses de laisser des chevaux sur le marché sans être attachés ou tenus, et d'en attacher aux barrières et aux arbres. *Idem , art.* 4.

4. La vente des chevaux à l'encan ne peut être faite que sur le terrain à ce affecté. *Idem , art.* 5.

5. Les jours de marché, on ne peut attacher ni faire stationner aucun cheval dans les rues adjacentes au marché. *Idem , art.* 6.

6. Aucunes voitures n'entrent ni ne stationnent dans le marché ; elles sont rangées sur le boulevard de l'Hôpital, dans la rue de la Muette et dans la rue de la Cendre; celles destinées à être vendues avec les chevaux, sont placées sur le boulevard, dans la demi-lune qui est devant le marché. *Idem , art.* 6 *et* 7.

7. Les chevaux de trait ne peuvent être essayés que dans la rue dite *de l'essai*, et les chevaux de selle sur la chaussée du marché. *Idem , art.* 8.

8. On ne fait courir aucuns chevaux dans les contre-allées du marché, ni dans les rues adjacentes. L'essai des chevaux n'est confié qu'à des personnes capables de les conduire; l'essayeur ne peut conduire que deux chevaux à la fois, y compris celui qu'il monte. *Id. , art.* 9.

9. Défenses d'essayer ou exercer des chevaux dans les rues de Paris et autres lieux à ce non affectés; sous les peines de simple police, sans préjudice des indemnités, dommages et intérêts, en cas d'accident. *Ordonnance de police du* 21 *décembre* 1787*, art.* 8. *Idem, du préfet de police du* 1er. *juin* 1816. *Code pénal, art.* 475, §. IV, *et art.* 476. (Voir aussi, au tome IV, *Chevaux*, n°. 1.)

10. Défenses de faire sauter des chevaux par-dessus les barrières du marché; les chevaux vendus comme sauteurs sont essayés dans un endroit indiqué par la police. *Ordonn. précitée du préfet du 3 décembre 1816, art. 10.*

11. Défenses d'aller au-devant des chevaux destinés au marché, de les acheter avant qu'ils y soient arrivés. Les conducteurs doivent amener les chevaux directement au marché, à peine de fourrière. *Ordonn. du Roi du 3 juillet 1763, art. 10.*

12. Les vendeurs doivent prévenir les acheteurs des défauts ou maladies des chevaux, et en faire déclaration au bureau du commissaire de police du marché; à peine de restitution du prix du cheval, avec tous les frais, sur la réclamation de l'acheteur dans la huitaine de la garantie, et sur le rapport des experts qui ont visité les chevaux. *Idem, art. 5.*

Les cas redhibitoires pour les chevaux, sont la morve, la pousse, la courbature, le cornage, le sifflage.

13. Si le vendeur et l'acheteur conviennent de déposer le prix d'un cheval vendu, le dépôt en est fait au bureau du commissaire de police du marché, et signé d'eux; s'ils ne savent écrire, il en est fait mention. Le registre énonce dans quelles espèces est fait le dépôt, les noms, professions et demeures du vendeur et de l'acheteur, le signalement du cheval, et les conditions de la vente. Après le délai de la garantie, d'usage ou convenu, le dépôt est remis en mêmes espèces et sans frais au vendeur, ou ayant droit, s'il n'y a pas d'opposition. *Ordonnance précitée du préfet, art. 11, 12 et 13.*

14. Il y a au marché un expert vétérinaire, nommé par le préfet de police, pour faire toute visite de chevaux.

15. Défenses aux écarisseurs de faire le commerce de chevaux; ils peuvent seulement acheter ceux hors

de service par maladie, vieillesse ou accident; lesdits chevaux n'entrent point dans l'intérieur du marché; ils sont exposés en vente dans un endroit particulier indiqué à cet effet. *Ordonnance du Roi précitée, art. 7.*

16. Les voitures et chevaux des contrevenans aux dispositions des quinze articles ci-dessus, peuvent être mis et gardés en fourrière, jusqu'à ce que les propriétaires se fassent connaître légalement; remise leur en est faite, en payant les frais de fourrière, sans préjudice des poursuites judiciaires, suivant la nature du délit.

17. Défenses à toutes personnes de placer des tables pour donner à boire et à manger dans l'enceinte et aux abords du marché aux chevaux, sous les peines de simple police comme embarrassant la voie publique; et enlèvement des tables à leurs frais en cas de refus de leur part. *Arrêté de police du 7 fructidor an IV* (24 août 1796). *Code pénal, art. 471, §. IV.*

§. II. *Chevaux attaqués de la morve.*

Voir, au tome IV, *Chevaux*, nº. 3.

18. Défenses d'amener au marché et d'exposer en vente des chevaux attaqués de la morve ou autres maladies contagieuses, à peine de 500 francs d'amende. *Arrêt du conseil du 16 juillet 1784, art. 7. Ordonnance précitée du préfet, art. 14.*

19. L'inspecteur du marché fait conduire les chevaux soupçonnés desdites maladies devant l'expert vétérinaire, qui les examine sur-le-champ; sur son rapport le commissaire de police ordonne les mesures d'urgence, et en rend compte au préfet.

Les chevaux susceptibles de guérison peuvent être remis aux propriétaires, à la charge par eux de les représenter à toute réquisition. Ceux reconnus incurables sont, d'après une ordonnance du préfet de police, remis à l'écarisseur pour être abattus; les propriétaires peuvent néanmoins en requérir la visite contradictoire ; dans ce cas, les chevaux sont placés dans des endroits particuliers à ce destinés, et les frais de fourrière sont à la charge des propriétaires ; en cas de partage d'avis, le préfet de police nomme un tiers expert. *Ordonnance précitée du préfet de police, art. 15 à 18.*

20. Il est fait ouverture des chevaux abattus, et dressé procès-verbal du genre et du degré de la maladie.

Les harnois sont brûlés ou échaudés ; les garnitures en métal et les fers du cheval sont remis au propriétaire. *Idem, art. 19. Arrêt précité du 16 juillet 1784, art. 5 et 6.*

21. Toute personne qui a dans ses écuries des chevaux morveux doit en faire sa déclaration à l'officier de police, pour, lesdits chevaux, être visités par des experts vétérinaires, à peine de 500 fr. d'amende. *Arrêt précité, art. 1er.* Voir aussi *Bestiaux malades*, §. IV.

22. Les experts nommés par les officiers de police font des visites dans les écuries des aubergistes, maîtres de poste, entrepreneurs de messageries et de roulage ; même chez les particuliers d'après des dénonciations, en se faisant autoriser par le magistrat de police, et assister d'un officier public, sans qu'on puisse refuser lesdites visites. *Idem, art. 3.*

23. Défenses à toutes personnes de traiter aucun cheval attaqué de la morve, sans en avoir fait leur déclaration, pour, ledit cheval, être marqué sur le front d'un cachet de cire verte, portant *animal suspect*, et être conduit et renfermé dans un lieu isolé, sans qu'il puisse communiquer avec d'autres animaux: ni paître en commun ; le tout sous les peines portées en l'article 21 ci-dessus. *Idem, art. 4.*

24. Les chevaux reconnus morveux sont de suite abattus et enterrés dans des fosses de trois mètres de profondeur, loin de toute habitation, et les peaux sont

tailladées ; les écuries où ils ont séjourné sont désinfectées; le tout sous la même peine de 500 fr. d'amende. *Idem*, *art.* 5 *et* 6. Voir *Bestiaux malades*, *art.* 17.

25. Défenses, sous les mêmes peines, aux aubergistes et autres de recevoir dans leurs écuries aucuns chevaux morveux, sans en faire leur déclaration. *Arrêt précité*, *art.* 7.

26. Les écarisseurs, pour l'enlèvement et écarissage des chevaux morveux, sont commissionnés *ad hoc*, sans qu'aucun autre écarisseur puisse s'y immiscer, à peine de 100 fr. d'amende. *Idem*, *art.* 8.

27. Défenses aux écarisseurs de vendre de la viande de cheval abattu pour cause de morve ou d'autres maladies contagieuses, à peine d'amende et de telle autre peine qu'il appartiendrait. *Idem*, *art.* 9.

28. Les maires sont tenus d'informer de suite le préfet du département des maladies épizootiques qui se manifestent dans leur arrondissement, à peine d'être responsables de tous dommages résultant de leur négligence. *Idem*, *art.* 11. Voir aussi *Bestiaux malades*.

§. III. *Fourrière des chevaux*.

29. Les chevaux, jumens, mules, ânes et bourriques saisis ou abandonnés, sont envoyés à la fourrière de la préfecture de police par l'officier de police qui a connaissance des faits, et en a dressé procès verbal. L'ordre d'envoi contient le signalement de l'animal, des harnois, de la voiture, s'il y en a, et autres objets, le jour et l'heure de l'envoi. *Arrêté du préfet de police du* 17 *mars* 1813. (Voir, au tome IV, *Animaux perdus*.)

30. Les animaux déposés en fourrière sont visités, dans les vingt-quatre heures, par le commissaire de police du quartier de la fourrière, assisté, au besoin, de l'expert vétérinaire de la préfecture de police. *Idem*, *art.* 5. Il s'assure si les animaux sont nourris et soignés

convenablement, et veille à ce que les harnois et autres objets déposés ne puissent se détériorer. *Idem*, art. 7.

31. Les animaux et autres objets déposés ne sont rendus au propriétaire que sur l'autorisation du commissaire de police qui les a consignés, ou du préfet de police. Les frais de garde et nourriture sont préalablement acquittés par le propriétaire. *Idem*, art. 9.

32. En cas de non réclamation, ils sont vendus à l'enchère sur un marché, de l'ordre du préfet de police; le produit de la vente, tous frais déduits, est versé à la caisse de la préfecture de police, à la conservation des droits de qui il appartiendra. La vente est provoquée par le commissaire de police du quartier de la fourrière, pour prévenir le dépérissement, et éviter que les frais de garde et nourriture excèdent la valeur des objets déposés. *Idem*, art. 10.

33. La ration des animaux, pour vingt-quatre heures de séjour, est :

Pour un cheval, douze litres d'avoine; une botte de foin, deux bottes de paille.

Pour un mulet, dix litres d'avoine, une botte de foin, une botte de paille.

Pour un âne, une demi-botte de luzerne; une botte de paille, dix litres de son.

Pour un bœuf ou une vache, douze litres de son, une botte de luzerne.

Pour une chèvre ou mouton, six litres de son; une demi-botte de luzerne.

Pour un porc, cinq décalitres de son.

Idem, art. 3.

34. Il est payé pour frais de fourrière, par jour, pour les fournitures ci-dessus, savoir :

Pour un cheval...................... 2 fr. 50 c.

—— un mulet..................... 2   00

—— un âne 1   50

Pour un bœuf ou une vache........   1 fr. 25 c.
—— une chèvre ou un mouton ...   0   60
—— un porc..................   2   00
—— la garde d'une voiture.......   0   25
Idem , art. 12.

35. Les gardiens de fourrière sont responsables par corps, comme dépositaires de justice, des animaux et autres objets à eux déposés. *Code civil*, *art.* 206.

Voir aussi *Frais de justice*, §. IV.

Chevaux abandonnés ou perdus. Voir *Animaux abandonnés ou perdus*.

Chevaux circulant dans Paris. Voir *Voitures et Chevaux*.

Chevaux conduits aux abreuvoirs. Voir *Abreuvoirs*.

Chevaux des militaires. Défenses d'en acheter. Voir *Brocanteurs*.

Chevaux de labour (vol de). Voir *Police rurale. Vol.*

Chevaux qui causent des dégâts dans les propriétés. Voir *Police rurale*.

Chevaux et autres bêtes de monture, de voiture ou de charge. Peines contre ceux qui les empoisonnent ou les tuent. Voir *Destructions*.

CHEVREAUX (marché aux). Voir *Volaille*.

CHÈVRES. Comment on les mène aux champs ; dégâts causés par des chèvres. Voir *Police rurale*.

CHIENS. (Voir *idem*, au tome IV.)

Art. 1er. Défenses de laisser vaguer ou errer des chiens sur la voie publique, sans les accompagner, les tenir en lesse, ou sans qu'ils soient muselés ; de les agacer et faire battre contre d'autres chiens, de les faire courir devant les voitures, de les placer en garde sous les charrettes sans y être attachés. *Sentence de police du 20 avril 1725. Ordonnances de police des 21 mai 1784, 25 mai 1808, et 29 juillet 1814.* Le tout sous peine de l'amende de police de 6 à 10 fr., quand même il n'en serait résulté aucun mal ni dommage. *Code pénal, art.* 475, §. VII; et aussi d'être responsables de tous accidens.

2. Les chiens trouvés la nuit dans les rues sans maître, sont abattus par des préposés de la police, et non par aucune autre personne. Défenses de s'opposer à l'abattage desdits chiens, sous telles peines qu'il appartiendra. *Ordonnances précitées.*

3. Lorsqu'on est instruit qu'il existe un chien enragé, il doit être tué sur-le-champ. L'officier de police du quartier doit y veiller et faire procéder d'office, en cas de refus, à l'abattage du chien, et de tous ceux qu'il pourrait avoir mordus.

Si un chien présumé enragé a mordu quelqu'un ou quelqu'animal, il doit être renfermé et gardé à vue, pour s'assurer s'il est enragé ou non. S'il meurt, on peut s'assurer s'il était enragé, en lui frottant la gueule avec un morceau de viande, et en présentant cette viande à un autre chien; s'il la refuse, s'en détourne même en hurlant, c'est une preuve que le chien mort était enragé.

4. Les personnes mordues par un chien soupçonné d'être enragé, doivent recourir dans les vingt-quatre heures à un médecin ou à un chirurgien. Une expérience qui n'a été démentie par aucun fait authentique, a prouvé que la cautérisation profonde des morsures, faite au plutôt avec un fer chauffé à blanc, est un moyen certain de prévenir le développement de la rage. On trouve dans les hôpitaux, à toute heure de jour et de nuit, les secours que ces sortes d'accidens exigent, et l'on ne doit compter sur aucun autre secours, quelque confiance que l'intérêt particulier ou la crédulité leur ait acquise. *Avis du préfet de police du 23 février 1810, imprimé et affiché.*

5. Tout propriétaire d'un chien qui a mordu quel-

qu'un, est tenu des dommages et intérêts envers la personne blessée. *Arrêt du parlement de Paris*, du 18 *juillet* 1688. *Code civil, art.* 1382 *à* 1384.

6. Dans le cas de morsures ou dégats commis par un chien, si le chien divaguait dans les rues, il y a peine de police municipale, aux termes de l'article 1er. ci-dessus. Si la morsure ou le dommage a eu lieu dans l'intérieur d'une maison, il n'y a pas divagation ; alors il n'y a lieu qu'à une action purement civile. *Ainsi jugé par la cour de cassation.*

7. Les chiens de garde doivent être enchaînés pendant le jour, et n'être mis en liberté dans l'intérieur des lieux qu'ils gardent, qu'après que tout le monde est retiré, et que personne ne doit plus entrer ni passer dans lesdits lieux.

Peines contre ceux qui tuent les chiens de garde. Voir *Destructions. Police rurale.*

Chiens attelés à des petites voitures. Voir *Charrettes, art.* 9.

CHIFONNIERS.

Art. 1er. Il est défendu aux chiffonniers de vaguer dans les rues, pendant la nuit, et de ramasser des chiffons avant le jour, sous peine d'amende. *Ordonnance de police, du* 26 *juillet* 1777.

2. Ils ne peuvent avoir plus d'un chien avec eux ; ils doivent le renfermer pendant la nuit, de manière que personne n'en soit incommodé.

3. Défenses aux chiffonniers, écorcheurs de chiens et d'autres animaux, de fondre dans leur maison, aucune graisse desdits animaux ; ladite fonte doit être faite hors de la ville, dans des endroits isolés, de manière à ce que l'odeur n'incommode personne. Voir *Ateliers, art.* 15.

CHIFFONS. Voir *Papeteries.* Voir aussi *Hardes.*

CHIMISTES ou ALCHIMISTES. Voir *Alchimistes.*

CHIOURMES. Voir *Forçats*.

CHIRURGIENS. Voir *Médecins. Prescription.*

CIDRE. Voir *Boissons.*

CIMETIÈRES. Voir *Décès.*

CIRIERS. Voir *Bougie.*

CISEAUX DE POCHE. Dans quel cas ils sont réputés armes. Voir *Sûreté de l'État, art.* 26.

CITATION.

Art. 1er. Toute citation est donnée, soit à la requête des procureurs royaux près les tribunaux, lorsqu'il s'agit d'un délit qui intéresse l'ordre public, soit à la requête de la partie lésée. *Loi du 3 brumaire an IV* (25 *octobre* 1795), *art.* 153.

2. La citation est donnée pardevant le juge du domicile du défendeur, en matière personnelle ou mobiliaire; elle est donnée devant le juge de la situation de l'objet litigieux, lorsqu'il s'agit d'actions réelles. *Code de procédure civile, art.* 2 *et* 3.

3. Il doit y avoir au moins vingt-quatre heures d'intervalle entre la citation et le jour indiqué pour la comparution. *Idem, art.* 5.

4. Les juges ne peuvent, sous peine de forfaiture, citer devant eux les administrateurs, pour raison de leurs fonctions. Voir *Conflits.*

Voir aussi *Juge-de-paix. Maires. Police correctionnelle. Cour d'assises.*

CITÉ. (Droits de) Voir *Droits politiques.*

CITERNE.

Art. 1er. A l'instar des puits, et conformément à l'article 191 de la Coutume de Paris, et à l'article 674 du code civil, lorsque l'on construit une citerne contre un mur mitoyen, on doit y faire un contre-mur de 16 centimètres d'épaisseur.

2. Les eaux qui croupissent pendant un long séjour, ou qui répandent de la mauvaise odeur, doivent être

vidées par le propriétaire de la citerne, sinon il y est pourvu à ses frais.

3. Les citernes doivent être fermées, pour prévenir tous accidens, surtout lorsqu'elles sont situées dans les endroits où le public peut passer. Voir *Puits.*

CITOYEN FRANÇAIS. (Comment s'acquiert et se perd le titre de) Voir *Droits civils. Droits politiques.*

CLAMEUR PUBLIQUE. Cri du peuple contre un individu prévenu d'un délit.

En cas de flagrant délit ou de clameur publique, toute personne, sans exception, doit secours à ceux qui sont attaqués dans leur personne ou leurs propriétés. Les coupables sont saisis sur-le-champ, sans qu'il soit besoin de réquisition, et conduits devant l'officier de police. *Loi du 14 octobre 1791, art. 7, de la 3ᵉ. section. Loi du 3 brumaire an IV* (25 octobre 1795), *art.* 101.

Voir *Procédure criminelle. Juges d'instruction.*

Refus de prêter les secours requis dans les cas de clameur publique. Voir *Délits, art.* 30, §. 12.

CLAVEAU DES MOUTONS. Voir *Bestiaux malades.*

CLÉS. (Voir *Idem,* au tome IV)

Art. 1ᵉʳ. Défenses à toute personne d'exposer en vente et débiter aucune clé neuve ou vieille, séparément de sa serrure, à peine de 100 fr. d'amende. *Ordonnance de police, du 8 novembre 1780, art.* 8. Les clés doivent être saisies et confisquées.

2. Défenses aux férailleurs, à tous ouvriers et autres personnes, de travailler, forger, ou limer des clés et des serrures hors des boutiques et ateliers à ce publiquement destinés, à peine de prison. *Idem, art.* 9 *et* 10.

3. Les propriétaires et principaux locataires doivent faire déclaration à l'officier de police de leur quartier, des personnes qui travailleraient auxdits ouvrages, à peine d'amende. *Idem, art.* 9

Voir aussi *Serruriers.*

Fausses clés. Voir *Vol*, *art.* 19 et 20.

CLOAQUE. Voir *Puisard*.

CLOCHES.

Défenses à toutes personnes de faire sonner les cloches dans des momens d'orage, à peine de 10 fr.
d'amende, et de 50 fr. en cas de récidive. *Arrêt du parlement de Paris, du* 29 *juin* 1784. *Autre du parlement
de Toulouse*, *du* 14 *juillet* 1786.

On ne peut, sans une permission de la police locale,
sonner les cloches, que pour les cérémonies du culte.
Loi du 18 *germinal an X,* (8 *avril* 1802) *art.* 48.

CLÔTURE. (Voir *Idem.* au tome IV)

Art. 1er. Le droit de clorre ou de déclorre un héritage, ne peut être contesté à son propriétaire.

Le droit de parcours et le droit simple de vaine
pâture, n'empêchent point les propriétaires de clorre
leurs héritages, et lorsqu'il est clos, il n'est assujetti
ni à l'un ni à l'autre de ces droits. *Loi du* 6 *octobre*
1791, *titre I*^{er}. *section IV*, *art.* 4 *et* 5. Voir *Propriété*,
art. 6.

2. L'héritage est réputé clos, lorsqu'il est entouré
de murs, ou de haies, ou de fossés de 13 centimètres de
large, sur 6 de profondeur. *Idem*, *art.* 6.

3. La clôture affranchit du droit de vaine pâture,
réciproque ou entre particuliers, si ce droit n'est pas
fondé sur un titre ; au cas contraire, il est rachetable
à dire d'expert. Toute loi et usage contraire sont abolis.
Idem, *art.* 9 *et* 8.

4. Le droit de clorre son héritage a lieu également
pour les prairies devenues par l'usage sans titre, communes à tous les habitans. *Idem, art.* 11.

Voir aussi *Propriété. Mur mitoyen.*

5. Toutes les fois qu'il existe un terrain ou bâtiment
sans clôture, et qui peut servir de retraite aux mal-
veillans, le magistrat de police a le droit de contraindre

le propriétaire à le clorre, et en cas de refus, de le faire faire à ses frais. L'exécutoire des frais est délivré par le tribunal de police, sur le vû des procès-verbaux de sommation et autres subséquens. *Loi du* 18 *nivose an XIII*, (8 *janvier* 1805).

Dégradation de clôture. Voir *Police rurale*.

Peines contre ceux qui violent ou détruisent les clôtures. Voir *Destructions*.

Clôture pour bâtir. Voir *Barrières*.

CLUBS. Voir *Associations*.

COALITION. Voir *Attroupement. Ouvriers. Police rurale.*

COALITION DES FONCTIONNAIRES PUBLICS.

Art. 1er. Tout concert de mesures contraires aux lois, pratiqué par la réunion d'individus ou de corps dépositaires de quelque partie de l'autorité publique, ou par députation ou correspondance entre eux, est puni, contre chaque coupable, d'un emprisonnement de 2 à 6 mois, avec interdiction des droits civiques et de tout emploi public pendant 10 ans au plus. *Code pénal, art.* 123.

2. Si par l'un des moyens ci-dessus, il a été concerté des mesures contre l'exécution des lois ou contre les ordres du Gouvernement, la peine est le bannissement.

Si ce concert a eu lieu entre les autorités civiles et les corps militaires ou leurs chefs, les auteurs ou provocateurs sont punis de la déportation ; les autres coupables sont bannis.

Idem, art. 124.

3. Si le concert a eu pour objet ou résultat un complot attentatoire à la sûreté intérieure de l'Etat, les coupables sont punis de mort. *Idem, art.* 125. Voir *Sûreté de l'État.*

4. Sont coupables de forfaiture et punis de la dégradation civique, les fonctionnaires publics qui, par

délibération, ont arrêté de donner des démissions, à l'effet d'empêcher ou suspendre l'administration de la justice, ou l'accomplissement d'un service quelconque. *Idem, art.* 126.

COCARDE.

La cocarde blanche est la seule légale en France.

Voir aussi *Sûreté de l'État*.

COCHERS. Voir *Carrosses. Domestiques*.

COCHES *et* AUTRES VOITURES D'EAU. Voir *Bacs. Voitures publiques*.

COCHONS DE LAIT (Marché aux). Voir *Volaille*.

COCONS DE SOIE.

Art. 1er. La sortie des cocons de soie hors de France est prohibée. *Loi sur les douanes, du* 30 *avril* 1806, *art.* 10.

2. Dans le myriamètre des frontières (2 lieues anciennes), il ne peut en être enlevé des maisons des propriétaires, qu'après déclaration au bureau des douanes le plus voisin, qui délivre un passavant à la destination d'une filature autorisée ou située dans l'intérieur. *Idem, art.* 11.

3. Les propriétaires de filatures ou moulins autorisés dans le myriamètre des frontières, doivent, quinze jours avant la récolte des cocons, faire au bureau des douanes le plus voisin, la déclaration du nombre de bassins qu'ils se proposent de mettre en activité, et de la quantité de cocons qui leur sera nécessaire, à raison de trois myriagrammes par bassin. *Idem, art.* 12.

4. Lesdits fabricans tiennent registre de la quantité de cocons qu'ils reçoivent, et des produits de la filature. Ils représentent, à toute réquisition des préposés des douanes, leurs registres, les cocons en nature, et la soie à raison de trois quarts de livre décimale par myriagramme de cocons; ou bien ils justifient par des décla-

rations faites dans les bureaux, de l'expédition de la soie pour l'intérieur. *Idem , art.* 13.

5. Les cocons que les fabricans n'ont point enregistrés; ceux excédant les quantités qu'ils auraient pu recevoir, suivant les proportions ci-dessus; la valeur de ceux qu'ils ont reçus et qu'ils ne représentent pas en nature ou en produits de filature; enfin les cocons ou leurs produits transportés sans expéditions, sont confisqués, avec 500 fr. d'amende. *Idem, art.* 14.

COIFFEURS (Maîtres et garçons). Voir *Ouvriers*.

COLLE-FORTE (Fabrique de). Voir *Ateliers*.

COLLE DE PARCHEMIN *et* D'AMIDON (Fabrique de). Voir *Idem*.

COLLÉGES. Voir *Instruction publiques. Dons et legs.*

COLLÉGES ÉLECTORAUX. Voir *Charte, art.* 41.

La police d'un collége électoral assemblé appartient au président ou au vice-président. Nulle force armée ne peut, sans qu'il l'ait demandé, être placée près du lieu des séances. Les commandans militaires sont tenus d'obtempérer à toute réquisition du président ou du vice-président. *Ordonn. du Roi, du 26 septembre* 1818.

COLOMBIER.

Art. 1er. Le droit exclusif d'avoir des fuies (volières à pigeons fermées avec un volet) et colombiers est aboli. *Loi du 11 août* 1789.

2. Les pigeons doivent être renfermés aux époques fixées par les communes; pendant ce tems ils sont regardés comme gibier; chacun a le droit de les tuer sur son terrain. *Loi du 4 août* 1789. Voir aussi *Animaux mal-faisans.*

3. Les pigeons qui passent dans un autre colombier appartiennent au propriétaire de ce colombier, s'ils n'y ont pas été attirés par fraude ou par artifice. *Code civil, art.* 564.

COLONIES FRANÇAISES. Voir *Charte, §. VII.*

COLONNES *et* PILASTRES DE PIERRE. On n'en permet point en saillie. Voir *Voirie-tarif des droits de grande voirie.*

COLONNES ENGAGÉES EN MENUISERIE, et purement de décoration, et colonnes isolées.

On peut en établir avec une permission de la petite-voirie. Voir *Voirie-tarif des droits de la petite-voirie.*

COLPORTEURS DE JOURNAUX et d'autres écrits imprimés ou gravés. (Voir aussi *Colporteurs*, au tome IV.)

Art. 1*er*. Défenses aux colporteurs et à tous autres, d'annoncer dans les rues et lieux publics, aucun journal ou écrit périodique, aucune loi, aucun jugement, ou autres actes de l'autorité publique, autrement que par le titre général ou habituel qu'ils portent, à peine de deux mois de prison, et de six mois en cas de récidive, par voie de police correctionnelle. *Loi du 5 nivose an V* (23 décemb. 1796). Voir aussi l'article *Ecrits-images-gravures.*

2. Pour être colporteur, il faut une permission de la police, justifier d'un domicile d'un an dans le lieu où l'on veut exercer, ainsi que d'un certificat de bonne conduite délivré par le maire ou le commissaire de police, et savoir lire et écrire. *Réglement du 28 février 1723, art.* 69. *Odonnance du Roi, du* 29 *octobre* 1732.

3. Tout individu qui, sans avoir été autorisé par la police, fait le métier de colporteur, crieur ou afficheur d'écrits imprimés, dessins ou gravures, même munis des noms d'auteur, imprimeur, dessinateur ou graveur, est puni d'un emprisonnement de six jours à deux mois. *Code pénal, art.* 290.

4. Tout colporteur porte ostensiblement sur son habit une plaque de cuivre sur laquelle est gravé le mot *Colporteur*, avec le numéro de sa permission. *Réglement précité, art.* 74.

Défenses de prêter ou céder leur plaque ou leur permission sous aucun prétexte. *Ordonnance de police du 16 avril 1740.* Ils sont tenus de les représenter à toute réquisition légale.

5. En cas de changement de domicile, ils en font déclaration à l'officier de police de leur ancien et nouveau domicile.

6. Ils ne peuvent s'arrêter sur la voie publique pour annoncer ce qu'ils vendent.

7. Les contrevenans sont arrêtés et conduits devant le préfet de police. *Arrêté du Gouvernement du 15 frimaire an VI* (5 décembre 1797).

Nota. Les dispositions ci-dessus sont en partie consignées dans une ordonnance du préfet de police du 17 germinal an XI (7 avril 1803).

Il y a à Paris un bureau des colporteurs, où ils sont tenus de se faire enregistrer, ainsi que leur permis.

COLPORTEURS (Marchands forains). Voir *Marchands forains colporteurs.*

COLPORTEURS DES MARCHANDS JOAILLIERS. Voir *Joailliers.*

COMBUSTIBLES.

Défenses d'établir des magasins de combustibles près des édifices renfermant des objets de sciences et arts. Voir *Sciences et Arts.*

Voir aussi *Bois de chauffage. Charbon. Fourages, etc.*

COMÉDIEN. Voir *Théâtres.*

COMÉDIES DE SOCIÉTÉ. Voir *Théâtres.*

COMESTIBLES. (Voir *Idem*, au tome IV.)

Art. 1er. Les officiers de police surveillent la salubrité et la santé des comestibles exposés en vente. *Loi du 24 août 1790, titre XI, art. 3. Loi du 22 juillet 1791, titre Ier., art. 13.*

2. Ceux trouvés gâtés, corrompus ou nuisibles, sont confisqués ou détruits. Les vendeurs encourent une amende de police municipale. *Loi du 22 juillet 1791, titre Ier., art. 20. Loi du 3 brumaire an IV* (25 octo-

bre 1795), *art.* 605. En cas de récidive, ils sont traduits à la police correctionnelle.

Voir Boissons. Marchands, *art.* 4.

Celui qui expose en vente des marchandises gâtées, ou corrompues, ou nuisibles, ne peut être excusé sur sa bonne-foi. *Arrêt de la Cour de cassation du 2 juin 1810.*

3. Les anciens réglemens de police sur la salubrité des comestibles, sont confirmés *Loi du 22 juillet 1791, titre Ier.*, *art.* 9.

Voir chaque espèce de comestibles, au mot qui lui est propre.

COMMANDEMENT MILITAIRE. Le prendre ou retenir malgré l'ordre du Gouvernement. Voir *Sûreté de l'Etat,* *art.* 18.

COMMANDITE (Société en). Voir *Commerce.*

COMMERCE.

1°. *Dispositions générales* ;

2°. *Sociétés de commerce* ;

3°. *Bourses de commerce;*

4°. *Agens de change et Courtiers;*

5°. *Commissionnaires* ;

6°. *Voituriers;*

7°. *Achats et ventes;*

8°. *Des lettres de change;*

9°. *Faillites et banqueroutes;*

10°. *Contrainte par corps, et gardes du commerce;*

11°. *Commerce maritime;*

12°. *Tribunaux de commerce et leur compétence;*

13°. *Chambre de commerce;*

14°. *Conseil général du commerce.*

§. Ier. *Dispositions générales.*

Art. 1er. Pour la sûreté du commerce, les officiers de police font, de temps à autre, des visites chez les marchands, pour vérifier leurs balances, poids et mesures, saisir ceux qui ne sont pas exacts ou étalonnés ; visiter aussi la qualité des marchandises, et procéder ensuite ainsi qu'il est prescrit par les réglemens de police pour chaque espèce de marchandise.

2. Sont commerçans ceux qui exercent des actes de commerce, et en font leur profession habituelle. *Code de commerce, art. 1ᵉʳ.*

Dette de commerce réputée telle par la loi. *Voir ci-après l'art.* 171.

3. Tout mineur émancipé qui fait un commerce, est réputé majeur pour les faits relatifs à son commerce. *Code civil, art.* 487. Toutefois il ne peut commencer les opérations ni être réputé majeur, quant à ses engagemens pour fait de commerce, avant d'y avoir été autorisé par son père ou sa mère, ou, à leur défaut, par délibération du conseil de famille, homologuée, et aussi avant que l'autorisation n'ait été enregistrée et affichée au tribunal de commerce du lieu où il veut établir son domicile. *Code de commerce, art.* 2.

Les dispositions ci-dessus s'appliquent aux mineurs même non commerçans, pour tous les faits qui sont déclarés faits de commerce par l'article 171 ci-après. *Idem, art.* 3.

4. La femme ne peut être marchande publique sans l'autorisation de son mari ; elle n'est réputée telle que lorsqu'elle fait un commerce séparé ; dans ce cas elle peut s'obliger sans l'autorisation de son mari, mais elle l'oblige en-même-tems, s'il y a communauté entre eux. *Idem, art.* 4 et 5.

5. Tout commerçant doit avoir :

1°. Un livre-journal qui présente jour par jour ses dettes actives et passives ; les opérations de son commerce ; ses négociations, acceptations ou endossemens d'effets ; tout ce qu'il reçoit et paie à quelque titre que ce soit, et qui énonce, mois par mois, les sommes employées à la dépense de sa maison.

2°. Un registre spécial pour copier, année par année, l'inventaire qu'il est tenu de faire tous les ans de ses effets mobiliers et immobiliers, et de ses dettes actives et passives.

Ces deux registres sont cotés et paraphés, et visés une fois par un des juges du tribunal de commerce, ou par le maire ou adjoint, dans la forme ordinaire et sans frais.

3°. Un copie de lettres, pour enregistrer toutes les lettres qu'il envoie.

Tous ces registres sont tenus par ordre de dates, sans blancs, lacunes, ni transports en marge.

Il est tenu aussi de mettre en liasse les lettres missives qu'il reçoit.

Idem, *art.* 8 *à* 11. Voir *Timbre*, *art.* 5, §. II.

Les livres ci-dessus, s'ils sont régulièrement tenus, peuvent faire foi en justice entre commerçans, pour faits de commerce. En cas de refus d'un commerçant, de les représenter, le serment peut être déféré à sa partie adverse. *Idem*, *art.* 12 *et* 17.

§. II. *Sociétés de commerce.*

6. Une société est un contrat par lequel deux ou plusieurs personnes conviennent de mettre quelque chose en commun, dans la vue de partager les bénéfices.

Toute société doit être rédigée par écrit, lorsque son objet est d'une valeur de plus de 150 fr.

Chaque associé doit y apporter ou de l'argent, ou d'autres biens, ou son industrie.

Code civil, *art.* 1832 *à* 1834.

7. Les sociétés sont en nom collectif, ou en commandite, ou anonymes. *Code de commerce*, *art.* 19.

8. La société *en nom collectif* est celle contractée par deux ou plusieurs personnes, pour faire le commerce sous une raison sociale. *Idem, art.* 20.

9. Celle *en commandite* se contracte entre un ou plusieurs associés, bailleurs de fonds, que l'on nomme *commanditaires*, ou associés en commandite ; elle est régie sous un nom social qui doit être celui d'un ou de plusieurs associés solidaires. *Idem, art.* 23.

10. La société *anonyme* n'existe point sous un nom social, ni sous celui d'aucun des associés ; elle n'est qualifiée que par la désignation de l'objet de son entreprise ; elle est administrée par des mandataires à tems, révocables, associés ou non associés, salariés ou gratuits. Les administrateurs ne sont responsables que de l'exécution du mandat qu'ils ont reçu. Les associés ne sont passibles que de la perte du montant de leur intérêt dans la société.

Le capital de la société se divise en actions et coupons d'actions d'une valeur égale.

Idem, art. 29 à 32.

11. Une société anonyme ne peut exister qu'avec l'autorisation du gouvernement, et son approbation de l'acte qui la constitue *Idem, art.* 37.

12. Ceux qui veulent en former, adressent au préfet de leur département, et à Paris au préfet de police, une pétition signée de tous ceux qui veulent former la société.

La pétition désigne l'affaire ou les affaires que la société veut entreprendre, le tems de sa durée le domicile des pétitionnaires, le capital que la société devra posséder, la manière dont il sera formé, les délais dans lesquels il sera réalisé, le chef-lieu et le mode de l'administration, et les actes de société.

Si la société ne doit être complétée qu'après l'autorisation du Gouvernement, les souscripteurs de la pétition doivent composer au moins le quart en somme du capital, et s'obliger à payer leur contingent aussi-tôt après l'autorisation.

Les préfets font, d'après la pétition, toutes les in-formations nécessaires pour vérifier les qualités et la moralité des auteurs du projet ou des pétitionnaires. Ils donnent leur avis sur l'utilité de l'affaire, sur la probabilité de son succès; ils déclarent si elle ne paraît pas contraire aux mœurs, à la bonne foi du commerce, et au bon ordre des affaires en général; ils s'assurent si les pétitionnaires sont en état de réaliser leur mise de fonds.

Les pièces et l'avis du préfet sont transmis au mi-nistre de l'intérieur, pour, sur son rapport, être statué par S. M. en conseil d'état.

Réglement du ministre de l'intérieur de décembre 1807. (Voir aussi au tóme IV, *Sociétés anonymes.*)

13. Il n'est rien changé aux bases ni au but d'une société anonyme, après l'approbation reçue, sans une nouvelle autorisation du Gouvernement, dans les formes ci-dessus, à peine d'interdiction de la société. *Idem.*

14. Les contraventions sont constatées par des procès-verbaux qui sont transmis au préfet. *Ordonnance du préfet de police du* 24 *décembre* 1807.

15. Extrait des actes de société en nom collectif et en commandite, doit, dans la quinzaine de leur date, être enregistré au greffe du tribunal de commerce, affiché pendant trois mois dans la salle des audiences, et inséré dans les affiches judiciaires et dans le Journal du Commerce.

L'autorisation pour les sociétés anonymes et l'acte d'association doivent être affichés pendant le même temps, ainsi que toute déclaration de continuation ou dissolution d'une société.

28.

Le tout à peine de nullité à l'égard des intéressés.
Code de commerce, art. 42, 45, 46. *Décret du* 12
février 1814.

16. Toute contestation entre associés pour raison
d'une société, est jugée par des arbitres. *Code de commerce, art.* 51.

17. Toute action contre les associés non liquidateurs,
leurs veuves, héritiers ou ayans cause, se prescrivent
par cinq ans, du jour de la fin ou dissolution de la société, si les formalités exigées par l'article 15 ci-dessus
ont été remplies. *Idem, art.* 64.

§. III. *Bourses de commerce.*

18. Une bourse de commerce est la réunion, autorisée par le Gouvernement, des commerçans, capitaines
de navires, agens de change et courtiers. *Code de commerce, art.* 71.

Il peut en être établi dans tous les lieux où S. M. le
juge convenable. *Loi du* 28 *ventôse an IX* (19 *mars*
1801), *art.* 1er.

19. Les dépenses annuelles d'entretien et réparations
des bourses de commerce sont supportées par les banquiers, négocians et marchands, à l'effet de quoi il peut
être levé une contribution personnelle sur le total de
chaque patente de commerce de première et seconde
classe, et sur celles d'agens de change et de courtiers;
la quotité en est fixée chaque année, à raison des besoins, par les préfets, chacun dans leur département.
Idem, art. 4.

20. Le résultat des négociations et transactions qui
s'opèrent dans la bourse, détermine le cours du
change, des marchandises, des assurances, du fret ou
nolis, du prix des transports par eau et par terre, des
effets publics et autres dont le cours est susceptible
d'être coté. Ces divers cours sont constatés par les

agens de change et les courtiers. *Code de commerce,* *art.* 72, 73.

21. Les bourses de commerce sont ouvertes à tous les citoyens, même aux étrangers, exceptés aux faillis non réhabilités. *Voir ci-après l'article* 108.

A Paris le préfet de police en fixe les heures, de concert avec quatre banquiers, quatre négocians, quatre agens de change et quatre courtiers de commerce. Dans les autres villes, cette fixation est faite par le commissaire général de police ou le maire, de concert avec le tribunal de commerce.

Arrêté du Gouvernement du 27 *prairial an X* (16 *juin* 1802), *art.* 1 *et* 2.

22. Défenses de s'assembler ailleurs qu'à la Bourse, et aux heures de sa tenue, pour faire des négociations, à peine de destitution des agens de change ou courtiers contrevenans, et pour les autres individus sous les peines portées en l'article 23 ci-après contre ceux qui négocient sans titre légal. Le préfet de police à Paris, et dans les autres villes des départemens, les maires et officiers de police sont chargés de prendre les mesures nécessaires pour l'exécution de ces dispositions. *Idem,* *art.* 3.

Défenses expresses à tous individus de se réunir dans les rues, dans les cafés et autres lieux pour y faire des négociations publiques de banque, de finance et de commerce. *Arrêts du conseil des* 24 *septembre* 1724, *art.* 13, *et* 7 *août* 1785, *art.* 1 *et* 2. *Ordonnances de police des* 1er. *thermidor an IX* (20 *août* 1801), *et* 14 *avril* 1819.

23. Défenses à toutes personnes autres que celles nommées par le Gouvernement, de s'immiscer dans les fonctions d'agent de change ou de courtier de commerce dans l'intérieur ou à l'extérieur de la Bourse, à peine d'une amende du douzième au moins, et du

sixième au plus du cautionnement des agens de change ou courtiers, prononcée correctionnellement par le tribunal de première instance, payable par corps, et applicable aux enfans abandonnés.

Les commissaires de police sont chargés de veiller à l'exécution de cette disposition.

Permis néanmoins à tous particuliers de négocier entre eux et par eux-mêmes les lettres de change ou billets à leur ordre ou au porteur, et tous effets de commerce endossés par eux, et aussi de vendre par eux-mêmes leurs marchandises.

Loi précitée du 28 ventôse an IX, art. 8. Arrêté précité du 27 prairial an X, art. 4.

24. En cas de contravention à l'article ci-dessus, les commissaires de police, les syndics et adjoints des agens de change et des courtiers font connaître les contrevenans, à Paris, au préfet de police, et dans les départemens aux maires et officiers de police, lesquels, après vérification des faits et audition des témoins, peuvent, par mesure de police, interdire l'entrée de la Bourse.

En cas de récidive, le contrevenant est déclaré incapable de devenir agent de change ou courtier de commerce, sans préjudice des peines ci-dessus.

Arrêté précité, art. 5.

25. Défenses, sous les peines portées en l'article 23 ci-dessus, à tous banquiers, négocians ou marchands, de confier des négociations, ventes ou achats, de payer la commission de courtage, à d'autres qu'à des agens de change ou courtiers.

Les syndics et adjoints des agens de change et des courtiers, le préfet de police à Paris, les maires et officiers de police dans les autres places de commerce, dénoncent les contrevenans aux tribunaux; le procureur du Roi les poursuit d'office.

Idem, art. 6.

26. Toutes négociations faites par des intermédiaires sans qualité, sont déclarées nulles. *Idem, art. 7. Loi précitée du 28 ventôse an IX, art.* 7.

27. Les compagnies de banque ou de commerce qui émettent des actions, sont comprises dans les dispositions ci-dessus. *Arrété précité, art.* 8.

Dispositions particulières à la Bourse de Paris.

28. A la Bourse de Paris, il y a un lieu séparé ou parquet, où les seuls agens de change se réunissent pour les négociations des effets publics et particuliers; l'entrée du parquet est interdite à toute autre personne. Il y a aussi un endroit séparé pour les courtiers de commerce. *Idem, art.* 23.

29. Les agens de change sur le parquet peuvent proposer à haute voix la vente ou l'achat d'effets publics ou particuliers, lorsque deux d'entre eux ont consommé une négociation; un crieur l'annonce sur-le-champ au public. *Idem, art.* 24.

30. Il n'est crié à haute voix que le cours des effets publics; celui des négociations d'actions de commerce, lettres de change et billets, est recueilli, après la Bourse, par les syndics et adjoints, et coté sur le bulletin des cours. *Idem, art.* 25.

31. Les syndics et adjoints des courtiers se réunissent pour recueillir le cours des marchandises, et le coter, article par article, sur le bulletin. *Idem, art.* 26.

32. Chaque agent de change fait choix d'un commis principal, qui est agréé ou rejeté au scrutin et à la majorité, par les agens de change assemblés. La liste de ces commis est remise au préfet de police. *Idem, art.* 27.

Ces commis ne font aucunes négociations, ne signent aucun billet ni bordereau; ils opèrent pour, au nom et sur la signature de leur agent de change; ils sont

révocables à sa volonté et à celle de la compagnie. *Idem,*
art. 28.

33. La Bourse de Paris tient tous les jours, excepté
ceux de repos, depuis deux heures jusqu'à trois. Son
ouverture et sa clôture sont annoncées au son d'une
cloche. Il n'y est fait aucune négociation après la clôture sonnée. *Ordonnance du préfet de police du* 29
fructidor an X (16 *septembre* 1802).

34. Il y un commissaire de police de la Bourse nommé
par le préfet de police. Il y assiste régulièrement pour
le maintien du bon ordre. (Voir les articles 22, 23 et
24 ci-dessus.)

§. IV. *Agens de change et courtiers.*

35. Les agens de change et courtiers sont des agens
intermédiaires reconnus par la loi pour les actes de
commerce. Ils sont nommés par le Roi. Il y en a dans
toutes les villes qui ont une Bourse de commerce. *Code*
de commerce, art. 74, 75. *Ordonnance du* 29 *mai*
1816, *art.* 2.

36. Les agens de change ont seuls le droit de faire
les négociations des effets publics et autres, susceptibles
d'être cotés ; de faire pour le compte d'autrui les négociations des lettres-de-change ou billets, et autres
papiers commerçables, et d'en constater le cours.

Ils peuvent faire, concurremment avec les courtiers
de marchandises, les négociations et le courtage des
ventes et achats des matières métalliques.

Code précité, art. 76.

37. Il y a 1°. des *Courtiers de marchandises,* ayant
seuls le droit d'en faire le courtage et d'en constituer
le cours. Ils font, concurremment avec les agens-de-
change, le courtage des matières métalliques. *Idem,*
art. 78.

Ventes à l'enchère que peuvent faire lesdits courtiers. Voir *Commissaires-priseurs*, art. 3.

NOTA. Les courtiers de marchandises près la Bourse de Niort peuvent cumuler le courtage des changes. Ils prennent le titre d'agent-de-change-courtier de marchandises. Il leur est délivré des commissions sous ce titre. *Ordonnance du Roi du* 15 *avril* 1818.

2°. *Des courtiers d'assurance* qui rédigent, concurremment avec les notaires, les contrats de police d'assurance, en attestent la vérité par leur signature, certifient le taux des primes pour les voyages de mer et de rivière. *Code précité*, art. 79.

Il y a près la bourse de Paris, cinq courtiers d'assurances maritimes. *Ordonnance du Roi, du* 18 *décembre* 1816.

3°. *Des courtiers interprètes et conducteurs de navires.* Ils font le courtage des affrétemens; ils ont seuls le droit de constater le cours du fret ou nolis; de traduire, au besoin, en cas de contestation, les déclarations, chartes-parties, connaissemens, contrats et autres actes de commerce, et de servir de truchement à tous gens de mer étrangers.

Le même individu peut, si son acte de nomination l'y autorise, cumuler les trois fonctions de courtier, désignées aux trois paragraphes ci-dessus. *Code précité*, art. 80 *à* 81.

4°. *Les courtiers de transport par terre et par eau*, ayant seuls le droit, dans le lieu de leur établissement, de faire le courtage des transports par terre et par eau. Ils ne peuvent cumuler les fonctions des autres courtiers. *Idem*, art. 82.

38. Ceux qui ont fait faillite ne peuvent être agens-de-change ni courtiers, s'ils ne sont réhabilités. *Idem*, art. 83.

39. Les agens-de-change et courtiers ont, indépendamment d'un carnet sur lequel ils consignent leurs

opérations, un registre dans la forme prescrite par l'article 5 ci-dessus, §. 1 et 2, sur lequel ils transcrivent jour par jour, par ordre de date, sans ratures, interlignes, transpositions, abréviations ni chiffres, toutes les opérations de leur ministère. *Idem*, art. 84, *Arrêté précité du 27 prairial an X,* (16 *juin* 1802), *art.* 11.

40. Un agent-de-change ou courtier ne peut, dans aucun cas et sous aucun prétexte, 1°. faire des opérations de banque ou de commerce pour son compte ; 2°. s'intéresser directement ni indirectement dans aucune entreprise commerciale ; 3°. recevoir ni payer pour le compte de ses commettans ; 4°. se rendre garant de l'exécution des marchés dans lesquels il s'entremet. Le tout à peine de destitution et d'une amende de 3,000 fr. au plus, sans préjudice de l'action des parties en dommages-intérêts, et de ne pouvoir être réintégré dans ses fonctions. *Code de commerce, art.* 85 à 88.

41. L'agent-de-change ou le courtier qui fait faillite, est puni des travaux forcés à temps ; s'il fait une banqueroute frauduleuse, la peine est celle des travaux forcés à perpétuité. *Code pénal, art.* 404. Voir l'article 103, ci-après.

42. L'agent de change est responsable de la livraison et du paiement de ce qu'il a vendu ou acheté ; son cautionnement est affecté à cette garantie, et est saisissable, en cas de non-consommation, d'une bourse à l'autre, sauf le délai nécessaire aux transfers des rentes, ou autres effets publics dont la remise exige des formalités. Si le cautionnement est entamé, l'agent-de-change est suspendu de ses fonctions, jusqu'à ce qu'il l'ait complété entièrement, et son nom est affiché à la bourse. *Arrêté précité, du 27 prairial an X. art.* 13.

43. Les transfers d'inscriptions sur le grand livre de

la dette publique, sont faits au trésor public, en présence d'un agent-de-change de la bourse de Paris, qui certifie l'identité du propriétaire, la vérité de sa signature et des pièces produites. Il est responsable de la validité des transfers relativement à ces trois points; cette garantie ne dure que cinq ans du jour de la déclaration du transfert. *Idem*, art. 15 et 16.

44. Les agens-de-change et courtiers ne peuvent, à peine de 3,000 fr. d'amende et de destitution, négocier aucuns effets de commerce ni marchandises de gens en faillite. *Idem, art.* 18.

45. Ils gardent un secret inviolable aux personnes qui les ont chargés de négociations, à moins de nécessité pour l'opération. *Idem, art.* 19.

46. Ils ne peuvent, à peine de concussion, exiger ni recevoir de plus forts droits que ceux fixés par le tribunal de commerce. Ils peuvent se faire payer de leurs droits après la consommation de chaque négociation, ou sur des mémoires par eux fournis de trois en trois mois, aux banquiers, négocians ou autres pour qui ils ont fait des négociations. *Idem, art.* 20.

NOTA. Aux termes d'un *avis du conseil d'Etat du* 17 *mai* 1809, relatif aux moyens de réprimer l'exercice illicite des fonctions d'agens de change et de courtiers sur les places de commerce, par des individus non commissionnés, il convient d'appliquer à toutes les Bourses de commerce les dispositions des articles 2 et 3 du décret du 10 septembre 1808, rendu pour la Bourse d'Amiens, et portant que le ministre de la justice donnera aux procureurs-généraux l'ordre de poursuivre, suivant la rigueur des lois, tous agens de change, courtiers et négocians contrevenans aux lois sur les Bourses de commerce et au Code de commerce, même par information et sans procès-verbaux préalables, ni dénonciation des syndics et adjoints des courtiers et agens de change, et qu'il sera donné des ordres particuliers aux commissaires de police, pour veiller à l'exécution des lois sur cette matière.

47. Les agens-de-change ont une salle de discipline intérieure, composée des syndics et adjoints des agens-de-change. *Idem*, art. 21.

Les syndics et adjoints des agens-de-change et des courtiers de chaque place de commerce, sont autorisés à faire un réglement de discipline intérieure, qu'ils remettent au ministre de l'intérieur, pour être présenté à la sanction du Gouvernement. *Idem, art.* 22. *Ordonnance du Roi, précitée, du 29 mai,* 1816, *art.* 3.

48. Le cautionnement des agens-de-change et des courtiers, est affecté par premier privilége, à la garantie des condamnations prononcées contre eux, par suite de l'exercice de leurs fonctions ; par second privilége, au remboursement des fonds à eux prêtés pour leur cautionnement ; et subsidiairement au paiement des créances particulières exigibles sur eux. *Loi du* 25 *nivose an XIII,* (15 *janvier* 1805.) *Art.* 1er.

Les oppositions sur les cautionnemens se font au greffe du tribunal de commerce, dans le ressort duquel l'agent-de-change ou le courtier exerce ses fonctions. *Idem, art.* 2.

Voir aussi *Vins, art.* 30.

§. V. *Des Commissionnaires.*

49. Le commissionnaire est celui qui agit en son nom ou sous un nom social, pour le compte d'un commettant. *Code de commerce, art.* 91.

50. Tout commissionnaire a privilège pour ses créances, sur les marchandises qui lui sont expédiées, et ce par préférence aux autres créanciers de son commettant. *Idem, art.* 93 *et* 94.

51. Le commissionnaire qui se charge d'un transport par terre ou par eau, est tenu d'inscrire sur son livre-journal, la déclaration de l'espèce et quantité des marchandises, et s'il en est requis, de leur valeur. *Idem, art.* 96. Voir *Roulage, art.* 56.

52. Il est garant, 1°. de l'arrivée des marchandises et effets dans le délai fixé par la lettre de voiture, hors

les cas en force majeure ; 2°. des avaries ou pertes des marchandises ou effets, s'il n'y a force majeure, ou stipulation contraire dans la lettre de voiture ; 3°. des faits du commissionnaire intermédiaire auquel il adresse les marchandises. *Idem, art.* 98 *et* 99.

53. La marchandise sortie du magasin du vendeur, voyage aux risques et périls de celui à qui elle appartient, sauf son recours contre le commissionnaire et le voiturier chargé du transport. *Idem, art.* 100.

54. La lettre de voiture forme un contrat entre l'expéditeur, le commissionnaire et le voiturier ; elle doit être datée, et indiquer la nature et le poids ou contenance des objets ; le délai dans lequel ils doivent être rendus à leur destination ; le nom et le domicile du commissionnaire, s'il y en a un chargé de faire faire le transport ; le nom et le domicile de celui à qui la marchandise est adressée ; le nom et le domicile du voiturier; le prix de la voiture ; l'indemnité pour cause de retard ; la signature de l'expéditeur ou du commissionnaire, et en marge les marques et numéros des objets.

Elle doit être copiée sur le registre du commissionnaire. *Idem, art.* 101 *et* 102.

Elle doit être timbrée. Voir *Timbre.*

§. VI. *Du Voiturier.*

55. Le voiturier est responsable de la perte des objets et de leurs avaries, sauf les cas de force majeure, et si les avaries proviennent du vice propre à la chose. *Idem, art.* 103. Voir *Roulage, art.* 56.

56. Si par force majeure, il y a retard dans l'arrivée des objets, il n'y a pas lieu à indemnité, pour cause de retard. *Idem, art.* 104.

57. La réception des objets et le paiement du prix de la voiture éteignent toute action contre le voiturier.

En cas de refus ou contestation pour la réception des objets, leur état est vérifié et constaté par des experts nommés par le président du tribunal de commerce, ou à son défaut, par le juge-de-paix, par ordonnance au pied d'une requête. Le dépôt ou séquestre, et ensuite leur transport dans un dépôt public, peut être ordonné. La vente peut en être ordonnée en faveur du voiturier, jusqu'à la concurrence du prix de sa voiture. *Idem*, *art.* 105 *et* 106.

58. Les dispositions du présent paragraphe, sont communes aux maîtres de bateaux, entrepreneurs de diligences et voitures publiques. *Idem*, *art* 107. Voir *Vol*, *art*. 9.

59. Toutes actions contre le commissionnaire et le voiturier, à raison de la perte ou de l'avarie des marchandises, sont prescrites après six mois, pour les expéditions faites dans l'intérieur de la France, et après un an pour celles faites à l'étranger ; le tout à compter pour la perte, du jour où le transport aurait dû être effectué ; et pour les avaries, du jour où la remise des marchandises a été faite, sans préjudice des cas de fraude ou d'infidélité. *Idem*, *art.* 108.

§. VII. *Des achats et ventes.*

60. Les achats et ventes se constatent par actes publics ou sous seings-privés ; par bordereau ou arrêté d'un agent de change ou courtier, signé des parties ; par une facture acceptée ; par la correspondance ; par les livres des parties ; par la preuve testimoniale. *Idem*, *art*. 109. Voir aussi *Ventes*.

§. VIII. *Des lettres de change.*

61. La lettre de change est tirée d'un lieu sur un autre ; elle doit être datée et énoncer la somme à payer, le nom de celui qui doit la payer, l'époque et le lieu

du paiement, la valeur fournie, soit en espèces ou marchandises, en compte ou autrement. Elle est à l'ordre d'un tiers ou à l'ordre du tireur lui-même. Si elle est par première, seconde ou troisième, elle l'exprime. *Code de commerce, art.* 110.

62. Ne sont réputées que comme simples promesses, toutes les lettres de change contenant supposition de nom, où de qualités, ou de domicile, ou des lieux où elles sont tirées, ou dans lesquels elles sont payables; ou qui sont signées de femmes ou filles non marchandes publiques. (*Voir l'art.* 4 *ci-dessus.*) Celles souscrites par des mineurs non négocians sont nulles à leur égard. (*Voir l'art.* 3 *ci-dessus.*) *Idem, art.* 112 à 114.

Celui qui tire une traite sous un nom supposé se rend coupable du crime de faux. *Décision de la Cour de cassation en juillet* 1808.

63. Le tireur et les endosseurs d'une lettre de change sont garants solidaires de l'acceptation et du paiement. *Code de commerce, art.* 118.

64. Une lettre de change doit être acceptée à la présentation, ou au plus tard dans les vingt-quatre heures; après ce délai, si elle n'est pas rendue, acceptée ou non acceptée, celui qui la retient est passible de dommages-intérêts envers le porteur. *Idem, art.* 125.

65. La lettre de change à vue est payable à sa présentation; si elle est à un ou plusieurs jours, mois ou usances de vue, l'échéance est fixée par la date de l'acceptation, ou par celle du protêt faute d'acceptation. *Idem, art.* 130 et 131.

66. L'usance est de trente jours; les mois sont tels qu'ils sont fixés par le calendrier. *Idem, art.* 132.

67. Une lettre de change payable en foire est échue la veille du jour de la clôture de la foire, ou le jour de la foire si elle ne dure qu'un jour. *Idem, art.* 133.

68. Le porteur d'une lettre de change doit en exi-

ger le paiement le jour de son échéance. *Id.*, *art.* 161. Le refus de paiement doit être constaté le lendemain de l'échéance par un acte nommé *protêt*. Si le jour de l'échéance est une férie légale, la lettre de change est payable la veille, et le protêt est fait le lendemain de la férie. *Idem*, *art.* 134 *et* 162.

Faute de faire le protêt dans les délais ci-dessus prescrits, le porteur et les endosseurs sont déchus de leurs droits en garantie. *Idem*, *art.* 168 *et suiv.*

Néanmoins l'invasion de l'ennemi est un cas d'exception de force majeure qui peut relever de ladite déchéance, suivant les circonstances. *Avis du Conseil d'Etat*, *du* 27 *janvier* 1814.

69. La propriété d'une lettre de change se transmet par l'endossement; il doit être daté, exprimer la valeur fournie, et le nom de celui à qui il est passé; faute de quoi il n'opère pas le transport, il n'est qu'une procuration. *Idem*, *art.* 136 *à* 138.

70. Il est défendu d'antidater les ordres, à peine de faux. *Idem*, *art.* 139.

71. Tous ceux qui ont signé, accepté ou endossé une lettre de change, sont garants solidaires envers le porteur. *Idem*, *art.* 140.

72. Le paiement d'une lettre de change peut aussi être garanti par un *aval*, ou garantie fournie par un tiers sur la lettre même, ou par acte séparé. *Idem*, *art.* 141 *et* 142.

73. Une lettre de change doit être payée dans la monnaie qu'elle indique. *Idem*, *art.* 143. Le porteur a le droit de refuser le paiement en billets de banque au lieu de numéraire, attendu que ces billets, établis pour la commodité du commerce, ne sont que de simple confiance. *Avis du Cons. d'Etat*, *du* 30 *frimaire an XIV* (21 décembre 1805).

74. Celui qui paie une lettre de change avant son

échéance, est responsable de la validité du paiement. Celui qui en est porteur ne peut être contraint de recevoir le paiement avant l'échéance. *Code de comm.*, *art.* 144 *et* 145.

75. Toute les dispositions ci-dessus, relatives aux lettres de change, s'appliquent aux billets à ordre, excepté qu'il n'y a pas lieu à acceptation. *Idem, art.* 187.

76. Toute négociation en blanc de lettres de change, billets à ordre et autres effets de commerce, est défendue, à peine de confiscation des effets, dont la moitié de la valeur appartient au dénonciateur ; l'autre moitié est versée au trésor public ; et de destitution de l'agent de change, avec amende de la valeur de l'effet négocié. *Loi du* 20 *vendémiaire an IV* (12 octobre 1795).

77. Toutes actions pour lettres de change ou billets à ordre souscrits par des marchands, négocians ou banquiers, ou pour faits de commerce, se prescrivent par cinq ans ; sauf toutefois le serment que les débiteurs sont tenus de faire, qu'ils ne sont plus redevables. *Code de commerce, art.* 189.

Voir aussi les art. 171 *et suivans ci-après.*

§. IX. *Des faillites et banqueroutes, et de la réhabilitation.*

78. Tout commerçant qui cesse ses paiemens est en état de faillite. *Code de commerce, art.* 437.

Tout commerçant failli qui se trouve dans un des cas de faute grave ou de fraude, prévus par les articles 96 et suivans ci-après, est en état de banqueroute. *Idem, art.* 438.

79. Le failli est celui qui, ayant de l'ordre dans ses affaires et une conduite régulière, est forcé de suspendre ou de cesser ses paiemens par suite d'événemens imprévus qu'on ne peut lui imputer.

Le banqueroutier est celui qui cesse ses paiemens par inconduite au par friponnerie.

1°. De la faillite.

80. Tout failli doit, dans les trois jours de la cessation de ses paiemens, faire sa déclaration au greffe du tribunal de commerce, et indiquer le nom de ses associés solidaires, s'il en a. L'ouverture de la faillite est déclarée par le tribunal de commerce; son époque est fixée ou par la retraite du débiteur, ou par la clôture de ses magasins, ou par la date des actes constatant son refus de payer ses engagemens de commerce. *Idem*, *art.* 440 *et* 441.

81. Du jour de la faillite, le failli est désaisi du droit de l'administration de tous ses biens. *Id.*, *art.* 442.

82. Dans les dix jours qui précèdent l'ouverture de la faillite:

1°. Nul ne peut acquérir de privilége ni hypothèque sur les biens du failli.

2°. Tous actes translatifs d'immeubles, faits par le failli à titre gratuit, sont nuls et sans effet relativement à la masse des créanciers; tous actes du même genre à titre onéreux peuvent être annullés, s'ils sont suspects de fraude.

3°. Tous actes et engagemens du failli, contractés dans les mêmes dix jours pour faits de commerce, sont présumés frauduleux; ils sont nuls s'il y a fraude de la part des autres contractans.

4°. Toutes sommes payées dans les mêmes dix jours, pour dettes commerciales non échues, sont rapportées. *Idem*, *art.* 443 *à* 446.

83. Tous les actes ou paiemens faits en fraude des créanciers, sont nuls. *Idem*, *art.* 447.

84. L'ouverture de la faillite rend exigibles les dettes passives non échues. *Idem*, *art.* 448.

85. Dès que le tribunal de commerce a connaissance
de la faillite, il ordonne l'apposition des scellés. Le
juge de paix y procède, même sur la simple notoriété
acquise de la faillite. S'il y a société, les scellés sont
mis tant chez le failli que chez chacun des associés solidaires. Le tribunal nomme un de ses membres commissaire de la faillite, et un ou plusieurs agens sous ses
ordres, en attendant la nomination des syndics; il ordonne en même temps le dépôt du failli dans la maison
d'arrêt pour dettes, ou la garde de sa personne par un
officier de justice, un gendarme ou un garde du commerce. *Idem*, *art.* 449 à 455.

86. Dans les vingt-quatre heures de l'entrée des agens
en fonctions, le failli leur remet son bilan, s'il est pré-
paré, sinon il y procède de suite en présence des agens.
Le bilan doit contenir l'état détaillé et estimatif de tous
les objets mobiliers et immobiliers; celui des dettes actives et passives; le tableau des profits, des pertes et
des dépenses. Il est certifié, daté et signé du failli. *Id.*,
art. 470 à 472.

87. Après la confection et remise du bilan, le tribunal de commerce nomme les syndics, qui continuent
les opérations commencées par les agens. *Id.*, *art.* 476
à 480.

88. En toute faillite, les agens et les syndics remettent, dans la huitaine de leur entrée en fonctions, au
juge d'instruction de l'arrondissement, un compte sommaire de la faillite, de ses causes, circonstances et caractères; ce magistrat peut assister à tous les actes de
la faillite; se faire donner tous renseignemens, et faire
tous actes et poursuites nécessaires; le tout d'office et
sans frais. S'il présume qu'il y a banqueroute, simple
ou frauduleuse, et s'il décerne un mandat contre le
failli, il en donne connaissance au commissaire de la

faillite, et dans ce cas, le failli ne peut avoir de sauf-
conduit. *Idem*, *art.* 488 à 490.

89. Si l'examen des actes, titres et papiers du failli
fait présumer la banqueroute, il ne peut être fait aucun traité ni concordat entre le failli et les créanciers,
à peine de nullité.

Le concordat ne peut avoir lieu que du consentement de la majorité de ses créanciers, et représentant
en créances vérifiées, les trois quarts des sommes dues, à
peine de nullité. Il est soumis à l'homologation du tribunal de commerce, qui peut la refuser pour cause
d'inconduite ou de fraude du failli ; alors celui-ci est
en prévention de banqueroute, et renvoyé de droit devant le juge d'instruction. *Idem*, *art.* 519, 521, 524
et 526.

90. S'il n'y a point de concordat, les créanciers assemblés forment un contrat d'union, et nomment des
syndics définitifs, qui reçoivent le compte des premiers
mentionnés en l'article 87 ci-dessus, et suivent toutes
les opérations de la faillite, sous la surveillance du
commissaire du tribunal de commerce, et sans qu'il
soit besoin d'appeler le failli. *Idem*, *art.* 527, 528.

Néanmoins les tribunaux civils sont seuls compétens,
à l'exclusion des tribunaux de commerce, pour connaître de la vente des meubles des faillis, et de l'ordre
et de la distribution du prix provenant de la vente.
Avis du Conseil d'Etat, du 9 *décembre* 1810.

91. Dans tous les cas, il est remis au failli et à sa
famille les vêtemens, hardes et meubles nécessaires à
leur usage, et s'il n'y a pas présomption de banqueroute, le failli peut demander, à titre de secours, une
somme sur ses biens ; la quotité en est proposée par les
syndics, et fixée par le tribunal. *Code de commerce,*
art. 529 *et* 530.

92. Dans le cas d'union des créanciers, le commissaire

du tribunal de commerce leur rend compte des circonstances, et le tribunal prononce si le failli est ou non
excusable, et susceptible d'être réhabilité. En cas de
refus du tribunal, le failli est présumé en banqueroute,
et renvoyé de droit devant le juge d'instruction. *Idem*,
art. 531.

93. La femme qui détourne, divertit ou recèle des
effets mobiliers dépendant de la communauté entre elle
et son mari failli, ainsi que des marchandises, effets de
commerce ou argent comptant, est condamnée à les
rapporter à la masse, et poursuivie comme complice de
banqueroute frauduleuse ; comme aussi si elle a prêté
son nom et son intervention pour des actes faits par le
mari en fraude de ses créanciers. *Idem, art.* 555, 556.

94. La cession des biens par le failli est ou volontaire,
et les effets s'en déterminent par les conventions entre
le failli et les créanciers, ou judiciaire sur la demande
du failli ; son effet alors est de le soustraire à la contrainte par corps, sans éteindre l'action des créanciers
sur les biens que le failli peut acquérir par la suite.

Ne sont point admis à la cession les stellionataires,
les banqueroutiers frauduleux, les personnes condamnées pour vol ou escroquerie, les comptables, les étrangers, les tuteurs, administrateurs ou dépositaires.
Idem, art. 568 à 575.

95. Peuvent être revendiquées par le vendeur, en cas
de faillite, les marchandises par lui vendues et livrées :

1°. Si elles sont encore en route, et avant qu'elles
soient entrées dans les magasins du failli ou du commissionnaire chargé de les vendre pour son compte.

2°. Si avant leur arrivée elles n'ont point été vendues
en fraude.

3°. Si elles sont reconnues identiquement les mêmes,
sans que les balles, barriques ou enveloppes aient été
ouvertes, les cordes et marques enlevées ni changées,

et les marchandises en mêmes nature et quantités.

Et aussi lorsqu'elles ne sont arrivées dans les magasins du failli qu'après l'ouverture de la faillite, l'apposition des scellés et la confection de l'inventaire. *Ainsi jugé par le tribunal de commerce de Lyon.*

4°. Si elles sont consignées au failli à titre de dépôt, ou pour être vendues au compte de l'envoyeur.

Excepté dans ce dernier cas, les syndics des créanciers peuvent retenir les marchandises revendiquées, en payant au réclamant le prix convenu entre le failli et lui.

Idem, art. 576 *à* 582.

2°. *Des banqueroutes.*

96. Une banqueroute est ou simple, et elle est jugée par les tribunaux correctionnels, ou frauduleuse, et elle est jugée par les cours royales ou d'assises. *Idem, art.* 439.

97. Le failli est poursuivi comme *banqueroutier simple*, et peut être déclaré tel,

1°. Si par l'examen de son livre-journal les dépenses de sa maison sont jugées excessives ;

2°. S'il a consommé de fortes sommes au jeu, ou à des opérations de pur hasard ;

3°. S'il résulte de son dernier inventaire que son actif étant de 50 pour 100 au-dessous de son passif, il a fait des emprunts considérables, et revendu des marchandises à perte ou au-dessous du cours ;

4°. S'il a donné des signatures de crédit ou de circulation pour une somme triple de son actif, suivant son dernier inventaire.

Idem, art. 586.

Il peut être poursuivi comme banqueroutier simple, et être réputé tel,

1º. S'il n'a pas fait au greffe la déclaration prescrite par l'article 80 ci-dessus ;

2º. Si s'étant absenté, il ne s'est pas présenté en personne aux agens et syndics dans les délais fixés, et sans empêchement légitime ;

3º. S'il présente des livres irrégulièrement tenus, mais sans fraude, ou s'il ne les représente pas tous ;

4º. S'il n'a pas indiqué ses associés solidaires, conformément à l'article 80 ci-dessus.

Idem, art. 587.

98. Les cas de banqueroute simple sont jugés correctionnellement sur la demande des syndics, ou sur celle de tout créancier du failli, ou sur la poursuite d'office du ministère public. Les frais de poursuite sont supportés par la masse, excepté le cas où sur la poursuite d'un seul créancier le failli est déchargé. *Idem, art.* 588 à 590.

99. Le banqueroutier simple est condamné, suivant les cas, à un emprisonnement d'un mois à deux ans, *Code pénal, art.* 402, avec affiche du jugement et son insertion dans un journal. *Code du commerce, art.* 592. Voir l'article 41 ci-dessus, et l'article 107 ci-après.

100. Le failli est déclaré *banqueroutier frauduleux,*

1º. S'il a supposé des dépenses ou des pertes, ou ne justifie pas de l'emploi de ses recettes ;

2º. S'il a détourné des sommes d'argent, des dettes actives, des marchandises, denrées ou effets mobiliers ;

3º. S'il a fait des ventes, négociations ou donations supposées ;

4º. S'il a supposé des dettes passives et collusoires entre lui et des créanciers fictifs, en faisant des écritures simulées, ou se constituant débiteur sans cause ni valeur ;

5º. Si, mandataire ou dépositaire, il a appliqué à son profit la valeur des objets ;

6°. S'il a fait des acquisitions sous un prête-nom ;

7°. S'il a caché ses livres.

Idem , art. 5g3.

Le failli peut être poursuivi comme banqueroutier frauduleux, et être déclaré tel ,

1°. S'il n'a pas tenu de livres, ou si ses livres ne présentent pas exactement son actif et son passif ;

2°. Si, ayant obtenu un sauf-conduit, il ne s'est pas présenté à la justice. *Idem , art.* 5g4.

101. Les cas de banqueroute frauduleuse sont poursuivis d'office devant les cours-d'assises par les procureurs du Roi et leurs substituts, sur la notoriété publique, ou sur la dénonciation des syndics ou d'un créancier. *Idem , art.* 5g5.

102. Tout banqueroutier frauduleux est condamné à la peine des travaux forcés à tems, *Code pénal, art.* 402 ; à réintégrer à la masse des créanciers les biens, droits et actions frauduleusement soustraits ; à payer à ladite masse des dommages-intérêts égaux à la somme qu'il a voulu frauder ; le tout avec affiche du jugement et son insertion dans un journal. *Code de commerce ,* *art.* 5g6, 5g8, 5g9. *Voir l'article* 41 *ci-dessus.*

103. Sont réputés complices des banqueroutiers frauduleux et punis des mêmes peines, *Code pénal, art.* 403, ceux convaincus de s'être entendus avec le banqueroutier pour recéler ou soustraire tout ou partie de son actif ; d'avoir acquis sur lui des créances fausses, et d'avoir, lors de la vérification et affirmation de leurs créances, persévéré à les faire valoir comme sincères et véritables. *Code de commerce , art.* 5g7, 5g8 *et* 5g9.

104. Les actions civiles demeurent séparées de la poursuite criminelle, et toutes les dispositions relatives aux biens , prescrites pour la faillite , sont exécutées , sans pouvoir être attirées , attribuées ni évoquées aux

tribunaux correctionnels, ni aux cours royales ou d'assises. *Idem*, *art.* 600.

3°. *De la réhabilitation.*

105. Toute demande en réhabilitation d'un failli, est adressée à la cour royale du domicile du failli, avec les quittances et autres pièces constatant l'acquittement intégral de toutes les dettes, intérêts et frais. *Idem*, *art.* 604, 605.

106. Ne sont point admis à la réhabilitation les stellionataires, les banqueroutiers frauduleux, les personnes condamnées pour vol ou escroquerie, les comptables, tels que les tuteurs, administrateurs ou dépositaires qui n'ont point rendu ou apuré leurs comptes. *Idem*, *art*, 612.

107. Peuvent être réhabilités les banqueroutiers simples qui ont subi leur jugement. *Idem*, *art.* 613.

108. Nul commerçant failli et non réhabilité ne peut se présenter à la bourse. *Idem*, *art.* 614.

§. X. *De la contrainte par corps, et des gardes du commerce.*

1°· *De la contrainte par corps.*

109. La contrainte par corps a lieu en matière civile :

1°. Pour stellionat. Voir *Stellionat*.

2°. Pour dépôt nécessaire. Voir *Dépôt*.

3°. En cas de réintégrande, pour le délaissement ordonné par justice, d'un fonds dont le propriétaire a été dépouillé par voies de fait, la restitution des fruits induement perçus, et les dommages-intérêts adjugés au propriétaire.

4°. Pour répétition de deniers consignés à des personnes publiques établies à cet effet.

5°. Pour la présentation des choses déposées aux séquestres, commissaires et autres gardiens.

6°. Contre les cautions judiciaires, et les cautions des contraignables par corps, lorsqu'elles se sont soumises à la contrainte.

7°. Contre tous officiers publics, pour la représentation ordonnée de leurs minutes.

8°. Contre les notaires, avoués et huissiers, pour la restitution des titres à eux confiés, et des deniers par eux reçus pour leurs cliens, par suite de leurs fonctions.

Code civil, art. 2059, 2060.

9°. Contre tous dépositaires publics, pour la remise des pièces de comparaison, dans le cas de vérification d'écritures. *Code de procédure civile*, art. 201.

10°. En vertu d'un second jugement contre ceux condamnés par un premier jugement à désemparer un fonds, et qui ont refusé d'obéir.

11°. Contre les fermiers et colons partiaires, qui ne représentent pas à la fin de leur bail, le cheptel du bétail, les semences et instrumens aratoires à eux confiés, à moins que le déficit ne provienne point de leur fait.

Code civil, art. 2061, 2062.

12°. Pour paiement d'adjudication de navires de tout tonnage, ainsi que du déficit, dommages-intérêts et frais résultans de la remise en vente et de la nouvelle adjudication du navire. *Code de commerce*, art. 209.

110. La contrainte par corps peut aussi être prononcée dans le cas d'écriture prouvée être écrite et signée de celui qui l'a déniée, pour le paiement de l'amende de 150 fr. prononcée en ce cas envers le domaine, outre les dépens, dommages et intérêts de la partie, pour le principal. *Code de procédure civile*, art. 213. Voir *Authenticité des actes*.

111. Hors les cas ci-dessus déterminés et ceux qui pourraient l'être à l'avenir, par une loi formelle ; dé-

fenses à tous juges de prononcer la contrainte par corps, aux notaires et greffiers de recevoir des actes où elle serait stipulée, à tous français de consentir pareils actes; le tout à peine de nullité, dépens, dommages et intérêts. *Code civil, art.* 2063.

Néanmoins il est laissé à la prudence des juges , de prononcer la contrainte par corps pour dommages-intérêts en matière civile, au-dessus de 300 fr., ainsi que pour reliquats de comptes de tutelle, curatelle, d'administration de corps et communautés, établissemens publics, ou de toute administration confiée par justice. *Code de procédure civile, art.* 126.

112. La contrainte par corps ne peut être prononcée 1°. Contre les mineurs; 2°. pour une somme au-dessous de 300 fr. ; 3°. contre les septuagénaires, les femmes et les filles , excepté dans le cas de stellionat. *Code civil, art.* 2066. Voir *Stellionat. Voir aussi les articles* 116 *et* 117, *ci-après.*

En matière de commerce, la contrainte par corps , peut être exercée à l'égard des septuagénaires. *Ainsi jugé par plusieurs arrêts de la cour de cassation.*

113. Pour un objet susceptible de liquidation, la contrainte par corps ne peut être exécutée , qu'après que la liquidation a été faite en argent. *Code de procédure civile, art.* 252.

114. Elle ne peut jamais être appliquée qu'en vertu d'un jugement. L'appel ne la suspend point, si elle est prononcée par un jugement provisoirement exécutoire , en donnant caution.

L'exercice de la contrainte n'empêche ni ne suspend les poursuites et exécutions sur les biens. *Code civil, art.* 2067 *à* 2069.

115. En matière de commerce, la contrainte par corps peut être prononcée contre les femmes et les filles qui sont marchandes publiques, ou contre celles mariées

faisant un commerce distinct et séparé de celui de leur mari. *Loi du 15 germinal an VI, (4 avril 1798) titre III, art. 2. Code civil, art. 2070.*

116. Elle a lieu également contre les mineurs émancipés, mais seulement pour l'exécution d'engagemens de marchand à marchand, et à raison des marchandises dont ils font négoce. *Loi précitée, titre III, art. 3. Code civil, art. 2070.*

117. La contrainte par corps ne peut être exécutée contre un individu qui, appelé comme témoin, est porteur d'un sauf-conduit délivré par le directeur du jury ou par le président du tribunal ou de la cour, ou par le juge-de-paix devant lequel il doit paraître. Le sauf-conduit règle la durée de son effet, à peine de nullité. *Code de procédure civile, art. 782.*

118. Aucune contrainte par corps ne peut être exécutée qu'un jour après la signification, avec commandement, du jugement qui l'a prononcée. *Idem, art. 780.*

119. Le débiteur ne peut être arrêté :

1°. Avant le lever et après le coucher du soleil.

2°. Les jours de fête légale.

3°. Dans les temples, pendant l'exercice du culte.

4°. Dans le lieu et pendant la tenue des séances des autorités constituées.

5°. Dans une maison tierce, si le juge-de-paix du lieu ne l'a ainsi ordonné ; auquel cas, le juge-de-paix se transporte dans la maison avec l'officier ministériel. *Idem, art. 781.* Voir aussi *Arrestations.*

Nota. Il est alloué au juge de paix pour sa vacation, 10 fr. à Paris ; 7 fr. 50 c. dans les villes où il y a tribunal de première instance ; 5 fr. dans les autres villes et cantons ruraux. *Code de procédure civile, art. 6.*

120. Si le juge-de-paix du canton ne peut pas, ou refuse d'ordonner l'arrestation dans une maison tierce où se trouverait le débiteur, et de s'y transporter, le

garde du commerce chargé de l'exécution requiert le juge-de-paix d'un autre canton.

Le garde du commerce n'a pas besoin du juge-de-paix pour arrêter le débiteur dans son propre domicile, si l'entrée n'en est pas refusée. *Décret du 14 mars 1808, art. 15.*

121. En cas de rébellion, le garde du commerce, chargé de l'arrestation, en constate la nature et les circonstances ; il peut établir garnison aux portes et issues, et requérir la force armée, qui ne peut lui être refusée. Le débiteur est ensuite poursuivi criminellement. *Code de procédure civile, art. 785. Décret précité, du 14 mars 1808, art. 16.*

122. Si le débiteur requiert qu'il en soit référé, il est conduit sur-le-champ en référé devant le président du tribunal de première Instance ou au domicile du président, si le tribunal ne tient pas. *Code de procédure civile, art. 786.*

123. Le garde du commerce ou tout autre, qui conduit, reçoit ou retient le débiteur dans un lieu de détention non légalement désigné comme tel, est poursuivi et puni comme coupable de détention arbitraire. *Idem, art. 788.* Voir *Arrestations.*

124. Faute par l'huissier de représenter au geolier de la prison qui doit le transcrire sur son registre, le jugement qui ordonne l'arrestation, le geolier refuse de recevoir le débiteur et de l'écrouer. *Idem, art. 790.* Voir *Ecrou.*

125. Le créancier est tenu de consigner les alimens d'avance, faute de quoi le débiteur est élargi. *Idem, art. 791 et 800.* Voir ci-après l'art. 142.

126. Si l'emprisonnement est déclaré nul, le créancier peut être condamné en des dommages-intérêts envers le débiteur. *Idem, art. 799.*

127. Le débiteur dont l'emprisonnement a été dé-

claré nul, ne peut être arrêté pour la même dette qu'un jour au moins après sa sortie. *Idem, art.* 797.

128. Le débiteur peut être mis en liberté, en consignant entre les mains du geolier les causes de son emprisonnement et les frais de capture. *Idem, art.* 798.

129. Tout jugement de condamnation au profit d'un français, contre un étranger étant en France et non y domicilié, emporte la contrainte par corps. Aussitôt l'échéance ou l'exigibilité de la dette, le tribunal de première Instance de l'arrondissement où se trouve l'étranger non domicilié peut, s'il y a motifs suffisans, ordonner son arrestation provisoire, sur la requête du créancier français. *Loi du 10 septembre 1807.* Voir aussi *Droits civils.*

130. L'arrestation provisoire n'a pas lieu ou cesse, si l'étranger justifie avoir en France un établissement de commerce, ou des immeubles qui puissent répondre de la dette, ou s'il donne pour caution une personne solvable et domiciliée en France. *Idem.*

131. Un étranger est aussi contraignable par corps en France, pour tous engagemens contractés en pays étranger, et y emportant la contrainte par corps. *Loi du 4 floréal an VI*, (23 avril 1798), *art.* 3.

132. Tout Français qui s'est soumis en pays étranger à la contrainte par corps pour des engagemens qu'il y a contractés, y est également contraignable en France. *Idem, art.* 4.

133. Elle a lieu également contre les redevables des droits de douanes, d'amende, et de confiscation. *Avis du conseil d'état du 7 fructidor an XII* (25 août 1804); ainsi que pour le payement des frais de police correctionnelle. *Décret du 20 septembre 1809.*

Voir aussi *Amende. Dommages-intérêts. Prise de corps.*

2°. *Gardes du commerce.*

134. Les gardes du commerce établis dans le département de la Seine, pour l'exécution de la contrainte par corps, en conséquence de l'article 625 du code de commerce, sont au nombre de dix. Ils sont nommés à vie par S. M., sur une liste de candidats présentés par le tribunal de première instance et le tribunal de commerce. *Décret du 14 mars 1808, art. 1 et 2.*

135. Il y a un vérificateur attaché au bureau des gardes du commerce ; il est nommé par le ministre de la justice. *Idem, art. 3.*

136. Le vérificateur et les gardes du commerce prêtent serment entre les mains du président du tribunal de première instance. Ils fournissent chacun un cautionnement de 600 fr., qui est versé à la caisse d'amortissement. *Idem, art. 4 et 5.*

137. Le bureau des gardes du commerce est ouvert tous les jours, de neuf heures du matin à trois heures et de six à neuf heures du soir. Ils sont tenus de s'y trouver alternativement. *Idem, art. 6.*

138. Les gardes du commerce sont exclusivement chargés de l'exécution des contraintes par corps, sans pouvoir être suppléés par les huissiers, recors, ni autres. Ils peuvent être commis par le tribunal de commerce à la garde des faillis. *Idem, art. 7.*

139. Ils ont une marque distinctive en forme de baguette, qu'ils sont tenus d'exhiber aux débiteurs condamnés, lors de l'exécution de la contrainte. *Idem, art. 8.*

140. Avant de procéder à la contrainte par corps, les titres et pièces sont remis au vérificateur, qui ne les remet au garde du commerce, qu'après avoir vérifié qu'il n'est survenu aucun empêchement à l'exécution de la contrainte, et en avoir donné certificat. En cas de

difficulté, il en est référé au tribunal compétent. *Idem*, *art.* 9 *et* 11.

141. Si, lors de l'exécution de la contrainte, le débiteur offre de payer les causes de la contrainte, le garde du commerce chargé de l'arrestation doit recevoir la somme offerte, et la remettre dans les vingt-quatre heures au créancier. Si celui-ci refuse de la recevoir, quel que soit son motif, le garde la dépose dans les vingt-quatre heures à la caisse des consignations. *Id.*, *art.* 14.

142. En conséquence de l'article 789 du code de procédure civile, la consignation du mois d'alimens pour le débiteur (*Voir ci-dessus l'art.* 125.), est faite par le garde du commerce ; mais il n'est jamais tenu d'en faire l'avance, et il peut surseoir à l'arrestation, si le créancier ne lui a pas remis les fonds nécessaires pour ladite consignation. *Idem, art.* 18.

143. Le garde du commerce est responsable de la nullité de l'arrestation, provenant de vice de forme commis par lui. Dans ce cas il tient compte au créancier des frais de l'arrestation annullée.

Le vérificateur est responsable du dommage-intérêt accordé au débiteur par suite d'erreurs ou fausses énonciations dans les certificats émanés du vérificateur.

Idem, art. 19.

144. Le salaire des gardes du commerce est fixé ainsi qu'il suit:

Pour une arrestation ou recommandation, 60 fr.   c.
Pour le procès-verbal, lorsque l'arrestation n'a pu être effectuée, ... 20
Pour droit de garde au domicile d'un failli, 5
Pour le dépôt des pièces par le créancier, 3
Pour le *visa* sur chaque pièce produite ou signifiée par le créancier ou le débiteur, ... 25
Pour le certificat mentionné en l'art. 140 ci-dessus,.. 2

Le tout non compris les droits d'enregistrement. *Idem, art.* 20 *et* 21.

145. Les gardes du commerce ont une bourse commune. *Idem, art.* 22 *et suivans.*

146. Les plaintes des parties contre un garde du commerce dans l'exercice de ses fonctions, sont portées au bureau des gardes du commerce. S'il s'agit de lésion des intérêts du plaignant, le bureau vérifie les faits, et fait réparer le dommage, s'il trouve la plainte fondée; s'il s'agit de prévarication du garde, le bureau dresse, de l'accusation et des dires du plaignant et du garde accusé, un procès-verbal qu'il remet dans les vingt-quatre heures au procureur du Roi, près le tribunal civil de l'arrondissement, lequel prend le parti qu'il avise, sans préjudice des diligences de la partie lésée. *Idem, art.* 27.

§. II. *Du commerce maritime.*

147. Les navires et autres bâtimens de mer sont meubles; néanmoins ils sont affectés aux dettes du vendeur et spécialement à celles que la loi déclare privilégiées. *Code de commerce, art.* 190 *et suivans.*

148. Tous bâtimens de mer peuvent être saisis et vendus par autorité de justice, en suivant les formes prescrites à cet égard. *Idem, art.* 197 *et suivans.* Voir l'art. 174, ci-après.

149. Tout propriétaire de navire est civilement responsable des faits du capitaine, pour ce qui est relatif au navire et à l'expédition. *Idem, art.* 216 *et suivans.*

150. Tout capitaine, maître ou patron, chargé de la conduite d'un navire ou autre bâtiment, est garant de ses fautes, même légères dans l'exercice de ses fonctions. *Idem, art.* 221. Il est responsable des marchandises dont il se charge; il en fournit une reconnaissance détaillée qui se nomme *connoissement. Idem, art.* 222.

151. Il tient un registre cotté et paraphé par le tribunal de commerce, ou à son défaut, par le maire ou adjoint, pour inscrire les résolutions prises pendant le voyage, et tout ce qui a trait à l'expédition.

Il fait visiter son navire avant de prendre charge.

Il a à bord l'acte de propriété et de francisation du navire, le rôle d'équipage, les connoissemens et chartes-parties, les procès-verbaux de visite, les acquits des douanes.

Il est en personne dans son navire, à l'entrée et à la sortie des ports, hâvres ou rivières.

Le tout à peine d'être responsable de tous les événemens envers les intéressés au navire et au chargement. *Idem, art.* 224 à 228.

152. Il répond du dommage des marchandises chargées sur le tillac sans le consentement par écrit du chargeur, excepté dans le cas du petit cabotage. *Idem, art.* 229.

153. Sa responsabilité cesse par la preuve de la force majeure. *Idem, art.* 230.

154. Le capitaine et les gens de l'équipage qui se rendent ou sont à bord, ne peuvent être arrêtés pour dettes civiles, si ce n'est pour celles contractées pour le voyage, ni dans ce dernier cas s'ils donnent caution. *Idem, art.* 231.

155. Hors le cas d'innavigabilité du navire, bien constaté, le capitaine ne peut, à peine de nullité de la vente, vendre le navire sans un pouvoir spécial du propriétaire. *Idem, art.* 237.

156. Tout capitaine engagé pour un voyage est tenu de l'achever, à peine de tous dépens, dommages-intérêts envers les propriétaires et les affréteurs. *Idem, art.* 238.

157. Le capitaine qui navigue à profit commun sur le chargement, ne peut faire aucun trafic ni commerce

pour son compte particulier, à moins de convention contraire, à peine de confiscation, au profit des autres intéressés, des marchandises par lui embarquées pour son compte particulier. *Idem*, *art.* 239 *et* 240.

158. Le capitaine ne peut abandonner son navire pendant le voyage, pour quelque danger que ce soit, sans l'avis des officiers et principaux de l'équipage. Il doit sauver avec lui l'argent et le plus précieux de son chargement, autant qu'il le peut, à peine d'en répondre en son propre nom. Si les objets sauvés sont perdus par cas fortuit, il est déchargé.

Il ne peut acquérir la propriété du navire par voie de prescription.

Idem, *art.* 241 *et* 430.

159. Dans les vingt-quatre heures de son arrivée, le capitaine se présente, dans les ports étrangers, au consul de France, et dans ceux français, au tribunal de commerce, et à son défaut, au juge de paix; il fait son rapport de toutes les circonstances de son voyage. *Idem*, *art.* 242 *à* 244.

160. En cas de naufrage, le capitaine qui s'est sauvé seul ou avec partie de l'équipage, en fait rapport à l'autorité civile du lieu; les gens de l'équipage qui se sont sauvés sont interrogés, sans préjudice des autres preuves. La preuve contraire est réservée aux parties. *Idem*, *art.* 246 *et* 247.

161. Hors le cas de péril imminent, le capitaine ne peut décharger aucune marchandise avant d'avoir fait son rapport, à peine de poursuites extraordinaires contre lui. *Idem*, *art.* 248.

162. Toute convention pour louage d'un vaisseau se nomme *charte-partie*, *affrètement* ou *nolissement*; elle doit être rédigée par écrit, et énoncer:

Le nom et le tonnage du navire;

Le nom du capitaine, ceux du fréteur et de l'affréteur;

Le lieu et le tems convenus pour la charge et pour la décharge;

Le prix du fret ou nolis;

Si l'affrétement est total ou partiel;

L'indemnité convenue pour les cas de retard. *Idem*, *art.* 273.

163. Le prix du loyer d'un navire ou autre bâtiment de mer est nommé *fret* ou *nolis*. Il est constaté par la charte-partie ou le connoissement. *Idem*, *art.* 286.

164. L'acte de prêt dit *à la grosse*, convenu pour le profit maritime, se nomme *contrat à la grosse*. *Idem*, *art.* 311.

165. Le contrat d'assurance, dit *police d'assurance*, peut être fait sous seings-privés; il est daté du jour et de l'heure, et ne peut contenir aucun blanc. Il exprime le nom et la demeure de l'assureur, et s'il est propriétaire ou commissionnaire; le nom et la désignation du navire; le nom du capitaine, le lieu du chargement et celui du déchargement; les ports ou rades dans lesquels le navire doit entrer; la nature et la valeur ou estimation des objets assurés; la prime ou le coût de l'assurance; si les parties se sont soumises à des arbitres, en cas de contestation, et toutes les autres conventions des parties. *Idem*, *art.* 332.

166. Toute assurance faite après la perte ou l'arrivée des objets assurés est nulle, s'il y a présomption qu'avant la signature du contrat, l'assuré a pu être informé de leur perte, ou l'assureur de leur arrivée. En cas de preuve contre l'assuré, il paie une double prime à l'assureur, et *vice versá*; celui contre lequel la preuve est faite est poursuivi correctionnellement. *Idem*, *art.* 365 *et* 368.

167. Les avaries de mer sont de deux espèces; avaries grosses ou communes, et avaries simples ou particulières.

Les avaries communes comprennent tous les dommages soufferts, et les dépenses faites, après délibérations motivées, pour le bien et le salut communs du navire et du chargement; elles sont supportées par les marchandises et par la moitié du navire et du fret, au marc le franc de la valeur.

Les avaries particulières comprennent toutes les dépenses faites et les dommages soufferts par le navire seul, ou par les marchandises seules; elles sont supportées et payées par le propriétaire de la chose qui a essuyé le dommage, ou occasionné la dépense.

Idem, *art.* 399 *à* 404.

Navires naufragés. Voir *Naufrage*.

Navires auxquels il a été accordé des licences pour des exportations. Voir *Licence*.

Voir aussi *Police maritime. Douanes.*

§. XII. *Des tribunaux de commerce et de leur compétence.*

168. Les tribunaux de commerce sont sous la surveillance du ministre de la justice. *Code de commerce,* *art.* 630. Ils sont composés d'un juge-président, de juges et de suppléans, tous choisis parmi les commerçans les plus notables du lieu, et nommés dans une assemblée des commerçans.

Le juge-président doit avoir quarante ans, et être choisi parmi les anciens juges.

Les juges et les suppléans doivent avoir trente ans, et avoir exercé le commerce avec honneur et distinction depuis cinq ans.

Le président et les juges ne restent que deux ans en place, et ne peuvent être réélus qu'après un an d'intervalle. Leurs fonctions sont honorifiques.

Même Code, art. 617 *à* 623, *et* 628.

Nota. Les villes où il y a des tribunaux de commerce sont désignées dans le décret du 6 novembre 1809.

169. Il y a près de chaque tribunal un greffier et des huissiers nommés par le Gouvernement. *Idem, art.* 624.

170. Le ministère des avoués est interdit dans les tribunaux de commerce; aucun défenseur ne peut y plaider, si la partie, présente, ne l'y autorise, ou s'il n'est muni d'un pouvoir spécial, qui peut être mis au bas de l'assignation ; il est visé par le greffier. *Idem, article* 627.

171. Les tribunaux de commerce connaissent :

1°. De toutes contestations relatives aux engagemens et transactions entre négocians, marchands et banquiers.

2°. Entre toutes personnes, des contestations relatives aux actes de commerce.

La loi répute actes de commerce :

Tout achat de denrées et marchandises, pour les revendre ou en louer l'usage;

Toute entreprise de manufactures, de commissions, de transports par terre ou par eau, de fournitures, d'agences d'affaires, de ventes à l'encan, de spectacles publics;

Toute opération de change, banque et courtage ;

Toutes les opérations de banques publiques;

Toutes obligations entre négocians, marchands et banquiers;

Entre toutes personnes, les lettres de change, ou remises d'argent faites de place en place;

Toute entreprise de construction, tous achats, ventes, et reventes de bâtimens pour la navigation intérieure et extérieure;

Toutes expéditions maritimes;

Tout achat ou vente d'agrès, apparaux et avituaillemens ;

Tout affrètement ou nolissement, emprunt ou prêt à la grosse, toutes assurances et autres contrats concernant le commerce de mer;

Tous accords ou conventions pour salaires et loyers d'équipages;

Tous engagemens de gens de mer pour le service des bâtimens de commerce.

3º. Des actions contre les facteurs, commis des marchands ou leurs serviteurs, pour le fait seulement du trafic du marchand auquel ils sont attachés.

4º. Des billets faits par les receveurs, payeurs, percepteurs, ou autres comptables de deniers publics.

5º. Du dépôt du bilan et des registres du commerçant en faillite, de l'affirmation et de la vérification des créances;

Des oppositions au concordat, mais seulement lorsque les moyens de l'opposant sont fondés sur des actes ou opérations dont la connaissance est attribuée par la loi aux tribunaux de commerce. Lesdites oppositions doivent en conséquence contenir les moyens de l'opposant, à peine de nullité;

De l'homologation du traité entre le failli et ses créanciers;

De la cession de biens faite par le failli, pour la partie seulement qui en est attribuée aux tribunaux de commerce, par l'art. 901 du Code de procédure civile.

Idem, art. 631 à 635.

172. Lorsque les lettres de change ne sont réputées que simples promesses, aux termes de l'article 62 ci-dessus, ou lorsque des billets à ordre ne portent point des signatures de négocians, et n'ont pas pour occasion des opérations de commerce, trafic, change, banque ou courtage, le tribunal de commerce doit renvoyer au tribunal civil, si le défendeur le requiert. *Id.*, art. 636.

173. Lorsque lesdites lettres de change ou billets portent en même tems des signatures de négocians et de non négocians, le tribunal de commerce en connait; mais il ne peut prononcer la contrainte par corps contre

les non négocians , à moins qu'ils ne se soient engagés à l'occasion d'opérations de commerce , trafic , change , banque ou courtage. *Idem , art.* 637.

174. Les tribunaux de commerce ne connaissent point des ventes des navires; la connaissance en appartient aux tribunaux ordinaires. *Avis du Conseil d'Etat , du* 17 *mai* 1819.

Ils ne connaissent point non plus des actions contre un propriétaire, cultivateur ou vigneron , pour ventes de denrées de son cru , ni de celles contre un commerçant , pour paiement de denrées et marchandises achetées pour son usage particulier. *Code de commerce, art.* 638.

175. Ils jugent en dernier ressort jusqu'à mille francs de principal, et toute les causes de leur compétence , dans lesquelles les parties ont déclaré vouloir être jugées définitivement sans appel. *Idem , art.* 639.

176. Les jugemens sont exécutoires, nonobstant opposition ou appel ; néanmoins pour les jugemens rendus par défaut, l'opposition faite au moment de l'exécution par déclaration sur le procès-verbal de l'huissier, arrête l'exécution , à la charge par l'opposant de la réitérer dans les trois jours avec assignation. *Code de procédure civile , art.* 438 *et* 441.

177. Dans les arrondissemens où il n'y a point de tribunal de commerce, les tribunaux civils en exercent les fonctions. *Code de commerce , art.* 641.

178. Les appels des jugemens des tribunaux de commerce sont portés aux Cours royales de leur ressort. *Idem , art.* 644.

179. Les cours ne peuvent, dans aucun cas, à peine de nullité, même des dommages-intérêts des parties , accorder des défenses ni surseoir à l'exécution des jugemens des tribunaux de commerce , même de ceux attaqués d'incompétence. Elles peuvent, suivant le cas,

accorder la permission de citer extraordinairement à jour et heure fixes pour plaider sur l'appel. *Idem, article* 647.

§. XIII. *Chambre de commerce.*

180. Il y a dans les villes de France désignées par le Roi, des chambres de commerce, composées d'un nombre fixe de commerçans, et présidées par le préfet dans les chefs-lieux de département, et par le maire dans les autres communes.

Leurs fonctions sont :

De présenter des vues sur l'amélioration du commerce ;

De faire connaître ce qui en arrête les progrès ;

D'indiquer les ressources que l'on peut se procurer ;

De surveiller l'exécution des travaux publics relatifs au commerce, tels que le curage des ports, la navigation des rivières, etc.

Elles correspondent directement avec le ministre de l'intérieur.

Arrêté du Gouvernement du 3 nivose an XI (24 décembre 1802).

§. XIV. *Conseil général de commerce.*

181. Il y a près le ministre de l'intérieur un conseil général de commerce, composé d'un membre choisi sur la présentation de chaque chambre de commerce, et de vingt membres nommés directement, tous parmi les négocians en exercice les plus recommandables.

Les fonctions du conseil sont :

De donner son avis sur les questions de législation et d'administration, et sur les projets et mémoires relatifs au commerce, qui lui sont renvoyés par le ministre de l'intérieur ;

De signaler au ministre les abus qui seraient de nature à préjudicier au commerce ;

De présenter ses vues sur les améliorations propres à en favoriser le mouvement et les progrès.

Le conseil est présidé par le ministre de l'intérieur, ou par un vice-président pris dans son sein et nommé par le ministre.

Ordonnance du Roi du 23 août 1819.

Commerce défendu aux fonctionnaires publics. Voir *Fonctionnaires publics*, §. II.

COMMISSAIRES DE LA BOURSE. Voir *Commerce*, art. 34.

Le commissaire de la Bourse est aussi commissaire de la halle aux draps et toiles.

COMMISSAIRE DES HALLES ET MARCHÉS DANS LE DÉPARTEMENT DE LA SEINE.

Art. 1er. Il y dans le département de la Seine, pour la partie administrative, un commissaire des halles et marchés nommé par le préfet de police et sous ses ordres. *Arrêté du Gouvernement du 12 messidor an VIII* (1er. *juillet* 1800), *art.* 25. Il a sous ses ordres le nombre de préposés nécessaire.

2. Il délivre les permissions aux détaillans pour se placer sur les carreaux des halles et marchés. Il inscrit les ouvriers et journaliers y employés, et leur en délivre certificat. Il remet, chaque mois, un état du tout au préfet de police. *Arrêté du préfet de police du 29 messidor an XII* (18 *juillet* 1804), *art.* 28.

3. Il surveille les échaudoirs, fondoirs et étaux ; les halles et marchés ; les marchés de Sceaux, Poissy, La Chapelle et Saint-Denis ; les magasins de fourrages ; la libre circulation des subsistances ; les patentes des marchands forains ; les marchands forains revendeurs ; les portefaix et commissionnaires ; les mercuriales ; la perception des taxes légalement faites et publiées ; les vacheries ; les épizooties ; la saisie et destruction dans les halles et marchés, des comestibles gâtés, corrompus

ou nuisibles. *Arrêté du préfet de police du 23 thermidor an VIII (11 août 1800), art. 144.*

COMMISSAIRE DE LA PETITE-VOIRIE.

Art. 1er. Il y a à Paris, pour la partie administrative, un commissaire de la petite-voirie, nommé par le préfet de police et agissant sous ses ordres. *Arrêté du Gouvernement du 12 messidor an VIII (1er. juillet 1800), art.* 35.

2. Le commissaire de la petite-voirie est architecte-expert ; il a sous ses ordres des architectes-inspecteurs, des sous-inspecteurs et des employés. *Arrêté du préfet de police du 1er. octobre 1813, art.* 25.

3. Les fonctions principales du commissaire de la petite-voirie sont :

La direction des travaux de construction, réparation et entretien, dont les dépenses sont prélevées sur les fonds de la préfecture de police ;

La surveillance des bâtimens mis à la disposition du préfet de police pour le service de la préfecture ;

La visite des établissemens particuliers qui doivent être autorisés par une ordonnance du Roi, ou par un arrêté du préfet de police ;

La visite de tous objets quelconques intéressant directement ou indirectement la liberté de la circulation, la sûreté publique et la salubrité.

Idem, art. 1.

4. Dans les cas de *bâtimens en péril,* si le danger est imminent, il prend d'urgence, concurremment avec les commissaires de police, les mesures nécessaires pour faire cesser le danger, et en rend compte de suite au préfet. *Idem, art.* 15.

Si le danger n'est pas imminent, il fait constater l'état du bâtiment par un architecte-inspecteur. *Idem, art.* 16.

Si le péril est contesté, il procède lui-même à une

visite contradictoire, reçoit les dires et observations du propriétaire ou de son expert, et les consigne dans son procès-verbal. *Idem*, *art.* 17.

S'il y a lieu à une tierce expertise, le tiers expert procède à la visite en présence du commissaire de la petite-voirie et de l'expert du propriétaire ; le procès-verbal est soumis au préfet pour être statué ce que de droit. *Idem*, *art.* 18.

L'état des ouvriers employés à une démolition d'office, et les autres frais de démolition, sont constatés par des attachemens pris par un commissaire de police et par un architecte inspecteur. *Idem*, *art.* 19.

Le commissaire de la petite-voirie et le commissaire de police du quartier veillent à la conservation des matériaux provenant d'une démolition d'office ; ils établissent gardien, s'ils le jugent convenable. *Idem*, *art.* 20.

5. Le commissaire de la petite voirie vérifie toutes les demandes en permission de saillie sur la voie publique, et donne son avis au préfet de police. *Id.*, *art.* 21 *et* 22. Après l'exécution des saillies autorisées, elles sont vérifiées par le commissaire de police du quartier, et contrôlées au besoin, par un architecte-inspecteur ; il en est dressé procès-verbal. *Idem*, *art.* 34.

6. Dans les incendies, il fournit les ouvriers nécessaires pour les démolitions et les déblayemens, surveille les travaux, règle les mémoires des ouvriers. Il en est de même pour tous les cas où la police fournit des ouvriers.

COMMISSAIRES DE POLICE. (Voir *Idem*, au tome IV).

    1°. *Dispositions générales ;*
    2°. *Fonctions des commissaires de police.*
      1°. *En police administrative ;*
      2°. *En police judiciaire ;*
      3°. *En justice civile.*

CHAPITRE Ier. *Dispositions générales.*

Art. 1er. Les commissaires 'de police de tout le royaume, sont nommés par le Roi, sur la présentation du ministre de l'intérieur et la proposition des préfets. *Arrêté du Gouvernement, du* 19 *nivose an VIII* (8 *janvier* 1810.)

A Paris, le préfet de police propose les sujets au ministre.

2. Il y a un commissaire de police dans chaque ville de 5,000 à 10,000 habitans. Dans les villes au-dessus de 10,000 habitans, il y a un commissaire de police par 10,000 habitans. Ils sont subordonnés aux sous-préfets et aux préfets. *Loi du* 28 *pluviose an VIII,* (17 *février* 1800) *art.* 12.

3. Dans les communes divisées en plusieurs arrondissemens, les commissaires de police exercent leurs fonctions dans toute l'étendue de la commune, sans pouvoir alléguer que les contraventions ont été commises hors de l'arrondissement particulier auquel ils sont préposés. Ces arrondissemens ne limitent ni ne circonscrivent leurs pouvoirs respectifs, mais indiquent seulement les termes dans lesquels chacun d'eux est plus spécialement astreint à l'exercice constant et régulier de ses fonctions. *Code d'instruction criminelle,* art. 12.

Toutefois si un commissaire de police constate une contravention dans un arrondissement autre que celui où il exerce habituellement, il doit communiquer son procès-verbal, avant de l'envoyer au tribunal de police, au commissaire de police du domicile du contrevenant qui, connaissant plus particulièrement ses administrés, peut donner un avis utile pour la détermination à prendre à l'égard du contrevenant. *Décision du préfet de police, du* 20 *novembre* 1811.

4. Lorsqu'un des commissaires de police d'une même commune se trouve légitimement empêché, celui de l'arrondissement voisin est tenu de le suppléer, sans qu'il puisse retarder le service pour lequel il est requis, sous prétexte qu'il n'est pas le plus voisin du commissaire empêché, ou que l'empêchement n'est pas légitime ou n'est pas prouvé. *Code d'instruction criminelle, art.* 13.

Dans les communes où il n'y a qu'un commissaire de police, s'il se trouve légitimement empêché, il est remplacé par le maire ou l'adjoint du maire, tant que dure son empêchement. *Idem, art.* 14.

5. Lorsqu'une commune se trouve avoir une portion de territoire dans la conscription d'un autre département que celui de son chef-lieu, les commissaires et officiers de-police des départemens respectifs peuvent exercer leurs fonctions concurrement sur cette partie de territoire, mais seulement pour la dispersion des attroupemens, la répression du brigandage, la poursuite des prévenus à la clameur publique, et l'arrestation en flagrant délit. *Arrêté du Gouvernement, du 3 ventose an X, (21 février 1802).*

6. Paris est divisé en douze arrondissemens ou mairies, et chaque arrondissement en quatre quartiers. Il y a un commissaire de police pour chacun des quarante-huit quartiers. Ils sont sous les ordres immédiats du préfet de police. *Loi précitée du 28 pluviose an VIII, art.* 16.

Il y a aussi un commissaire de police de la bourse, qui l'est en même temps de la halle aux toiles et aux draps. Voir *Commerce, art.* 34.

7. Le préfet de police désigne à chacun des quarante-huit commissaires, le quartier dans lequel il doit habituellement et le plus spécialement exercer ses fonctions. *Arrêté du Gouvernement, du 22 ventose an VIII, (13 mars 1800).*

Néanmoins, et conformément à l'article 3, ci-dessus, un commissaire de police ne doit pas renvoyer à un de ses collègues l'exécution d'un ordre du préfet de police, sous prétexte que le lieu où l'ordre doit être exécuté, n'est pas situé dans son quartier. *Décision du préfet de police, du 13 prairial au VIII*, (2 juin 1800).

8. Un commissaire de Police ne s'absente point de la commune où il exerce, sans y être autorisé ; il doit être constamment à son poste tous les jours de l'année ; s'il s'absente de son bureau, il doit y laisser l'indication du lieu où on le trouvera. *Circulaire du préfet de police, du 20 avril 1819.*

A Paris, les jours de dimanche et de fête légale, il doit y avoir deux commissaires de police de garde à leur bureau, dans chacun des douze arrondissemens ; les deux autres doivent avoir leurs secrétaires à leur bureau, pour envoyer à un des deux commissaires de garde les affaires qui se présentent. Les quatre commissaires de chaque arrondissement se concertent entre eux à cet effet, et indiquent au préfet de police les deux commissaires qui sont de garde. *Décision du préfet de polic , du 12 brumaire an XI (3 novembre 1802).*

9. Le traitement des commissaires de police est de :

4,000 fr. à Paris ;

2,400 fr. à Bordeaux, Lyon, Marseille ;

1,800 fr. dans les villes de 40,000 âmes et au-dessous;

1,500 fr. dans celles de 25 à 40,000 ;

1,200 fr. dans celles de 15 à 25,000;

1,000 fr. dans celles de 10 à 15,000.

Dans celles au-dessous, leur traitement est fixé par un réglement d'administration.

Arrêté du Gouvernement, du 23 fructidor an IX, (10 septembre 1801).

10. A Paris, chaque commissaire de police a sous

ses ordres immédiats : un employé sous le titre de se-
crétaire-inspecteur de première classe ; un inspecteur
aux maisons garnies de son quartier, et un sonneur pour
le balayage des rues ; tous payés par la préfecture de
police, et nommés par le préfet de police sur la présentation du commissaire de police.

11. Les secrétaires des commissaires de police ne
signent aucun acte ni expédition. En cas d'absence du
commissaire, ils peuvent rédiger l'acte et le faire signer
par le commissaire suppléant. *Décision du préfet de police, du 2 floréal an XII (23 avril 1804).*

12. La force armée des corps-de-garde est tenue de
déférer aux réquisitions des commissaires de police.
*Décision du Gouverneur de Paris, consignée dans
une circulaire du préfet de police, du 26 pluviose an XII,
(16 février 1804).*

13. Les commissaires de police font la publication
des ordonnances rendues par le préfet de police, et des
autres actes de l'autorité publique à eux adressés à cet
effet par ce magistrat.

14. Les procès-verbaux dressés d'office par les commissaires de police, sont visés pour valoir timbre, et
enregistrés par débet par le receveur des droits d'enregistrement. *Loi du 22 frimaire an VII, (12 décembre
1798) art. 70.* Voir *Procès-verbaux.*

Les plaintes et autres actes dans lesquels le déclarant
se constitue partie civile, sont rédigés sur papier timbré
et soumis à l'enregistrement. Les parties doivent consigner les droits.

15. Chaque commissaire de police adresse chaque
jour au préfet de police un rapport sur tout ce qui
s'est passé dans son quartier, sur les contraventions
qu'il a remarquées ; sur les événemens ou accidens, délits ou crimes qu'il a constatés ; le tout sans préjudice
de l'envoi des procès-verbaux.

Répertoire que doivent tenir les commissaires de police. Voir *Répertoire*.

16. Le costume des commissaires de police est, habit noir complet, chapeau uni à la française. Ils portent, dans leurs fonctions, une écharpe ou ceinture de soie bleue de ciel, avec frange et torsade de même couleur, en soie. *Loi du 17 floréal an VIII (7 mai 1808) art. 4. Décision du Roi, du 26 juillet 1814. Circulaire du directeur général de la police, des 1 et 8 août 1814.*

Ils doivent être toujours en habit noir complet; et être revêtus de leur écharpe lorsqu'ils sont en fonctions. *Circulaires du préfet de police, des 18 mai 1818 et 29 avril 1819.*

Respect dû aux commissaires de police. Voir *Autorités constituées, art 9 et suivans.*

CHAPITRE II. *Fonctions des commissaires de police.*

17. Les commissaires de police exercent leurs fonctions sous divers rapports :

1°. En police administrative, comme administrateurs, sous la surveillance immédiate des préfets;

2°. En police municipale, comme officiers de police judiciaire, et officiers du ministère public près le tribunal de simple police; sous la surveillance immédiate du procureur du Roi près le tribunal de première instance;

3°. En police correctionnelle et criminelle, comme officiers de police auxiliaires du procureur du Roi, et sous sa surveillance;

4°. En justice civile, comme officiers publics, sous la surveillance et des préfets et des procureurs royaux.

§. Ier. *En police administrative.*

18. Les commissaires de police surveillent le maintien habituel de l'ordre public, ce qui constitue la

police administrative , dont le but est de prévenir les délits.

Sous ce premier rapport, ils sont les magistrats de première instance auxquels les citoyens de toutes les classes peuvent avoir recours à tous les instans du jour et de la nuit, pour le maintien de leur sûreté personnelle, et pour la répression de tous les désordres qui leur portent préjudice.

Leur autorité protectrice de la liberté, de la sûreté individuelle et publique, est en même-temps répressive de toutes les contraventions et délits qui blessent l'ordre public.

Enfin ils sont les premiers confidens des personnes lésées dans leur personne ou leur propriété.

19. Ils ont spécialement la surveillance et l'exécution de toutes les mesures de police administrative ordonnées par le préfet de police , à Paris, et ailleurs par les préfets, les sous-préfets et les maires.

20. Dans la police administrative peuvent être classés tous les objets ci-après désignés , pour lesquels les commissaires de police ont une surveillance journalière à exercer :

1°. La sûreté et commodité de la voie publique , et la petite-voirie ; ce qui comprend le nettoiement et l'illumination des rues ; les dépôts des matériaux, leur enlèvement ; les bâtimens en péril ; les objets exposés sur les croisées ; les gouttières et enseignes saillantes ; les auvens et toute espèce de saillie ; les précautions à prendre par les maçons, les couvreurs et autres ouvriers ; les échoppes, les étalages ; le stationnement des voitures de louage ; les ports et chantiers, les halles et marchés.

La surveillance de tous ces objets exige de la part des commissaires de police des rondes fréquentes dans leurs quartiers respectifs.

2⁸. La vérification des demandes en permission pour les établissemens de boucherie, boulangerie, charcuterie, brasseries, distilleries, fonderies, vacheries, magasins de fourrage, chantiers de bois de chauffage, etc.; pour les dissections, les exhumations; pour les ateliers et manufactures spécifiés en l'ordonnance du Roi du 4 janvier 1815 (voir *Ateliers*); pour les bals, concerts, spectacles et fêtes publiques; pour les porte-falots, les colporteurs; pour les travestissemens; pour l'usage des presses, moutons, balanciers et laminoirs.

3⁰. Les précautions contre les incendies, les secours à y porter; les inondations et autres calamités; les insensés, les animaux malfaisans, les maladies contagieuses, et tout ce qui peut altérer la salubrité et la santé.

4⁰. Les secours à donner aux noyés et aux asphyxiés; la levée des cadavres, le transport, dans les hôpitaux et hospices, des malades indigens et des blessés.

5⁰. La conservation et préservation des monumens publics; la protection due à l'exercice des cultes; le maintien des mœurs publiques.

6⁰. La délivrance des bulletins et certificats pour obtenir des passeports, des permis de séjour, cartes de sûreté et ports d'armes.

7⁰. Le *visa* des registres des hôtelliers et logeurs, des marchands et fabricans d'ouvrages d'or et d'argent, des brocanteurs et fripiers, des pharmaciens et droguistes. Les visites fréquentes dans les maisons garnies.

8⁰. Le *visa* des livrets des ouvriers; les contestations entre les maîtres et les ouvriers; l'inscription des individus en état de domesticité, et la délivrance à chacun d'eux d'un bulletin d'inscription ou livret; les commissionnaires stationnant sur la voie publique.

9⁰. L'envoi à la préfecture de police de tous individus sans moyens d'existence connue, présumés vagabonds.

31.

10°. L'arrestation des femmes publiques, des mendians valides, des vagabonds et gens sans aveu, et leur envoi par devant le préfet de police.

Enfin tous les objets intéressant le maintien du bon ordre, de la tranquillité, de la sûreté publique.

Pour tous les objets ci-dessus les commissaires de police, à Paris, exercent leurs fonctions sous l'autorité immédiate du préfet de police. Dans les autres villes, ils les exercent sous l'autorité immédiate des municipalités, auxquelles ils sont subordonnés dans l'exercice habituel et journalier de leurs fonctions. Ils ne sont indépendans de l'autorité administrative, qu'en ce qui concerne l'exercice de la police judiciaire. Ils doivent instruire le sous-préfet ou le préfet de tout ce qui intéresse l'ordre et la tranquillité ; mais les ordres de ces derniers doivent leur être transmis par les maires. *Décision du ministre de la police du 7 ventôse an IX* (26 *février* 1801).

§. II. *En police judiciaire.*

21. En ce qui concerne la police judiciaire, les commissaires de police exercent sous l'autorité des cours royales, et sous la surveillance immédiate des procureurs généraux et des procureurs royaux.

La police judiciaire comprend la police municipale, correctionnelle et criminelle. Elle a pour objet la répression des contraventions, des délits et des crimes que la police administrative n'a pu prévenir.

1°. *En police judiciaire municipale.*

22. Les commissaires de police, et dans les communes où il n'y en a point, les maires ou leurs adjoints recherchent les contraventions de simple police, même celles qui sont sous la surveillance spéciale des gardes

forestiers et champêtres, à l'égard desquels ils ont concurrence et même prévention.

Ils reçoivent les rapports, dénonciations et plaintes relatives à ces contraventions.

Ils en consignent dans des procès-verbaux la nature et les circonstances, le temps et le lieu où elles ont été commises, les preuves ou indices à la charge des présumés coupables.

Code d'instruction criminelle, art. 11,

23. Dans les trois jours au plus tard, à compter du jour où ils ont reconnu le fait, ils remettent toutes les pièces et renseignemens à l'officier de police qui remplit les fonctions du ministère public près le tribunal de police. *Idem, art.* 15.

24. Sur les affaires qui doivent être portées devant le tribunal, les commissaires de police, en usant de la faculté accordée par l'article 147 du Code d'instruction criminelle, (voir *Juges de paix, art.* 22), peuvent citer les parties par un simple avertissement relaté dans le procès-verbal, à la prochaine audience du tribunal. *Instruction de M. le procureur du Roi près le tribunal de première instance du département de la Seine du 28 février* 1811.

NOTA. Ceci s'applique particulièrement aux cas où les parties étant présentes devant le commissaire de police, pour faits de police municipale, tels que injures verbales, voies de fait légères, etc., le commissaire rédige en leur présence le procès-verbal de leurs dires respectifs.

25. Les commissaires de police remplissent près le tribunal de simple police les fonctions du ministère public. *Loi du 27 ventose an VIII* (18 *mars* 1800). *Arrêté du Gouvernement du 5 brumaire an IX* (18 *octobre* 1800). *Sénatus-consulte du 28 floréal an XII* (18 *mai* 1804), *art.* 36. *Code d'instruction criminelle, art.* 144.

Voir *Police municipale. Juges de paix.*

26. Comme officiers du ministère public dans l'ordre judiciaire municipal, ils assistent et signent les procès-verbaux de réception de travaux, rédigés par les experts nommés par les juges de paix, pour assurer le privilège aux ouvriers qui ont fait lesdits travaux, aux termes de l'article 12 de la loi du 11 brumaire an VII (1er. novembre 1798) sur le régime hypothécaire. Ils remplacent, dans ce cas, par une conséquence de la loi du 27 ventôse an VIII précitée, les commissaires du Gouvernement qui étaient placés près des municipalités. *Décision du ministre de la justice du* 8 *thermidor an VIII* (28 *juillet* 1800).

2°. *En police judiciaire, correctionnelle et criminelle.*

27. Les commissaires de police assistent le procureur du Roi dans l'instruction correctionnelle et criminelle, et signent les procès-verbaux. Voir *Procédure criminelle,* art. 12 et 17.

28. Ils sont officiers de police auxiliaires du procureur du Roi; en cette qualité, il le suppléent, et font dans la première instruction tous les actes de sa compétence en matière correctionnelle et criminelle. Voir *Idem.*

En la même qualité, ils décernent, s'il y a lieu, tout mandat d'amener contre le prévenu connu ou suffisamment désigné, et font perquisition dans son domicile; le tout en se conformant aux règles établies au mot, *Procédure criminelle. Instruction précitée de M. le procureur du Roi.* Voir *Arrestations. Perquisition.*

Ils adressent leurs procès-verbaux, avec les prévenus, les pièces à conviction et autres, au procureur du Roi.

A Paris, ils adressent le tout au préfet de police, qui en fait le renvoi à qui de droit; mais lorsqu'il y a lieu à ordonner l'inhumation d'un individu, par suite d'un suicide, d'une mort violente ou accidentelle et de tout autre événement, ils remettent leurs procès-verbaux directement au procureur du Roi, et en font un rapport au préfet de police.

Voir au mot *Procédure criminelle, le Nota à l'art.* 17.

29. Les commissaires de police sont aussi officiers de police judiciaire en matière correctionnelle et criminelle, pour l'instruction des délits dont la connaissance leur est attribuée par les dispositions particulières de lois relatées aux articles suivans.

30. Ils reçoivent les déclarations pour les contrefaçons d'ouvrages, et constatent le délit. Voir *Contrefaçons.*

31. Ils constatent les contraventions sur les poids et mesures, dressent des procès-verbaux, saisissent les fausses mesures, poids et balances, déposent le tout au greffe du tribunal correctionnel. *Loi du 11 vendémiaire an IV* (23 septembre 1795), *art.* 11.

32. Ils assistent les contrôleurs des monnaies dans leurs visites chez les marchands et fabricans d'ouvrages d'or et d'argent, pour constater les contraventions à la loi du 19 brumaire an VI (6 novembre 1797); ils signent les procès-verbaux des contrôleurs, leur font prêter main-forte, au besoin; ils sont présens au dépôt des objets saisis, au greffe du tribunal correctionnel; et ce, au lieu et place des officiers municipaux. *Loi du 28 pluviose an VIII* (17 février 1800), *art.* 9, 11 *et* 16. *Décision du préfet de police du* 3 prairial an *VIII* (28 mai 1800). Voir *Matières d'or et d'argent.*

Ils assistent aussi les délégués des diverses corporations dans les visites qu'ils sont chargés de faire d'après les ordres du préfet de police.

33. Ils constatent les contraventions sur la vente des drogues et médicamens. Ils accompagnent à cet effet les médecins et pharmaciens désignés par les écoles de Médecine et de Pharmacie, dans les visites prescrites

par la loi, et aux époques indiquées par le préfet de police, chez les pharmaciens, les herboristes, les droguistes et les épiciers, qui sont tenus de représenter leurs drogues, médicamens et plantes médicinales. Celles détériorées ou mal préparées sont saisies et scellées; il en est dressé procès-verbal, et le tout est déposé au greffe du tribunal correctionnel. *Loi du 21 germinal an XI* (11 avril 1803), *art.* 23. Voir *Pharmaciens*.

34. Ils connaissent spécialement des contraventions aux lois et réglemens sur les maisons garnies et les étrangers logés dans des maisons particulières; ils en dressent des procès-verbaux d'office, qu'ils transmettent au greffe du tribunal de simple police ou correctionnel, suivant la peine applicable au délit. *Loi du 28 juillet 1791, tit. Ier., art.* 5 *et* 6. *Loi du 27 ventose an VIII* (16 juillet 1800). Voir *Maisons garnies*.

35. Ils connaissent aussi des contraventions aux lois sur les voitures de roulage; ils jugent sommairement et sans frais, sauf recours au préfet, les contestations relatives aux poids des voitures, à l'amende et à sa quotité. *Décret du 23 juin* 1806. Voir *Roulage*.

36. Ils assistent les préposés de l'octroi et de la régie des droits réunis, en cas de suspicion de fraude, pour faire des visites chez les prévenus de la fraude. *Loi du 5 ventose an XII* (25 février 1804), *art.* 83. Voir *Droits réunis. Douanes. Octroi*.

37. Ils constatent les contraventions aux lois sur les loteries, font les saisies ordonnées et envoyent leurs procès-verbaux et les prévenus au procureur du Roi. *Loi du 9 germinal an VI* (29 mars 1798). Voir *Loterie*.

38. Les procès-verbaux dressés d'office par les commissaires de police, en matière correctionnelle, lorsqu'il n'y a pas de plaignant sont envoyés directement au procureur du Roi, attendu que l'instruction se fait directement à l'audience de police correctionnelle, sur

le procès-verbal du commissaire de police. *Ainsi décidé par le ministre de la justice.*

§. III. *En police ou justice civile.*

39. Les commissaires de police sont officiers publics dans l'ordre judiciaire civil. Comme tels, ils sont aptes à constater, sur la réquisition des parties intéressées, tous événemens, accidens ou faits qui peuvent donner lieu à une action civile; excepté néanmoins le cas d'avaries à des marchandises. Voir *Commerce*, *art.* 57.

Leurs actes dans les cas ci-dessus sont soumis au timbre et à l'enregistrement, aux frais de la partie requérante.

Lorsqu'ils en délivrent expédition, et que cette expédition doit être produite en justice, hors de la commune où ils exercent leurs fonctions, leur signature de ladite expédition doit être légalisée par le préfet de police, à Paris, et ailleurs par le préfet, ou par le président du tribunal civil.

40. C'est aussi comme officiers de justice civile, et du ministère public, qu'ils assistent les huissiers dans l'exécution des jugemens ou arrêts des tribunaux ou des cours, à l'effet d'être présens, en cas d'empêchement des juges de paix, aux ouvertures de portes à fin de saisie-exécution, et autres opérations ordonnées par justice.

Ils doivent se faire représenter par l'huissier qui les requiert, les ordonnances ou jugemens dont ils sont porteurs, à l'effet de vérifier si les actes sont en règle, enregistrés et signifiés.

41. Dans le cas d'ouvertures de portes aux fins de saisie-exécution pour paiement de contributions, le commissaire de police doit se faire représenter, par l'huissier qui requiert son assistance, la commission signée du préfet du département, et l'ampliation de la décision qui autorise l'huissier à procéder à l'ouver-

ture des portes. Il peut exiger copie de ces actes. *Décision du préfet de police du 13 floréal an XI (3 mars 1803).* Voir *Huissiers*, §. XI.

COMMISSAIRE DE POLICE près le dépôt de St.-Denis. Voir *Prisons.*

COMMISSAIRES GÉNÉRAUX DE POLICE.

NOTA. Ils ont été supprimés par un décret du 28 mars 1815, qui a supprimé en même-temps les directeurs-généraux de police et les commissaires spéciaux de police, et a créé sept lieutenans de police. (Voir *Lieutenans de police.*) On a cru toutefois devoir rapporter ici les dispositions relatives aux commissaires généraux de police.

§. Ier. *Dispositions générales.*

Art. 1er. Dans les villes de 100,000 habitans et au-dessus, Paris excepté, il y a un commissaire général de police, auquel sont subordonnés les commissaires de police, et qui est subordonné au préfet. *Loi du 28 pluviose an VIII (17 février 1800), art. 14.*

2. Il y a des commissaires généraux de police dans des villes d'une moindre population, et spécialement désignées. *Décret du 23 fructidor an XIII (11 septembre 1805), art. 19.*

3. Dans les villes où il n'y a point de commissaire général de police, le préfet du département en exerce les fonctions.

§. II. *Fonctions des commissaires généraux de police.*

4. Ils exécutent, les ordres qu'ils reçoivent immédiatement du ministre, et peuvent correspondre directement avec lui dans les cas qui intéressent la sûreté de l'Etat. *Décret précité, art. 1er.*

5. Ils exercent sous l'autorité du préfet, les fonctions locales ci-après déterminées. *Idem, art. 2.*

6. Ils publient de nouveau les lois et réglemens de police en activité. Les ordonnances qu'ils rendent pour en assurer l'exécution sont soumises à l'approbation du préfet. *Idem, art. 3;* sauf, en cas de refus, le recours au ministre.

7. Ils délivrent les attestations nécessaires pour obtenir du préfet les passeports pour l'étranger et pour les colonies françaises. *Idem*, *art.* 4. En cas de refus de délivrer lesdites attestations, ils communiquent au préfet, s'il le demande, les motifs de leur refus.

8. Ils visent les passeports des étrangers qui arrivent en France, ou des Français revenant de l'étranger ou des colonies, sans préjudice de la présentation desdits passeports au maire, si celui qui en est porteur, réside plus de vingt-quatre heures dans la ville. *Id.*, *art.* 5.

9. Ils visent les permissions ou congés des militaires ou marins qui veulent résider dans la ville ou dans la banlieue. *Idem*, *art.* 6.

10. Ils font exécuter les lois sur la mendicité et le vagabondage ; ils peuvent en conséquence, sans préjudice des dispositions locales prises par les préfets, les sous-préfets ou les maires, envoyer les mendians, vagabonds et gens sans aveu, aux maisons de détention. *Idem*, *art.* 7.

11. Ils ont la surveillance des prisons de la ville où ils résident, et délivrent, seuls, les permissions de communiquer avec les individus détenus par leur ordre, lesquels ne peuvent être mis en liberté que sur leur autorisation. *Idem*, *art,* 8. *Arrêté du Gouvernement du 5 brumaire an IX* (27 octobre 1800), *art.* 4. Voir *Prisons*, *art.* 9.

12. Ils surveillent l'exécution des lois et réglemens de police concernant les hôtels garnis et les logeurs, sans préjudice de l'exercice, en concurrence, de la police municipale. *Décret précité*, *art.* 9.

13. Ils font exécuter les lois et réglemens de police sur l'imprimerie, la librairie et les journaux. *Idem*, *art.* 10, ainsi que sur les manufactures et ateliers.

14. Ils surveillent les églises, font observer l'ordre, la décence et le respect dus aux saints lieux ; ils font

arrêter tout individu qui troublerait la liberté et la publicité du culte. *Idem, art.* 11.

15. Ils font rechercher les militaires et les marins déserteurs, et les prisonniers de guerre évadés, *Idem, art.* 12.

16. Ils veillent à l'exécution des lois et réglemens des douanes sur la contrebande, et font saisir les marchandises prohibées. *Idem, art.* 13.

17. Ils connaissent des mesures de sûreté prescrites par les lois et réglemens concernant les navires neutralisés, et les individus arrivant des pays étrangers, et de toutes autres mesures touchant les pays avec lesquels la France serait en guerre, ou leurs sujets. *Idem, art.* 14.

18. Les commissaires généraux et leurs agens peuvent faire saisir et traduire aux tribunaux de police correctionnelle les prévenus de délits de la compétence de ces tribunaux. *Idem, art.* 15.

19. Ils font, concurremment avec les autorités locales, saisir et remettre aux officiers de justice criminelle, tous ceux surpris en flagrant délit, ou arrêtés à la clameur publique, comme prévenus de délits criminels. *Idem, art.* 16.

20. Ils sont, en matière correctionnelle et criminelle, officiers de police auxiliaires du procureur du Roi. (Ce qu'ils font en cette qualité, voir *Procédure criminelle, art.* 17.)

21. Ils sont chargés de la police des théâtres, seulement en ce qui concerne les ouvrages qui y sont représentés. *Décret du 21 frimaire an XIV* (12 *décembre* 1805.)

NOTA. Toutes les fonctions de police locale autres que celles ci-dessus détaillées, sont dévolues aux maires. *Décret précité du 25 fructidor an XIII, art.* 2. Voir *Maires.*

22. Les commissaires généraux de police ont sous leurs ordres, pour l'exercice de leurs fonctions, les

commissaires de police des villes de leur arrondissement. Ils correspondent avec les maires et adjoints,
décret précité du 23 fructidor an XIII, art. 17, sans
pouvoir exiger d'eux aucun compte ni leur donner
aucun ordre ; ils peuvent seulement provoquer leur
surveillance au besoin, et en cas de refus ou négligence,
s'adresser au préfet, même au ministre de l'intérieur,
suivant la gravité des cas.

23. Ils ont à leur disposition, pour l'exercice de la
police, la garde nationale et la gendarmerie ; ils peuvent requérir la force armée en activité. *Idem, art.* 18.

24. Ils exercent leurs fonctions : 1°. dans la ville où
ils résident et dans sa banlieue ; 2°. pour ceux qui sont
sur les frontières de terre et de mer, dans la ligne des
douanes, et dans l'étendue de cette ligne réglée par le
Roi ; 3°. dans toute l'étendue des camps ou cantonne-
mens militaires, lorsqu'il en est établi dans l'intérieur,
et qu'ils sont situés dans ou contigus à l'arrondissement
du commissaire général.

Idem, art. 20.

25. Dans les gouvernemens, ils exercent sous les ordres du gouverneur général et du préfet. *Décret du* 25
mars 1811, *art.* 10.

26. Les commissaires généraux de police informent
le préfet de leur arrondissement de tout ce qui peut intéresser son département ; ils défèrent aux réquisitions
qui leur sont adressées par les préfets pour le bien du
service. *Idem, art.* 15.

27. Ils ordonnent, sous l'autorité du préfet, et sauf
l'approbation du ministre de l'intérieur, les dépenses
de réparations et entretien de l'hôtel du commissariat
général. *Arrété du Gouvernement, du 5 brumaire an IX*
(21 octobre 1800), *art.* 36.

28. Ils font, sous les mêmes conditions, les marchés,
baux, adjudications et dépenses pour le balayage, l'en-

lèvement des boues, l'arrosage et l'illumination de la ville. *Idem, art.* 37.

29. Ils règlent de même et arrêtent les dépenses pour les visites d'officiers de santé et d'artistes vétérinaires, transports des malades, des blessés et des cadâvres, retrait des noyés et frais de fourrière. *Idem, art.* 38.

30. Ils ordonnent les dépenses extraordinaires en cas d'incendie, débordemens et débacles. *Idem., art.* 39.

31. Ils règlent, sous l'autorité du préfet, et sauf l'approbation du ministre, le nombre et le traitement des employés de leurs bureaux, et de ceux de leurs agens non institués par des lois. *Idem, art.* 40.

32. Le commissaire général de police a entrée au conseil municipal, pour y présenter ses états de dépense de l'année, réglés par le ministre de l'intérieur, d'après l'avis du préfet. Il y présente aussi le compte des dépenses de l'année précédente. *Idem, art.* 44 *et* 45.

COMMISSAIRES-PRISEURS *et* VENTES PUBLIQUES.

§. Ier *Des Commissaires-priseurs, à Paris.*

Art. 1er. Il y a, à Paris, quatre-vingts commissaires-priseurs vendeurs de meubles, nommés par le Roi, chargés exclusivement de toutes prisées de meubles, et des ventes publiques à l'enchère, d'effets mobiliers. Ils ont la concurrence pour toutes les ventes qui se font dans le département de la Seine. *Loi du* 27 *ventose an IX,* (18 *mars* 1801), *art.* 1 *et* 7.

Leur costume est, habit noir complet, chapeau français, ceinture de soie noire. *Arrêté du Gouvernement du* 29 *germinal an IX* (19 *avril* 1801).

2. Il leur est alloué, pour frais de prisée, 6 fr. par vacation de trois heures, et pour tous frais de vente, compris la minute et l'expédition du procès-verbal, les droits de clerc et tous autres droits, et non-compris les déboursés pour annoncer la vente ; 8 fr. pour cent,

lorsque le produit de la vente s'élève jusqu'à 4,000 fr., et 5 fr. pour cent, au-dessus de 4,000 fr. *Loi précitée, art. 6 et 7.*

3. Défenses à tous particuliers, à tous officiers publics de s'immiscer dans lesdites opérations de prisée, à peine d'une amende qui ne peut excéder le quart du prix des objets prisés ou vendus. *Idem, art.* 2.

Néanmoins, les ventes publiques de marchandises peuvent être faites à la bourse, aux enchères, par les courtiers, dans les cas de faillite, et dans tous les autres cas, même à Paris, avec l'autorisation du tribunal de commerce donnée sur requête. Elles peuvent être faites au domicile du vendeur, ou ailleurs, si le tribunal estime que l'état ou la nature des marchandises ne permet pas leur exposition en vente, ou leur vente en échantillon à la bourse, et s'il n'y a point dans le lieu, de bourse ouverte aux commerçans.

Il ne peut être mis aux enchères, dans lesdites ventes, que les marchandises spécifiées dans l'ordonnance du tribunal qui a fixé le lieu et l'heure de la vente, lesquelles marchandises ne peuvent être d'autre espèce que celles spécifiées au décret du 17 avril 1812, et en l'ordonnance du Roi, du 1er. juillet 1818. Les tribunaux de commerce peuvent toutes fois déroger, suivant les circonstances, à la fixation portée audit décret, de la valeur des lots, sans néanmoins pouvoir autoriser la vente des articles pièce à pièce, ou en lots, à la portée des consommateurs, mais seulement en nombre ou quantité suffisans, d'après les usages, pour ne point contrarier les opérations du commerce en détail.

Code de commerce, art. 492. *Décrets des* 22 *novembre* 1811, *et* 17 *avril* 1812. *Ordonnances du Roi, des* 1er. *juillet* 1811, *et* 9 *avril* 1819.

4. Les commissaires-priseurs peuvent recevoir toutes déclarations concernant lesdites ventes, recevoir et viser

toutes oppositions, introduire tous référés, citer à cet effet les parties intéressées devant tout tribunal compétent. *Loi précitée, art.* 3.

5. Toute opposition ou saisie-arrêt entre les mains d'un commissaire-priseur et relative à ses fonctions, toute signification de jugement prononçant la validité de ladite opposition ou saisie-arrêt, est sans effet, si l'original n'est visé par le commissaire-priseur, ou en son absence, par le syndic desdits commissaires. *Idem, art.* 4.

6. Les commissaires priseurs ont la police dans les ventes; ils peuvent faire toute réquisition pour y maintenir l'ordre. *Idem, art.* 5. Les commissaires de police ne peuvent y exercer aucune fonction sans la réquisition par écrit du commissaire priseur qui fait la vente, ou sans se concerter préalablement avec lui, s'ils ont à arrêter dans la salle de vente un prévenu de délit. *Décision du préfet de police, du 24 thermidor an IX (12 août 1801).*

7. Ils sont personnellement responsables du prix des adjudications, et font mention dans leurs procès-verbaux des noms et domicile des adjudicataires. Ils ne peuvent recevoir de ces derniers aucune somme au-dessus de l'enchère, à peine de concussion. *Code civil, art.* 625.

8. Ils fournissent un cautionnement dont il leur est payé l'intérêt. Ils sont assermentés au tribunal de première instance. *Loi précitée, art.* 9 et 10.

9. Ils ont une chambre de discipline, et sont sous la surveillance du procureur du Roi près le tribunal de première instance. *Idem, art.* 10.

Ils ont une bourse commune. *Arrêté du gouvernement du 29 germinal an IX (19 avril 1801), art.* 10.

§. II. *Des ventes publiques à l'enchère.*

10. Il n'est procédé à aucune vente publique et par

enchères, d'effets mobiliers, avant que l'officier public chargé de ladite vente, en ait fait la déclaration au bureau de l'enregistrement de l'arrondissement, à peine de 100 fr. d'emende. Cette déclaration doit indiquer les noms, qualité et domicile de l'officier public, ceux du requérant et de la personne dont le mobilier est vendu, le lieu et le jour de la vente; elle ne peut servir que pour le mobilier de celui qui y est dénommé. Il en est délivré copie à l'officier public sur papier timbré, sans autres frais que le timbre, et cette copie est inscrite en tête du procès-verbal de vente, à peine de 25 fr. d'amende. *Loi du 22 pluviose an VII* (15 février 1799), *art.* 1, 2, 3 *et* 7. Voir aussi *Huissiers, art.* 62 *et suivans.*

11. Chaque objet adjugé est porté de suite au procès-verbal, avec le prix en toutes lettres et porté hors ligne en chiffres; à peine de 100 fr. d'amende et restitution du droit dû, pour chaque article adjugé et non porté au procès-verbal; de pareille amende pour chaque altération du prix d'un objet adjugé, faite dans le procès-verbal, outre la restitution du droit et les peines de faux; et de 15 fr. d'amende pour chaque article qui ne serait pas inscrit en toutes lettres au procès-verbal. *art.* 5 *et* 7.

Tous les articles exposés en vente doivent être compris dans le procès-verbal de vente, tant ceux adjugés soit en totalité, soit sur simple échantillon, que ceux retirés ou livrés par les propriétaires ou ses héritiers, pour le prix de l'enchère ou de la prisée, à peine de 100 fr. d'amende. Le tout conformément à l'arrêt du conseil du 13 novembre 1778. *Ordonnance du Roi, du 1er. mai 1816.*

12. Chaque séance est close et signée par l'officier public et deux témoins domiciliés. Lorsque la vente est faite par suite d'inventaire, il en est fait mention au

procès-verbal, avec indication de la date de l'inventaire, du notaire qui y a procédé, et de la quittance de l'enregistrement. *Idem, art.* 5. —

13. Les proposés de la régie de l'enregistrement sont autorisés à entrer dans toutes les ventes publiques et par enchères, et à s'y faire représenter les procès-verbaux de vente et les copies des déclarations préalables. Ils constatent les contraventions par des procès-verbaux, peuvent même requérir l'assistance de l'officier de police. *Idem, art.* 8.

14. Sont dispensés de la déclaration prescrite par l'article 10 ci-dessus, les officiers publics qui procèdent aux ventes de mobilier du gouvernement, et à celles d'effets des monts-de-piété. *Idem, art.* 9.

15. Ceux qui, dans les adjudications de la propriété, de l'usufruit ou location des choses mobilières ou immobilières, d'une entreprise, fourniture, ou exploitation, ou service quelconque, entravent et troublent la liberté des enchères ou des soumissions, par voies de fait, violences ou menaces, avant ou pendant les enchères ou soumissions, sont punis d'un emprisonnement de quinze jours à trois mois, et d'une amende de 100 à 500 fr. La même peine a lieu contre ceux qui, par dons ou promesses, écartent les enchérisseurs. *Code pénal, art.* 412. Voir aussi *Brocanteurs*.

16. Dans les lieux où il n'est point établi de commissaires priseurs, les huissiers, concurremment avec les notaires et les greffiers, procèdent aux prisées et ventes publiques de meubles et effets mobiliers, en se conformant aux lois et réglemens y relatifs. *Décret du 14 juin 1813, art.* 37.

Ils ne peuvent, directement ni indirectement, se rendre adjudicataires des objets qu'ils sont chargés de vendre, à peine de suspension pendant trois mois, et d'une amende de 100 fr. par chaque article par eux

acheté, sans préjudice de plus fortes peines dans les cas
prévus par le Code pénal. La récidive entraîne toujours
la destitution. *Idem, art.* 38.

17. Les commissaires et préposés aux ventes de mobilier domanial, ne s'immiscent directement ni indirectement dans les achats, n'acceptent aucune rétro-
cession de meubles dont la vente leur est soumise, à
peine d'être poursuivis et punis comme voleurs d'effets
publics. *Loi du 2 mai* 1792.

18. Pour la vente d'un objet domanial dont la première enchère excède 100 fr., il est allumé des feux,
et la délivrance n'en est faite qu'à l'extinction du dernier feu sans enchère; le tout à peine de nullité de la
vente; et de 500 fr. d'amende contre les commissaires
et préposés aux ventes, pour chaque contravention. *Id.*

19. Les commissaires et préposés aux ventes, les gardiens et dépositaires d'objets mobiliers domaniaux,
coupables de soustraction, divertissement, change ou
remplacement, sont poursuivis et punis comme voleurs
d'effets publics. *Idem.* Voir *Dépositaires publics.*

20. Une commune ne peut acheter un immeuble sans
l'autorisation du Gouvernement, à peine de nullité de
la vente, et d'une amende égale au tiers du prix de l'adjudication contre les officiers municipaux, qui ont concouru à l'acquisition. Défenses à eux, sous les mêmes
peines, de faire de semblables acquisitions sous des
noms empruntés. *Idem.*

21. Sont réputées conventions frauduleuses, et punies comme telles d'une amende de 50 à 500 fr., et d'un
emprisonnement de quinze jours à six mois, les associations d'une grande partie des habitans d'une commune, pour acheter les biens mis en vente, et en faire
ensuite la répartition ou division entre les habitans.
Idem.

22. Les officiers publics par le ministère desquels se

font les ventes des biens nationaux, ne peuvent, à peine de nullité de la vente, se rendre adjudicataires desdits biens, ni par eux-mêmes, ni par personnes interposées. *Code civil, art.* 1596.

Procès-verbaux de ventes. Voir *Scellés, art.* 5.

§. III. *Des commissaires-priseurs dans les départemens.*

23. Dans toutes les villes chefs-lieux d'arrondissement, ou qui sont le siège d'un tribunal de première instance, et dans les autres villes d'une population de 5000 âmes et au-dessus, il est nommé un commissaire-priseur par chaque justice de paix, à l'instar de ceux de Paris. *Ordonnance du Roi du* 26 *juin* 1816, *art.* 1er.

24. Les fonctions de commissaire-priseur sont compatibles, excepté à Paris, avec celles de greffier de justice de paix ou de tribunal de police et d'huissier, et non avec celles de notaire. *Idem, art.* 11. *Idem,* du 31 juillet 1822.

25. Il leur est fait expresses défenses, à peine de destitution, d'exercer la profession de marchand de meubles, de marchand fripier ou tapissier, ni même d'être associés à aucun commerce de cette nature. *Idem. art.* 13

COMMISSIONNAIRES EN MARCHANDISES. Voir *Commerce.*

COMMISSIONNAIRES STATIONNANT SUR LA VOIE PUBLIQUE. (Voir *idem,* au tome IV.)

Art. 1er. Tout commissionnaire stationnant sur la voie publique, doit être pourvu d'une médaille, portant le numéro de son enregistrement, son nom, et les lettres initiales de ses prénoms. *Ordonnance du préfet de police, du* 29 *juillet* 1811, *art.* 1 et 3.

2. Le commissionnaire, pour obtenir une médaille, est tenu de faire devant le commissaire de police de son domicile, une déclaration certifiée par deux témoins, indiquant ses noms, prénoms, âge, demeure, lieu de

naissance, époque de son arrivée à Paris, s'il est célibataire ou marié, s'il a des enfans, et la place sur laquelle il stationne ou se propose de stationner. *Idem, art.* 4. La déclaration doit porter aussi le signalement et la signature du commissionnaire ; s'il ne sait pas signer, il en est fait mention. *Idem, art.* 5.

NOTA. Il serait peut-être plus convenable que cette déclaration fut faite devant le commissaire de police du lieu où le commissionnaire doit stationner, ce commissaire pouvant, plus que tout autre, connaître les inconvéniens que peut présenter la place de stationnement demandée.

3. Cette déclaration est transmise à la préfecture de police, où la médaille est délivrée dans la huitaine, s'il n'y a cause contraire. *Idem, art.* 6 *et* 7.

4. Aucun commissionnaire ne stationne sur la voie publique, s'il n'est pourvu d'une médaille. *Idem, art.* 8. Lorsqu'il y stationne, il porte sa médaille ostensiblement, de manière que le numéro puisse s'apercevoir aisément. *Idem, art.* 9.

5. Tout commissionnaire qui stationne sur la voie publique sans médaille, est considéré comme vagabond. *Idem, art.* 10.

6. Défenses à tout commissionnaire de stationner sur aucune place autre que celle énoncée en sa déclaration, sans en avoir la permission. *Idem, art.* 11 ; comme aussi de prêter sa médaille à qui que ce soit, à peine d'en être privé irrévocablement. *Idem, art.* 12.

7. Le commissionnaire qui change de domicile en donne avis aux commissaires de police de son ancien et de son nouveau domicile. *Idem, art.* 13.

Celui qui quitte Paris momentanément ou pour toujours, ou qui renonce à sa profession, dépose sa médaille au bureau où elle lui a été délivrée. *Idem, art.* 14.

8. En cas de décès, les commissionnaires de la place où stationnait le décédé, sont tenus d'en donner avis au commissaire de police de l'arrondissement, qui se

fait remettre la médaille du décédé par ses héritiers ou ayans-cause. *Idem, art.* 15.

9. Les contrevenans aux dispositions ci-dessus sont passibles des peines de simple police, comme contrevenant à un réglement de police légalement rendu. *Ainsi jugé par arrêt de la cour de cassation du* 23 *avril* 1819. Voir *Contravention.*

COMMISSIONNAIRES A LA PORTE DES SPECTACLES. Voir *Théâtres.*

COMMISSIONS ET TRIBUNAUX EXTRAORDINAIRES, sont implicitement abolis par l'article 62 de la Charte. Voir *Charte.*

COMMISSIONS MILITAIRES. Voir *Police militaire.*

COMMUNAUTÉS D'ARTS ET MÉTIERS. Voir *Corporations.*

COMMUNAUTÉS RELIGIEUSES.

Art. 1er. Toute communauté, agrégation ou association formée sous prétexte de religion et non autorisée, est dissoute. *Décret du* 3 *messidor an XII* (22 *juin* 1804), *art.* 1er. Voir *Associations.*

COMMUNES, (BIENS DES), ou BIENS COMMUNAUX.

Art. 1er. Sont mis en réserve, sans pouvoir être partagés, et jusqu'à décision du Roi, les terrains communaux qui renferment des mines, minières, carrières et autres productions minérales, dont la valeur peut excéder celle du sol qui les couvre, ou qui peuvent être reconnues d'une utilité générale pour la commune ou pour l'État. *Loi du* 10 *juin* 1793, *section* 1re., *art.* 9. Voir *Mines.*

Par suite de la loi ci-dessus, il a été fait, par actes authentiques, des partages de terrains communaux autres que ceux désignés en l'article précédent, et ces partages ont été maintenus par la loi du 29 ventôse an XII (29 février 1804); mais il y a eu aussi des usurpations ou occupations irrégulières, opérées sans titre ni autorisation. La même loi du 9 ventôse an XII a assujetti ces détenteurs irréguliers à certaines obligations, et a attribué aux conseils de préfecture la connaissance des contestations relatives auxdites usurpations ou occupations irrégulières, sauf le renvoi aux tribunaux des questions de propriété que pourraient élever lesdits détenteurs, en justifiant d'une possession antérieure au 4 août 1809.

2. Les administrations locales sont chargées de la recherche et reconnaissance des terrains usurpés sur les communes depuis la loi du 10 juin 1793, et généralement de tous les biens d'origine communale étant actuellement en jouissance privée, sans aucun acte de concession ou de partage écrit ou verbal. *Ordonnance du Roi du 23 juin 1819, art. 1.*

3. Lesdits détenteurs irréguliers sont tenus de faire une déclaration au maire, dans le délai de trois mois, des biens dont ils jouissent sans droit ni autorisation, pour, s'il y a lieu, sur la proposition du conseil municipal et de l'avis du sous-préfet et du préfet, être maintenus dans la possession définitive desdits biens, en s'engageant, chacun pour soi, à payer à la commune, propriétaire, les quatre cinquièmes de la valeur desdits biens, déduction faite de la plus value résultant des améliorations, ou une redevance annuelle égale au vingtième du prix du fonds ainsi évalué et réduit, à dire d'experts. Lesdits détenteurs ont droit, en outre, à la remise du fruits qui pourraient être exigés à compter du 1er. vendémiaire an XIII (23 septembre 1 o4), pour les usurpations antérieures à cette époque. *Idem, art. 2 et 3.*

4. Faute de remplir les conditions ci-dessus, dans le délai prescrit, lesdits détenteurs sont poursuivis, à la diligence du maire, devant le conseil de pré-

fecture, en restitution des terrains occupés et des droits exigibles. *Idem, art. 4.*

5. Dans aucun cas l'aliénation définitive des biens communaux usurpés ne peut avoir lieu qu'en vertu d'une autorisation du Roi. *Idem, art. 5.*

6. Conformément à la loi précitée du 9 ventôse an XII, et à l'avis interprétatif du 18 juin 1809, les conseils de préfecture restent juges des contestations sur le fait et l'étendue de l'usurpation, sauf le cas où le détenteur, niant l'usurpation et se prétendant propriétaire à tout autre titre qu'un partage, il s'éleverait des questions de propriété, pour lesquelles les parties auraient alors à se pourvoir devant les tribunaux, après s'y être fait autoriser, s'il y a lieu, par les conseils de préfecture. *Idem, art. 6.*

7. Les communes ne peuvent faire aucune aliénation ni échange de leurs biens, sans une loi particulière. *Loi du 2 prairial an V* (21 mai 1797).

8. Elles ne peuvent acquérir d'immeubles sans une autorisation du Gouvernement. Voir *Commissaires-priseurs, art. 20.*

9. Les créanciers des communes ne peuvent intenter contre elles aucune action, sans l'autorisation par écrit du conseil de préfecture, à peine de nullité de toutes procédures, et des jugemens rendus en conséquence. *Edit du mois d'août* 1683. *Arrêté du Gouvernement du* 17 *vendémiaire an X* (7 octobre 1801). Voir *Conseils de préfecture.*

Dons et legs faits à une commune. Voir *Dons et Legs.*

Armoiries des communes Voir *Titres*, §. VI.

Délits dont les communes sont responsables. Voir *Délits*, §. VI. *Sûreté de l'Etat.*

COMPAGNONS, OUVRIERS et GARÇONS (POLICE DES). Voir *Ouvriers.*

COMPLICES DES CRIMES ET DÉLITS. Voir *Peines*, §. VI.

COMPLIMENTEURS. Voir *Mendicité*.

COMPLOTS et ATTENTATS. Vois *Sûreté de l'Etat*.

COMPTABLE.

Tout comptable dans les versemens duquel le trésor public aura reconnu des valeurs fausses, est déclaré débiteur de leur montant. *Décret du 12 août 1807.* Voir aussi *Faux*, art. 53.

Soustractions commises par un comptable de deniers publics. Voir *Dépositaires publics*.

COMPTES (Cour des).

Il y a pour toute la France une seule cour des comptes. *Loi du 16 septembre 1807.* Elle connaît de tout ce qui est relatif à la comptabilité de l'Etat. Ses arrêts sont exécutoires, sauf le recours au conseil d'Etat. *Idem.*

COMPTOIRS, ou ÉTABLIS MOBILES devant les boutiques.

On ne peut en établir sans une permission de la petite-voirie. Voir *Voirie-tarif des droits de petite voirie.*

CONCERTS PUBLICS.

Ceux qui veulent donner des concerts publics doivent se pourvoir d'une permission du préfet de police, et d'une garde suffisante pour maintenir le bon ordre parmi les voitures. La demande en permission est visée par le commissaire de police du quartier, qui donne son avis, et vise également la permission. Voir aussi *Théâtres*.

Impôt pour les indigens sur les billets d'entrée. Voir *Bals*.

Redevance au profit de l'Opéra. Voir *Théâtres*.

CONCIERGE DE PRISON *ou* GEOLIER (Devoirs des). Voir *Arrestations*.

CONCIERGERIE. Voir *Prisons*.

CONCILIATION. Voir *Juges de paix*.

CONCUBINAGE (Peine contre la femme coupable de). Voir *Adultère*.

CONCUSSION *ou* EXACTION (Crime de).

Sont coupables du crime de concussion tous fonctionnaires et officiers publics, leurs commis ou préposés, tous percepteurs ou leurs commis ou préposés, qui font percevoir, exigent ou reçoivent ce qu'ils savent n'être pas dû, ou excéder ce qui est dû, pour droits, taxes, contributions, deniers ou revenus publics ou communaux, ou pour salaires ou traitemens.

La peine est la réclusion; elle n'est que de deux à cinq ans d'emprisonnement pour les commis ou préposés. Les coupables encourent de plus une amende du douzième au moins et du quart au plus des restitutions et des dommages-intérêts.

Code pénal, art. 174. Voir aussi *Fonctionnaires pupublics, art.* 4.

CONDAMNÉS POUR CRIMES *ou* DÉLITS.

§. Ier. *Condamnés âgés de moins de vingt ans.*

Art. 1er. Tous les prisonniers condamnés pour crimes par sentence des tribunaux, et d'un âge au-dessous de vingt ans, pris sans choix dans les prisons de la capitale, ou dans celles des départemens environnans, sont réunis dans une prison désignée par le ministre de l'intérieur. *Ordonn. du Roi du* 9 *septembre* 1814, *art.* 1er.

2. Le directeur général de cette *prison d'essai*, est nommé par le Roi. Il est chargé de la surveillance et de la direction générale de la police, travaux, instruction, et administration de la prison. Il présente à la nomination du ministre de l'intérieur, un adjoint, s'il croit devoir en choisir un, et six inspecteurs chargés avec lui et sous sa direction, de la surveillance et administration de la prison. *Idem, art.* 2.

3. Ces différentes places sont gratuites. *Id.*, *art.* 3.

4. Le directeur général nomme le gardien de la prison, et les employés subalternes chargés de la garde des prisonniers; il peut les révoquer à sa volonté. *Idem*, *art.* 4.

5. Il soumet à l'approbation du ministre de l'intérieur les réglemens à établir dans la prison. *Idem*, *art.* 5.

6. Indépendamment du compte qui doit être rendu chaque mois au Roi, par le ministre de l'intérieur, de l'état de cette prison sous tous les rapports, une commission composée d'un conseiller d'État et de deux maîtres des requêtes, et une composée de trois membres de la Cour de cassation, visitent, chacune deux fois l'année, cette prison dans tous ses détails, et font connaître au Roi le résultat de leurs observations, qu'elles mettent par écrit sur le registre de la prison. Le directeur général et les inspecteurs sont prévenus des visites de ces commissaires, pour pouvoir leur donner tous les renseignemens généraux et particuliers. *Idem*, *art.* 6.

7. Le directeur général rend, à la fin de chaque année, au ministre de l'intérieur, un compte moral et détaillé de l'état de la prison, et un compte de recettes et dépenses. Ce compte, vérifié et arrêté par le ministre de l'intérieur, est mis sous les yeux du Roi et rendu public. *Idem*, *art.* 7.

8. Il est réservé au Roi d'accorder, de l'avis du ministre de la justice, des grâces, avant l'expiration du tems de détention ordonné par le jugement, à ceux des prisonniers dont la conduite peut faire croire à leur amendement, et qui seraient jugés pouvoir être rendus à la société sans inconvénient pour elle et à son avantage. *Idem*, *art.* 8.

§. II. *Bonne conduite des condamnés détenus dans les maisons où ils expient leurs peines.*

9. Par une ordonnance royale, du 6 février 1818, Sa Majesté voulant tenir compte aux détenus en vertu d'arrêts ou de jugemens, de leur bonne conduite pendant leur détention, et de leur retour à des sentimens honnêtes, et exciter leur émulation à cet égard, s'est réservé le droit d'user de la prérogative Royale, pour leur remettre entièrement ou pour commuer la peine qu'il leur resterait à subir.

En conséquence les procureurs généraux et ordinaires et les préfets sont tenus de se faire rendre compte tous les trois mois de la conduite desdits détenus, dans les maisons de force, de réclusion, détention, correction, et prisons quelconques.

10. Tous les ans, avant le 1er. mai, les préfets adressent au ministre de l'intérieur la liste des condamnés qui se sont fait remarquer par leur bonne conduite et leur assiduité au travail. Le ministre transmet ces listes au garde des sceaux, avec ses observations et propositions. Le garde des sceaux, après avoir consulté les procureurs généraux et ordinaires dans le ressort desquels se trouvent les condamnés détenus portés sur lesdites listes, prend les ordres du Roi, de manière que la décision de Sa Majesté puisse être rendue le 25 août, jour de la fête de St. Louis, en mémoire de ce saint Roi.

CONDAMNÉS CRIMINELLEMENT.

Où ils peuvent résider après la prescription de leur peine. Voir *Délits, art.* 18.

Administration de leurs biens. Voir *Peines, art.* 25. *Contumace. Mort civile.*

CONDAMNÉS ÉVADÉS ET REPRIS. Voir *Evasion.*

Frais de voyage, nourriture et séjour des condamnés. Voir *Peines, art.* 17, note *a.*

CONDAMNÉS AU REMBOURSEMENT DES FRAIS DE PRO-
CÉDURE. Voir *Frais de justice*, *art.* 100. (Voir aussi
Condamnés, au tome IV.)

CONDUCTEURS DE BESTIAUX. Voir *Boucherie*.

Où ils doivent pacager. Voir *Police rurale*.

CONDUITS DES EAUX PLUVIALES *ou* DES EAUX MÉNA-
GÈRES.

Ces conduits doivent être appliqués le long des murs,
depuis le toît des maisons jusqu'au pavé de la rue, et
ne doivent pas avoir plus de 11 centimètres de saillie
(4 pouces); ils peuvent être en plomb, fer, cuivre,
bois ou grès : ces derniers doivent être recouverts en
plâtre. *Ordonn. de police du* 15 *juillet* 1764, *art.* 3 *et* 4.
Ils doivent être retenus avec des colliers de fer à scelle-
ment posés de demi-mètre en demi-mètre.

Il faut une permission de la petite-voirie pour établir
ces conduits. Voir *Voirie - tarif des droits de petite-
voirie*.

Voir aussi *Eaux pluviales*.

CONDUITS D'EAU qui passent sous la voie publique.
Leur réparation. Voir *Pavé*, §. IV.

CONFESSION.

Un ministre du culte catholique à qui des crimes auraient été révélés sous le sceau de la confession, ne peut
être tenu d'en faire la déclaration. *Ainsi jugé implicitement par arrêt de la Cour de cassation, du* 30 *novembre* 1810, *qui a annullé un arrêt par lequel il avait été
enjoint à un ministre du culte catholique de comparaître pour déposer sur les faits de la révélation qui lui
avait été faite relativement à un vol d'argenterie.*

Un ministre du culte catholique est tenu de toute révélation, même spontanée, lorsqu'il s'agit d'un crime
contre la sûreté de l'Etat. Voir *Sûreté de l'Etat*, *art.* 28.
Voir aussi *Secret*.

CONFISCATION. Peine de police simple, de police correctionnelle et de police criminelle. Voir *Peines*.

En matière de délits, les objets confisqués restent au greffe du tribunal. Ils sont vendus dans la quinzaine et à l'enchère ; le prix de la vente est versé dans la caisse du receveur de l'enregistrement. *Loi du 22 juillet* 1791, *tit. I*er*., art.* 47.

Voir aussi *Peines*, *art.* 29. *Police*, *art.* 94.

CONFISCATION DES BIENS.

Cette peine est abolie. Voir *Charte*, §. VI.

CONFISEURS.

Art. 1er. Défenses aux confiseurs, marchands de bonbons, et à tous autres, d'employer dans leurs pâtes à mouler, pâtes de sucre, pastilles et dragées, fruits glacés, conserves, confitures sèches, massepains glacés et autres, la gomme gutte, les cendres bleues et autres préparations de cuivre, le bleu d'azur, les cendres ou chaux de plomb, comme le minium, ou le vermillon ou plomb rouge, le massicot, l'orpiment, et toutes autres substances dangereuses ou nuisibles ; le tout à peine de confiscation des marchandises, et 200 fr. d'amende par chaque contravention ; et en cas de récidive, d'être poursuivis extraordinairement, même emprisonnés sur-le-champ, étant pris en flagrant délit. *Ordonn. du* 10 *octobre* 1740.

2. Ils peuvent donner le coloris à leurs pâtes et ouvrages de leur profession, par le moyen des sucs de fruits ou plantes qui se mangent, et autres ingrédiens non dangereux, comme cochenille, bois de teinture, safran, tournesol ou indigo. *Idem*.

Circulaire du directeur général de la police, du 17 *septembre* 1814

3. Défenses aux confiseurs de fabriquer et vendre des bonbons dont l'enveloppe, en se déchirant, fait une détonation, attendu le danger qui en résulte. *Décisions*

du préfet de police des 14 janvier et 23 décembre 1815.

CONFLITS D'ATTRIBUTIONS. Voir *Administration, ar-ticle 8.*

Art. 1er. Lorsque le procureur du Roi près d'un tribunal est informé qu'une question attribuée par la loi à l'autorité administrative, a été portée devant le tribunal, il est tenu de requérir le renvoi devant l'autorité compétente, et de faire insérer ses réquisitions dans le jugement qui intervient. *Arrêté du Gouvernement du* 13 *brumaire an X* (4 novembre 1802), *art.* 1er.

Si le tribunal refuse le renvoi, le procureur du Roi en instruit sur-le-champ le préfet du département, auquel il envoie copie desdites réquisitions, ainsi que de leurs motifs. *Idem, art.* 2.

Le préfet, dans les vingt-quatre heures, élève le conflit, et transmet de suite son arrêté au procureur du Roi, qui le notifie au tribunal, avec déclaration qu'aux termes de l'article 27 de la loi du 21 fructidor an III (7 septembre 1795), il doit être sursis à toutes procédures judiciaires, jusqu'à ce que le conseil d'Etat ait prononcé sur le conflit. *Idem, art.* 3.

Les préfets peuvent aussi élever le conflit entre les deux autorités, lorsqu'ils sont informés qu'un tribunal est saisi d'une affaire qui, par sa nature, est de la compétence de l'administration ; dans ce cas, le procureur du Roi est également tenu de faire au tribunal la notification ci-dessus prescrite, quelle que puisse être son opinion sur la compétence. *Idem, art.* 4.

2. Sont coupables de forfaiture et punis de la dégradation civique, les juges, procureurs généraux ou royaux ou substituts, et les officiers de police qui se seraient immiscés dans l'exercice du pouvoir législatif, ou en arrêtant ou suspendant l'exécution d'une ou de plusieurs lois, ou en délibérant sur le point de savoir si les lois seront publiées ou exécutées, ou qui auraient

excédé leurs pouvoirs en s'immiscant dans les autorités administratives, soit en faisant des réglemens sur cette matière, soit en défendant d'exécuter des ordres de l'administration, ou qui ayant permis ou ordonné de citer des administrateurs, pour raison de l'exercice de leurs fonctions, auraient persisté dans l'exécution de leurs jugemens ou ordonnances, malgré l'annullation qui en aurait été prononcée, ou le conflit qui leur aurait été notifié. *Code pénal*, *art.* 127.

3. Les juges qui, sur la revendication formellement faite par l'autorité administrative, d'une affaire portée devant eux, ont néanmoins procédé au jugement avant la décision de l'autorité supérieure, sont punis d'une amende chacun de 50 à 150 fr., ainsi que les officiers du ministère public qui ont requis ou conclu pour ledit jugement. *Idem*, *art.* 128.

4. La peine est d'une amende de 100 à 500 fr. contre chacun des juges qui, après une réclamation légale des parties intéressées ou de l'autorité administrative, ont, sans autorisation du Gouvernement, rendu des ordonnances ou décerné des mandats contre ses agens ou préposés prévenus de crimes ou délits commis dans l'exercice de leurs fonctions. Les officiers du ministère public qui ont requis lesdites ordonnances ou mandats, encourent la même amende. *Idem*, *art.* 129.

5. Les préfets, sous-préfets, maires et autres administrateurs qui se sont immiscés dans l'exercice du pouvoir législatif, comme il est dit en l'article 2 ci-dessus, ou qui se sont ingérés de prendre des arrêtés généraux tendant à intimer des ordres ou défenses quelconques à des cours ou tribunaux, sont punis de la dégradation civique. *Idem*, *art.* 130.

6. Si les administrateurs entreprennent sur les fonctions judiciaires, en s'ingérant de connaître de droits et intérêts privés du ressort des tribunaux, et qu'après

la réclamation des parties ou de l'une d'elles, ils décident néanmoins l'affaire avant que l'autorité supérieure ait prononcé, ils sont punis d'une amende de 16 à 150 fr. *Idem. art.* 131.

Voir aussi *Réglement de juges.*

CONFRÉRIE. Il ne peut en exister sans l'assentiment de l'autorité.

CONGÉ MILITAIRE. Les commissaires de police font conduire devant le préfet de police, pour être renvoyé à l'état-major, s'il y a lieu, tout militaire porteur d'un congé expiré, ou d'un congé de convalescence, non spécialement délivré par son corps, d'après l'approbation du général commandant la division, et visé par l'inspecteur aux revues. *Ordre du ministre de la guerre. Circulaire du préfet de police du 24 thermidor an X (12 août 1802).* Le congé doit être consenti, par écrit, par le général commandant le corps où sert le militaire. *Décision du ministre de la guerre, en floréal an XII (mai 1804).* Les congés des militaires et marins qui séjournent à Paris, sont visés par le préfet de police. *Arrêté du gouvernement du 12 messidor an VIII (1er juillet 1800)—* Voir aussi *Militaires.*

CONGÉ POUR LES LOCATIONS. Voir *Bail.*

CONNOISSEMENT. Voir *Commerce, art.* 150. Est soumis au timbre. Voir *Timbre.*

CONSCRIPTION MILITAIRE. Est abolie. Voir *Armée.*

CONSEIL GÉNÉRAL DU COMMERCE. Voir *Commerce.* §. 14.

CONSEIL DE FAMILLE. Voir *Tutelle.*

CONSEIL JUDICIAIRE. Voir *Démence. Prodigalité.*

CONSEIL DES PRISES. Il connaît des contestations sur les prises faites en mer, et la qualité des bâtimens échoués ou naufragés, sauf le recours au conseil-d'état. *Arrêté du gouvernement du 6 germinal an VIII (27 mars 1800). Décret du 11 juin 1806. art.* 4.

CONSEILS DE GUERRE. Voir *Police maritime* et *Police militaire.*

CONSIGNATIONS. Voir *Caisse des dépôts et consignations.*

CONSTRUCTIONS AUTOUR DE PARIS. Voir *Bâtimens.* Idem dans Paris. Voir *Entrepreneurs.*

CONSULS. Les consuls de France qui prévariquent dans leurs fonctions, sont jugés en France. *Arrêt de cassation du 25 fructidor an XIII (10 septembre 1805)*

CONTAGION, PESTE ou ÉPIDÉMIE.

Extrait des réglemens rendus lors des maladies contagieuses qui ont régné à Paris, en 1533, 1596, 1619, 1631, et dans d'autres villes de France, en 1664, 1665, 1666, 1669. Voir aussi Désinfection.

Art. 1er. Tous ceux, sans exception, ayant connaissance que quelqu'un est attaqué, ou présumé attaqué de la contagion, sont tenus d'en avertir sur-le-champ le commissaire du quartier, à peine de punition corporelle, et pour les chirurgiens, à peine d'amende et d'être chassés de la ville.

2. Aussitôt que la maladie paraît, les commissaires du quartier font fermer les maisons des malades, et les font marquer d'une croix blanche à la fenêtre et à la principale porte; défenses à toutes personnes de les démarquer, à peine de punition corporelle.

3. Si la maison est occupée par la seule famille du malade, il peut s'y faire panser, sinon le commissaire le fait transporter la nuit, à l'un des hôpitaux destinés pour cette maladie. Les pauvres qui en sont atteints sont portés aux mêmes hôpitaux.

4. Les croix restent pendant deux mois après la maladie; les maisons marquées restent fermées pendant le même tems; l'on pourvoit à la nourriture de ceux qui y logent, ou bien ils sont conduits la nuit dans quelque lieu hors de la ville pour y faire quarantaine.

5. Le magistrat de police nomme un certain nombre de prevôts de santé, qui ont chacun trois aides et plusieurs archers. Ces officiers ont soin de marquer les maisons, et d'exécuter les ordres du magistrat et des commissaires. Ils sont à cet effet divisés par quartier, et vont le matin et le soir chez les commissaires.

6. La faculté de médecine, celle de chirurgie, et les apothicaires, nomment entre eux des médecins, chirurgiens et apothicaires, pour visiter et panser les malades de la contagion. Ils ne peuvent visiter d'autres malades pendant ce tems, et leurs boutiques sont fermées, à peine de punition corporelle et d'amende arbitraire.

Les aides-chirurgiens sont aussi nommés, et gagnent par ce moyen la maîtrise.

Les aides et archers des prévôts de santé ne peuvent paraître en public que vêtus d'une casaque noire avec une croix blanche.

7. Le curé de chaque paroisse nomme un prêtre et un clerc pour administrer les malades. Ils s'abstiennent pendant ce tems d'aller chez d'autres personnes.

8. Le commissaire du quartier, avec deux marguilliers de la paroisse, nomme des gens pour enlever et des fossoyeurs pour inhumer les morts de la contagion; l'inhumation ne se fait que de nuit, en présence d'un prévôt de santé; on porte une torche allumée devant le corps pour qu'on s'en détourne.

9. Il est défendu de faire aucune tenture pour le décès de quelque personne que ce soit, à peine de confiscation des tentures et autres biens des contrevenans, et privation de leur emploi.

10. Des personnes nommées dans le quartier par le commissaire de police et par les marguilliers, sont chargées de nettoyer les maisons des décédés, d'y allumer des feux, d'en tenir les fenêtres ouvertes et les portes fermées, et d'y mettre des croix qui y demeurent deux mois.

11. Les habitans sont tenus de jeter de l'eau, et de faire des feux dans les rues le soir et le matin ; tous les chefs de famille en fournissent le bois deux fois par semaine, à peine de 30 fr. d'amende.

12. Il est défendu de laisser sortir des chiens dans les rues ; les prévôts de santé, leurs aides et archers les font tuer.

13. Il est défendu à toutes personnes de faire aucune vente ni achat de lits, couvertures, meubles ou hardes, ou étoffes susceptibles du mauvais air, et d'en mettre en étalage à leurs boutiques ; de déloger des maisons et d'en transporter les meubles, si ce n'est dans le tems prescrit par le magistrat de police ; aux huissiers de faire aucune vente de meubles ou hardes, sans une permission du magistrat accordée sur le certificat du commissaire du quartier ; aux colporteurs de vendre des hardes dans la ville ; le tout sous peine de confiscation de corps et biens.

14. Il est défendu aux boulangers de vendre du gros pain qui ne soit pas cuit du jour précédent.

15. Tous les vagabonds, femmes de mauvaise vie et mendians valides sont chassés de la ville. Les pauvres sont renfermés.

16. Tous les soins pour entretenir la ville propre et nette de toutes immondices, sont renouvelés et augmentés.

17. Les tanneurs, corroyeurs, mégissiers et teinturiers, les tueries, les lavages de tripes, les trempis de morue, sont éloignés du milieu de la ville, à peine de confiscation des marchandises, et bannissement hors de la ville.

18. Il est défendu de brûler des paillasses dans les rues le jour et la nuit, et de jeter aucune chose par les fenêtres, d'y étendre des draps, linges ou habits ; de jeter du sang dans les rues ou dans les rivières, mais de

le porter hors de la ville. Il est enjoint aux maréchaux
de saigner les chevaux dans des vaisseaux, et d'en porter
le sang aux voiries ; le tout sous peine de prison et
d'amende arbitraire.

19. Les défenses sont renouvelées de nourrir des
porcs, lapins et volailles, à peine de confiscation, de
prison et d'amende arbitraire.

20. Toutes les étuves sont défendues, à peine d'a-
mende arbitraire.

21. Défenses de vider les latrines sans une pressante
nécessité, et sans une permission de la police, à peine
de prison et d'amende arbitraire.

22. Défenses aux convalescens de sortir de leurs maisons avant 40 jours dont le délai est notifié par le commissaire du quartier. Il leur est enjoint de faire faire
auparavant des feux dans toutes les chambres et cours
de leurs maisons.

23. Les gardes qui ont gardé les malades de contagion, sont tenues d'observer la même quarantaine, avant
de garder d'autres malades, ou de fréquenter aucunes
personnes.

24. Ceux qui ont eu communication avec les malades, sont conduits hors de la ville dans une maison à
ce destinée, pour y faire quarantaine, avec défenses d'y
communiquer avec personne, à peine de la vie, même
contre ceux qui les visiteraient.

25. Toute communication, tout commerce de marchandises, est interrompu avec la ville infectée de la
contagion, et les autres villes, bourgs et villages; personne ne peut en sortir avant d'avoir fait quarantaine.

26. Les lettres indispensables qui sont obligées d'en
partir, sont déposées à cent pas de la ville où elles sont
adressées ; le messager les prend avec un crochet de fer;
elles sont purifiées et ensuite distribuées.

27. Les marchandises dont la sortie hors de la ville

infectée aura été permise, passent à l'évent pendant le tems fixé par le magistrat de police, et avant d'entrer dans la ville de leur destination.

28. Les voitures et messagers changent de route pour ne point passer par la ville infectée.

29. La ville infectée est investie de troupes à environ une demi-lieue de distance, et de manière que les différens postes de blocus puissent se communiquer aisément par des sentinelles.

Il est établi dans l'étendue du blocus deux barrières, dans les endroits les plus à portée, pour fournir aux habitans, à des jours marqués dans la semaine, ce dont ils peuvent avoir besoin. Ces barrières sont approvisionnées de vinaigre pour y tremper l'argent et les lettres qui sortent.

Les troupes de blocus ont ordre de ne laisser sortir aucun individu du blocus, de tirer même sur ceux qui persisteraient à vouloir sortir, d'arrêter ceux qui s'échapperaient, de les ramener dans la ville, et de les fusiller en présence des autres habitans.

Tout soldat du blocus qui s'avance de dix pas dans l'intérieur du cordon, est fusillé.

30. Aucun habitant ne communique avec quelqu'un du dehors, si ce n'est aux deux barrières du blocus.

31. On fait tuer les chiens et les chats en dedans, et jusqu'à une lieue en dehors du blocus.

32. Aucun habitant ne peut sortir que porteur d'un billet de santé, délivré par la municipalité, lequel désigne l'espèce et la quantité d'effets qu'emporte le porteur du billet. Tout ce qui se trouve de plus est brûlé à l'instant.

33. Il est expressément défendu, sous peine de la vie, à quelque personne que ce soit, d'emporter ou cacher des hardes qui ont servi à un malade de la contagion; elles doivent être brûlées.

34. On ne permet ni ne tolère aucune réunion ni assemblée. Le service divin se fait dans les places publiques ou dans la campagne.

35. On désigne des endroits pour enterrer les morts de la contagion dans des fosses profondes de 4 mètres (12 pieds), et dans lesquelles l'on met assez de chaux pour consumer les corps.

POLICE SANITAIRE. Dans le cas de maladie pestilentielle, dans un pays limitrophe à la France.

Ier. *Dispositions générales.*

Art. 1er. Le Roi détermine par des ordonnances ; 1º. les pays dont les provenances doivent être habituellement ou temporairement soumises au régime sanitaire ; 2º. les mesures à observer sur les côtes, dans les ports etrades, dans les lazarets et autres lieux réservés ; 3º. les mesures extraordinaires que l'invasion, ou la crainte d'une maladie pestilentielle rendrait nécessaires sur les frontières de terre ou dans l'intérieur. — Il règle les attributions, la composition et le ressort des autorités et administrations chargées de l'exécution de ces mesures, et leur délègue le pouvoir d'appliquer provisoirement, en cas d'urgence, le régime sanitaire aux portions du territoire qui seraient inopinément menacées. — Les ordonnances royales, ou les actes administratifs qui prescrivent l'application de la présente loi à une portion du territoire français, sont, et la loi elle même, publiés et affichés dans chaque commune qui doit être soumise à ce régime ; les dispositions pénales de la loi, ne sont applicables qu'après cette publication. *Loi du 3 mars 1822. art. 1.*

§. II. *Règles communes à toutes les provenances.*

2. Les provenances, par mer, de pays sains sont admises à la libre pratique, aussitôt après les visites et interrogatoires d'usage, à moins d'accidens ou de communications de nature suspecte survenus depuis leur départ. *Idem, art. 2.*

3. Ne sont pas réputés sains, les pays où règne une maladie pestilentielle, ceux qui y sont fréquemment sujets, ou dans lesquels on en soupçonne l'existence, ou qui sont en libre relation avec des lieux suspects, ou qui reçoivent sans précaution des provenances suspectes, ou qui, venant d'être infectés, peuvent encore conserver et transmettre des germes contagieux. *Ordonnance du Roi du 7 août 1821. art. 3.*

4. Sont, seuls, exceptés des vérifications prescrites par l'article 2 ci-dessus, si des circonstances extraordinaires n'obligent pas à les y soumettre. — 1º. Sur les côtes de l'Océan, les bateaux pêcheurs, les bâtimens des douanes, et ceux français faisant le petit cabotage d'un port

français à un autre ; 2°. sur les côtes de la méditérannée, les bâtimens des douanes ne sortant pas de l'étendue de leur direction. *Idem, art. 4.*

5. Les provenances par mer, de pays non habituellement sains, ou accidentellement infectés, sont rangées, suivant leur état sanitaire, sous l'un des trois régimes ci-après : 1°. sous le régime de la *patente brute,* si elles sont, ou ont été depuis leur départ infectées d'une maladie réputée pestilentielle, si elles viennent de pays qui en soient infectés , ou si elles ont communiqué avec des lieux, des personnes ou des choses pouvant leur transmettre la contagion ; — 2°. Sous le régime de la *patente suspecte,* si elles viennent de pays où règne une maladie soupçonnée pestilentielle, ou en libre relation avec des pays qui s'en trouvent entachés ; ou si des communications avec des provenances de ces derniers pays, ou des circonstances quelconques, font suspecter leur état sanitaire ; — 3°. Sous le régime de la *patente nette,* si aucun soupçon de contagion n'existait dans le pays d'où elles viennent, si ce pays n'était point, où ne venait point d'être en libre relation avec des lieux entachés de ce soupçon , et enfin si aucune communication ou circonstance quelconque ne fait suspecter leur état sanitaire. *Loi précitée, art. 3.*

6. Les provenances spécifiées en l'article précédent peuvent être soumises à des quarantaines plus ou moins longues, selon chaque régime, la durée du voyage, et la gravité du péril. Elles peuvent être repoussées du territoire, si la quarantaine ne peut avoir lieu sans exposer la santé publique. Les dispositions du présent article et celles de l'article 5 ci-dessus s'appliquent aux communications par terre, toutes les fois qu'il aura été jugé nécessaire de les y soumettre. *Idem, art. 4.* Les provenances par terre ne sont soumises à faire reconnaître leur état sanitaire, que lorsqu'elles viennent de pays avec lesquels les communications ont été restreintes par une décision du Roi, ou provisoirement en cas d'urgence, par les autorités sanitaires locales. *Ordonnance précitée, art. 5.*

7. Les provenances qui, après que leur état sanitaire a été reconnu, ne sont point admises à libre pratique, soit comme venant de pays non sains, soit parce que, depuis leur départ, des accidens ou des communications suspectes ont altéré leur état sanitaire; sont placées sous l'un des trois régimes spécifiés en l'art. 5 ci-dessus. *Id. art. 6.*

8. La *patente brute* et celle *suspecte,* entraînent une quarantaine de rigueur plus ou moins longue , avec les purifications d'usage, suivant le degré d'infection ou de suspicion sanitaire. La *patente nette* entraîne une quarantaine d'observation, à moins qu'il ne soit certain que la police sanitaire est soigneusement observée dans les pays d'où vient la provenance ainsi classée, auquel cas son admission immédiate à libre pratique peut être prononcée. *Id. 7, et 8.*

9. Sont aussi classés sous l'un des trois régimes ci-dessus, les lazarets et autres lieux réservés, ainsi que les territoires qu'il devient nécessaire de frapper d'interdiction. *Id. 9.*

10. Les provenances non admises à libre pratique restent en état de séquestration; tout acte tendant à mettre les personnes ou les choses

ainsi séquestrées en communication avec le territoire libre, est poursuivi et puni, conformément au §. 5, ci-après. *Id.* 10.

11. L'état de libre pratique cesse pour les personnes et les choses qui ont été en contact avec celles se trouvant en séquestration sanitaire, sans préjudice des peines encourues, si après ce contact, et avant d'avoir recouvré leur état de libre pratique, comme il est dit en l'art. suivant, il y a eu communication entre elles et le territoire. — Ne sont point exempts des dispositions du présent article, les bâtimens compris dans les exceptions portées en l'art. 6 ci-dessus, s'ils communiquent en mer avec des navires qui ne seraient point en état de libre pratique. *Id.* 11.

12. L'état de séquestration ne finit que par la décision de l'autorité compétente, qui prononce l'admission à libre pratique, soit après la reconnaissance de l'état sanitaire à l'égard des provenances qui n'inspirent aucun soupçon, soit au terme de la quarantaine à l'égard des autres, soit au terme des interdictions prononcées en vertu de l'art. 9, ci-dessus. *Idem*, 12.

13 En cas d'impossibilité de purifier, conserver ou transporter sans danger des animaux ou objets matériels, susceptibles de transmettre la contagion, ils peuvent être, sans en rembourser la valeur, les animaux tués et enfouis, les objets matériels détruits ou brûlés. La nécessité en est constatée par des procès-verbaux, qui ont foi jusqu'à inscription de faux. *Loi précitée, art.* 5.

14. Tout navire ou individu qui tente, en infraction aux réglemens, de pénétrer en libre pratique, de franchir un cordon sanitaire, ou de passer d'un lieu *infecté* ou *interdit* dans un lieu qui ne le serait point, est, après sommation de se retirer, repoussé de vive force, sans préjudice des peines encourues. *Idem*, 6.

§. III. *Provenances arrivant par terre.*

15. Tout navire arrivant d'un port quelconque, et quelle que soit sa destination, est, sauf les exceptions portées en l'art. 4 ci-dessus, porteur d'une patente de santé, indiquant l'état sanitaire des lieux d'où il vient, et son propre état sanitaire au moment où il en est parti. — Tout navire français ou étranger qui n'a point de patente de santé, est sujet, outre les mesures aux qu'elles son état sanitaire le soumet, à un surcroît de quarantaine réglé selon les circonstances, et au moins de 5 jours. *Ordonnance du Roi, art.* 13 et 14.

16. Les patentes sont délivrées en France par les administrations sanitaires, et chez l'étranger, pour les bâtimens français, par les agens consulaires français. *Idem*, 15.

17. Les navires français, en partant d'un port étranger où il n'existe point d'agent consulaire, se pourvoient d'une patente délivrée par les autorités du pays, et la font certifier par lesdits agens qui se trouvent dans les ports où leur navigation les conduit. *Idem*, 16.

18. Les patentes de santé sont visées dans tous les lieux de relâche,

pour constater l'état sanitaire du pays et du navire. — En cas d'un séjour au delà de 5 jours, après la délivrance ou le visa de la patente dans le lieu du départ, ou dans celui de relâche, un nouveau *visa* est nécessaire. *Idem*, 17.

19. Les navires porteurs de patentes raturées, surchargées, ou présentant toute autre altération, sont soumis à une surveillance particulière, outre une augmentation de quarantaine, et les poursuites contre le capitaine ou le patron, et contre tous auteurs desdites altérations. *Id.* 18.

20. Défenses à tout capitaine ; 1°. de se dessaisir de la patente prise au départ, avant d'être arrivé à sa destination, et d'en avoir d'autre à bord ; 2°. d'embarquer aucun passager non muni d'un bulletin de santé, ni aucun marin ou autre individu paraissant atteint de contagion ; 3°. de recevoir à son bord, des hardes, sans s'être assuré d'où elles viennent, et qu'elles n'ont point servi à des personnes attaquées de contagion. *Id.* 19.

21. Tout officier de santé d'un navire, et à son défaut le capitaine ou patron, prend note, sur le journal de bord, de toutes les maladies qui s'y manifestent, et des symptômes qui s'y font remarquer. *Id.* 20.

22. En cas de décès d'un pestiféré, tous les effets susceptibles qui lui ont servi pendant la maladie, sont brûlés et détruits, ou jetés à la mer, en les empêchant de surnager. Les autres effets dont il n'a point fait usage, trouvés à sa disposition, sont soumis ensuite à l'évent, à la fumigation ou à la traine, ainsi que ceux d'un pestiféré qui n'aurait pas succombé. *Idem*, 21. — Il est fait mention, sur le journal de bord, de l'exécution desdites mesures, des communications qui ont lieu en mer, et de tous les événemens ayant un rapport quelconque avec la santé publique. *Idem*, 22.

23. Tout capitaine arrivant dans un port français, est tenu, 1° d'empêcher toute communication avant l'admission à la libre pratique ; 2°. de se conformer à la police sanitaire, et aux ordres des autorités qui en sont chargées ; 3°. d'établir son navire dans le lieu réservé qui lui est indiqué ; 4°. de se rendre, aussitôt l'invitation, auprès des autorités sanitaires, en attachant ostensiblement à son canot, barque ou chaloupe une flamme de couleur jaune pour faire connaître son état de suspicion, et l'empêcher toute approche ; 5°. d'exhiber tous les papiers de bord, de répondre aux interrogatoires avec serment de dire vérité et de déclarer tout ce qu'il sait pouvant intéresser la santé publique. *Id.* 23. Sont soumis aux mêmes interrogatoires et déclarations, les gens de l'équipage et les passagers, s'il est jugé nécessaire. *Idem*, 24.

24. Les pilotes qui vont au devant des navires pour les guider, et toutes embarcations qui vont à leur secours, se conforment aux ordres des autorités sanitaires. *Id.* 25.

25. Les défenses résultant de tous les précédens articles, n'empêchent point les visites des agens des douanes, sauf toute application que de droit auxdits agens et à leurs embarcations, des articles 11 et 12, si, par ces visites, ils perdent leur état de libre pratique. *Id.* 26.

§. IV. *Provenances arrivant par terre.*

26. Les provenances par terre, de pays avec lesquels les communications ont été restreintes, sont, selon le cas, accompagnées de passeports, bulletins de santé et lettres de voiture, délivrés et visés par qui de droit, et indiquant, par le contenu, ou le *visa*, l'état sanitaire des lieux du départ, de station ou de séjour, et leur route. Si ces pièces sont délivrées en pays étranger, elles sont certifiées par les agens français, partout où il y en a. *Idem*, 27.

27. Tout conducteur de voitures, bestiaux, ou chargement, doit se procurer, ainsi que chaque individu qu'il conduit, lesdits passeports, bulletins ou lettres de voiture. Il ne se charge d'aucuns passans qui n'en auraient point, ni de conduire des animaux, marchandises, ou autres objets dont le nombre, l'espèce et les quantités n'y seraient pas mentionnées. *Id.* 28. — Toute surcharge, rature ou autre altération dans lesdites pièces, donnent lieu à une surveillance particulière, outre une prolongation de quarantaine, et des poursuites suivant les cas. *Id.* 29.

28. Les conducteurs font constater par les autorités, les maladies dont mourraient ou seraient atteints les hommes et les animaux qu'ils conduisent, et les symptômes particuliers de ces maladies. Ils font brûler les effets qui ont servi aux pestiférés décédés, et purifier les hardes qui n'ont été qu'attaquées de la maladie. *Id.* 30.

29. Les individus arrivant par terre des pays désignés en l'art. 26 ci-dessus, sont soumis, à leur arrivée sur la ligne sanitaire, aux précautions indiquées par l'art. 25 ci-dessus. *Id.* 31.

§. V. *Des quarantaines.*

30. Les quarantaines sont d'observation ou de rigueur, plus ou moins longues et sévères, selon les saisons, les lieux, les objets susceptibles, la durée et les circonstances du voyage. *Id.* 32.

31. Les provenances sous patente nette peuvent être soumises à des quarantaines d'observation, de 2 à 10 jours sur les côtes de l'Océan et de la Manche, et de 5 à 15 sur celles de la méditerranée, ainsi que sur les frontières et autres lignes de l'intérieur où les communications ont été restreintes. *Id.* 33. — Les provenances sous patente suspecte, ou sous patente brute ont des quarantaines de rigueur: sur les côtes de l'Océan et de la Manche, de 5 à 20 jours, pour patente suspecte, et 10 à 30 pour patente brute; sur celles de la méditerranée, frontières de terre, et lignes de l'intérieur, de 10 à 30 jours pour patente suspecte, et de 15 à 40, pour patente brute. *Id.* 34.

32. Les provenances en quarantaine, qui communiquent à d'autres en faisant une plus rigoureuse, subissent selon la gravité des cas, et outre les peines encourues, une prolongation qui ne peut excéder le tems restant à courir à la provenance avec laquelle elles ont communiqué *Idem*, 35.

33 Si des symptômes pestilentiels se développent dans des provenances

déjà en quarantaine, celle-ci recommence, et peut même, selon les cas être portée à un plus court terme. *Id.* 36. Si, après la fixation des quarantaines, les autorités sanitaires ont connaissance de faits annonçant un plus haut degré de suspicion, elles classent, s'il y a lieu, en énonçant ces faits dans leurs décisions, les provenances sous un régime différent, ou les soumettent, dans le même régime, à une observation, ou à une purification plus prolongée. *Id.* 37.

34. Si l'état sanitaire d'une provenance, la place sous patente nette, et par suite à une quarantaine d'observation, celle-ci peut avoir lieu pour les arrivages par mer, à moins de cas extraodinaires, et sauf l'exception ci-après déterminée, dans tous les ports et rades de France. *Id.* 38. Si l'état sanitaire entraine la patente suspecte ou brute, la quarantaine n'est subie que dans les ports et rades désignés à cet effet par le ministre de l'intérieur *Id.* 39. Sont aussi désignés les points qui, en cas de restriction des communications sur les frontières de terre ou dans l'intérieur, doivent servir aux quarantaines *Id.* 40.

55 Les autorités sanitaires peuvent refuser l'admission en quarantaine, si les lieux à ce destinés n'offrent point de suffisantes garanties, s'ils sont déjà encombrés, en proie à l'infection ou menacés de l'être, ou si la provenance est infectée au point de ne pouvoir être admise sans danger pour la sûreté publique. *Id.* 41. Dans ce dernier cas, il est indiqué, autant que possible, un lieu le plus voisin où la provenance puisse être admise, à moins d'impossibilité absolue, par son état sanitaire, de purifier, conserver ou transporter sans danger les objets de la provenance, auquel cas l'autorité compétente examine s'il n'y a pas lieu à leur destruction, conformément à l'art. 13 ci-dessus, *Id.* 42, et après avoir entendu les observations de la partie intéressée, et les avoir consignées dans le procès-verbal, ainsi que les faits, et les motifs de la décision; il est rendu compte du tout avec les pièces, au préfet, et par celui-ci au ministre de l'intérieur. *Id.* 43.

56. Défenses à tout capitaine de navire venant des échelles du Levant ou des côtes de Barbarie, sur les deux mers, d'aborder ailleurs qu'à Marseille et à Toulon, jusqu'à ce qu'il soit établi dans d'autres ports, des lazarets propres à recevoir lesdites provenances. *Id.* 44.

57. Les membres ou agens des autorités sanitaires ont, seuls, l'entrée des lazarets et autres lieux réservés, pendant la séquestration. Si leurs fonctions les oblige à une communication suspecte, ils sont soumis à la quarantaine exigée. *Id.* 45. La même entrée peut, en cas de nécessité, être accordée à toute autre personne par le président seulement, et par écrit, à la condition de la quarantaine s'il y a lieu, et avec désignation, selon les besoins, jusqu'à quel point le porteur pourra avoir accès. *Idem*, 46.

58. La ligne où finit la libre pratique, est fixée par les intendances et les commissions autour des lazarets et autres lieux réservés placés sous leur direction; elle est défendue par un mur d'enceinte, ou des palissades, ou des poteaux, pour avertir les citoyens du danger et des peines auxquelles ils s'exposent, s'il passent outre *Id.* 47.

§. VI. *Peines, délits et contraventions.*

39. Les peines pour toute violation des lois et réglemens sanitaires sont : *la mort*, si elle a opéré communication avec des pays dont les provenances sont soumises à la *patente brute*, avec ces provenances, ou avec des lieux, des personnes ou des choses placés sous cette patente ; — la *réclusion* et *une amende* de 200 à 20,000 fr. dans le cas de la *patente suspecte* ; — de 1 à 10 ans d'emprisonnement, et 100 à 10,000 fr. d'amende, si, sans être dans un des cas ci-dessus, lesdites provenances ne sont pas en libre pratique ; — *la même peine*, pour les coupables de communications interdites entre personnes ou choses soumises à quarantaine ; — celui qui reçoit sciemment des matières ou personnes en contravention aux réglemens sanitaires, est puni comme le porteur ou le délinquant pris en flagrant délit. *Loi précitée, art.* 7.

40. Si la violation de la patente brute n'a point occasionné d'invasion pestilentielle, il peut n'être prononcé que la réclusion et l'amende de 200 à 20,000 fr. *Id.* 8. — Si, lors même que les crimes et délits n'ont point produit d'invasion pestilentielle, ils ont été accompagnés de rébellion, ou commis avec armes, effraction, ou escalade, il y a peine de mort pour la violation de la patente brute, réclusion pour le cas de la patente suspecte, emprisonnement pour les cas désignés aux deux avant derniers paragraphes de l'article 39 ci-dessus ; le tout, outre les amendes portées audit article, et sans préjudice des peines plus fortes prononcées par le code pénal. *Id.* 9.

41. Tout agent du gouvernement au dehors, tout fonctionaire, capitaine, ou chef d'un bâtiment de l'état, d'un navire ou embarcation, médecin, chirurgien, officier de santé, attaché au service sanitaire, ou à un bâtiment de l'état ou du commerce, qui, officiellement, dans une dépêche, certificat, rapport, déclaration ou déposition, a sciemment, altéré ou dissimulé les faits, de manière à exposer la santé publique, est puni de mort, s'il s'en est suivi une invasion pestilentielle. Il est puni des travaux forcés à tems et d'une amende de 1,000 à 20,000 fr., si son faux exposé, n'ayant point produit d'invasion pestilentielle pouvait y donner lieu en empêchant les précautions nécessaires. — Les mêmes individus sont punis de la dégradation civique, et d'une amende de 500 à 10,000 fr., s'ils ont exposé la santé publique, en négligeant, sans excuse légitime, d'informer qui de droit, de faits à leur connaissance pouvant produire ce danger, ou si, sans complicité de l'un des crimes prévus par les art. 39 et 40 ci-dessus, ils ont sciemment enfreint ou laissé enfreindre des dispositions réglementaires qui eussent pu le prévenir. *Idem,* 10.

42. Est puni de mort celui qui, faisant partie d'un cordon sanitaire, ou étant en faction pour surveiller une quarantaine, ou empêcher une communication interdite, a abandonné son poste ou violé sa consigne. *Idem,* 11.

43. Est puni d'un emprisonnement d'un à 5 ans, tout commandant de la

force publique, qui, requis par l'autorité compétente, a refusé de faire agir, pour un service sanitaire, la force sous ses ordres.—Sont punis de la même peine et d'une amende de 50 à 500 fr., tout individu attaché à un service sanitaire, ou chargé par état d'y concourir, qui, sans excuse légitime, a refusé ou négligé de remplir ses fonctions; tout citoyen faisant partie de la garde nationale qui, légalement requis pour un service sanitaire, s'y est refusé; celui qui, officiellement chargé de lettres ou paquets pour une autorité sanitaire, ne les a point remis, ou a exposé par un retard la santé publique, sans préjudice des réparations civiles, aux termes de l'article 10 du code pénal. *Id.* 12. (Voir au mot *peines*, les deux dernières lignes de l'art. 7.)

44. Est puni d'un emprisonnement de 15 jours à 3 mois, et d'une amende de 50 à 500 fr., celui qui, n'étant dans aucun des cas prévus par les articles précédens, a refusé d'obéir à des réquisitions d'urgence pour un service sanitaire, ou qui néglige d'informer qui de droit, d'un symptôme de maladie pestilentielle dont il aurait connaissance. Si le prévenu est un médecin, il est en outre puni d'une interdiction de 1 à 5 ans, *Idem*, 13.

45. Est puni de 3 à 15 jours d'emprisonnement, et de 5 à 50 fr. d'amende, quiconque, sans avoir commis aucun des délits ci-dessus, est contrevenu, en matière sanitaire, aux réglemens généraux ou locaux, ou aux ordres des autorités compétentes. *Idem*, 14.

46. Les infractions en matière sanitaire peuvent n'être punies d'aucune peine, si elles ont été commises par force majeure, ou pour porter secours en cas de danger, et si la déclaration en a été faite de suite à qui de droit. *Id.* 15. Peut être exempté de toutes poursuites et peines, celui qui, ayant altéré la vérité ou négligé de la dire dans les cas prévus par l'art. 41 ci-dessus, répare sa faute avant qu'il en soit résulté aucun danger, et que les faits ayent été connus par toute autre voie *Id.* 16.

§. VII. *Autorités sanitaires.*

47. La police sanitaire est exercée, sous la surveillance des préfets, par des intendances dans le ressort de leur chef-lieu, et par tout ailleurs par des commissions sanitaires, qui agissent sous la direction immédiate de l'intendance dans le ressort de laquelle elles se trouvent, et ailleurs sous celle des préfets. *Ordonnance du Roi précitée, art.* 48 et 49.

48. Les intendances font, en exécution des ordonnances du Roi, des réglemens locaux, qui sont transmis aux préfets, et soumis par eux, avec leur avis, à l'approbation du ministre de l'intérieur; en cas d'urgence, ils sont exécutés provisoirement sur l'autorisation des préfets. *Id.* 50.

49. Hors des ressorts des intendances, les réglemens sont faits par les préfets, sur l'avis des commissions, ils sont soumis à l'approbation du ministre de l'intérieur, et exécutés provisoirement en cas d'urgence. *Idem*, 51.

50. Les réglemens faits par une intendance ayant plusieurs départemens dans son ressort, sont transmis séparément à chaque préfet, et se

reçoivent que par cette voie, ou l'autorisation provisoire en cas d'urgence, ou celle définitive comme il est dit ci-dessus. *Id.* 52.

51. Les décisions particulières des intendances ou des commissions, pour l'application des réglemens aux provenances, sont toujours motivées, elles sont rendues et notifiées sans retard. *Id.* 53. La notification est faite, pour un navire, au capitaine ou patron; pour un transport par terre, au conducteur; pour un territoire ou un lieu réservé, à celui qui y exerce immédiatement la police; pour une maison, au propriétaire ou à son représentant; pour une personne isolée, à elle même. *Id.* 54.

52. Il y a près le ministre de l'intérieur un conseil supérieur de santé, composé de 12 membres nommés par le Roi, et d'un secrétaire pris hors de son sein, nommé par le ministre de l'intérieur, qui fixe son traitement, préside le conseil, et désigne parmi ses membres, un vice-président. *Idem.* 55.

53. Les intendances ont de 8 à 12 membres nommés par le ministre; les commissions en ont de 4 à 8 nommés par les préfets. *Idem,* 56. Les unes et les autres sont renouvelées tous les 3 ans par moitié; les membres sortant peuvent être réélus. Elles délibèrent à la moitié plus un de leurs membres; leurs décisions sont prises à la majorité absolue des suffrages. *Idem,* 57.

54. Sont présidents nés des intendances et des commissions, les maires des villes où elles siégent. Y assistent aussi avec voix délibérative, lorsqu'ils sont employés dans leur ressort; 1°. le plus élevé en grade des officiers généraux ou supérieurs attachés à un commandement territorial; 2°. dans les ports militaires, les commandans et intendans ou ordonnateurs de la marine, et dans ceux de commerce le commissaire en chef de la marine. 3° Les directeurs, ou à défaut, les inspecteurs des douanes employées dans leur ressort. *Id.* 58.

55. Les intendances et les commissions ont sous leurs ordres, pour le service sanitaire, leurs secrétaires, les officiers de lazaret, les médecins et interprètes, les agens sanitaires sur les côtes, les gardes de santé à bord des navires, dans les lazarets et autres lieux réservés. *Id.* 59.

56. Les intendances et les commissions ont, outre leur président né, un président semainier et un vice-président, renouvelé tous les 8 jours, et pris à tour de rôle sur un tableau dressé tous les 6 mois, par chaque intendance et chaque commission. *Id.* 60.

57. Le président semainier est chargé de la direction et du détail des affaires; se tient assidûment à son poste; fait exécuter les réglemens et délibérations, et observer la discipline dans les lazarets et autres lieux réservés; fait reconnaître l'état sanitaire des provenances, leur donne la libre entrée s'il y a lieu, ou les retient en séquestration jusqu'à décision de l'assemblée; pourvoit, dans les cas urgens, aux dispositions sanitaires provisoires, et convoque de suite l'assemblée; signe, en vertu des délibérations prises, l'ordre de mettre en libre pratique les provenances qui ont fini leur quarantaine; délivre et vise les patentes et bulletins de santé, signés de lui et du secrétaire, avec le sceau de l'administration; fait tenir

note, par le secrétaire, de toutes ces décisions, et en rend compte aux séances hebdomadaires. *Id.* 61.

58. Les secrétaires, officiers de lazarets, médecins, agens sanitaires et gardes de santé, sont aux ordres du président semainier, ou à son défaut, du vice-président en exercice, et n'en reçoivent que d'eux, ou de l'intendance ou de la commission dont ils dépendent. *Id.* 62.

59. Les aumoniers, secrétaires, officiers de lazarets, agens sanitaires, sont respectivement nommés par les intendances ou les commissions, sous l'approbation du préfet, la nomination des gardes de santé, faite de même, n'est soumise à aucune approbation. *Id.* 63. Il en est de même pour la révocation des uns et des autres et pour fixer leur traitement et leurs vacations; cette fixation doit néanmoins être déférée au ministre de l'intérieur, qui peut prescrire des réductions dans la quotité des sommes et dans le nombre des employés. *Id.* 64.

60. Les agens sanitaires veillent à l'exécution des règles sanitaires, empêchent leur infraction, ou la constatent par procès-verbal, avertissent et informent les administrations dont ils dépendent de tout ce qui intéresse la santé publique, et exercent telles autres fonctions qui leur sont confiées par les réglemens locaux, mais seulement pour les cas d'urgence. *Id.* 65. Les mêmes réglemens fixent les fonctions et le nombre des autres employés. *Id.* 66. Les préposés des douanes ayant au moins le grade de lieutenant, peuvent, avec le consentement de leur directeur, être nommés agens sanitaires, et les simples préposés gardes de santé. Ils jouissent, avec ce titre, d'un suplément de traitement. *Id.* 67.

61. Les intendances et les commissions sanitaires, leurs présidens semainiers et vice-présidens, ont le droit de requérir pour leur service la force publique, et dans les cas d'urgence, pour un service momentané, les officiers et employés de la marine, les employés des douanes et des contributions indirectes, les officiers des ports de commerce, les commissaires de police, gardes champêtres et forestiers, et au besoin, tous les citoyens, sans toutefois pouvoir enlever à leurs fonctions habituelles des individus attachés à un service public, à moins d'un danger assez imminent pour exiger le sacrifice de tout autre intérêt. Les agens sanitaires ne peuvent requérir la force publique que comme officiers de police judiciaire, ou pour repousser une violation imminente du territoire, qui ne pourrait l'être que par la force. *Id.* 68.

62. S'il est besoin de requérir extraordinairement des employés publics pour un service sanitaire de durée, les ordres doivent émaner, sur la demande, du ministre de l'intérieur, des autres ministres desquels dépendent lesdits employés. *Id.* 69.

63. L'intendance de Marseille conserve son ressort et sa composition. Ses membres sont renouvelés d'après les règles qui précèdent. *Id.* 70. (Voir *Lazaret*). Sont nommés par le ministre de la marine les officiers et autres agens des lazarets réservés pour les bâtimens de guerre. *Id.* 71.

§. VIII. *Police judiciaire, état civil.*

64. Les autorités sanitaires, les capitaines de lazaret, et les agens sani-

taires dans les lieux où ils sont employés, sont, après serment prêté devant le tribunal civil, officiers de police judiciaire exclusivement, et
pour tous crimes, délits et contraventions, dans l'enceinte et les parloirs
des lazarets et autres lieux réservés. Dans les autres parties de leur ressort,
ils les exercent concurremment avec les officiers ordinaires pour les
crimes, délits et contraventions en matière sanitaire. *Loi précitée art. 17.
Ordonnance précitée art. 72.* Elles connaissent exclusivement dans les
mêmes enceintes et parloirs, sans appel ni recours en cassation, des
contraventions de simple police. Les expéditions des actes sont délivrées sur papier libre et sans frais. *Loi précitée, art. 18.*

65. Les jugemens de simple police sont rendus par le président semainier, assisté de 2 de ses collègues les plus âgés. Le ministère public est
rempli par le capitaine du lazaret, où, à défaut, par le plus jeune
membre de l'intendance ou de la commission; le secrétaire de l'une ou
de l'autre est greffier. *Ordonnance précitée, art. 73.*

66. Les citations sont faites par simple avertissement écrit du président
semainier. *Id. 74.* Le contrevenant comparait lui-même ou par un fondé
de pouvoir, faute de quoi, et sauf un empêchement résultant des règles
sanitaires, il est jugé par défaut; dans le cas dudit empêchement, il est
sursis jusqu'à la fin de la quarantaine. Si c'est un employé obligé par ses
fonctions à une séquestration habituelle, s'il n'a pas désigné de fondé de
pouvoirs, il lui en est donné un d'office. *Id. 75.* Les citations et les jugemens sont notifiés par un garde de santé commissionné à cet effet par le
président semainier. — Sont au surplus observés, en ce qui n'est pas
contraire au présent §. 7, les articles 146 à 165 du code d'instruction criminelle. *Id. 76.* (Voir *Juges de paix, art. 21 à 59.*)

67. Le président semainier assisté du secrétaire, remplit les fonctions
de l'état civil dans l'enceinte et les parloirs des lazarets et autres lieux réservés. Les actes sont dressés en présence de 2 témoins, et les testamens
conformément aux art. 985, 986 et 987 du code civil. Expédition des
actes de naissance et de décès est adressée dans les 24 heures à l'officier
ordinaire de l'état civil de la commune où est l'établissement, lequel en
fait la transcription. *Loi précitée, article 19. Ordonnance précitée
art. 77.*

§. VIII. *Dispositions générales.*

68. Les marchandises et objets déposés dans les lazarets et autres lieux
réservés, qui ne sont pas réclamés dans le délai de 2 ans, sont vendus
aux enchères publiques. S'ils sont périssables, ils sont vendus plutôt, par
ordonnance du président du tribunal de commerce, où à son défaut, du
juge de paix. Le prix en provenant, frais déduits, est acquis à l'état, s'il
n'est pas réclamé dans les 5 années de la vente. *Loi précitée, art. 20.*

69. Il est enjoint, 1° à tous les agens au dehors de se tenir informés
et d'instruire le ministre de l'intérieur, par la voie du ministre des affaires étrangères, des renseignemens importans à la police sanitaire du
royaume. S'il y a péril, ils en avertissent en même tems l'autorité françai-

se la plus à portée des lieux menacés. 2º Aux administrations sanitaires de se donner réciproquement les avis nécessaires à leur service; à tous les agens dans l'intérieur, de prévenir qui de droit des faits à leur connaissance, intéressant la santé publique; à tous les médecins des hôpitaux et autres, et en général à tous les sujets du royaume, qui seraient informés d'un symptôme de maladie pestilentielle, d'en avertir les administrations sanitaires, et à leur défaut, le maire du lieu, qui, dans ce cas, doit prendre ou provoquer les mesures nécessaires. *Ordonnance précitée*, 78, *et* 79.

70. Le ministre de la marine pourvoit, suivant les règles qui précèdent, au service sanitaire des colonies françaises. Les agens supérieurs de ce service lui adressent, pour être de suite transmis au ministre de l'intérieur, tout ce qui intéresse la police sanitaire du royaume. *Id.* 80.

71. Tous dépositaires de l'autorité et de la force publique, tous agens publics, intérieurs ou extérieurs, avertis d'infraction aux dispositions sanitaires ci-dessus, sont tenus d'employer les moyens en leur pouvoir, pour les prévenir, en arrêter les effets, et en procurer la répression. *Id.* 81.

CONTRAINTE PAR CORPS. Voir *Commerce. Délits.*

CONTRAT A LA GROSSE. Voir *Commerce, art.* 164.

CONTRAVENTION.

Art. 1*er*. Toute contravention aux lois qui ont pour objet le maintien de l'ordre social et de la tranquillité publique, est un délit. *Loi du 5 brumaire an* IV (25 *octobre* 1795.) *art.* 1*er*.

2. Classification des contraventions et des délits. Voir *Délits.*

3. Toute contravention à des dispositions de police prescrites légalement, sans qu'aucune peine y soit mentionnée, doit être réprimée et punie des peines de simple police. Voir *Fils, art.* 2. *Instruction du procureur du Roi, à Paris, de janvier* 1817. *Arrêt de Cassation du* 23 *avril* 1819. Voir *Bâtimens. art.* 13. *Maires, art.* 26, *le nota.*

4. Un officier de police ne doit jamais constater par le même procès-verbal, plusieurs contraventions d'espèce différente commises par plusieurs contrevenans, à moins qu'elles ne soient connexes. *Instruction précitée.*

5. Aucune contravention ne peut donner lieu à arrestation, même quand la loi prononce l'emprisonnement

de simple police, ni en matière de délits correctionnels qui n'entraînent qu'une amende. *Instruction précitée.* Voir aussi *Procès-verbaux.*

CONTREBANDE. Voir *Douanes*, §. XIII.

CONTREFAÇON D'ÉCRITS, OUVRAGES, *etc.* (Voir aussi
Contrefaçon, au tom IV.)

Art. 1er. La contrefaçon d'un ouvrage est son impression
sans le consentement et au préjudice soit de l'auteur
ou de ses héritiers, soit du libraire qui a légalement
acquis la propriété de l'ouvrage. Voir *Imprimerie*, §. 4,
et l'art. 6, ci-après.

Des corrections, ou additions faites à l'ouvrage dans
ladite impression, ne détruisent point le délit de contrefaçon. *Arrêté de la cour de Cassation, du 18 floréal
an XII, (8 mai 1804).*

2. L'impression ou réimpression des mandemens,
instructions, livres d'église, heures, prières, ne peut
avoir lieu que d'après la permission de l'évêque diocé-
sain, textuellement imprimée en tête de chaque exemplaire, sous les peines portées contre les contrefacteurs.
*Arrêt de la cour de Cassation, du 25 thermidor an XII,
(13 août 1804.) Décret du 7 germinal an XIII, (28
mars 1805.)*

3. Il suffit que l'impression de l'ouvrage soit commencée, pour établir le délit de contrefaçon. *Arrêt de
la cour de Cassation du 2 juillet 1807.*

4. Les délits de contrefaçon, sont constatés par les
officiers de police, ou par les inspecteurs de l'imprimerie ou de la librairie. Les procès-verbaux sont transmis au directeur général. *Réglement du 5 février 1810,
art. 45.*

Les poursuites sont faites d'office par les procureurs
royaux devant les tribunaux de police correctionnelle,
sur la simple remise d'une copie des procès-verbaux
duement affirmés. *Idem, art. 45 et 47.*

5. Les ouvrages saisis pour contrefaçon, sont déposés provisoirement au secrétariat de la mairie ou de la préfecture la plus voisine du lieu du délit, sauf l'envoi ultérieur à qui de droit *Id.*, *art.* 46.

Dispositions pénales.

6. Toute édition d'écrits, de composition musicale, de dessins, peintures ou de toutes autres productions, imprimée ou gravée en entier ou en partie, au mépris de la propriété des auteurs, est une contrefaçon, et toute contrefaçon est un délit. *Code pénal, art.* 425.

7. Le débit d'ouvrages contrefaits, l'introduction en France d'ouvrages qui, après avoir été imprimés en France, ont été contrefaits chez l'étranger, sont un délit de la même espèce. *Id.*, *art.* 426.

8. La peine contre le contrefacteur ou contre l'introducteur, est une amende de 100 à 200 fr., et contre le débitant, une amende de 25 à 500 fr. La confiscation de l'édition contrefaite est prononcée tant contre le contrefacteur que contre l'introducteur et le débitant. Les planches, moules et matrices des objets contrefaits, sont aussi confisqués. *Id.*, *art.* 427.

9. Dans les cas prévus par les trois articles précédens, le produit des confiscations est remis au propriétaire, pour l'indemniser d'autant du préjudice qu'il a souffert. Le surplus de son indemnité ou l'entière indemnité, s'il n'y a pas eu vente des ouvrages confisqués, est réglé par les voies ordinaires. *Idem, art.* 429.

Voir aussi *Théâtres.*

Pour les autres espèces de contrefaçons. Voir *Faux. Prud'hommes. Quincaillerie.*

CONTREFICHES ou ÉTAIES. Voir *Étaies.*

CONTRE-MUR. Voir *Bâtimens,* §. 5. *Mur mitoyen.*

CONTRE-VENTS *ou* VOLETS OUVRANT EN DEHORS.

Ils n'ont point d'autre saillie que l'épaisseur des

bois; lorsqu'ils sont ouverts, ils doivent être retenus par des tourniquets scellés dans le mur.

Pour établir des contre-vents, il faut une permission de la petite voirie. Voir *Voirie*. — *Tarif des droits de petite voirie*.

CONTRIBUTIONS. Voir *Charte*, §. 1.

Art. 1er. Les contributions directes sont établies et déterminées chaque année par une loi. Elles se composent de la contribution foncière ; de la contribution personnelle, somptuaire et mobilière ; de la contribution des portes et fenêtres et des patentes.

2. La *Contribution foncière* se perçoit sur les propriétés immobilières. Tous fermiers et locataires sont tenus de la payer à l'acquit des propriétaires ou usufruitiers dont ils tiennent les baux à ferme ou à loyer, et ceux-ci d'en recevoir les quittances pour comptant, à moins que le fermier ou locataire ne soit chargé des contributions par son bail. *Loi du 3 frimaire an VII* (23 novembre 1798), *art*. 1, 2, 4 *et* 147.

3. La *contribution personnelle* se perçoit à raison de 5 fr. pour tout individu dont le revenu excède 365 journées de travail à 30 s. (ou 500 fr.), qui est français, jouissant de ses droits et revenus, ou étranger ayant un an de résidence en France. *Loi du 7 thermidor an III*, (25 juillet 1795).

La *contribution somptuaire* se perçoit à raison du nombre de domestiques, chevaux et voitures de luxe.

La *contribution mobilière* se forme du surplus à imposer, pour former la somme totale à répartir pour ces espèces de contributions.

Loi du 13 floréal an X (3 mai 1802), *art*. 4 *et* 5.

6. Contributions des patentes Voir *Patentes*.

7. Les contributions sont payables à raison d'un 12e par mois. Le percepteur ne peut rien exiger des contribuables, s'il n'est porteur d'un rôle rendu **exécutoire**

par le préfet du département, et publié. *Arrêt. du gouv. du 16 thermidor an VIII* (4 août 1800), *art.* 1 *et* 15.

8. Si le percepteur n'a fait aucune poursuite pendant trois ans contre un contribuable en retard, il perd son recours et toute action contre ce dernier. *Id.* 17.

9. Si un porteur de contrainte est injurié, ou si l'on fait rébellion contre lui, il se retire devant l'officier de police, en dresse procès-verbal et l'affirme. (Voir *Rébellion*). Les contribuables qui ont à se plaindre d'un porteur de contrainte, peuvent réclamer auprès du préfet ou du sous-préfet. *Idem, art.* 24 *et* 25.

10. Les porteurs de contrainte ne peuvent exiger des redevables, que le logement, la nourriture et le feu commun. Il leur est défendu de se loger à l'auberge, aux frais des redevables, même sur la demande de ces derniers, comme aussi de recevoir des redevables le prix de leur travail, qui ne doit leur être payé que par le receveur particulier, d'après la taxe qui en aura été faite. *Idem. art.* 28.

11. Ils ne peuvent séjourner plus de dix jours dans une commune, ni plus de deux jours chez un redevable. Ils ne peuvent s'établir à domicile chez un redevable qui paye moins de 40 fr. de contribution directe. Les dix jours expirés, il peut être procédé contre le redevable par voie de saisie et vente des meubles et effets, même des fruits pendant par racines. *Id, art.* 44 *et* 51.

12. Ne peuvent être saisis pour contributions arriérées et frais y relatifs, les lits et vêtemens nécessaires au contribuable et à sa famille, les chevaux et bêtes de trait servant au labour, les harnois, et instrumens aratoires, les outils et métiers à travailler. Il est laissé au contribuable en retard une vache à lait ou une chèvre, et les grains nécessaires aux semailles des terres qu'il exploite. Les abeilles, les vers à soie et les feuilles de mûrier ne sont saisissables que dans les tems fixés par les lois rurales. Voir *Police rurale*.

Le tout à peine de 100 fr. d'amende contre le saisissant. *Idem, art.* 52. Voir aussi *Huissiers, art.* 40, 41 et 42.

13. Les ouvertures des portes à l'effet de saisie-exécution pour payement de contributions, sont faites par un huissier porteur d'une décision spéciale du préfet du département, et assisté d'un juge de paix, ou, à son défaut, d'un commissaire de police.

L'huissier doit justifier à l'officier public dont il requiert l'assistance, de sa commission et de la décision du préfet. Il peut en être exigé copie. *Circulaire du préfet de police, du 13 floréal an XI (3 mai 1803).*

14. Dans le cas de saisie mobilière pour payement de contributions, s'il s'élève une demande en revendication de tout ou partie dudit mobilier, elle ne peut être portée devant les tribunaux ordinaires, qu'après avoir été soumise par l'une des parties intéressées à l'autorité administrative, conformément à la loi du 5 novembre 1790. *Loi du 12 novembre 1808, art.* 4.

15. Tout propriétaire a le droit de retenir les meubles de son locataire jusqu'à ce que celui-ci ait justifié du payement de ses contributions. En cas de déménagement furtif, voir *Déménagement.*

16. Le privilège du trésor public pour les contributions s'exerce avant tout autre. *Loi précitée, du 12 novembre 1808, art.* 1er.

17. Tous dépositaires ou débiteurs de deniers provenant du chef des redevables, sont tenus, sur la demande qui leur en est faite, de payer en l'acquit des redevables, et sur le montant des sommes qu'ils leur doivent ou qui sont en leurs mains, jusqu'à concurrence de tout ou partie des contributions dues par lesdits redevables. Les quittances des percepteurs leur sont allouées en compte. *Idem, art.* 2.

18. Les *contributions indirectes* comprennent les

droits établis sur les boissons, les cartes à jouer, les tabacs, les voitures publiques, etc.

Voir *Droits réunis*.

CONTUMACES, *ou* CONDAMNATIONS PAR DÉFAUT EN MATIÈRE CRIMINELLE.

Art. 1ᵉʳ. Lorsqu'après un arrêt de mise en accusation (Voir *Mise en accusation*.), l'accusé n'a pu être saisi, ou ne se présente pas dans les dix jours de la notification qui en a été faite à son domicile; ou si, après s'être présenté ou avoir été saisi, il s'est évadé, le président de la cour d'assises ou de la cour spéciale, suivant la compétence de l'affaire, ou, en leur absence, le président du tribunal de première instance, et à son défaut le plus ancien juge de ce tribunal, rend une ordonnance portant que l'accusé est tenu de se présenter dans un nouveau délai de dix jours, sinon qu'il sera déclaré rebelle à la loi, qu'il sera suspendu de l'exercice de ses droits de citoyen, que ses biens seront séquestrés pendant l'instruction de la contumace, que toute action en justice lui sera interdite pendant le même tems, qu'il sera procédé contre lui, et que toute personne est tenue d'indiquer le lieu où il se trouve. Cette ordonnance fait mention du crime et de l'ordonnance de prise de corps. *Code d'instruction criminelle, art* 465.

2. Cette ordonnance est publiée à son de trompe ou de caisse le dimanche suivant, et affichée à la porte du domicile de l'accusé, du maire, et de l'auditoire de la cour d'assises ou spéciale. Elle est en même tems adressée au directeur des domaines et des droits d'enregistrement du domicile du contumax. *Idem, art.* 466.

3. Après le délai de dix jours, il est procédé au jugement de la contumace. *Idem, art.* 467.

4. Aucun conseil ni avoué ne peut se présenter pour défendre le contumax. S'il est absent du territoire français ou dans l'impossibilité de se rendre, ses parens et

amis peuvent présenter ses excuses et en plaider la légitimité. *Idem, art.* 468.

5. Si la cour légitime l'excuse, elle ordonne un sursis pendant un temps fixé, eu égard à la nature de l'excuse et à la distance des lieux. *Idem, art.* 469.

6. Dans le cas contraire, il est procédé de suite à la lecture de l'arrêt de renvoi à la cour d'assises ou spéciale, de l'acte de notification de l'ordonnance indiquée en l'article 1er. ci-dessus, et des procès-verbaux de publication et affiche d'icelle. La cour prononce ensuite sur la contumace après les conclusions du procureur-général. Si l'instruction n'est pas conforme à la loi, la cour la déclare nulle, et ordonne qu'elle sera recommencée à partir du plus ancien acte illégal. Si elle est régulière la cour prononce sur l'accusation, et statue sur les intérêts civils, sans assistance ni intervention de jurés. *Idem, art.* 470.

7. Si le contumax est condamné, ses biens sont, à partir de l'exécution de l'arrêt, considérés et régis comme biens d'absent; le compte du séquestre est rendu à qui il appartient, après que la condamnation est devenue irrévocable, par l'expiration du délai donné pour purger la contumace. *Idem, art.* 471.

8. Dans les trois jours de la prononciation du jugement, et à la diligence du procureur-général, extrait en est affiché par l'exécuteur des jugemens criminels, à un poteau placé au milieu d'une place publique de la ville chef-lieu de l'arrondissement où le crime a été commis (Ce que l'on nomme *exécution en effigie.*) Pareil extrait est adressé au directeur des domaines et des droits d'enregistrement du domicile du contumax. *Idem. art.* 472

9. Le recours en cassation n'est ouvert contre les jugemens de contumace, qu'au ministère public, et à la partie civile en ce qui la regarde. *Idem. art.* 473.

10. En aucun cas la contumace d'un accusé ne suspend ni ne retarde de plein droit l'instruction, à l'égard de ses co-accusés présens. La cour peut ordonner, après le jugement de ceux-ci, la remise des pièces de conviction déposées au greffe, lorsqu'elles sont réclamées par les propriétaires ou ayant droit, à la charge de les représenter, s'il y a lieu. Cette remise est précédée d'un procès-verbal de description, dressé par le greffier, à peine de 100 fr. d'amende. *Idem, art.* 474.

11. Durant le séquestre, il peut être accordé à la femme, aux enfans, au père ou à la mère de l'accusé, des secours qui sont réglés par l'autorité administrative. *Idem, art.* 475.

12. Si l'accusé se constitue prisonnier, ou s'il est arrêté avant que la peine soit éteinte par la prescription, le jugement rendu par contumace et les procédures postérieures à l'ordonnance de prise de corps ou de se représenter, sont anéantis de plein droit, et il est procédé à son égard dans la forme ordinaire.

Si cependant la nature de la condamnation emporte la mort civile, et si l'accusé n'est arrêté ou ne se représente qu'après les cinq ans qui ont suivi le jugement de contumace, ce jugement, conformément à l'article 30 du code civil, conserve pour le passé, les effets que la mort civile aurait produits dans l'intervalle écoulé depuis l'expiration des cinq ans jusqu'au jour de la comparution de l'accusé en justice. *Idem, art.* 476.

13. Dans les cas prévus par l'article précédent, si, pour quelque cause que ce soit, des témoins ne peuvent être produits aux débats, leurs dépositions écrites, et les réponses écrites des autres accusés du même délit, sont lues à l'audience : ainsi que les autres pièces que le président juge de nature à répandre la lumière sur le délit et les coupables *Idem, art.* 477.

14. Le contumax qui, après s'être représenté obtient son renvoi de l'accusation, est condamné aux frais de la contumace. *Idem, art. 478.*

Voir aussi *Délits, art. 234. Mort civile.*

CONTUSIONS. Voir *Blessures.*

CONVENTION.

Art. 1er. Pour qu'une convention soit valable, il faut ; 1°. Le consentement volontaire de celui qui s'oblige ; 2°. Que celui qui s'engage ne soit pas incapable de contracter, comme mineurs, interdits, femmes mariées, etc. ; 3°. Que la convention n'ait pas pour objet une cause fausse ou illicite. *Code civil, art.* 1108 *et suivans.*

2. La convention contractée par erreur, violence ou dol, n'est pas nulle de plein droit ; mais elle donne lieu à une action en nullité ou en rescision. *Idem, art.* 1117.

3. Les conventions légalement formées font loi pour ceux qui les ont faites ; elles ne peuvent être révoquées que de leur consentement, ou pour des causes autorisées par la loi. *Idem, art.* 1134.

Voir aussi *Signatures.*

CONVENTIONS FRAUDULEUSES. Voir *Commissaires-priseurs, art.* 21.

CONVOIS ou ENTERREMENS. Voir *Décès.*

COR INSTRUMENT. (Voir, *idem,* au tome IV.)

Les marchands de vin et autres donnant à boire et à manger dans les villes, ne doivent point permettre que personne chez eux donne du cor, cet amusement troublant la tranquillité de tout un quartier, les occupations sérieuses et utiles des personnes de cabinet ; et le repos nécessaire aux ouvriers et aux malades.

CORAIL (pêche du). Voir *Corail.*

CORDAGES ATTACHÉS AUX ARBRES POUR ÉTENDRE DU LINGE. Voir *Arbres, art.* 13.

CORDES A INSTRUMENS (fabrique de). Voir *Ateliers. Boyaudiers.*

CORDIER. Voir *Ratelier.*

CORNES TRANSPARENTES (fabrique de). Voir *Ateliers.*

CORNICHE.

Art. 1er. Les corniches doivent être ou en pierres de taille saillantes incorporées dans le mur de face, ou faites avec le meilleur plâtre possible, soutenues de broches et crampons de fer, recouvertes de minces dalles de pierre ; le tout encastré de 11 à 13 centimètres dans le mur de face. Elles ne peuvent avoir plus de 22 centimètres (8 pouces) de saillie ; le tout à peine de 50 fr. d'amende. *Ordonnance du bureau des finances de Paris du 29 mars 1776, art. 2.*

2. On ne peut établir des corniches en maçonnerie ou en bois sans une permission de la petite-voirie, à peine de démolition et de 50 fr. d'amende. *Ordonnance précitée, art. 1er.* ; ou au moins de l'amende de simple police d'un à 5 fr. Voir *Voirie, art. 17. Délits, art. 29,* §. V.

Voir aussi *Voirie-tarif des droits de petite-voirie.*

CORPS-DE-GARDE.

Art. 1er. Le chef d'un poste procure la force armée, toutes les fois qu'elle est requise soit par les particuliers, soit par les officiers de police, soit à la clameur publique. La garde ne pénètre point de son propre mouvement dans une maison habitée ; il faut qu'elle soit requise par un habitant de la maison, ou autorisée par l'officier de police. *Ordonnance du Roi du 1er mars 1768, sur le service des places, art. 103. Décision du préfet de police du 2 prairial an VIII (10 juin 1800). Ordre du gouverneur de Paris, de pluviose an XII (février 1804.)*

INDIVIDUS ARRÊTÉS la nuit sur la voie publique

par une patrouille, et déposés dans un corps-de-garde. Voir *Arrestations*.

Voir aussi *Force publique*.

CORPS DURS. Accidens ou dommages causés par le jet de pierres ou autres corps durs. Voir *Délits, art.* 30, §. VIII; et 31, §. III. *Blessures, art.* 8.

CORRECTION (maisons de). Voir *Prisons*.

CORROYEURS. Voir *Ateliers*.

CORSAIRES. Voir *Police maritime*, §. XI.

CORTÉGES. Voir *Fétes publiques*.

COSTUME. Peines contre ceux qui portent un costume qui ne leur appartient pas. Voir *Fonctions publiques*. *Titres*, §. III. *Arrestations, art.* 18. *Vol, art.* 3,

COTONS FILÉS. Voir aussi *Douanes, art.* 130.

Art. 1er. A compter du 1er. mars 1820, tous les entrepreneurs de filatures de coton établies en France, doivent composer d'un fil de 100 mètres de longueur l'échevette des fils par eux fabriqués, et former l'écheveau de dix de ces échevettes, ensorte que la longueur totale du fil composant l'écheveau soit de 1,000 mètres. *Ordonnance du Roi du 26 mai 1819, art.* 2. *Idem du 1er décembre* 1819, *art.* 1er.

2. En conséquence leurs établissemens doivent être pourvus de dévidoirs hexagones (à 6 angles), de 1,428 mètres de développement, auxquels est adaptée une roue ou compteur de soixante-dix dents. *Idem du 26 mai* 1819, *art.* 3.

3. Il n'est prescrit aucun mode particulier de ligature pour réunir les dix échevettes formant l'écheveau. Le fabricant peut, à son choix, réunir par une seule ligature lâche, les fils formant l'écheveau, ou le diviser en deux parties égales, ou séparer distinctement l'écheveau en dix échevettes, par le moyen d'un fil ou chaîne. *Idem du 1er. décembre* 1819, *art.* 3.

4. Tous les cotons filés, de fabriques françaises, sont étiquetés, suivant leur degré de finesse, d'un numéro indiquant le nombre d'écheveaux nécessaire pour former le poids d'une livre métrique, ou demi-kilogramme; ainsi en conservant la mesure métrique et la division décimale, l'écheveau de coton filé, n°. 1, doit peser 0, 500 grammes; le même au n°. 10, 0,050 grammes; le même, au n°. 100, 0,005 grammes, et ainsi de suite *Idem du 26 mai 1819, art. 4.*

5. La vente des cotons filés a lieu par paquets de 5 ou de 10 livres métriques. Chaque paquet, en sortant de la presse et avant d'être recouvert de l'enveloppe ordinaire, doit être entouré d'une bande de papier appliquée sur les écheveaux, et empreinte de la marque du fabricant, ainsi que d'un numéro d'ordre correspondant aux registres. Les deux bouts de la bande sont réunis sous un seul cachet. *Idem, art. 5.*

NOTA. Aux termes de l'article 4 de *l'ordonnance précitée du 1.er décembre 1819,* le numéro indiquant la finesse du fil, peut suppléer le numéro d'ordre indiqué en l'art. 5 ci-dessus. Les entrepreneurs de filature sont aussi dispensés de la bande de papier indiquée audit art. 5, ils sont seulement tenus d'appliquer une étiquette portant leur marque, collée ou cachetée sur une des cordes qui servent à lier le paquet, de manière que cette corde ne puisse se détacher sans déchirer l'étiquette.

6. Il n'est prescrit aucun poids ni aucun mode particulier d'emballage pour les cotons livrés directement par les filatures aux entrepreneurs de tissage, soit en chaînes ourdies, soit en bobines; mais les colis renfermant ces sortes de coton, doivent, quelle que soit leur contenance, être fermés par une bande, corde et ficelle croisée, dont les deux bouts sont réunis sous un plomb ou cachet, portant l'empreinte de la marque du fabricant, et son numéro d'expédition. *Ordonnance du Roi du 16 juin 1819.*

NOTA. Sont dispensés de l'application de bande, corde ou ficelle, ainsi que du plomb ou cachet, les colis, balles ou caisses désignés en l'article 6 ci-dessus. *Ordonnance précitée du 1.er décembre 1819, art. 6.*

7. A l'effet des deux articles précédens, deux empreintes ou modèles de la marque du fabricant doivent être déposées par lui à la préfecture de son arrondissement, pour, conformément à l'article 4 de l'ordonnance du Roi du 8 août 1816, l'un desdits modèles être conservé à la préfecture, et l'autre être transmis au ministre de l'intérieur pour rester dans les archives du jury établi par l'art 63 de la loi du 28 avril 1816. Voir *Douanes, art.* 134. Le fabricant doit se conformer pour le choix et les vérifications de cette marque, aux art. 2 et 3 de l'ordonnance du Roi précitée. (Voir *Douanes, art.* 116, 117.) *Ordonnance du Roi du 26 mai 1819, art.* 6.

8. Tout détenteur, à quelque titre que ce soit, de cotons filés, fabriqués suivant les divers modes en usage avant le 1er. mars 1820, a dû, avant ladite époque du 1er. mars 1820 : 1º. apposer à chaque paquet de cette sorte de coton, de la manière indiquée au *nota* de l'art. 5 ci-dessus, une étiquette collée et cachetée, portant la marque et le numéro du fil ; 2º. reprendre et écrire sur son registre d'entrée et de sortie les paquets ainsi marqués et étiquetés, dont l'état a dû être par lui arrêté sur ledit registre, daté et signé. Pour ceux qui n'avaient point de registre, il a pu y être suppléé par un inventaire ou état sur feuille volante déposé à la mairie de leur commune, et pour Paris, à la préfecture de police. *Ordonnance précitée du 1er. décembre 1819, art.* 5.

9. Toutes les dispositions en général ci-dessus établies concernant le dévidage et le numérotage, à la mesure métrique, des cotons filés, ainsi que le mode

d'enveloppe des paquets, ne sont rigoureusement applicables qu'aux cotons filés qui sont livrés au commerce *en écru*, et dont le degré de finesse est au-dessus de 1,000 mètres, correspondant au n°. 20, à peu près, de l'ancien écheveau de 650 aunes. *Idem, art.* 6.

10. Si, après le 1er. mars 1820, il est trouvé des cotons filés *en écru*, dépourvus de la marque de fabrique ou d'origine, il est procédé comme il est dit au mot *Douanes, art.* 126. *Ordonn. précitée du* 26 *mai* 1819, *art* 8.

COTRETS. Voir *Bois de chauffage.*

COUPOIRS. Voir *Laminoirs.*

COUPS *et* BLESSURES. Voir *Blessures.*

COUR DE CASSATION. Voir *Cassation.*

COURONNE (Dotation de la). Voir *Liste civile.*

COURS D'ASSISES.

1°. *Dispositions générales;*

2°. *Procédure devant les Cours d'assises;*

3°. *De l'examen;*

4°. *Du jugement et de son exécution.*

§. Ier. *Dispositions générales.*

Art, 1er. Il est tenu des assises dans chaque département pour juger les criminels que la cour royale y renvoie. *Code d'instruction criminelle, art.* 251. Voir *Mises en accusation.*

2. Les arrêts de la cour d'assises ne peuvent être rendus qu'au nombre complet de cinq juges. *Décret du* 6 *juillet* 1810, *art.* 9.

Ils ne sont attaquables que par voie de cassation. *Code précité, art.* 262.

Ils peuvent être annullés, s'ils n'ont pas été rendus publiquement; par le nombre de juges requis; par des juges qui n'ont pas assité à toutes les audiences de la cause ; ou s'ils ne contiennent pas les motifs. *Loi du* 20 *avril* 1810, *art.* 17.

§. II. *De la procédure devant la Cour d'assises.*

3. Lorsque l'accusation a été prononcée (*Voir Mises en accusation*), si l'affaire ne doit pas être jugée dans le lieu où siège la cour royale, le procès est, par les ordres du procureur général, envoyé dans les vingt-quatre heures, avec les pièces à conviction, au greffe du tribunal de première instance du chef-lieu du département, ou au greffe du tribunal qui peut avoir été désigné. *Code précité, art.* 291.

4. Les vingt-quatre heures courent du moment de la signification à l'accusé, de l'arrêt de renvoi à la cour d'assises. Dans le même délai, l'accusé, s'il est détenu, est envoyé dans la maison de justice du lieu où doivent se tenir les assises. *Idem, art.* 292.

5. Vingt-quatre heures après la remise des pièces et l'arrivée de l'accusé, celui-ci est interrogé par le président des assises, ou par le juge qu'il a délégué; *Idem, art.* 393; et à leur défaut par le président du tribunal de première instance, ou par un juge par lui commis à cet effet. *Décret du 6 juillet* 1810, *art.* 91.

6. L'accusé est interpellé de déclarer le conseil qu'il a choisi pour le défendre; sinon le juge lui en désigne un sur-le-champ, à peine de nullité de tout ce qui suivrait. La désignation et la nullité n'ont pas lieu, si l'accusé choisit un conseil. *Code précité, art.* 294.

Ce conseil ne peut être pris que parmi les avocats ou avoués de la cour royale ou de son ressort, à moins que l'accusé ne prenne pour conseil, avec la permission du président des assises, un de ses parens ou amis. *Idem, art.* 295.

7. Le juge avertit l'accusé que dans le cas où il voudrait former une demande en nullité, il doit en faire

sa déclaration au greffe dans les cinq jours, faute de quoi il ne serait plus recevable.

L'exécution du présent article et du précédent est constatée par un procès-verbal signé de l'accusé, du juge et du greffier.

Idem, art. 296.

8. Si l'accusé n'a pas été averti, conformément à l'article précédent, la nullité n'est pas couverte par son silence; ses droits sont conservés, sauf à les faire valoir après l'arrêt définitif. *Idem, art.* 297.

9. Le procureur général est tenu de faire sa déclaration en nullité dans le même délai, à compter de l'interrogatoire et sous la même peine de déchéance. *Idem, art.* 298.

10. La déclaration de l'accusé et celle du procureur général énoncent les motifs de la nullité demandée. Cette demande ne peut être formée que contre l'arrêt de renvoi à la cour d'assises, et dans les trois cas suivans :

1°. Si le fait n'est pas qualifié crime par la loi.

2°. Si le ministère public n'a pas été entendu.

3°. Si l'arrêt n'a pas été rendu par le nombre de juges prescrit.

Idem, art. 299.

11. Aussitôt la déclaration reçue par le greffier, expédition de l'arrêt de renvoi est envoyée par le procureur général de la cour royale, à celui de la cour de cassation, laquelle prononce toute affaire cessante. *Idem, art.* 300.

12. La demande en nullité n'empêche pas de continuer l'instruction jusqu'aux débats exclusivement. *Idem, art.* 301.

13. Le conseil de l'accusé peut communiquer avec lui après son interrogatoire. Il peut prendre communication de toutes les pièces sans déplacement et sans

retarder l'instruction. *Idem*, *art.* 302. Il peut aussi prendre, à ses frais, copie de telles pièces du procès qu'il juge utile à sa défense. Dans tous les cas et en quelque nombre que soient les accusés, il ne leur est délivré gratuitement qu'une seule copie des procès-verbaux constatant le délit, et des déclarations écrites des témoins. Le président, les juges et le procureur général veillent à l'exécution de cette disposition. *Id.*, art. 305.

14. S'il y a de nouveaux témoins à entendre, résidant hors du siége de la cour d'assises, le président, ou le juge qui le remplace, peut commettre à cet effet le juge d'instruction de leur résidence, ou celui d'un autre arrondissement; celui-ci envoie les dépositions closes et cachetées au greffier de la cour d'assises. *Idem*, art. 303.

15. Les témoins qui n'ont pas comparu sur la citation du président, ou du juge par lui commis, sans justifier d'empêchement légitime, ou qui refusent de déposer, sont jugés par la cour d'assises, et punis ainsi qu'il est dit aux articles 15 et 23 du mot : *Juges d'instruction*. *Idem*, art. 304.

16. Si le procureur général ou l'accusé ont des motifs pour que l'affaire ne soit pas portée à la première assemblée du jury, ils présentent au président des assises une requête en prolongation de délai. Le président décide. Il peut aussi, d'office, proroger le délai. *Idem*, art. 306.

17. Si, à raison du même délit, il a été formé plusieurs actes d'accusation contre différens accusés, le procureur général peut en requérir la jonction, et le président peut l'ordonner, même d'office. *Id.*, art. 307.

18. Lorsque l'acte d'accusation contient plusieurs délits non connexes, le procureur général peut requérir que les accusés ne soient mis en jugement, pour le

moment, que sur un ou quelques-uns des délits, et le président peut l'ordonner d'office. *Idem*, *art.* 308.

19. Lorsque la cour d'assises a pris séance, douze jurés se placent, dans l'ordre désigné par le sort, sur des siéges séparés du public, des parties et des témoins, en face de celui destiné à l'accusé. *Idem*, *art.* 309.

Voir aussi *Jury*.

§. III. *De l'examen.*

20. L'accusé comparaît libre, accompagné seulement de gardes pour prévenir son évasion. Le président lui demande ses noms, prénoms, âge, profession, demeure et pays de naissance. *Idem*, *art.* 310.

21. Le président avertit le conseil de l'accusé qu'il ne peut rien dire contre sa conscience et le respect dû aux lois, et qu'il doit s'exprimer avec décence et modération. *Idem*, *art.* 311.

22. Le président adresse aux jurés, lesquels debout et découverts, le discours suivant :

« Vous jurez et promettez devant Dieu et devant les
» hommes d'examiner avec l'attention la plus scrupu-
» leuse les charges qui sont portées contre N. . . . ; de
» ne trahir ni les intérêts de l'accusé, ni ceux de la
» société qui l'accuse ; de ne communiquer avec per-
» sonne jusqu'après votre déclaration ; de n'écouter ni
» la haîne, ni la méchanceté, ni la crainte ou l'affec-
» tion ; de vous décider d'après les charges et les
» moyens de défense, suivant votre conscience et votre
» intime conviction, avec l'impartialité et la fermeté
» qui conviennent à un homme probe et libre. »

Chacun des jurés appelé individuellement par le président, répond, en levant la main : *Je le jure ;* à peine de nullité.

Idem, *art.* 312.

23. Le président avertit aussitôt l'accusé d'être at-

tentif à ce qu'il va entendre. Le greffier lit à haute voix l'arrêt de renvoi rendu par la cour royale, et l'acte d'accusation. *Idem*, *art.* 313.

24. Après cette lecture, le président rappelle à l'accusé le contenu de l'acte d'accusation, et lui dit : « Voilà de quoi vous êtes accusé ; vous allez entendre » les charges qui seront produites contre vous. » *Idem*, *art.* 314.

25. Le procureur général expose le sujet de l'accusation ; il présente ensuite et le greffier lit à haute voix la liste des témoins à entendre à la requête du procureur général, ou de la partie civile, ou de l'accusé.

Cette liste ne contient que les témoins dont les noms, profession et résidence ont été notifiés vingt-quatre heures au moins avant l'examen de ces témoins, à l'accusé, par le procureur général, ou par la partie civile, et au procureur général par l'accusé.

L'accusé et le procureur général peuvent s'opposer à l'audition d'un témoin qui n'aurait pas été indiqué ou clairement désigné dans l'acte de notification. La cour statue de suite sur cette opposition.

Idem, *art.* 315.

26. Sur l'ordre du président, les témoins se retirent dans une chambre, et n'en sortent que pour déposer. Il prend, au besoin, des précautions pour qu'ils ne puissent conférer entre eux du délit et de l'accusé avant leur déposition. *Idem*, *art.* 316.

27. Les témoins déposent séparément l'un de l'autre, dans l'ordre établi par le procureur général. Avant de déposer, ils prêtent, à peine de nullité, le serment de parler sans haine ni crainte, de dire la vérité et rien que la vérité.

Le président leur demande leurs noms, prénoms, âge, profession et domicile ; s'ils connaissent l'accusé avant le fait dont il est accusé ; s'ils sont parens et alliés, et à quel degré, ou attachés au service de l'accusé, ou de la partie civile. Cela fait, les témoins déposent oralement. *Idem, art.* 317. Voir ci-après l'article 32.

28. Le président fait tenir note, par le greffier, des additions, changemens ou variations qui pourraient exister entre la déposition d'un témoin et ses précédentes déclarations. Le procureur général et l'accusé peuvent requérir à cet égard le président. *Id., art.*318.

29. Après chaque déposition, le président demande au témoin si c'est de l'accusé présent qu'il a entendu parler, et demande à l'accusé s'il veut répondre à ce qui vient d'être dit contre lui.

Le témoin ne peut être interrompu. L'accusé ou son conseil peuvent le questionner par l'organe du président, après la déposition, et dire contre lui ou son témoignage tout ce qui peut être utile à la défense de l'accusé. Le président peut demander au témoin et à l'accusé tous les éclaircissemens qu'il croit utile à la manifestation de la vérité. Les juges, le procureur général et les jurés ont la même faculté, en demandant la parole au président. La partie civile ne peut questionner le témoin ou l'accusé que par l'organe du président.

Idem, art. 319.

30. Chaque témoin, après sa déposition, reste dans l'auditoire, si le président n'en a autrement ordonné, jusqu'à ce que les jurés se soient retirés pour donner leur déclaration. *Idem, art.* 320.

31. Après l'audition des témoins produits par le procureur général et la partie civile, l'accusé fait entendre ceux dont il a notifié la liste.

Les citations faites à la requête des accusés sont à leurs frais, ainsi que les salaires des témoins cités, s'ils en requièrent, sauf au procureur général à faire citer à sa requête les témoins indiqués par l'accusé, s'il juge leur déclaration utile à la découverte de la vérité.

Idem, *art.* 321.

32. Ne peuvent être entendus en témoignage :

1°. Le père, la mère, l'aïeul, l'aïeule, ou tout autre ascendant de l'accusé, ou de l'un des co-accusés présens et soumis au même débat ;

2°. Les fils, fille, petit-fils, petite-fille, ou tout autre descendant ;

3°. Les frères et sœurs ;

4°. Les alliés aux mêmes degrés ;

5°. Le mari ou la femme, même après le divorce ;

6°. Les dénonciateurs dont la dénonciation est récompensée pécuniairement par la loi.

L'audition des témoins ci-dessus n'opère point une nullité, si le procureur général, la partie civile ou l'accusé ne s'y sont point opposés.

Idem, *art.* 322.

Les dénonciateurs non récompensés pécuniairement par la loi, peuvent être entendus ; mais le jury est averti de leur qualité de dénonciateurs. *Idem*, *art.* 323.

33. Les témoins produits par le procureur général ou par l'accusé, sont entendus dans le débat, lors même qu'ils n'ont pas préalablement déposé par écrit, ou qu'ils n'ont point été cités, pourvu, dans tous les cas, qu'ils soient portés sur la liste mentionnée en l'article 25 ci-dessus. *Idem*, *art.* 324.

34. Les témoins ne peuvent jamais s'interpeller entre eux. *Idem*, *art.* 324.

35. Après leurs dépositions, l'accusé peut demander que ceux qu'il désignera se retirent de l'auditoire, et qu'un ou plusieurs d'entre eux soient introduits et entendus de nouveau, soit séparément, soit en présence les uns des autres. Le procureur-général a la même fa-

culté. Le président peut aussi l'ordonner d'office. *Idem,* art. 326.

36. Avant, pendant, ou après l'audition d'un témoin, le président peut faire retirer un ou plusieurs accusés, et les examiner séparément sur quelques circonstances du procès. Avant de reprendre la suite des débats généraux, il instruit chaque accusé de ce qui a été fait en son absence, et de ce qui en est résulté. *Idem, art.* 327.

37. Pendant l'examen, les jurés, le procureur-général et les juges peuvent prendre des notes, mais sans interrompre la discussion. *Idem, art.* 328.

38. Dans le cours et à la suite des dépositions, le président fait représenter à l'accusé toutes les pièces à conviction relatives au délit. Il l'interpelle de répondre personnellement s'il les reconnaît ; il les fait aussi représenter aux témoins, s'il y a lieu. *Idem, art.* 329.

39. Si après les débats, la déposition d'un témoin paraît fausse, le président peut, sur la réquisition du procureur-général, de la partie civile ou de l'accusé, et même d'office, faire mettre de suite le témoin en état d'arrestation. Le procureur-général et le président ou l'un des juges par lui commis, remplissent à son égard, le premier les fonctions d'officier de police judiciaire, le second celle de juge d'instruction. Les pièces d'instruction sont ensuite transmises à la Cour royale, pour statuer sur la mise en accusation. *Idem, art.* 329.

Dans le cas ci-dessus, le procureur-général, la partie civile ou l'accusé, peuvent immédiatement requérir, et la cour ordonner, même d'office, le renvoi de l'affaire à la prochaine session. *Idem, art.* 330. Voir aussi *Faux.*

40. Si l'accusé ou un des témoins ne parle point là même langue, le président nomme d'office, à peine de nullité, un interprète âgé de 21 ans au moins, et lui fait, sous la même peine, prêter serment de traduire fidèlement les discours à transmettre entre ceux par-

lant des langages différens. L'accusé et le procureur-
général peuvent récuser l'interprète, en motivant leur
récusation, et la cour prononce. L'interprète ne peut,
à peine de nullité, être pris parmi les témoins, les
juges et les jurés, même du consentement de l'accusé
et du procureur-général. *Idem*, art. 332.

41. Si l'accusé ou l'un des témoins est sourd-muet,
le président nomme d'office pour son interprète, la
personne qui a le plus d'habitude de converser avec
lui, et il en est usé comme à l'article précédent. Si le
sourd-muet sait écrire, le greffier écrit les questions
et observations, et le sourd-muet donne par écrit ses
réponses et déclarations. Il est fait lecture du tout,
par le greffier. *Idem*, art. 333.

Voir aussi *Témoins*.

42. Le président détermine celui des accusés qui
devra être soumis le premier aux débats, en commençant
par le principal accusé, s'il y en a. Il se fait ensuite un
débat particulier sur chacun des autres accusés. *Idem*,
art. 334.

43. A la suite des dépositions et des dires respectifs,
la partie civile ou son conseil, et le procureur-général
sont entendus, et développent les moyens qui appuyent
l'accusation. L'accusé et son conseil peuvent répondre ;
la réplique est permise à la partie civile et au procureur-général. L'accusé et son conseil ont toujours la
parole les derniers. Le président déclare ensuite que
les débats sont terminés. *Idem*, art. 335.

44. Le président résume l'affaire ; il fait remarquer
aux jurés les principales preuves pour ou contre l'accusé ; il leur rappelle leurs fonctions, et il pose les
questions ainsi qu'il est dit ci-après. *Idem*, art. 336.

45. La question résultante de l'acte d'accusation est
posée en ces termes :

« L'accusé est-il coupable d'avoir commis tel meur-

« tre, tel vol, tel autre crime, avec toutes les circons-
« tances comprises dans le résumé de l'acte d'accusa-
« tion ? » *Idem*, *art.* 337.

S'il résulte des débats une ou des circonstances ag-
gravantes, non-mentionnées dans l'acte d'accusation, le
président ajoute la question suivante :

« L'accusé a-t-il commis le crime avec telle ou telle
« circonstance ? »
Idem, *art.* 338.

Lorsque l'accusé a proposé pour excuse un fait admis
comme tel par la loi, la question est ainsi posée :

« Tel fait est-il constant ? »
Idem, *art.* 339. Voir ci-après l'article 69.

Si l'accusé a moins de 16 ans, le président pose cette
question :

« L'accusé a-t-il agi avec discernement ? »
Idem, *art.* 340.

46. Le président remet les questions aux jurés dans
la personne du chef du jury, et en même tems l'acte
d'accusation, les procès-verbaux constatant le délit, et
les pièces du procès autres que les déclarations écrites
des témoins. Il avertit les jurés que si l'accusé est déclaré coupable du fait principal, à la simple majorité,
ils doivent en faire mention en tête de leur déclaration.
Il fait retirer l'accusé de l'auditoire. *Idem*, *art.* 341.

47. Les jurés se rendent dans leur chambre pour délibérer. Leur chef est le premier juré sorti par le sort,
ou celui par eux désigné et qui y consent.

Avant la délibération, le chef des jurés leur fait
lecture de l'instruction suivante, qui est en outre affichée en gros caractères dans le lieu le plus apparent
de la chambre.

« La loi ne demande pas compte aux jurés des
« moyens par lesquels ils sont convaincus ; elle ne leur
« prescrit point de règles desquelles ils doivent faire

« particulièrement dépendre la plénitude et suffisance
« d'une preuve ; elle leur prescrit de s'interroger eux-
« mêmes dans le silence et le recueillement , et de
« chercher dans la sincérité de leur conscience , quelle
« impression ont faite sur leur raison, les preuves
« rapportées contre l'accusé, et ses moyens de défense.
« La loi ne leur dit point: *Vous tiendrez pour vrai*
« *tout fait attesté par tel ou tel nombre de témoins* ;
« elle ne leur dit pas non plus: *Vous ne regarderez*
« *pas comme suffisamment établie , toute preuve qui*
« *ne sera pas formée de tel procès-verbal , de telles*
« *pièces , de tant de témoins ou de tant d'indices.* Elle
« ne leur fait que cette seule question qui renferme
« toute la mesure de leurs devoirs : *Avez-vous une*
« *intime conviction ?* »

« Ce qu'il est bien essentiel de ne pas perdre de vue,
« c'est que toute la délibération du jury porte sur
« l'acte d'accusation; c'est aux faits qui le constituent
« et qui en dépendent , qu'ils doivent uniquement
« s'attacher , et ils manquent à leur premier devoir ,
« lorsque, pensant aux dispositions des lois pénales , ils
« considèrent les suites que pourra avoir, par rapport
« à la cause , la déclaration qu'ils ont à faire. Leur
« mission n'a pas pour objet la poursuite ni la puni-
« tion des délits ; ils ne sont appelés que pour dé-
« cider si l'accusé est ou non, coupable du crime qu'on
« lui impute. »

Idem , art. 342.

48. Les jurés ne peuvent sortir de leur chambre
qu'après avoir formé leur déclaration ; l'entrée n'en est
permise pendant leur délibération, pour quelque cause
que ce soit, que par le président et par écrit ; il donne
au chef de le gendarmerie de service, l'ordre spécial et
écrit de faire garder les issues de leur chambre, et dé-
nomme et qualifie ce chef dans l'ordre.

La cour peut punir le juré contrevenant, d'une amende de 500 fr. au plus. Tout autre qui enfreint l'ordre ou ne le fait pas exécuter, peut être puni de 24 heures d'emprisonnement.

Idem, art. 343.

49. Les jurés délibèrent sur le fait principal, et ensuite sur chacune des circonstances. *Idem, art.* 344.

50. Le chef du jury les interroge d'après les questions posées, et chacun d'eux répond ainsi qu'il suit :

1°. Si le juré pense que le fait n'est pas constant, ou que l'accusé n'en est pas convaincu ; il dit : *Non, l'accusé n'est pas coupable.* Dans ce cas, le juré n'a plus rien à répondre.

2°. S'il pense que le fait est constant, et que l'accusé en est convaincu, mais que la preuve n'existe qu'à l'égard de quelques-unes des circonstances, il dit : *Oui, l'accusé est coupable d'avoir commis le crime, avec telle circonstance ; mais il n'est pas constant qu'il l'ait commis avec telle autre.*

3°. S'il pense que le fait est constant, que l'accusé en est convaincu, mais qu'aucune des circonstances n'est prouvée, il dit : *Oui, l'accusé est coupable, mais sans aucune des circonstances.*

Idem, art. 345.

Le juré fait de plus, s'il y a lieu, une réponse particulière pour les cas prévus par l'article 45 ci-dessus.

51. La décision du jury se forme pour ou contre l'accusé, à la majorité, à peine de nullité. En cas d'égalité de voix, l'avis favorable à l'accusé prévaut. *Idem, art.* 347.

52. Les jurés rentrent de suite dans l'auditoire, et reprennent leur place. Le président leur demande le résultat de leur délibération. Le chef du jury se lève, et la main placée sur son cœur, il dit : *Sur mon honneur et ma conscience, devant Dieu et devant les*

hommes, la déclaration du jury est : Oui, l'accusé, etc.; ou bien : Non, l'accusé, etc. Idem, art. 348.

53. La déclaration du jury est signée par le chef, qui la remet au président, en présence des jurés; le président et le greffier la signent. *Idem, art. 349.* Elle ne peut jamais être soumise à aucun recours. *Idem, art. 350.*

54. Néanmoins si l'accusé n'est déclaré coupable du fait principal qu'à une simple majorité, les juges délibèrent entre eux sur le même point; et l'avis favorable à l'accusé prévaut, toutes les fois qu'il a été adopté par la majorité des juges. *Idem, art. 351, modifié par la loi du 24 mai 1821.*

55. Si, hors le cas de l'article précédent, les juges sont unanimement convaincus que les jurés, en observant les formes, se sont trompés au fond, la cour déclare qu'il est sursis au jugement, et renvoie l'affaire à la session suivante, pour être soumise à un nouveau jury, dont aucun des premiers jurés ne peut faire partie.

Nul n'a le droit de provoquer cette censure; la cour ne peut l'ordonner que d'office, et immédiatement après la déclaration du jury, et dans le cas où l'accusé a été convaincu; jamais lorsqu'il n'a pas été déclaré coupable.

La cour est tenue de prononcer immédiatement après la déclaration du deuxième jury, même quand elle serait conforme à la première.

Idem, art. 352.

56. L'examen et les débats une fois entamés, ne sont point interrompus, et sans aucune communication au dehors, jusqu'à la déclaration du jury inclusivement. Le président ne peut les suspendre que pour le repos nécessaire des juges, des jurés, des témoins et des accusés. *Idem, art. 353.*

57. Lorsqu'un témoin cité ne comparaît pas, la cour peut, sur la réquisition du procureur général, et avant que les débats soient ouverts par la déposition du premier témoin inscrit sur la liste, renvoyer l'affaire à la prochaine session. *Idem, art.* 354. Dans ce cas, tous les frais de citation, actes, voyages des témoins, et autres ayant pour objet de faire juger l'affaire, sont à la charge du témoin défaillant, qui y est contraint, même par corps, sur la réquisition du procureur général, par l'arrêt qui renvoie les débats à la session suivante. Le même arrêt ordonne que ce témoin sera amené par la force publique devant la cour pour y être entendu ; et néanmoins, dans tous les cas, le témoin qui ne comparaît pas ou refuse de prêter serment ou de déposer, est condamné en la peine portée en l'article 15 du mot *Juges d'instruction. Idem, art.* 355.

58. La voie de l'opposition est ouverte contre ces condamnations, dans les dix jours de la signification, outre un jour par cinq myriamètres. L'opposition est reçue, s'il prouve qu'il a été légitimement empêché, ou que l'amende prononcée doit être modérée. *Idem, art.* 356.

§. IV. *Du jugement et de l'exécution.*

59. Le président fait comparaître l'accusé, et le greffier lit en sa présence la déclaration du jury. *Idem, art.* 357.

60. Lorsque l'accusé a été déclaré non coupable, le président prononce qu'il est acquitté de l'accusation, et ordonne sa mise en liberté, s'il n'est retenu pour autre cause.

La cour statue ensuite sur les dommages-intérêts, après les dires des parties, et après avoir entendu le procureur général ; néanmoins la cour peut commettre un des juges pour entendre les parties, prendre connaissance des pièces, et faire son rapport à l'audience, où les parties peuvent encore présenter leurs observations, et où le ministère public est entendu de nouveau;

L'accusé acquitté peut obtenir des dommages-intérêts contre ses dénonciateurs, pour fait de calomnie, sans néanmoins que les membres des autorités constituées puissent être poursuivis à raison des avis qu'ils sont tenus de donner concernant les délits dont ils ont cru acquérir connaissance dans l'exercice de leurs fonctions, et sauf contre eux la demande en prise à partie, s'il y a lieu.

Le procureur général est tenu, si l'accusé le requiert, de lui faire connaître ses dénonciateurs.

Idem, art. 358.

61. Les demandes en dommages-intérêts formées par l'accusé contre ses dénonciateurs, ou par la partie civile contre l'accusé ou le condamné, sont portées à la cour d'assises. La partie civile doit former sa demande avant le jugement; plus tard, elle est non recevable. Il en est de même de l'accusé, s'il a connu son dénonciateur ; s'il ne l'a connu que depuis le jugement, mais avant la fin de la session, il doit, à peine de déchéance, porter sa demande à la cour d'assises; s'il ne l'a connu qu'après la clôture de la session, sa demande est portée au tribunal civil. Les tiers qui ne sont point parties au procès s'adressent au tribunal civil. *Idem*, *art.* 359.

62. Toute personne acquittée légalement ne peut plus être reprise ni accusée pour le même fait. *Idem*, *art.* 360.

63. Si dans le cours des débats, l'accusé est inculpé sur un autre fait par les pièces ou par les dépositions, le président, après l'avoir acquitté de l'accusation, ordonne qu'il sera poursuivi pour le nouveau fait; il

l'envoie en état de comparution ou d'amener, suivant les distinctions établies en l'article 23 du mot *Juges d'instruction*, et même en état de mandat d'arrêt; s'il y échoit, devant le juge d'instruction de l'arrondissement où siége la cour, pour être procédé à une nouvelle instruction.

Cette disposition, toutefois, n'est exécutée qu'autant qu'avant la clôture des débats le ministère public aurait fait des réserves à fin de poursuites.

Idem, *art.* 361. *Voir ci-après l'art.* 81.

64. Si le jury a déclaré l'accusé coupable, le procureur général fait sa réquisition à la cour pour l'application de la loi, et la partie civile pour les restitutions et les dommages-intérêts. *Idem*, *art.* 362.

65. Le président demande à l'accusé s'il n'a rien à dire pour sa défense. L'accusé et son conseil ne peuvent plus plaider que le fait est faux, mais seulement qu'il n'est pas défendu, ou qualifié délit par la loi, ou qu'il ne mérite pas la peine dont l'application a été requise, ou qu'il n'emporte pas de dommages-intérêts, ou que ceux réclamés sont portés trop haut. *Idem*, *art.* 363.

66. La cour prononce l'absolution de l'accusé, si le fait dont il est déclaré coupable n'est pas défendu par une loi pénale. *Idem*, *art.* 364.

67. Si le fait est défendu, la cour prononce la peine établie par la loi, même dans le cas où, d'après les débats, il se trouverait n'être plus de la compétence de la cour d'assises.

En cas de conviction de plusieurs crimes ou délits, la peine la plus forte est seule prononcée.

Idem, *art.* 365.

68. En cas d'acquittement, d'absolution ou de condamnation, la cour statue sur les dommages-intérêts, ainsi qu'il est dit en l'article 60 ci-dessus. Elle ordonne

aussi que les effets pris seront rendus au propriétaire; mais s'il y a lieu à une condamnation, ce dernier doit justifier préalablement qu'il n'y a pas eu de pourvoi en cassation, ou, dans le cas contraire, que l'affaire est définitivement terminée. *Idem*, art. 366.

69. Lorsque le jury a déclaré que le fait de l'excuse proposée par l'accusé (*Voir l'art. 45 ci-dessus*) est prouvé, s'il s'agit d'un meurtre, la cour prononce ainsi qu'il est dit au mot *Homicide*, §. III.

S'il s'agit de tout autre délit, la cour réduit la peine établie par la loi, à une punition correctionnelle, qui, dans aucun cas, ne peut excéder deux ans d'emprisonnement.

Idem, art. 367. *Loi du 3 brumaire an IV* (25 octobre 1795), *art* 646.

70. L'accusé, ou la partie civile, qui succombe, est condamné aux frais envers l'Etat et envers l'autre partie. *Code précité, art.* 368.

71. Les juges délibèrent et opinent à voix basse; ils peuvent à cet effet se retirer dans la chambre du conseil. L'arrêt est prononcé à haute-voix par le président en présence du public et de l'accusé. Le président est tenu de lire préalablement le texte de la loi sur laquelle il est fondé; le greffier écrit l'arrêt; il y insère le texte de la loi appliquée, à peine de 100 francs d'amende. *Idem*, art. 369.

72. La minute de l'arrêt est signée dans les vingt-quatre heures par les juges, à peine de 100 francs d'amende contre le greffier, et s'il a lieu, de prise à partie contre lui et contre les juges. *Idem*, art. 370.

73. Après l'arrêt prononcé, le président peut, suivant les circonstances, exhorter l'accusé à la fermeté, à la résignation, ou à réformer sa conduite.

Il l'avertit de la faculté qu'il a de se pourvoir en cassation, et du délai qui lui est prescrit.

Idem, art. 371.

74. Le greffier dresse, à peine de 500 fr. d'amende, procès-verbal de la séance, pour constater que les formalités prescrites ont été observées. Il n'y est fait mention ni des réponses des accusés, ni des dépositions des témoins, sans préjudice de l'exécution de l'article 28 ci-dessus. Le procès-verbal est signé par le président et le greffier. *Idem*, art. 372.

75. Le condamné a trois jours francs après celui où l'arrêt a été prononcé, pour déclarer au greffe son pourvoi en cassation.

Le procureur général a le même délai.

La partie civile a aussi le même délai; mais son pourvoi ne peut concerner que les dispositions relatives à ses intérêts civils.

Pendant ledit délai, et s'il y a eu pourvoi, il est sursis à l'exécution du jugement, jusqu'à la réception de l'arrêt de la cour de cassation.

Idem, art. 373.

76. Dans le cas d'acquittement ou d'absolution de l'accusé, le procureur général, ou la partie civile, n'ont que vingt-quatre heures pour se pourvoir. *Id.*, art. 374.

77. Lors de l'arrêt définitif, la cour, après la prononciation de l'arrêt, peut, pour des motifs graves, recommander l'accusé à la commisération du Roi. Cette recommandation n'est point insérée dans l'arrêt, mais dans un procès-verbal séparé, secret, motivé, dressé en la chambre du conseil, le ministère public entendu, et signé comme la minute de l'arrêt de condamnation. Expédition de ce procès-verbal, ensemble de l'arrêt de condamnation, est de suite adressée par le procureur général au ministre de la justice. *Idem*, art. 595.

78. La condamnation est exécutée dans les vingt-quatre heures, après les délais ci-dessus mentionnés. *Idem*, *art.* 375.

L'exécution a lieu par les ordres du procureur général, qui a le droit de requérir pour cet effet l'assistance de la force publique. *Idem*, *art.* 376. Voir *Peines*, *article* 23.

79. Si le condamné veut faire une déclaration, elle est reçue par un des juges du lieu de l'exécution, assisté du greffier. *Idem*, *art.* 377.

80. Le procès-verbal de l'exécution est, à peine de 100 fr. d'amende, dressé par le greffier, et transcrit par lui, dans les vingt-quatre heures, au pied de la minute de l'arrêt; la transcription est signée de lui, et il fait mention du tout, sous la même peine, en marge du procès-verbal; cette mention est également signée, et la transcription fait preuve contre le procès-verbal même. *Idem*, *art.* 378. Voir aussi *Greffiers*. *Frais de justice*, *art.* 45.

81. Si pendant les débats qui ont précédé la condamnation, l'accusé a été inculpé par pièces ou par dépositions de témoins, sur d'autres crimes qui méritent une peine plus grave que les premiers, ou si l'accusé a des complices en état d'arrestation, la cour ordonne qu'il soit poursuivi à raison de ces nouveaux faits, et il est sursis à l'exécution de l'arrêt, jusqu'à ce qu'il ait été statué sur le deuxième procès. *Idem*, *art.* 379.

82. Toutes les minutes des arrêts rendus aux assises sont réunies et déposées au greffe du tribunal de première instance du chef-lieu de département. Sont exceptées les minutes des arrêts rendus par la cour d'assises du département où siége la cour royale, lesquelles restent déposées au greffe de ladite cour. *Idem*, *art.* 380.

Voir, pour la suite de l'instruction, *Pourvoi*.

COURS PRÉVÔTALES.

Voir le nota à la suite de l'article 27 ci-après.

Voir aussi *Charte*, art. 63.

1°. *Dispositions générales;*

2°. *Compétence;*

3°. *Du prévôt;*

4°. *Instruction et jugement.*

§. Ier. *Dispositions générales.*

Art. 1er. Il y a dans chaque département, et dans le lieu où siége la cour d'assises, une cour prévôtale, composée :

1°. D'un président et de quatre juges, dont un désigné pour remplir les fonctions d'assesseur, tous choisis parmi les membres du tribunal de première instance du lieu où doit siéger la cour prévôtale.

2°. D'un prévôt pris parmi les officiers de l'armée de terre ou de mer, ayant le grade de colonel au moins, et âgé de trente ans accomplis.

3°. D'un officier du ministère public, dont les fonctions sont remplies par le procureur du Roi près le tribunal de première instance, ou par l'un de ses substituts.

4°. Et d'un greffier, dont les fonctions sont remplies par le greffier du tribunal de première instance, ou par un de ses commis assermenté.

Loi du 20 décembre 1815, *art.* 1 à 4, *et art.* 6 *et* 7.

2. Le Roi nomme, pour la durée de la loi, le président et le prévôt. Les juges et assesseurs sont annuellement désignés par le premier président de la cour royale du ressort. *Idem, art.* 5.

§. II. *Compétence des cours prévôtales.*

3. Les cours prévôtales connaissent des crimes qui

sont attribués aux cours spéciales. *Idem, art.* 8. Voir *Cours spéciales.* Voir aussi *Douanes,* §. XIII.

4. Sont justiciables des cours prévôtales :

1°. Tout individu, militaire ou autre, coupable du crime de rebellion armée, ou arrêté faisant partie d'une réunion séditieuse, ou qui, sans droit ou motif légitime, aurait pris le commandement d'une force armée, d'une place forte, d'un poste, d'un port ou d'une ville, ou aurait levé ou organisé une bande armée, ou aurait fait partie d'une telle bande, ou lui aurait fourni des armes, des munitions ou des vivres. *Idem, art.* 9.

2°. Toute personne prévenue d'avoir affiché, distribué ou vendu dans des lieux publics, des écrits ; d'avoir dans les lieux publics, ou destinés à des réunions habituelles de citoyens, fait entendre des cris ou proféré des discours ; toutes les fois que ces cris, ces discours ou ces écrits auront exprimé la menace d'un attentat contre la personne du Roi, ou des membres de la famille royale, ou qu'ils auront provoqué au renversement du Gouvernement, ou au changement de l'ordre de successibilité au trône. *Idem, art.* 10. Voir aussi *Imprimerie,* §§. II et III.

3°. Toutes personnes prévenues d'avoir arboré dans un lieu public ou destiné à des réunions habituelles de citoyens, un drapeau autre que le drapeau blanc, ou d'avoir fait entendre des cris séditieux dans le palais du Roi ou sur son passage. *Idem, art.* 11.

4°. Les prévenus d'assassinat ou de vol, avec port d'armes ou violence, lorsque les crimes auront été commis sur les grands chemins. Ne sont pas grands chemins, les routes dans les villes, bourgs, faubourgs et villages. *Idem, art.* 12.

5°. Les militaires et les individus à la suite des armées ou des administrations militaires, prévenus de vol ou d'actes de violence qualifiés crimes par le Code pénal, toutes les fois que lesdits actes ne peuvent être considérés comme des infractions aux lois militaires. *Idem*, *art.* 13.

Sont compris dans la disposition ci-dessus, les militaires en activité de service, ou jouissant d'un traitement d'activité ou de non activité, autre que la solde de retraite, et les militaires licenciés ou congédiés, pendant l'année qui suivra leur licenciement ou la délivrance de leur congé absolu. *Idem*, *art.* 14.

Voir aussi *Douanes*, *art.* 109.

§. III. *Du prévôt.*

5. Les prévôts sont spécialement chargés de la recherche et de la poursuite de tous les crimes dont la connaissance est attribuée aux cours prévôtales. *Idem*, *art.* 20.

6. Dans le cas de flagrant délit ou de clameur publique, les prévôts sont tenus de se transporter sur les lieux, pour dresser des procès-verbaux des faits, et de tout ce qui peut servir à la décharge ou à la conviction des accusés. Ils réunissent tous renseignemens, et font saisir les prévenus présens, contre lesquels il existe des indices graves. *Idem*, *art.* 21 et 22.

7. Lorsque les prévôts ont reçu des plaintes ou dénonciations relatives à des faits de la compétence des cours prévôtales, ils informent contre les prévenus; se transportent, s'il est besoin, sur les lieux, pour y dresser tous procès-verbaux, décernent des mandats d'amener. Ils sont, dans les circonstances prévues par le présent article, assistés de leur assesseur. *Idem*, *art.* 23.

8. Ils font citer devant eux les personnes indiquées par la plainte, par la dénonciation ou par le procureur du Roi, et celles qu'ils jugent utile d'entendre. *Idem*, *art.* 24.

Après avoir entendu les prévenus et le procureur du

Roi, ils peuvent décerner des mandats d'arrêts. *Idem*, art. 25.

Ils peuvent requérir directement la gendarmerie et toute autre force publique. *Idem*, art. 26.

9. En l'absence du prévôt, et dans les cas de sa compétence, les juges-de-paix, officiers de gendarmerie, commissaires-généraux de police, maires, adjoints de maire et commissaires de police, sont tenus de dresser tous procès-verbaux et tous actes. En cas de flagrant délit ou de clameur publique, ils font saisir les prévenus ou décernent mandat d'amener contre eux. *Idem*, art. 27.

10. Tous officiers de gendarmerie sont tenus d'instruire le prévôt de tous les faits de sa compétence qu'ils viennent à découvrir. Ils lui fournissent tous les renseignemens qu'il demande. *Idem*, art. 28.

11. Lorsque le prévôt juge qu'il y a lieu d'instruire prévôtalement, il en donne avis au procureur du Roi, du tribunal du lieu où siége la cour prévôtale. *Idem*, art. 29.

§. IV. *De l'instruction et du jugement.*

12. Les crimes attribués par la présente loi aux cours prévôtales sont poursuivis d'office, par les procureurs du Roi, près des lieux où siége la cour d'assises, sous la surveillance des procureurs-généraux. *Idem*, art. 30.

13. Les plaintes et dénonciations peuvent être reçues par tous les officiers de police judiciaire, qui les adressent, dans ce cas, dans les 24 heures, au procureur du Roi, près le tribunal du chef-lieu du département. *Idem*, art. 31.

14. A l'instant même de la capture, le prévenu est traduit dans les prisons les plus prochaines, et transféré sans délai dans celles de la cour prévôtale. *Idem*, art. 32.

15. Dans les 24 heures de son arrivée dans les prisons de la cour, le prévôt procède à son interrogatoire, et dans le plus court délai, à l'audition des témoins ; il est assisté de son assesseur, et en cas d'empêchement, d'un juge désigné par le président de la cour ; l'assesseur signe l'interrogatoire et le procès-verbal d'audition des témoins ; le tout à peine de nullité. L'assesseur peut requérir le prévôt de faire à l'accusé telle question qu'il juge nécessaire à l'éclaircissement de l'affaire. *Idem*, *art.* 33.

16. Dans le cours de l'interrogatoire, le prévenu est averti qu'il sera jugé prévôtalement, en dernier ressort et sans recours en cassation. Il est sommé de proposer ses exceptions contre la compétence, s'il en a à présenter. Ils est fait mention, dans le procès-verbal, de ladite sommation et des réponses du prévenu. Il lui est demandé s'il a fait choix d'un conseil, et s'il ne l'a pas fait, le prévôt lui en nomme un d'office ; le tout à peine de nullité. *Idem*, *art.* 34.

17. Sur le vû des pièces communiquées au ministère public, la cour juge sa compétence. *Idem*, *art.* 35. Le jugement de compétence est rendu en la chambre du conseil hors la présence de l'accusé, sur le rapport du prévôt ou du juge qui l'a assisté, et sur les conclusions écrites du ministère public. *Idem*, *art.* 36. Ce jugement est signifié dans les 24 heures à l'accusé. *Idem*, *art.* 37.

18. Si la cour prévôtale se déclare incompétente, elle renvoye l'accusé et les pièces devant qui de droit. Le ministère public peut, dans les dix jours de ce jugement, se pourvoir contre, par-devant la cour royale du ressort, chambre d'accusation. Si cette cour réforme le jugement, elle renvoye la cause et les parties à une autre cour prévôtale de son ressort, qui procède immédiatement au jugement définitif. *Idem*, *art.* 38.

19. Si la cour prévôtale se déclare compétente, elle prononce, s'il y a lieu, la mise en accusation, et décerne l'ordonnance de prise de corps. Le jugement de compétence est envoyé de suite au procureur-général qui, toute affaire cessante, le soumet à la délibération de la chambre d'accusation de la cour royale, pour qu'elle statue définitivement, sans recours en cassation. *Idem*, art. 39.

20. L'instruction sur le fond du procès n'est pas suspendue par cet envoi du jugement de compétence; mais il est sursis aux débats et au jugement définitif, jusqu'à ce que la cour royale ait prononcé sur ce jugement de compétence. *Idem*, art. 40.

21. La cour prévôtale saisie d'une affaire par le renvoi que lui en a fait une cour royale, procède au jugement définitif sans jugement préalable sur sa compétence. *Id.*, art. 41.

22. L'acte d'accusation est dressé par le ministère public. *Idem*, art. 42.

23. Les cours prévôtales se conforment en tout ce qui concerne la recherche des prévenus, l'audition des témoins, les récusations de juges, l'examen, la défense de l'accusé, la police de l'audience, le jugement et l'exécution, aux formes établies par le code d'instruction criminelle, pour les cours spéciales, sauf les modifications ci-dessus établies. *Idem*, art. 43.

24. Les cours prévôtales ne peuvent infliger d'autres peines que celles portées par les lois. *Idem*, art. 44.

Leurs arrêts sont rendus en dernier ressort, sans recours en cassation. *Id.*, art. 45. Ils sont exécutés dans les 24 heures, à moins que la cour prévôtale n'ait usé de la faculté accordée par l'article 595, du Code d'instruction criminelle, pour recommander le condamné à la commisération du Roi. *Idem*, art. 46. Voir *Cours spéciales*, art. 15.

25. Si le prévenu n'a pu être saisi, ou s'il s'est évadé,

il est procédé contre lui par contumace. *Id, art.* 47.

‹ 26. Les cours prévôtales ne peuvent juger qu'au nombre de six membres. *Idem, art.* 52.

27. L'effet de la présente loi doit cesser après la session de 1817, si elle n'a pas été renouvelée dans le cours de ladite session. *Idem, art.* 55.

Nota. Elle n'a pas été renouvelée.

COURS ROYALES , ci-devant d'Appel.

Art. 1er. Les présidens et les membres des cours royales ont le titre de conseillers du Roi. *Loi du* 20 *avril* 1810, *art.* 1er.

2. Les cours royales connaissent des matières civiles dont connaissaient les cours d'appel , et des matières criminelles dont connaissaient les cours de justice criminelle. *Idem, art.* 2.

3. Les fonctions du ministère public y sont exercées par un *procureur-général du Roi.*

Il y a des substituts ; 1°. pour le service des audiences , sous le titre d'*avocats généraux* ; 2°. pour le service des cours d'assises, des cours spéciales et des tribunaux de première instance, sous le titre de *procureurs du Roi.*

Idem, art. 6. *Loi du* 25 *décembre* 1815. Voir *Tribunaux de Ire. instance.*

4. La justice est rendue souverainement par les cours royales ; leurs arrêts, lorsqu'ils sont revêtus des formes prescrites à peine de nullité , ne peuvent être cassés que pour une contravention expresse à la loi.

Les arrêts qui ne sont pas rendus publiquement, ou par le nombre de juges prescrit, ou rendus par des uges qui n'ont pas assisté à toutes les audiences de la cause, ou qui ne contiennent pas les motifs , sont déclarés nuls.

La connaissance du fond est renvoyée à une autre cour royale.

Idem, art. 7.

5. Les cours royales connaissent de la manière prescrite au mot *Juges, art.* 1, des délits de police correctionnelle, dont seraient prévenus des grands officiers
de la légion d'honneur, des généraux commandant une
division ou un département, des archevêques, des évêques, des présidens de consistoire, des membres de la
cour de cassation, de la cour des comptes, et des cours
royales et des préfets. *Idem, art.* 10.

6. La cour royale peut, toutes les chambres assemblées, entendre les dénonciations de crimes et de délits,
qui lui seraient faites par un de ses membres. Elle peut
mander le procureur-général, pour lui enjoindre de
poursuivre à raison de ces faits, ou pour entendre de
lui le compte à rendre des poursuites commencées.
Idem, art. 11.

7. Le greffier en chef d'une cour royale est responsable solidairement de toutes les amendes, restitutions,
dépens, et dommages-intérêts résultant des contraventions, délits ou crimes dont ses commis se seraient rendus coupables dans leurs fonctions, sauf son recours
contre eux, ainsi que de droit. *Décret du 6 juillet* 1810,
art. 59.

COURS SPÉCIALES CRIMINELLES. (*Elles sont supprimées implicitement par l'article* 62 *de la charte constitutionnelle. Voir* Charte.)

Art. 1er. Les crimes commis par les vagabonds, par
des gens sans aveu, par des condamnés à des peines
afflictives ou infamantes ; le crime de rébellion à la
force armée ; le crime de contrebande à main armée ;
les attentats préparés par des attroupemens armés ; le
crime de fausse monnaie, sont jugés sans jurés par les
cours spéciales. *Code d'instruction criminelle, art.* 553,
554.

2. La contrefaçon ou altération des effets publics ;
du sceau de l'état, du timbre royal, du poinçon des

matières d'or et d'argent, de la marque du gouvernement sur les marchandises, et tout crime de faux en écritures publiques et privées, ou l'emploi d'une pièce que l'on sait être fausse ; sont aussi de la compétence des cours spéciales. *Loi du 23 floréal an X* (13 mai 1802).

3. L'emploi frauduleux d'une pince servant à marquer les tabacs, est compris dans la classe des faux ci-dessus. *Décret du 15 octobre 1810.*

4. Si parmi les prévenus des crimes spécifiés en l'article 1er. ci-dessus et attribués aux cours spéciales, il s'en trouve qui ne soyent point, par la qualité des personnes, justiciables de la cour spéciale, le procès et les parties sont renvoyés devant la cour d'assises. *Code précité, art. 555.*

Voir *Cours prévôtales*, §. II.

5. La cour spéciale ne peut juger qu'au nombre de huit juges. *Idem*, *art.* 556.

6. La cour spéciale est convoquée toutes les fois que l'instruction d'une affaire de sa compétence est complète. *Idem*, *art.* 560. Sa session est terminée après que toutes les affaires de sa compétence, qui étaient en état, lors de son ouverture, y ont été portées. *Idem*, *art.* 561.

7. La poursuite des crimes de la compétence de la cour spéciale est faite suivant les formes établies pour les crimes de la compétence des tribunaux ordinaires. *Idem*, *art.* 566.

8. Les dispositions des articles, au mot *cours d'assises* 3, 4, 5, 6 ; celles du dernier paragraphe de l'article 7, et celles des articles 13, 14, 15, 16 et 17, tous relatifs à l'instruction devant les cours d'assises, sont applicables à l'instruction des procès devant les cours spéciales. *Idem*, *art.* 552.

9. Les dispositions des articles, au mot *Cours d'assises*, 20, 21, 24 à 36, et 38 à 43, relatifs à l'examen et

aux débats devant la cour d'assises, sont observées devant la cour spéciale. *Idem, art.* 574, 576 et 579.

10. Le jugement de la cour se forme à la majorité. *Idem, art.* 582. En cas d'égalité de voix, l'avis favorable à l'accusé prévaut. *Idem, art.* 583.

11. l'arrêt qui acquitte l'accusé statue sur les dommages-intérêts respectifs. *Idem, art.* 584.

12. Les articles 62 et 63, au mot *cours d'assises*, sont exécutés. *Idem, art.* 586.

13. Si l'accusé est convaincu, l'arrêt prononce la peine établie par la loi, et statue en même tems sur les dommages-intérêts de la partie civile. *Idem, art.* 587.

14. La cour peut, dans les cas prévus par la loi, déclarer l'accusé excusable. *Idem, art.* 588. Voir *Cours d'assises, art.* 69.

15. L'arrêt ne peut être attaqué par voie de cassation. *Idem, art.* 597 ; mais la cour, après la prononciation de l'arrêt, peut, pour des motifs graves, recommander l'accusé à la commisération du Roi. Cette recommandation n'est point insérée dans l'arrêt, mais dans un procès-verbal séparé, secret, motivé, dressé en la chambre du conseil, le ministère public entendu, et signé comme la minute de l'arrêt. Expédition en est adressée par le procureur-général, avec expédition de l'arrêt, au ministre de la justice. *Idem, art.* 595.

COURS D'EAU, *Petites rivières, ruisseaux qui ne servent qu'à arroser les prés, ou au service des moulins et usines.* Voir *Police rurale.*

COURS *et* TRIBUNAUX. Voir *Ordre judiciaire.*

COURSE (Armemens en). Voir *Police maritime.*

COURTAGE *et* COURTIERS. Voir *Commerce.*

COUTEAUX EN FORME DE POIGNARDS. Voir *Armes prohibées.*

COUTELIERS. Ils sont sous la surveillance de la police,

en ce qui concerne les défenses de fabriquer des armes prohibées. Voir *Armes*.

Marque des ouvrages de coutellerie. Voir *Quincaillerie.*

COUTRES DES CHARRUES DE LABOUR. Voir *Délits,* art. 29. *Police rurale, art.* 31.

COUVERTURES DE MAISONS EN CHAUME. Voir *Bâti-mens, art.* 13.

COUVERTURIERS. Voir *Ateliers.*

COUVREURS. (Voir *Idem*, au tome IV.)

Art. 1er. Défenses aux couvreurs et autres ouvriers travaillant au haut où sur le faîte des maisons, de jeter dans la rue aucunes recoupes, tuiles, ardoises, ou gravois, sous peine de l'amende de police de 1 fr. à 16 fr., suivant les circonstances. (Voir *Délits, art.* 29, §. 6; *art.* 30, §. 8; et *art.* 31, §. 3.) Sans préjudice des indemnités pour raison des accidens qui auraient pu en résulter. *Ordonnance de police, du* 26 *janvier* 1786, *art.* 8.

2. Les couvreurs sont tenus de faire pendre au-devant de la maison où ils travaillent deux lattes en croix, et d'y attacher un morceau d'étoffe de couleur voyante, et même, lorsqu'il y a danger pour les passans, de placer un ou deux hommes dans la rue, pour les avertir de se détourner ; le tout sous peine de l'amende ci-dessus. *Même ordonnance, art.* 9. Voir *Délits, art.* 31, §. 4. Voir aussi *Ouvriers, art.* 37.

CRACHER A LA FIGURE DE QUELQU'UN (Action de). Voir *Délits, art.* 30, n°. 8.

CRAIES. Voir *Carrières.*

CRAYÈRES. Voir *Marnières.*

CRÉANCE (Titre de). Voir *Titre de créance.*

CRÉANCIER qui veut s'installer chez son débiteur. Voir *Domicile.*

CRÉANCIERS PRIVILÉGIÉS. Voir *Privilège. Huissiers,* art. 53 et 54.

CRÉMIERS; ne doivent point se servir de vases de cuivre. Voir *Cuivre*.

CRETONIERS. Voir *Ateliers*.

CREUSET. (Voir *Idem*, au tome IV.)

Défenses à toutes personnes de porter dans les rues et dans les maisons, des creusets, moules, et autres outils, pour fondre ou dissoudre les métaux; comme aussi à ceux qui n'ont pas le droit de fondre des métaux, d'avoir chez eux des creusets et autres ustensiles propres à cet usage; le tout sous telles peines qu'il appartiendra. *Ordonnance de police, du 8 novembre 1780, art.* 7. Voir *Contraventions, art.* 3.

CRIEURS DE JOURNAUX. Voir *Colporteurs*.

CRIME.

On nomme *Crime*, tout délit emportant peine afflictive ou infamante. La connaissance en appartient aux *cours royales*, aux *cours d'assises*, aux *cours spéciales*, aux *cours prévôtales*. Voir ces mots :

Complices d'un crime. Voir *Complices*.

Provocation au crime. Voir *Idem*.

Tentative de crime. Voir *Délits*.

Crimes et délits excusables. Voir *Homicide*, §. III.

Crimes et délits contre la charte. Voir *Charte*.

Crimes et délits contre la personne et l'autorité du Roi. Voir *Sûreté de l'état*, §. II. *Imprimerie*, §§. II et III.

Crimes contre la sûreté de l'état. Voir *Sûreté de l'état*.

Crimes commis par des juges. Voir *Juges*.

Crimes commis hors de France. Voir *Délits*.

Crimes et délits commis dans les palais, châteaux ou maisons royales. Voir *Maisons royales*.

CRIS SÉDITIEUX. Voir *Imprimerie*, §§. II et III.

CROISÉES. Défenses d'y rien exposer de dangereux. Voir *Délits, art.* 29, §. VI. *Fenêtres. Fleurs.*

Appuis de croisée. Voir *Appuis*.

Ouvertures de croisées. Voir *Portes et croisées*.

Changement de menuiserie des croisées. Il faut une permission. Voir *Voirie*.

CUIRS VERTS (Dépôts de). Voir *Ateliers*.

CUIRS VERNIS (Fabriques de). Voir *Idem*.

CUIRS et PEAUX (Police des), à Paris.

1º. *Commerce et vente des cuirs et peaux ;*

2º. *Police de la halle aux Cuirs ;*

3º. *Location des places à la halle ;*

4º. *Salaire des forts.*

§. Ier. *Commerce et vente des cuirs et peaux.*

Art. 1er. La halle aux cuirs et peaux est établié à Paris, rue Mauconseil.

Elle est ouverte pour la réception des marchandises, tous les jours jusqu'à la nuit.

Ordonnance du préfet de police, du 27 frimaire an XIV (18 décembre 1805), *art.* 1 et 2.

2. Les voituriers doivent être porteurs de lettres de voiture contenant la marque, espèce et quantité de la marchandise, le lieu du chargement, et les noms de l'expéditeur, du conducteur et du fondé de pouvoir pour la vente. Il en est fait vérification avec les marchandises. *Idem, art.* 3 et 4.

3. Les marchandises doivent porter la marque particulière du propriétaire ; faute de quoi elles sont marquées à la halle, par les forts, des lettres initiales des noms et prénoms du propriétaire. Les cuirs forts, peaux de bœuf, de vache et de cheval, sont marqués avec de la peinture rouge ou noire à l'huile sur chaque pièce ; les peaux de veau, moutons, chèvres, etc., avec de la sanguine, par douzaine ; il est payé par les marchands, 10 centimes pour chaque marque à l'huile, et 5 centimes pour chaque marque à la sanguine. *Idem , art.* 5 et 6.

4. La vente a lieu à la halle tous les jours, excepté

les dimanches et fêtes, depuis dix heures du matin jusqu'à trois heures ; elle ne se fait que par les propriétaires, ou leurs fondés de pouvoirs, au poids, au compte, ou à la pièce. Le lotissage a lieu, s'il est demandé et jugé nécessaire. *Idem, art.* 7, 10, 11 *et* 12.

5. On ne peut enlever de la halle, aucune marchandise qu'après déclaration faite au contrôleur. Après la clôture de la vente, il est défendu à tout acheteur de déranger les piles de marchandises. *Idem, art.* 13 *et* 14.

6. Il n'est admis à la halle que les personnes faisant le commerce des cuirs et peaux, et ceux qu'ils employent. *Idem, art.* 9.

7. Ils est fait tous les ans un récensement-général de tous les cuirs et peaux existant à la halle. *Idem, art.* 15.

§. II. *Police matérielle de la halle aux cuirs.*

8. La halle aux cuirs est sous la surveillance-générale du commissaire des halles et marchés et de son adjoint. Ils ont sous leur direction le contrôleur, un concierge et les forts. *Réglement du préfet de police, du* 27 *frimaire an XIV* (18 décembre 1805), *art.* 2.

9. *Le contrôleur* vérifie et vise les lettres de voiture. Si l'énoncé n'en est pas conforme à la quantité des marchandises, il le constate et en fait mention sur la lettre de voiture, requiert même au besoin le commissaire de police d'en dresser procès-verbal.

Il tient registre de l'entrée et de la sortie des marchandises. Ces registres sont visés tous les mois par le commissaire des halles et marchés.

Il veille au placement et au classement des marchandises, fait marquer celles qui ne le sont pas, conformément à l'article 3 ci-dessus, et délivre les bons de sortie.

Il remet chaque jour au commissaire des halles et

marchés, un état de situation de la halle, et les prix de là vente des marchandises.

Il constate les contraventions et en rend compte au commissaire des halles et marchés.

Il ne s'absente jamais de la halle pendant la vente.

Il peut suspendre les forts, en cas de plainte, et en rend compte dans le jour.

Il fait tous les soirs avec le concierge, une ronde dans la halle.

Idem, art. 4 à 14, et art. 35.

10. *Le concierge* ouvre et ferme les portes pour la réception, la vente, et la sortie des marchandises; sonne la cloche pour l'ouverture et la fermeture de la vente; ne laisse sortir aucune marchandise sans bulletin de sortie; vérifie les bulletins avec les marchandises, et les conserve pour les remettre au contrôleur.

Il ne laisse entrer dans la halle aucune personne étrangère au commerce, et empêche qu'on n'y fume. Il ne peut s'absenter sans la permission du contrôleur et exécute tous ses ordres. *Idem, art. 15 à 21.*

11. *Les forts* autorisés par le préfet de police peuvent seuls travailler à la halle. Ils sont au nombre de six. Ils font bourse commune. Il est rendu compte au contrôleur du produit de leur travail pendant la semaine, et la répartition s'en fait en sa présence.

Il leur est défendu de retirer à leur profit aucun objet provenant des emballages; d'exiger de plus forts salaires que ceux fixés par le tarif; de se livrer à d'autre travail qu'à celui relatif au service de la halle; d'introduire leurs femmes dans la halle.

Ils sont tenus de se rendre à la halle tous les jours d'œuvre à huit heures. Ils n'en sortent point pendant la vente, si ce n'est pour le service, ou avec la permission du contrôleur.

Deux forts sont de garde, à tour de rôle, tous les jours à la halle, depuis le jour jusqu'à la nuit.

Ils marquent les marchandises, conformément à l'article 3 ci-dessus.

Ils sont tenus de porter directement et sans s'arrêter en chemin, les marchandises chez les personnes désignées aux bulletins de sortie.

Il tiennent en ordre le bureau du contrôleur.

Ils sont solidairement responsables des marchandises déposées à la halle.

Idem, art. 22 *à* 34.

§. III. *Droits de location des places à la halle.*

12. Il est perçu, à titre de location des places dans la halle aux cuirs, et sur les marchandises qui y sont vendues, les droits ci-après; savoir:

Pour chaque cuir fort, peaux de bœuf, vache, cheval ou âne..................................... 5 c.

Par chaque douzaine de peaux de veau 10

Par chaque douzaine de petites peaux...... 5

Par chaque ballot de dépouilles............ 40

Décret du 9 *juin* 1808, *art.* 2.

13. Tous les cuirs et peaux provenant des tanneries et mégisseries extérieures, qui sont amenés à Paris, doivent être conduits directement à la halle, pour y être vendus, et lotis s'il y a lieu. Défense à tous particuliers de former aucun entrepôt ou magasin de commission de cette marchandise, sous peine de confiscation et de 500 fr. d'amende, conformément aux lettres patentes du 9 août 1770. *Idem, art.* 4.

14. Les droits ci-dessus sont perçus au profit de la ville de Paris, et versés dans la caisse du receveur de cette commune. *Idem, art.* 11.

37.

§. IV. *Tarif du salaire des forts de la halle aux cuirs ;
annexé au réglement précité du préfet de police.*

15. Pour le déchargement, le placement et la manutention des marchandises dans la halle :

Par cuir à l'orge ou à la jusée............... 6 c.

Par douzaine de veaux, gros ou petits en
croute, secs d'huile, ou corroyés en blanc ou
en noir....................................... 6

Par douzaine de peaux de chèvre en croute,
sèches d'huile ou corroyées.................. 6

Par douzaine de bazannes, en croute, en
huile, ou corroyées.......................... 3.

- Par bœuf à œuvre, en croute et étiré 4

Par vache, *Idem* 4

Par cheval, *Idem* 4

Par ballot de dépouilles au-dessous de 100
kilogrammes.................................. 30'

Par *Idem*, au-dessus de 100 kilogrammes.... 60

16. Pour le transport des marchandises à domicile :

1°. Dans les quartiers de

Porte Saint-Denis.	Saint-Honoré.
Arcis.	Banque de France.
Montorgueil.	Mont-de-Piété.
Bonne-Nouvelle.	Lombards.
Montmartre.	Mail.
Cité.	Marchés.
Saint-Eustache.	Louvre.
Marché Saint-Jean.	Palais de Justice.
Hôtel-de-Ville.	Sainte-Avoye.
Saint-Martin-des-Champs.	

Par cuir à l'orge ou à la jusée.............. 10 c.

Par bœuf, vache ou cheval................... 6

Par douzaine de veaux ou chèvres 10

Par ballot de dépouilles 50

Par douzaine de bazannes 5

2°. Dans les quartiers

Arsenal.	Place Vendôme.
Palais-Royal.	Ecole de Médecine.
Ile Saint-Louis.	Sorbonne.
Marais.	Tuileries.
Feydeau.	La Monnaie.

Par cuir à l'orge ou à la jusée . . . .   15 c.

Par bœuf, vache ou cheval   9

Par douzaine de veaux ou chèvres   15

Par ballot de dépouilles   75

Par douzaine de bazannes   7

3°. Dans les quartiers

Porte Saint-Martin.	Chaussée-d'Antin.
Champs-Élysées.	Observatoire.
Saint-Marcel.	Saint-Thomas-d'Aquin.
Faubourg Saint-Germain.	Saint-Jacques.
Jardin des Plantes.	Faubourg Poissonnière.
Invalides.	Popincourt.
Faubourg Montmartre.	Quinze-Vingts.
Faubourg du Nord.	Roule.
Luxembourg.	Temple.
Faubourg Saint-Antoine.	

Par cuir à l'orge ou à la jusée . . . . o fr.   20 c.

Par bœuf, vache ou cheval . . . . o   12

Par douzaine de veaux ou chèvres . . . . . . o   20

Par ballot de dépouilles 1   00

Par douzaine de basannes . . . . o   10

17. Pour le chargement des voitures qui ne sont pas conduites à domicile, les deux tiers des salaires fixés en l'article 12, ci-dessus.

CUIVRE. (Vases et ustensiles de) (Voir *Idem*, au tome IV.)

Art. 1er. Les commissaires de police font des visites fréquentes chez les marchands de vins, traiteurs, aubergistes, restaurateurs, pâtissiers, charcutiers et gargotiers, à l'effet de vérifier l'état des ustensiles et vases de cuivre sous le rapport de la salubrité. *Ordonnance du préfet de police, du 27 août 1812, art. 1er.*

2. Ceux de ces ustensiles ou vases trouvés empreints de vert-de-gris, sont saisis et envoyés à la préfecture de police avec le procès-verbal. Ceux en mauvais état d'étamage sont tranportés de suite chez le chaudronnier le plus voisin, pour-être étamés aux frais des propriétaires, lors même que ceux-ci déclareraient ne pas s'en servir. *Idem, art.* 2 et 3.

3. Les alimens qui, par suite de la malpropreté des vases et ustensiles de cuivre, seraient trouvés gâtés, corrompus ou nuisibles, doivent être confisqués ou détruits. *Idem, art.* 5. Voir *Comestibles.*

4. Défenses de laisser séjourner des alimens dans des vases de cuivre étamés ou non-étamés. *Idem, art.* 4.

NOTA. Il n'est pas moins dangereux d'envclopper d'un linge les alimens qu'on laisse refroidir dans le vase de cuivre où on les fait cuire, et c'est une erreur de croire que le linge isolant l'aliment du vase, le garantit des atteintes du vert-de-gris ; au contraire, il augmente le danger en conservant dans le refroidissement toute son humidité, ce qui entretient une dissolution continuelle des portions cuivreuses dont il se pénètre, et qu'il communique aux alimens. *Instruction du préfet de police du* 11 octobre 1811.

5. Conformément à l'article 1er. de la déclaration du 13 juillet 1777, défenses aux marchands de vins d'avoir des comptoirs revêtus de lames de plomb ; aux débitans de sel et tabac de se servir de balances de cuivre ; aux nourrisseurs de vaches, crêmiers et laitiers, de déposer le lait dans des vases de cuivre ; le tout à peine de confiscation et de 300 fr. d'amende. *Idem, art.* 6.

Les objets ci-dessus trouvés chez lesdits marchands, sont saisis et envoyés à la préfecture de police, avec le procès-verbal *Idem, art.* 7. (Voir *Cuivre* au tome IV.)

Les dispositions ci-dessus ont été renouvelées par une ordonnance postérieure du préfet de police, du 17 juillet 1816.

CUL-DE-SAC *ou* IMPASSE, rue fermée par un bout.

Les culs-de-sacs ou impasses sont au nombre des communications publiques, lorsqu'ils sont pavés et éclairés ; autrement la police oblige les propriétaires riverains à les clorre. Faute de le faire après sommation notifiée par le commissaire de police du quartier, la police les fait clorre d'office aux frais des propriétaires.

CULTES. (Voir *Idem*, au tome IV.)

Art. 1er. Chacun professe sa religion avec une égale liberté, et obtient, pour son culte, la même protection. *Charte constitutionnelle, art.* 5. Provocation contre la liberté des cultes. Voir *Imprimerie*, §§. 2 et 3.

Néanmoins la religion catholique, apostolique et romaine est la religion de l'Etat. *Idem, art.* 6. Ses ministres et ceux des autres cultes chrétiens, reçoivent seuls, des traitemens du trésor royal. *Idem, art.* 7.

2. Tout rassemblement de citoyens pour l'exercice d'un culte, est soumis à la surveillance des autorités constituées, sous le rapport seulement des mesures de police et de sûreté publique. *Loi du 7 vendémiaire an IV (29 septembre 1795), art.* 1. Voir aussi *Associations, art.* 1.

3. Celui qui, par des voies de fait ou par des menaces, a contraint ou empêché une ou plusieurs personnes d'exercer l'un des cultes autorisés, de célébrer certaines fêtes, d'observer certains jours de repos, et en conséquence d'ouvrir ou de fermer leurs ateliers, boutiques ou magasins, et de faire ou quitter certains travaux, est puni, pour ce seul fait, d'une amende de 16 à 200 fr., et d'un emprisonnement de 6 jours à deux mois. *Code pénal, art.* 260. Voir aussi *Dimanches et fêtes.*

4. Celui qui empêche, retarde ou interrompt les exercices d'un culte, par des troubles ou désordres dans le lieu de l'exercice du culte, est puni d'une amende

de 16 à 300 fr., et d'un emprisonnement de six jours à trois mois. *Code pénal, art.* 261.

5. Toute personne qui, par paroles ou gestes, outrage les objets d'un culte, dans le lieu où il s'exerce, ou les ministres d'un culte dans leurs fonctions, est puni d'une amende de 16 à 500 fr., et d'un emprisonnement de quinze jours à six mois. *Idem, art.* 262.

Quiconque frappe le ministre d'un culte dans ses fonctions, est puni du carcan. *Idem, art.* 263.

6. Les dispositions des articles 3, 4 et 5, ci-dessus, ne s'appliquent qu'aux troubles, outrages ou voies de fait, dont la nature et les circonstances ne donnent pas lieu à des peines plus fortes que celles portées auxdits articles. *Idem, art.* 264.

7. Le ministre d'un culte qui, dans l'exercice de son ministère et en assemblée publique, prononce un discours contenant la critique ou la censure du Gouvernement, d'une loi, d'une ordonnance du Roi, ou autre acte de l'autorité publique, est puni d'un emprisonnement de trois mois à deux ans. *Idem, art.* 201. (Voir aussi *Imprimerie,* §§. 2 *et* 3.)

Si le discours contient une provocation directe à la désobéissance aux lois au autres actes de l'autorité publique, ou tend à soulever ou armer une partie des citoyens contre les autres, la peine est un emprisonnement de deux à cinq ans, si la provocation n'a été suivie d'aucun effet, et du bannissement, si elle a donné lieu à la désobéissance. *Idem, art.* 202. Voir *idem.*

S'il en est résulté sédition ou révolte, donnant lieu contre l'un ou plusieurs des coupables, à une peine au-dessus du bannissement, cette peine, quelle qu'elle soit, est appliquée au ministre coupable de la provocation. *Idem, art.* 203. Voir *Idem.*

8. Le même délit commis par le ministre d'un

culte dans un écrit public, contenant des instructions pastorales en quelque forme que ce soit, est puni, savoir :

Dans le cas de l'article 6, ci-dessus, du bannissement;

Dans le cas du premier paragraphe de l'article 7, de la déportation ;

Dans le cas du second paragraphe du même article 7, la peine est portée comme il y est dit.

Idem, art. 204-205, 206. Voir *Idem.*

9. Tout ministre d'un culte qui, sur des questions ou matières religieuses, entretient une correspondance avec une cour ou puissance étrangère sans en avoir informé le ministre du Roi de France, et sans son autorisation, est, pour ce seul fait, puni d'une amende de 100 à 500 fr., et d'un emprisonnement d'un mois à deux ans. *Idem, art.* 207.

Si ladite correspondance a été accompagnée ou suivie d'autres faits contraires aux dispositions formelles d'une loi, ou d'une ordonnance du Roi, le coupable est puni du bannissement ; et si la peine résultant de la nature de ces faits, est plus forte, cette peine plus forte est seule appliquée. *Idem, art.* 208.

10. Le ministre d'un culte ne peut recevoir de la personne qu'il a assistée pendant sa dernière maladie, que des dispositions rémunératoires, à titre particulier, ou des dispositions universelles, dans le cas de parenté, pourvu que le décédé n'ait pas d'héritiers en ligne directe, et que ledit légataire universel ne soit pas lui-même un de ces héritiers. *Code civil, art.* 909.

11. Défenses à tout ministre d'un culte, de troubler le ministre d'un autre culte dans l'exercice de ses fonctions, à peine de 500 fr. d'amende, et de deux à six mois de prison. *Loi précitée du 7 vendémiaire an IV, art.* 25.

12. Les jugemens rendus en matière de culte, par la police correctionnelle, sont exécutoires par provision, nonobstant l'appel aux cours royales, lesquelles ne peuvent accorder aucune surséance, à peine de nullité, et de 500 fr. d'amende. *Idem, art.* 27.

13. La condamnation à l'amende emporte la con_trainte par corps, sans cependant que le condamné puisse être retenu plus de trois mois, pour le seul fait de l'amende. Lorsque l'amende et l'emprisonnement sont prononcés, les trois mois ci-dessus ne courrent que de l'expiration du terme de l'emprisonnement, sans que le *maximum* de l'emprisonnement puisse excéder deux ans. *Idem, art.* 30.

14. Toutes les fonctions ecclésiastiques sont gratuites, sauf les oblations autorisées et fixées par les réglemens. *Loi du* 18 *germinal an X* (8 avril 1802), *art.* 2.

15. Les églises sont ouvertes gratuitement au public. Défenses expresses d'y rien recevoir, si ce n'est le prix de la location des chaises. *Décret du* 18 *mai* 1806, *art.* 1*er*.

16. Les chapelles domestiques et les oratoires particuliers, ne sont établis qu'avec une permission expresse du Gouvernement, sur la demande de l'évêque. *Loi précitée du* 18 *germinal an X, art.* 44. Voir *Chapelles.*

17. Le même temple ne peut être consacré qu'au même culte. *Idem, art.* 46.

18. Il y a dans les cathédrales et dans les paroisses une place distinguée pour les individus catholiques composant les autorités civiles et militaires. *Idem, article* 47.

19. Les curés, aux prônes des messes paroissiales, prient et font prier pour la prospérité de l'Etat et pour la personne du Roi. *Idem, art.* 51.

20. Ils ne doivent se permettre, dans leurs instruc-

tions, aucune inculpation directe ni indirecte contre les personnes, ni contre les autres cultes autorisés en France. *Idem, art.* 52.

21. Ils ne font au prône aucune publication étrangère au culte, si elle n'est ordonnée par le Gouvernement. *Idem, art.* 53.

22. Ils ne donnent la bénédiction nuptiale qu'à ceux qui leur justifient avoir contracté mariage devant l'officier de l'état civil. *Idem, art.* 54. Voir *Mariage, art.* 17.

Leurs registres ne sont relatifs qu'à l'administration des Sacremens ; ils ne peuvent jamais suppléer ceux ordonnés par la loi pour constater l'état civil des Français. *Idem, art.* 55.

23. Aucune cure ni succursale n'est établie sans l'autorisation du Gouvernement. *Idem, art.* 62.

24. Les traitemens des ecclésiastiques sont insaisissables dans leur totalité. *Arrêté du Gouvernement du* 18 *nivose an XI* (18 janvier 1803).

25. Dans les églises on ne doit avoir ni postures malhonnêtes, ni habits indécens, ni s'y promener pendant le service divin, ni avoir le chapeau sur la tête, ni apporter avec soi aucuns paquets ni marchandises, ni poser à la porte, même en dehors, aucune affiche de spectacles, bals ou autres divertissemens profanes. Ce sont autant de violations du respect dû aux cultes religieux, et qui doivent être réprimées. *Ordonn. du Roi, du* 13 *mai* 1650. *Autre du mois de février* 1726. *Ordonnance de police du* 24 *juillet* 1728.

Célébration et observation des dimanches et des fêtes. Voir *Dimanches.*

26. *Tarif du casuel à percevoir dans les églises de Paris, annexé au réglement de l'archevêque de Paris, du* 29 *prairial an X* (18 *juin* 1802), *approuvé par le Gouvernement, le* 21 *prairial an XI* (11 *juin* 1803).

1°. *Pour les mariages.*

Droit curial........	1re *classe*. 18 f.	2e *classe*. 12 f.
Messe....................	6	 3
Poêle et argenterie..........	12	 3
Suisse et bedeau............	4	 2
Sacristain.................	3	 2
Garçon de sacristie..........	1 50	 1
Cire......................	12	 6

Offrandes; elles sont libres.

Pour la 3e *classe*........ 15 fr. pour tout droit.

Pour la 4e .... 6 fr. — 3 fr. ou rien.

2°. *Pour baptêmes, relevés de couches, bénédictions particulières.*

Offrande acceptée et non exigée.

3°. Pour les messes quotidiennes, 1 fr.

4°. Pour les convois et enterremens.

Voir *Décès*, §§. III et IV.

Voir aussi *Juifs*. *Séminaires*. *Confession*.

Cultivateurs. Voir *Police rurale*.

Curage des égouts. Voir *Nettoiement*.

Curage des puits *et* puisards. Voir *Puits*.

Curage des canaux *et* rivières. Voir *Navigation*. *Bièvre*.

Curateur. Voir *Emancipation*.

Curiosités, que les bateleurs font voir sur la voie publique, ou dans les maisons, avec permission de la police.

Le magistrat de police doit s'assurer, avant de donner la permission, si ces curiosités ne présentent rien de contraire aux mœurs publiques et à la décence; surtout si, pour celles qui renferment des animaux dangereux, toutes les précautions ont été prises pour éviter les accidens. Lorsqu'ils en occasionnent, leurs maîtres sont punis sévèrement. Voir aussi *Animaux mal-faisans*.

CUVETTES DE CONDUITS D'EAU.

Elles sont comprises implicitement dans la prohibition des gouttières saillantes. Voir *Gouttières*.

On ne peut établir de cuvettes en saillie, sur la façade des maisons, ces saillies n'étant pas comprises au nombre de celles tolérées par les réglemens et ordonnances de police.

Dans le cas où elles pourraient, par circonstance, être tolérées, il faut une permission de la petite-voirie. Voir *Voirie — tarif des droits de la petite-voirie*.

FIN DU TOME PREMIER.

www.ingramcontent.com/pod-product-compliance
Lightning Source LLC
Chambersburg PA
CBHW060847220326
41599CB00017B/2405